Mosaik bei
GOLDMANN

Buch

Bewusster, nachhaltiger Konsum hat längst sein miefiges Image verloren. Design und Bewusstsein gehören zusammen. Mode-Labels wie »Noir«, »Kuyichi« oder die vom U2-Sänger Bono mit begründete Firma »Edun« stehen stellvertretend für viele Firmen, die ökologische Ressourcen schonen und soziale Arbeitsbedingungen schaffen. Ob Mode, Lebensmittel, Autos, Technik, Möbel, Reisen oder Geldanlagen – überall entwickelt sich eine neue Art des Wirtschaftens.
Dieser Einkaufsführer weist Ihnen den Weg durch die Welt des moralisch einwandfreien Konsums und beantwortet die wichtigsten Fragen: Ist Bio wirklich besser? Wie erkenne ich ethisch korrekte Mode? Wer profitiert von »Fairtrade«? Und wie kann ich gut und genussvoll leben, ohne dass es die Welt kosten muss?

Autor

Der Journalist Fred Grimm lebt in Hamburg. Er arbeitete viele Jahre für den »Stern«, unter anderem als Ressortleiter für die Bereiche Ausland sowie Unterhaltung und Medien. Er war Redaktionsleiter der Computer-Zeitschrift »konrad«, Autor bei »Tempo« und »Max«. Heute schreibt er für Magazine von »GQ« bis »Emma«, von »Best Life« bis »IVY«, entwickelt Magazine und TV-Formate. Er ist verheiratet und hat eine Tochter.

Fred Grimm

Shopping
hilft die
Welt verbessern

Der andere Einkaufsführer

Mosaik bei
GOLDMANN

Die Ratschläge in diesem Buch wurden vom Autor und vom Verlag sorgfältig erwogen und geprüft, dennoch kann eine Garantie nicht übernommen werden. Eine Haftung des Autors bzw. des Verlags und seiner Beauftragten für Personen-, Sach- und Vermögensschäden ist ausgeschlossen.

FSC
Mix
Produktgruppe aus vorbildlich
bewirtschafteten Wäldern und
anderen kontrollierten Herkünften

Zert.-Nr. SGS-COC-1940
www.fsc.org
© 1996 Forest Stewardship Council

Verlagsgruppe Random House FSC-DEU-0100
Das für dieses Buch verwendete FSC-zertifizierte Papier *Munken Premium*
liefert Arctic Paper Munkedals AB, Schweden.

1. Auflage
Komplett aktualisierte Taschenbuchausgabe Juni 2008
© 2008 Wilhelm Goldmann Verlag, München,
in der Verlagsgruppe Random House GmbH
Umschlaggestaltung: Design Team, München,
nach einem Entwurf von Eisele Grafik-Design
Redaktion: Annette Baldszuhn
Satz: Uhl + Massopust, Aalen
Druck und Bindung: GGP Media GmbH, Pößneck
Printed in Germany
WR · Herstellung: IH
ISBN 978-3-442-16974-0

www.mosaik-goldmann.de

INHALT

VORWORT ZUR AKTUALISIERTEN
TASCHENBUCHAUSGABE 11

PACKEN WIR'S EIN
Grüner wird's nicht 15
Jute statt Plastik 16
Wir LOHAS 18
Produkte mit Geschichte........................ 21
Prada unterm Apfelbaum 23
Von Efeu und Utopia............................ 25
Marken sind verwundbar 28
Auf dem Prüfstand 30
Profit und Moral 32
Der neue Konsument 35
Alles ist möglich 37
Die Erotik des Verzichts 38

ERNÄHRUNG
Hubert, Paula und die gute alte Zeit 41
Aus der Tierfabrik 43
Die Bio-Wende.................................. 45
Lifestyle Bio 47
Aldi goes bio................................... 52

Inhalt

Bio goes Aldi? 54
Sind so viele Euros... 78
Fair geht vor 79
Genfood als Anstoß 81
Eine tickende Bombe? 84

SERVICETEIL

Die größten deutschen Bio-Supermärkte 86
Think global, buy local! 91
Die Bio-Linien der Discounter 92
Fairtrade – fairer Handel 101
Die wichtigsten Öko-Verbände 105
Die wichtigsten Lebensmittelsiegel
und ihre Bedeutung 109
Literatur und Links rund um Ernährung 118

MODE

Gut gemeint 123
Trendfarbe Grün 124
Ökomode für alle! 126
Der Stoff, aus dem die Albträume sind 128
Der coolste Boss der Welt 130
Schluss mit giftig! 138
Die Geschichte einer Jeans 141
Eine Frage des Überblicks 143
Kontrolle ist besser 145

SERVICETEIL

Eco-Fashion 148
Grün angehaucht 164

Inhalt

Die Riesen	166
Natur pur aus Deutschland	174
Schuhe – ein Kapitel für sich	178
Die Großen und die nicht ganz so Kleinen	180
Die Öko-Avantgarde	185
Die wichtigsten Umwelt-Gütesiegel für Textilien	188
Literatur und Links rund um Mode – eine Auswahl	192

KOSMETIK

Mutter Natur	199
Aus dem Chemielabor	200
Millionen von Versuchskaninchen	204
Der Preis der Schönheit	206
Gesund und schön grün	207
Natur – der wahre Luxus	209
Die kleine große Idee	211
Fakten statt Träume	213
Von Menschen und Kräutern	216
Alles Natur	219

SERVICETEIL

Kosmetikhersteller mit Bio-Sortiment	222
Die Öko-Inspirierten	223
Naturkosmetik	231
Die wichtigsten Siegel und Gütezeichen	243
Literatur und Links rund um Kosmetik	246

Inhalt

WOHNEN

Generation Ivar 251
Wohnen mit Seele 252
Einmal um die ganze Welt 255
Aus deutschen Landen........................... 257
Modell Ikea?..................................... 258
Die Öko-Designer 260
Amerika, du hast es besser 263
Das Holzschutzmittel sind wir................... 264
Möbel – so gut wie neu 270
Selber machen 271

SERVICETEIL

Möbelhersteller und -händler 274
Die »Konventionellen«.......................... 275
Die »Ökos« 278
Baumärkte und Heimwerkerbedarf 283
Siegel und Gütezeichen der Möbelbranche 286
Siegel für Holz 289

DIGITAL LIFESTYLE

Telefonzellen statt Handys 295
Krieger, Zocker und Romantiker 296
Die Gift-Maschinen.............................. 297
Green my Apple.................................. 299
Green PC 301
Digitale Brasilianer 303
Gib mir Energie! 307
Megatrend »Green IT« 309
Warten auf das Modell 1.0....................... 311

Die Windmacher 313
Das Öko-Handy 315
Mögliche Risiken.............................. 317
Das schwarze Geheimnis 319
Saubere Arbeit................................ 321

SERVICETEIL

   Computerhersteller........................... 324
   Handy-Hersteller und Netzbetreiber............. 331
   Literatur und Links rund um
   Digital Lifestyle............................. 336

REISEN

Die Jagd nach dem Paradies 339
Wir Reiseweltmeister........................... 341
Gute Vorsätze................................. 342
Anders reisen................................. 344
Ihre persönliche Reisestrategie................... 346
1. Wohin reise ich? 349
2. Wie komme ich dahin?....................... 351
3. Wie und wo wohne ich?....................... 372
4. Was mache ich da? 375

SERVICETEIL

   Klassische Reiseveranstalter 379
   Alternative Reiseveranstalter 381
   Weitere Anbieter und Portale.................... 384
   Unterkunft und Verpflegung.................... 389
   Reise-Gütezeichen – was bedeutet was? 392
   Literatur und Links rund ums Reisen............ 397

Inhalt

▪ GELD

Kennen Sie Holger? 403
Gutes Geld, schlechtes Geld 404
Geld ist Macht 405
Gutes Geld macht reich 408
Sicher ist sicher 411
Saubere Gewinne 413
Grüne Technologie 416
Banken mit Mehrwert 418
Akzentverschiebungen 420
Banken und Versicherungen als
Klimaschützer 423

SERVICETEIL

Ehrliche Banken 426
Literatur und Links rund ums Geld 431

▪ ANHANG

Literatur und Links rund ums Shopping 435
Das konsumistische Manifest 455
Register 461

VORWORT
ZUR AKTUALISIERTEN
TASCHENBUCHAUSGABE

Shopping hilft die Welt verbessern? Wie soll das denn gehen, werden sich einige Leser fragen. Ist Shopping nicht gerade der Inbegriff verantwortungslosen Konsumdenkens? Beim Thema Shopping denken viele an prallvolle Einkaufstüten (aus Plastik) und Dinge, die der Mensch nicht braucht. Doch was und wie wir einkaufen, ist wichtiger, als man denkt. Wir haben die Macht, mit der Wahl bestimmter Produkte auch eine bestimmte Art des Wirtschaftens zu unterstützen: eine, die auf den Erhalt der Umwelt achtet, auf die korrekte Entlohnung und Behandlung der Mitarbeiter, auf gesellschaftliches Engagement. Und wir können mit einem veränderten Konsumverhalten ein deutliches Zeichen für mehr Klimaschutz setzen. Wenn Sie wissen wollen, wie Sie dazu beitragen können, ist dieses Buch genau das richtige für Sie.

Der Einkaufsführer ist in acht Kapitel unterteilt. In der Einführung (»Packen wir's ein«) lesen Sie, wie das neue Konsumdenken heute schon beginnt, die Welt zu verändern. Große Konzerne fangen an, sich auf die Wünsche ihrer umweltbewussten und sozial orientierten Kunden einzustellen. Designer und junge Firmengründer bringen Produkte auf den Markt, die sowohl ethisch-ökologischen als auch ästhetischen Anforderungen genügen. Die Zeit, in der Konsumbewusstsein vor allem Verzicht bedeutete, ist vorbei.

Vorwort

Die weiteren sieben Kapitel sind nach Branchen sortiert: Ernährung, Mode, Kosmetik, Wohnen, Digital Lifestyle, Reisen und Geld. Jedes Kapitel beginnt mit einem Report, der die speziellen Probleme und Chancen für ethisch-ökologisches Wirtschaften in der jeweiligen Branche untersucht. Wie kann eine gesunde Lebensmittelproduktion aussehen? Gibt es umweltschonende Materialien und Fertigungsweisen für die Mode-, Möbel- und Computerindustrie? Was ist mit den Arbeitsbedingungen? Wie viel Chemie gehört in Ihre Kosmetik? Am Ende jedes Kapitels finden Sie jede Menge Service: konkrete Einkaufstipps, weiterführende Links und Bücher, Informationen über die wichtigsten Gütesiegel und Zertifikate, an denen Sie empfehlenswerte Produkte erkennen.

In den Kapiteln »Reisen« und »Geld« geht dieser Einkaufsführer über das Shopping-Erlebnis hinaus. Ich habe in vielen Gesprächen mit potenziellen Leserinnen und Lesern erfahren, dass das Informationsbedürfnis auch in diesen Bereichen groß ist. Eine junge allein erziehende Mutter, die für ihren dreijährigen Sohn nur noch »Bio« kauft und wenig Zeit hat, sich durch das riesige Angebot der Reiseveranstalter zu arbeiten, wünscht sich Anregungen für »sanften Tourismus« – für einen Urlaub, der die Natur nicht zerstört und ihr ermöglicht, ihren gesunden Lebensstil auch in der Ferienzeit zu pflegen. Eine ehemalige Kollegin erzählte mir, wie sie in ihrer Bank nach Möglichkeiten fragte, Geld nach ethischen Gesichtspunkten anzulegen. Sie erntete eine Mischung aus Ratlosigkeit und Spott. »Sie können es doch spenden«, war die Antwort. Im Kapitel »Geld« dieses Buches lesen Sie, wie Sie Ihr Geld anlegen und mit gutem Gewissen vermehren können.

Dieser Shopping-Guide soll nicht nur Tipps für umwelt- und sozial bewusstes Einkaufen geben, sondern auch Firmen und Hersteller ermuntern, ihr Angebot zu erweitern. Im ganzen

Land gibt es heute beinahe täglich neue gute Ideen und Produkte, die in diesen Einkaufsführer passen würden. Natürlich kann es sein, dass ich einige davon bei der Recherche übersehen habe. Ich würde mich sehr freuen, wenn Sie sich mit entsprechenden Hinweisen und Anregungen direkt an mich wenden würden, damit die nächste Ausgabe noch dicker wird. Bitte schreiben Sie an meine E-Mail-Adresse *shoppinghilft@web.de*

Danken möchte ich Anne C. Kunze für unermüdliche Recherchen und Tipps. Und meiner wunderbaren Frau Frances und meiner Tochter Yannah Wolke für ihre Liebe und Geduld.

März 2008 *Fred Grimm*

PACKEN WIR'S EIN

Grüner wird's nicht

Manchmal fragt man sich, ob das alles wahr sein kann: Bio-Kartoffeln bei Aldi, Biomilch bei Plus, Bio-Cola in der Szene-Bar. Die Kantine serviert Currywurst »aus artgerechter Tierhaltung«. Man findet Ökomode bei H&M und C&A. Bei Douglas steht Naturkosmetik aus Hand gezupften Rosenblättern im Regal. Fleurop verschickt »klimaneutrale« Blumensträuße. Greenpeace kämpft mit Uschi Glas und der »Bild-Zeitung« gegen den Klimawandel. McDonalds verkauft Fairtrade-Kaffee. Coca-Cola und der WWF schützen gemeinsam Süßwasserreservate in Kanada. 150 Konzerne von Nike bis Shell fordern in einer Erklärung Gesetze für mehr Klimaschutz. Öko-Filme kriegen Oscars. Und auf der Internationalen Automobilausstellung in Frankfurt sind so viele umweltfreundliche Prototypen zu sehen, dass sie beim nächsten Mal wohl »Grüne Woche« heißt.

Plötzlich sind alle »Öko«. Automanager, TV-Sternchen, Ölkonzerne, Supermärkte und natürlich auch die Bundeskanzlerin. Es gibt kein Entrinnen. Der einstige Kampfbegriff, der fanatische Latzhosenträger vom lebensfreudigen Teil der Menschheit separieren sollte, klingt plötzlich nach Verantwortung für die Welt, nach Wissen, Gesundheit, Alltagsluxus und Genuss. Vor allem in Verbindung mit Dingen, die wir kaufen können. Das Label »Öko« ist ein Versprechen, dass wir Konsumkinder (»Ich bin doch nicht blöd«) tatsächlich nicht blöd sind. Dass uns kurz vor der Klimakatastrophe doch noch einfällt, wie wir die Erde bewahren statt sie zu zerstören. Dass wir lernen wollen, wie wir uns ernähren und kleiden, wie wir arbeiten, reisen und unser Geld anlegen können, ohne dass es die Welt kosten muss. Nach jüngsten Umfragen wollen mittlerweile 70 Prozent aller Deutschen wissen, wie viel Kohlendioxid bei der Herstellung und dem Transport eines Produkts anfällt. Drei Viertel der Befragten erklärten, sie würden den klimafreundlicheren Artikel bevorzugen und dafür – zur Not – auch mehr bezahlen.

Jute statt Plastik

Ende der Siebzigerjahre startete die Aktion »Jute statt Plastik«. Die jung Gebliebenen Leserinnen und Leser werden sich bestimmt noch dran erinnern. Damals lernte ich im Konfirmandenunterricht, dass unsere Welt eine bessere wäre, wenn alle Menschen für 1,50 Mark eine Jute-Tasche kauften, die Frauen aus Bangladesch für uns genäht hatten. Die hellbraunen Taschen waren die ersten stillen Boten der Fairtrade-Idee: direkter Handel mit Produzenten in den Entwicklungsländern, denen man Garantiepreise über dem Weltmarktniveau zahlt. Ein Teil der Gewinne geht an Bildungs-, Gesundheits- und Sozialprojekte. Insgesamt kaufte ich sieben Stück. Schauderhafte Teile, die beim fünften Tragen rissen und bei Regen stanken wie nasser Hund. Die Kampagne hat sich trotzdem in mein Gedächtnis gebrannt. Zum ersten Mal hatte ich das Gefühl, dass das Was, Wo und Wie meines Konsums etwas mit der Art und Weise zu tun hat, wie unsere Welt funktioniert. Dass unser

Jute statt Plastik

verschwenderischer Umgang mit Ressourcen wie Öl, aus dem man Plastik gewinnt, und unsere Haltung gegenüber der Dritten Welt miteinander zusammenhängen. Und, nicht zuletzt, dass ein politisch sinnvoller Gedanke niemals dauerhaft Erfolg haben wird, wenn man ihn auf einer Tasche spazieren trägt, die aussieht wie ein überfahrener Kartoffelsack. Trotz fünf Millionen verkaufter Jute-Taschen wurden am Ende der Aktion in Deutschland so viele Plastiktüten verteilt wie nie zuvor.

Ethischer Konsum entstand Ende der Siebziger-, Anfang der Achtzigerjahre aus dem Geiste der Konsumverweigerung. Genuss oder Stil spielten keine Rolle. Klaglos trank man den bitteren Solidaritätskaffee aus Nicaragua und nahm hin, dass man mit der fair gekauften, kreischbunten Indiomütze aussah wie ein Blumentopf, der vom Balkon gefallen war. Wer damals ein guter Mensch sein wollte, kaufte selbst Gemachtes oder spuckte – wie die Punks – der Konsumgesellschaft seine Verachtung ins Gesicht. Motto: »Ich kaufe, also bin ich ein Schwein.«

Die Kinder der Achtziger- und Neunzigerjahre wuchsen mit zwei widersprüchlichen Botschaften auf: dem Rausch der Oberfläche und der Sehnsucht nach Tiefgang und Moral. Die Puppen, die Anfang der Achtzigerjahre mit ihren Föhnfrisuren, Karoschals, Karottenjeans und Trenchcoats angaben, waren Vorboten eines Konsum-Narzissmus, bei dem nichts so sehr zählt wie das richtige Label zur richtigen Zeit: »Ich kaufe, also bin ich.« Ihre direkte Gegenbewegung, die Alternativen, kultivierte den Verzicht auf Körperpflege als Waffe im politisch-kulturellen Kampf. Allein die inneren Werte zählten. Ihr parlamentarischer Arm, die Grünen, leistete apokalyptische Konsumkritik und präsentierte sich vorzugsweise im Selbstgestrickten, mit wallenden Röcken oder fleckigen Jeans. Überall lauerten Gefahren: Chemie im Essen und in der Kleidung, giftige Dämpfe aus dem Kinderbett, mit Waschpulver und Putzmitteln getränkte Abwässer, die unsere Flüsse ermordeten, mit allem, was darin schwamm. Auf sonderbare Weise scheinen sich beide Großströmungen – die Popper und die Apokalyptiker – gerade zu etwas ganz Neuem zu vereinen.

Wir LOHAS

Der Begriff kommt aus den USA, klingt auf Deutsch ein wenig schlaff, aber die Trendforscher haben sich längst draufgestürzt: Die LOHAS sind da. LOHAS steht für »**L**ifestyle **O**f **H**ealth **A**nd **S**ustainability« und beschreibt laut www.lohas.com Menschen, die »gesund leben und sich persönlich weiterentwickeln wollen sowie für Umweltschutz, Nachhaltigkeit und soziale Gerechtigkeit eintreten«. Eine Studie des Münchener Burda-Verlags malt für Deutschland das Bild einer 3,67 Millionen Menschen starken Gruppe, die den »hybriden Lifestyle« lebt: technikaffin und naturverbunden, genussvoll und gesund, modern und wertebewusst, anspruchsvoll aber ohne Statusluxus, selbstbezogen und gemeinsinnorientiert, realistisch und spirituell. Eine gut ausgebildete, konsumfreudige Schar, eher weiblicher Gutverdiener. Menschen, die beim Wort »Grünanlagen« nicht zuerst an Rasen denken, sondern an Windkraftfonds.

Die LOHAS sind mitten unter uns, sie würden sich nur nie so nennen, denn bis auf das Bio-Siegel hassen sie Etiketten. Die LOHAS stecken voller Widersprüche. Sie machen Fastenkuren – wegen des »guten Gefühls« – und lieben es zu schlemmen. Sie shoppen gern – und hassen Verschwendung. Sie sind die neue Verbrauchermacht, denn LOHAS kaufen nicht einfach irgendwas. Auf der BioFach in Nürnberg, der größten Messe für Öko-Lebensmittel und Naturkosmetik, blickt man jedes

Jahr im Februar in strahlende Gesichter. Denn während der gesamte Einzelhandel in Deutschland stagniert, freut man sich hier über Gewinnsteigerungen im zweistelligen Bereich. Der Umsatz mit Bio-Lebensmitteln – die klassische Einstiegsdroge der LOHAS – durchbrach 2007 erstmals die Fünf-Milliarden-Euro-Grenze. Vor zwei Jahren hatte Trendforscher Matthias Horx auf der BioFach eine blühende Zukunft für alle entworfen, die mit den Bedürfnissen der LOHAS Geld verdienen: »Wer sich für gesunde Ernährung interessiert, interessiert sich auch für gesunde Kosmetik oder gesundes Wohnen. Die LOHAS sind offen für neue Technik, familienorientiert und lieben die Natur. Sie sind die Avantgarde des Konsums.«

Man trifft die LOHAS aber nicht nur im Bio-Supermarkt. Ihre Autos fahren schadstoffarm oder mit Hybridmotor. Sie trennen ihren Müll. Ihre Ferienhäuser, wenn sie sich die leisten können, verfügen über Regenwasseraufbereitungsanlagen und Photovoltaik auf dem Dach. Sie machen Yoga – nicht täglich, eher so alle zwei Wochen –, ohne deshalb gleich in orangefarbenen Gewändern durch Fußgängerzonen zu tanzen. Wenn die LOHAS lesen, dass ein großer Sportartikelkonzern seine Waren zu Hungerlöhnen nähen lässt, tauschen sie ihre Laufschuhe um. Der Klimawandel macht ihnen Sorgen. Sie haben ihre persönliche CO_2-Bilanz durchgerechnet, waschen ihre Wäsche nur noch bei 30 Grad und haben an ihre Hausverwaltung geschrieben, um eine bessere Wärmedämmung durchzusetzen.

Politaktivisten sind sie angeblich nicht. »Früher solidarisierte man sich und versuchte gemeinsam etwas zu verändern. Heute kauft man stattdessen ein T-Shirt der Marke American Apparel«, beobachtet der Hamburger Trendforscher Peter Wippermann etwas abfällig mit Blick auf die jüngeren LOHAS. Die rasant wachsende Modefirma produziert »Sweatshop-free« in Los Angeles und bezahlt ihren größtenteils mexikanischen

■ PACKEN WIR'S EIN

> ### Wie LOHAS sind Sie?
>
> LOHAS heißt »Lifestyle of Health and Sustainability« und bezeichnet Menschen, die gesund leben und sich persönlich weiterentwickeln wollen sowie für Umweltschutz, Nachhaltigkeit und Gerechtigkeit eintreten. Wenn Sie zu mehr als sechs der folgenden Sätze »Ja« sagen, gehören auch Sie dazu.
>
> ▶ Ich kaufe lieber im Bio-Supermarkt ein, wenn ich es mir leisten kann.
> ▶ Ich würde nie Fleisch- oder Tierprodukte kaufen, wenn die Tiere nicht artgerecht gehalten werden.
> ▶ An meine Haut lasse ich nur Kosmetik aus der Natur.
> ▶ Ich will wissen, wie die Kleidung produziert wird, die ich kaufe.
> ▶ Umweltschutz ist mir wichtig, Ästhetik und Qualität aber auch.
> ▶ Ich versuche, gesund zu leben und auf meinen Körper zu achten.
> ▶ Ich umgebe mich gern mit Materialien, die Design und Natur verbinden, zum Beispiel bei den Möbeln.
> ▶ Ich interessiere mich für umweltfreundliche Autos.
> ▶ Wo es geht, versuche ich Fairtrade-Waren zu kaufen, um Produzenten in der Dritten Welt direkt zu unterstützen.
> ▶ Ich möchte meinen Kindern eine gesunde Welt hinterlassen.

Angestellten Englisch-Kurse und überdurchschnittlich hohe Löhne. Motto: »Fuck the brands that are fucking the people.« Die Anzeigenkampagnen für American Apparel zeigen verwuschelte Jungmänner mit freien Oberkörpern und selbstbewusste attraktive Frauen, die schauen als hätten sie gerade etwas sehr Schönes erlebt. American Apparel verkauft simple, bunte T-Shirts, Sweater, Badekleidung, Socken oder Slips, aber, so schreibt Oliver Gehrs in »Brandeins«: »Im Grunde genommen ist bei American Apparel alles Unterwäsche«. »Highly oversexed«, rüffelt eine amerikanische LOHAS-Freundin von mir, die gern darauf hinweist, dass die Modefirma mit dem underdog-Image Ende 2007 für 244 Millionen Dollar von einem Hedge-Fonds übernommen wurde.

Es ist nämlich alles nicht so einfach mit dem Konsum für eine bessere Welt, grad für LOHAS nicht, die über die Produkte, die sie kaufen sollen, mehr erfahren wollen als nur den Preis.

Produkte mit Geschichte

Wenn ich ehrlich bin, war es ein ziemlich dämlicher Kauf. Mein neues Telefon ist sauschwer und die Wählscheibe ist so praktisch wie eine Kohleheizung. Bei Gesprächen ins Ausland verwähle ich mich grundsätzlich bei der vorletzten Nummer und kann dann wieder von vorn anfangen. Früher haben es wenigstens noch die Freunde meiner kleinen Tochter geliebt. Wahrscheinlich erinnerte sie der Apparat »W 48« von Manufactum an ein Spielzeugtelefon. Aber auch Kinder werden älter und klüger.

Der Manufactum-Kosmos, der sich zweimal jährlich auf beinahe 400 Katalogseiten entfaltet, hat einen ganz eigenen Zauber. »Es gibt sie noch, die guten Dinge«, lautete früher mal der Werbespruch. Wenn man überhaupt von Werbung sprechen kann. Denn eigentlich »wirbt« Manufactum nicht für seine 8500 Produkte, sondern erzählt ihre Geschichten. Auf dass wir mit dem Kauf ein Teil dieser Geschichte werden. Darf ich mal etwas länger aus dem Katalog zitieren? Es geht um einen Stuhl: »Die Jasper Seating Company Inc. wurde 1929 im südlichen Indiana gegründet, einer Gegend, in der sich ihres Waldreichtums wegen im 19. Jahrhundert deutsche Tischler ansiedelten und das Zentrum handwerklichen Möbelbaus in den USA begründeten. Jasper unterhält einen eigenen Nutzwald, seine eigene Sägemühle und ist stolz auf seine Holz-Dampfbiegetechnik. Das berühmteste Jaspermodell ist der Stuhl 980, ein imposanter Armlehnstuhl mit Wippmechanik: Richter und Geschworene des amerikanischen Gerichtswesens nehmen traditionell darin Platz. Außer in Gerichtssälen sind Jasper Chairs auch in amerikanischen Bibliotheken so verbreitet, dass sie in den USA oft ›Library Chairs‹ genannt werden.«

Sehen Sie auch den Film vor Ihrem geistigen Auge? Bärtige Holzfäller in rauschenden Wäldern, Werkstätten im Nebel der »Holz-Dampfbiegetechnik«, Gerichtsverhandlungen mit schleimigen Anwälten, verwirrten Geschworenen und gütigen Richtern? Ganz zu schweigen von den Bibliotheken, in denen Detektive oder Journalisten auf Jasperstühlen sitzen, um dunklen Geheimnissen auf die Spur zu kommen.

Rasierpinsel »aus Büffelhorn«, der italienische »Casabella Wischer« (»seit 1954«), Opalglasleuchten in Tropfenform »von Wilhelm Braun-Feldweg«, Schaftstiefel aus »Bergschuhleder« – im Manufactum-Katalog lesen wir Kurzromane aus der Warenwelt. Statt »Preiset den Herrn« heißt es »Preiset die Handwerkskunst«, aber die Andacht ist ähnlich. Es ist kein geringer Verdienst der Manufactum-Jünger, dass irgendwo in Wien ein wundervoller Glasbläsermeister seine Werkstatt halten kann oder eine Düsseldorfer Rahmenmanufaktur gerade ihren dritten Frühling erlebt. Die Idee des guten, wenn auch ziemlich teuren Konsums in der an sich verwerflichen Konsumgesell-

> **Zum Beispiel Manufactum**
>
> Deutsches Versandhaus aus Waltrop in Westfalen. Motto: »Es gibt sie noch, die guten Dinge.« In der Selbstdarstellung heißt es: »Wir haben uns vorgenommen, Dinge zusammenzutragen, die in einem umfassenden Sinne ›gut‹ sind, nämlich nach hergebrachten Standards arbeitsaufwendig gefertigt und daher solide und funktionstüchtig, aus ihrer Funktion heraus materialgerecht gestaltet und daher schön, aus klassischen Materialien (Metall, Glas, Holz u. a.) hergestellt, langlebig und reparierbar und daher umweltverträglich.« 8500 Produkte bietet Manufactum mittlerweile an. Etwas pikiert lasen Manufactum-Jünger Ende 2007, dass die Firma vom Versandhaus Otto übernommen wurde. Die meisten erfuhren erst dabei, dass Otto bereits seit zehn Jahren die Hälfte der Anteile besaß.

schaft erlebt hier ihren wertkonservativen Triumph. Doch der Erfolg von Manufactum hat nicht nur mit dem Wunsch nach langlebigen Qualitätsprodukten zu tun, sondern auch mit unserer Sehnsucht nach Nähe und Authentizität.

Prada unterm Apfelbaum

Wenn ich mich in meinem Bekanntenkreis umsehe, gibt es kaum noch jemanden, der etwas mit seinen Händen produziert. Telefonieren oder auf eine Tastatur hacken zählt nicht. Der »Bäcker« von nebenan schiebt nur noch Fertigteig in den Ofen. Selbst die Kassiererin tippt die Preise nicht mehr direkt ein, sondern zieht Barcodes am Lesegerät vorbei. Wir haben den Lebenszyklus der Dinge – vom Rohstoff zum fertigen Produkt – aus den Augen verloren. Wir sehen nur noch den Preis, aber keine Geschichte mehr. Wir müssen uns nicht mehr anstrengen, um etwas zu bekommen, also schwitzen wir im Fitness-Studio. Viele machen Kochkurse, um wieder ein Gefühl für die Welt der Lebensmittel zu bekommen. Eine Freundin von mir, Britta, fährt jedes Wochenende mit ihren beiden Söhnen aufs Land, und kauft im Hofladen Obst, Gemüse, Eier und Fleisch. »Ich möchte einfach wissen, woher die Sachen kommen, die ich esse.« Es muss ein seltsamer Anblick sein: Britta, die ohne ihren Blackberry nicht mal aufs Klo geht, wie sie mit ihren Prada-Sportschuhen über die Wiese läuft, um ihren Kindern einen Apfelbaum zu zeigen. Manchmal dürfen die beiden Jungs die Eier sogar selbst einsammeln, was dramatische Folgen für den Speiseplan der Familie hatte. Ihre geliebten krossen Brathühner muss Britta jetzt immer heimlich essen.

Natürlich war die Hoch-Zeit der deutschen Handwerkskunst und Bauernherrlichkeit auch ein bisschen Hölle. Organisiert in Gilden und Zünften, diktierten sie die Preise und bestimmten, wer ihre Kunst überhaupt ausüben durfte. Es ist gerade mal ein langes Menschenleben her, da wuchsen in Deutschland Kinder heran, die bis zu ihrem 20. Geburtstag nicht ein Mal Butter gegessen oder frische Milch getrunken hatten, weil sich das kein Arbeiter leisten konnte. Wer glaubt, dass früher die Tischler besser waren, hat niemals auf einer der wackeligen Eckbänke gesessen, wie sie in Normalmensch-Küchen standen. Gegen das, was manche Fleischermeister in ihre Sülze rührten, sind die Gammelfleischskandale von heute allenfalls kleine Appetitverderber.

Und doch rührt der sanft gestrige Manufactum-Zauber – »Es gibt sie noch, die guten Dinge« – auch mich. Ich habe mir sogar ein Paar Brütting-Straßenlaufschuhe geholt und einem Nachbarsjungen den original Manufactum-Fußball aus echtem

Leder zum Geburtstag geschenkt. Der sieht aus, als hätte damit schon Fritz Walter Freistoßtricks probiert. »Cooles Teil«, meinte der Nachbarsjunge nur, nachdem er den Ball zum ersten Mal auf den Bolzplatz mitgenommen hatte. »Aber der von Adidas fliegt geiler.«

Von Efeu und Utopia

Was machen Individualisten wie wir, wenn uns etwas wirklich wichtig ist? Wir bilden Netzwerke, am besten im Internet, oder wir bloggen gleich in die digitale Welt heraus, was uns begeistert, was wir uns wünschen und was wir fürchten. Spätestens seit Al Gores Erweckungsdokumentation im Kino und der UN-Klimabericht in den Medien einem so richtig klargemacht haben, wie es um unsere Erde steht, sind im Netz zahllose Seiten entstanden, auf denen sympathische Menschen darüber schreiben, wie sie mit ihrer Art zu leben die Welt retten wollen. Oder sie wenigstens ein kleines bisschen besser, grüner und sozialer machen. In toll gemachten Blogs wie karmakonsum, Konsumguerrilla, nachhaltigbeobachtet.ch, vital-genuss oder luluaslifestyle.blogspot.com findet man Nachrichten über neue Biobaumwolljeans ebenso wie Studien zum Klimawandel, zu nachhaltiger Unternehmensführung, Einkaufs- und Energiespartipps oder Liebeserklärungen an kleine Ökodesigner (ein ausführliches Verzeichnis finden Sie im Anhang des Buches).

Mit einem einfachen Blog würde sich die Münchenerin Claudia Langer nie zufriedengeben. Für die Rettung des Planeten setzt sie auf ihre in vielen Jahren als Werberin geübten Propaganda- und Kommunikationskünste. Wer Burger King oder MTV »verkaufen« kann, schafft das vielleicht auch mit Klimaschutz oder »strategischem Konsum«, der Leitidee ihrer

Ende 2007 gestarteten Webseite utopia*. Claudia Langer und ihr Mann Gregor Wöltje hatten gemeinsam die Werbeagentur »Start« aufgebaut und profitabel verkauft. Die nächsten beiden Jahre verbrachten sie damit, ihren Traum vom Ökohaus für sich und ihre drei Kinder zu verwirklichen. Mit ihrem Perfektionismus haben sie den einen oder anderen Ökobau-Experten – und sich selbst – an den Rand eines Nervenzusammenbruchs getrieben. Welches Material ist das beste für die Außenwand? Wie dämmt man richtig? Wie heizt man? Muss man überhaupt heizen, wenn man ökologisch korrekt baut? Und geht vielleicht auch ein Swimmingpool im Keller? Das Haus, das schließlich gebaut wurde, ist eine interessante Mischung aus beiden Persönlichkeiten, eine Art futuristischer Riesenhütte aus Kupfer und Holz; charmant, gemütlich und kühl zugleich.

Mit ihrem Projekt utopia, einer Mischung aus Stiftung, Web-Community und Aufklärungsorgan, wollen Claudia und Gregor zeigen, dass es möglich ist, die Welt durch Konsum zu verändern. Tatort-Kommissar Alex Milberg, ein Freund der Familie, formulierte das Credo der Website in seinem Videoblog zum Start von utopia: »In fast allen Bereichen haben wir heute die Wahl: Produkte, die sauber hergestellt werden. Die fair gehandelt und umweltgerecht entsorgt werden können. Die Frage dabei ist: Wo fange ich an? Ich will mein Leben heute genießen. Aber nicht auf Kosten von morgen. Und dabei soll mir utopia helfen. Mit konkreten Ansagen und praktischen Tipps.«

Neben Milberg versammeln sich auf der Site Prominente (z. B. Sandra Maischberger), Unternehmer (Basic-Mitbegründer Georg Schweißfurth) oder Experten wie die vom Freiburger Öko-Institut. Und viele, viele Normalos, die sich fragen, wie sie

---

* Aus Gründen der Transparenz: Ich habe das Projekt utopia in einem frühen Stadium als Mitarbeiter begleitet und bin daher wohlwollend voreingenommen.

Von Efeu und Utopia

Leben und Öko-Streben vereinen können. Mittelfristig, so der Traum der Utopisten, soll die über 12 000 Menschen (Stand: März 2008) starke Web-Gemeinde Druck auf Unternehmen ausüben, umweltfreundlich und fair zu produzieren. Eine Art Marktmacht von unten.

Der Soziologe Ulrich Beck hat dafür die Idee von der »Abstimmung an der Supermarktkasse« formuliert, bei der die globale Konsumentenmacht globale Konzerne für ihre Praktiken belohnen oder »abwählen« kann. Nach »Ich kaufe, also bin ich ein Schwein!«, »Ich kaufe, also bin ich!« heißt es jetzt: »Ich kaufe, also bin ich der Bestimmer!«

Ähnliche Ziele wie utopia, aber mit anderen Mitteln verfolgt das Hamburger Projekt »ivyworld«[*] (»ivy« wie »Efeu«) mit Website und Zeitschrift, von der bei Redaktionsschluss des Buches noch nicht klar war, ob sie regelmäßig erscheinen wird. Die Chefredakteure Alex Boeker und Michalis Pantelouris kommen eher aus der klassischen Männerecke, in der die Sonntagsplanung schon mal nach dem Sendetermin der Formel-1-Übertragung ausgerichtet wird. Aber als beide Vater wurden, registrierten sie, wie sich ihr Blick auf die Welt allmählich veränderte: Welche Welt hinterlassen wir eigentlich mal diesen zerbrechlichen Wesen? Was werden wir antworten, wenn die Kinder später fragen, wie das damals war, als man den Klimawandel noch hätte stoppen können? Mit ivyworld bzw. der Zeitschrift IVY, die im Verlag Burda erscheint, versuchen Boeker und Pantelouris einen Spagat: »Lifestyle für eine bessere Welt«, Genuss, Glamour und grünes Bewusstsein vereint, ein bisschen à la Porsche mit Elektromotor. Aufklärung und Entertainment für die gute Sache.

Spannend an utopia und ivyworld ist, dass sie für mehr

---

[*] Auch hier aus Gründen der Transparenz: Zum Zeitpunkt des Redaktionsschlusses war ich bezahlter Mitarbeiter von IVY und ivyworld.

stehen als für einen kurzfristigen Medienhype. Sie stehen für einen tiefen Bewusstseinswandel mit ökorevolutionärem Potenzial. Die Hoffnung, dass wir die Konzerne wirklich zum Umlenken bringen können, weil sie uns als Kunden nicht verlieren wollen. Im »Spiegel« beschreibt der Kulturwissenschaftler Nico Stehr seine Vison von der »Moralisierung der Märkte«: »Dadurch ergibt sich eine Veränderung der Machtbalance am Markt. Die Bedeutung der Konsumenten im Vergleich zu den Produzenten wird größer.« Die italienische Unternehmensberaterin Simonetta Carbonaro, die Psychologie und Arbeitswissenschaften studiert hat, ergänzt: »Ich bin davon überzeugt, dass es sich um eine tief soziokulturelle Entwicklung handelt, nicht nur um eine Laune. Die Konsumenten haben verstanden, dass es organische und systematische Zusammenhänge gibt, zwischen dem, was auf dem Teller landet, und dem, was mit der Welt passiert. Nach Value for Money und Value for Time kommt jetzt Value for Meaning.« In naher Zukunft werde kein Unternehmen mehr akzeptiert, das es nicht schafft, ihren Kunden eine komplette Ökobilanz ihrer Produkte vorzulegen.

Marken sind verwundbar

Die neue Gegenöffentlichkeit im Netz macht die Sache für unethisch produzierende Firmen schon jetzt immer schwerer. Irgendwann kommt alles raus. Ob Kinder Fußbälle zusammennähen, Textilarbeiterinnen wie Sklavinnen gehalten werden, Getränkekonzerne Grundwasservorräte aufbrauchen, Autohersteller bei Schadstoffangaben schummeln, Computerfabriken die Umwelt verpesten oder Supermarktketten Gammelfleisch verkaufen – irgendwann kriegt es jemand heraus, und dann wissen es bald alle. »Die Welt ist transparent geworden«, erklärt

John Mackey, Mitbegründer der Bio-Supermarktkette Whole Foods Market aus den USA, in der Zeitschrift »Fast Company«. »Man kann sich nicht mehr in seiner Führungsetage verschanzen. Informationen verbreiten sich immer schneller. Es ist besser, gleich so zu arbeiten, dass man nichts zu verbergen hat.«

Doch das ist leichter gesagt als getan. In der globalisierten Wirtschaft geht es um möglichst hohe Profite bei möglichst geringen Kosten, das ist ihr Wesensgesetz. Kein Manager wird dafür bezahlt, dass er die Umwelt schont und besonders hohe Löhne zahlt. Allerdings sind die großen Konzerne mächtig und verwundbar zugleich. Schätzungen zufolge macht der Markenwert von Firmen wie Nike, McDonald's oder Coca-Cola 70 Prozent des gesamten Unternehmenswertes aus. Ohne den Namen Coca-Cola wäre das Getränk nur eine dunkle, süße Plörre, ohne Nike-»Swoosh« wäre es einfach nur ein Plastikschuh. Marken sind Mythen, und die Unternehmen geben Milliarden aus, um diese Mythen in unser Bewusstsein zu bringen.

Marken unter Druck

Nike kam in den 90er-Jahren ins Gerede, weil in indonesischen Fabriken, in denen für die Sportartikelfirma produziert wird, unzumutbare Arbeitsbedingungen herrschten. Coca-Cola bekam Probleme, weil der indische Ableger des Softdrink-Konzerns mit seinen Anlagen die Grundwasservorräte in trockenen Zonen gefährdete. McDonald's litt unter dem erfolgreichen Dokumentarfilm »Supersize Me«, in dem sich der Hauptdarsteller einen Monat lang ausschließlich bei McDonald's ernährte – und seine Gesundheit ruinierte. Ein paar Beispiele von vielen.

Mitte der Neunzigerjahre tauchten Berichte über die Zustände in den asiatischen Fabriken auf, in denen Nike Turnschuhe und Sportbekleidung fertigen ließ. Reporter und Menschenrechtsorganisationen schilderten, wie Textilarbeiterinnen bei mieser Luft in düsteren Hallen schufteten – unterbezahlte, rechtlose Sklaven unserer Konsumgesellschaft.

Viel zu lange ignorierte Nike die Berichte. Erst als der Aktienkurs einbrach und immer mehr Menschen die Marke boykottierten, führte das Unternehmen einen Verhaltenskodex ein, an den sich alle Zulieferer halten müssen. Bis der dann ordentlich überprüft wurde, dauerte es noch eine Weile. Nach Jahren der Geheimniskrämerei veröffentlicht Nike inzwischen eine komplette Liste aller Zulieferer im Internet und lässt unabhängige Kontrollen zu. Ist jetzt alles gut? »In einem Viertel der Fabriken« gibt es noch immer »Probleme«, erklärt Nike-Boss Phil Knight. »Wir arbeiten dran.«

In einer Umfrage haben Konsumenten aus Europa erklärt, was ihnen beim Einkaufen wichtig ist: 77 Prozent der Befragten wünschen sich, dass die Firmen, deren Waren sie kaufen, die Sicherheit und Gesundheitsvorsorge ihrer Angestellten gewährleisten. 72 Prozent legen Wert auf die Achtung der Menschenrechte in den produzierenden Ländern, 68 Prozent auf Umweltschutz und ebenso viele auf faire Handelsbeziehungen zwischen Rohstofflieferanten, Zulieferfirmen und ihren Auftraggebern.

Auf dem Prüfstand

Seit 2004 prüft die Stiftung Warentest nicht nur die technischen Standards von Produkten und Dienstleistungen, sondern auch die »Unternehmensverantwortung für Umwelt und Soziales«. Gemeinsam mit Gewerkschaften, Wirtschafts- und

Umweltverbänden hat die einflussreichste deutsche Verbraucherorganisation einen Kriterienkatalog entwickelt, der den geprüften Unternehmen per Fragebogen zugestellt wird. Die Unternehmensangaben werden von unabhängigen Kontrolleuren überprüft. Bisher kommt der Faktor Unternehmensverantwortung erst bei einigen wenigen großen Tests ins Spiel. Doch nicht alle Firmen lassen sich in die Karten schauen. Bei einer Untersuchung von Spielzeug aus China, erlaubte keiner der großen Auftraggeber die Besichtigung seiner Zulieferfabriken. Für die »Stiftung Warentest«-Ausgabe zur Fußball-Weltmeisterschaft 2006 reisten Kontrolleure bis nach Thailand und Pakistan und kamen mit gemischten Gefühlen zurück. Die Arbeitsbedingungen in den Fabriken, die für Nike, Puma oder Adidas nähen, waren gut, fast besser als erwartet. Es gab sogar eine vernünftig ausgestattete Gesundheitsversorgung für die Näherinnen und Näher. Doch für einen in drei Stunden mühseliger Kleinarbeit zusammengenähten Fußball erhielten die Arbeiter im Schnitt nur 60 Cent. Wir bezahlen dafür 100 Euro.

Neben der Stiftung Warentest orientieren sich viele Konsumenten an den Erkenntnissen der Zeitschrift »Öko-Test«, bei der eher gesundheits- und umweltschädliche Aspekte im Vordergrund stehen. Dass ein negatives Urteil von »Öko-Test« ganze Produktlinien killen kann, zeigt die ganze Macht, die informierte Verbraucher inzwischen haben können. Greenpeace hat eine Seite mit ökologisch korrekten Einkaufstipps ins Netz gestellt. Rührige Vereine wie die Verbraucher Initiative informieren in ihren Branchenporträts über die Möglichkeiten nachhaltigen Konsums. »Die Menschen möchten sorgenfrei konsumieren und akzeptieren weder Missstände in den Produktionsstätten noch Umweltsünden«, erklärt Michael Otto vom gleichnamigen Versandhauskonzern, der dank seines ausgeklügelten Umweltmanagements regelmäßig glänzende

»Öko-Test«-Ergebnisse erzielt. »Die Unternehmen der Zukunft begreifen, dass Know-how und Macht auch Verantwortung mit sich bringen«, hofft der französische Designer Philippe Starck. »Sie behandeln ihre Käufer nicht mehr als Zielobjekt, sondern als Freunde.«

Profit und Moral

Natürlich ist in den Vorstandsetagen nicht plötzlich das Gutmenschentum ausgebrochen. Doch der »Bewusstlose Kapitalismus«, wie ihn die amerikanische Wirtschaftstrendforscherin Patricia Aburdene in ihrem Buch »Megatrends 2010« nennt, scheint tatsächlich gleich von drei Seiten her unter Druck zu geraten.

- ▶ Gut verdienende, Trends setzende Kunden wie die LOHAS, machen sich Gedanken über Umwelt und Ethik. Sie sind nicht mehr bereit, mit schlechtem Gewissen zu konsumieren.
- ▶ Die Öl- und Rohstoffpreise steigen dramatisch. Das lässt den Einsatz von alternativen Energien und Recyclingverfahren, ja: das Sparen generell, ökonomisch sinnvoll erscheinen. Zudem ahnen auch die Manager großer Konzerne – in Amerika spätestens seit dem Hurrikan Katrina –, dass am Klimawandel doch etwas dran sein könnte.
- ▶ Und da sind die großen Pensions- und Anlagefonds, die auf einmal nach der Nachhaltigkeit der Geschäftsstrategie fragen. Jahr für Jahr stellt die Schweizer Vermögensverwaltungsgesellschaft SAM ihr bang erwartetes »Sustainability Ranking« vor, das 1200 Firmen nach »weichen« Kriterien listet. Viele Großanleger richten ihre Investitionsstrategie

inzwischen danach aus. Ohne aussagefähigen Bericht über die Umwelt- und Sozialaspekte der Geschäftspolitik ist in naher Zukunft kein Platz mehr in den wichtigsten Aktiendepots der Welt. Die norwegische Regierung hat zum Beispiel einen Ethik-Berater eingestellt, der sich nur um die ökologisch-moralischen Aspekte bei den Geldanlagen des über 220 Milliarden Euro fetten staatlichen Pensionsfonds kümmert. Konzerne wie Boeing, der auch Rüstungsgüter verkauft, oder Wal-Mart, der wegen der schlechten Arbeitsbedingungen unter Druck geraten ist, flogen aus dem Portfolio.

Aber wie sieht er konkret aus, der »Bewusste Kapitalismus«, den Trendforscherin Patricia Aburdene als »spirituelle Wende« unseres Wirtschaftslebens ankündigt? Ganz optimistische Amerikanerin, erkennt sie ein unerklärtes Bündnis zwischen wertorientierten »neuen« Konsumenten und einem neuen Unternehmertypus, der über kurzfristige Profite hinausblickt. John Mackey, der 54-jährige Gründer der erfolgreichen amerikanischen Bio-Supermarktkette Whole Foods Market, ist so einer nach dem Geschmack von Miss Aburdene. Whole Foods Märkte sind wahre Lebensmittel-Kathedralen. Gebirge aus saftigen Äpfeln und Birnen, knackiges Gemüse, 600 verschiedene Käsesorten, 40 Olivenarten, duftende Holzfässer mit exotischen Tees und Kaffees, mehr als 50 Sorten Frischfleisch – der Anteil frischer Waren beträgt über 60 Prozent. Ein Drittel davon stammt aus kontrolliertem organischen Anbau, viele Produkte tragen das Fairtrade-Label. Dazu findet man zahllose Gesundheits- und Wellnessprodukte, in einigen Filialen verkauft Whole Foods schicke Öko-Mode und -Möbel.

Natürlich gibt es mittlerweile auch in Deutschland den ei-

> **Kapitalismus 2010**
>
> In ihrem Buch »Megatrends 2010« beschreibt die amerikanische Ökonomin Patricia Aburdene mehrere Wesenszüge des »Bewussten Kapitalismus«. Er soll die Zukunft unseres Wirtschaftssystems bestimmen. Auszüge:
> Der Bewusste Kapitalismus ist:
> 1. Von unten nach oben – eine breite Graswurzelbewegung für mehr Integrität im Wirtschaftsleben
> 2. Eine Geldmaschine – Motor für die Gewinne und Investitionen der Zukunft
> 3. Aktivistisch – ein Zusammenspiel zwischen nachhaltig orientierten Anlegern und Umweltorganisationen
> 4. Konsumorientiert – reflektiert und beeinflusst die veränderten Bedürfnisse der ethisch-ökologisch ausgerichteten Kundschaft
> 5. Spirituell – realer, ökonomischer Ausdruck einer neuen Wertordnung

nen oder anderen gelungenen Bio-Supermarkt, aber keiner folgt der ganzheitlichen Philosophie, die das amerikanische Milliarden-Unternehmen so besonders macht. Die deutsche »Lebensmittelzeitung« zählt staunend auf: Neun von zehn Whole-Foods-Mitarbeitern haben Fest-Verträge, über Neueinstellungen stimmt das Team gemeinsam ab. Die Gehälter sind transparent, von der Käsethekenkraft bis zum Topmanager kann jederzeit eingesehen werden, wer wie viel verdient. Regionalmanager bestimmen in Absprache mit ihren Teams, welche Produkte eingekauft werden. Eigenverantwortung ist alles. Fünf Prozent des höchsten Tagesumsatzes eines Jahres spendet Whole Foods Market für Tierschützer, Umweltbewegungen oder Entwicklungshilfe-Projekte. Das Unternehmen bietet örtlichen Schulen in der Bio-Diaspora Amerika an, die Schüler über nachhaltige Landwirtschaft zu informieren, und hat sogar ein Kartenspiel entworfen – mit Öko-Bauern als Superhelden.

Der neue Konsument

Vielleicht ist alles auch nur ein Traum. Vielleicht sind wir doch nur »alle Schweine«, wie die leider verblichene Frauenzeitschrift »Woman« mit ängstlichem Unterton fragte – und keine sensiblen, neuen Konsumenten, die beim Einkauf auch an Mutter Erde denken. Im Frühsommer 2006 erschien in der Wochenzeitung »Die Zeit« ein übellauniger Artikel, der es uns so richtig besorgte. »Selbst schuld!«, lautete die Überschrift, darunter stand: »Ob Niedriglöhne, Stellenabbau oder Umweltzerstörung. Was uns als Bürger empört, fördern wir als Kunden.« Beim Einkaufen sind uns alle Werte egal. Wir wollen es billig und schnell, ermattet von einer bösen Welt, die wir sowieso nicht ändern könnten. Bernhard Plötter hat gleich ein ganzes Buch zum Thema geschrieben. »König Kunde ruiniert sein Land«, schimpft er. 60 Prozent unserer Umweltschäden gingen auf den privaten Verbrauch zurück. »Der Konsum zieht die meisten unserer Probleme etwa bei Landwirtschaft, Energie oder Verkehr nach sich. Das Problem: Das hören wir nicht gern. Und deshalb sagt es uns auch selten jemand.« Plötter aber lässt sich nicht aufhalten und rechnet uns vor: wie viel Energie und Wasser wir mit unserem Lebenswandel verschwenden, wie wir mit Billigfliegern und Autofahren die Luft verpesten, als Touristen die Natur zerstören und zu viel fressen und immer billigere Kleidung haben wollen und überhaupt. »Selbst schuld!«, so heißt auch bei ihm ein Kapitel im Buch.

Während des Lesens bekam ich plötzlich Lust, in meiner Wohnung sinnlos alle Lichter anzuknipsen, die Kühlschranktür aufzureißen und für ein Shopping-Wochenende nach Paris zu fliegen. Die Welt wird sich nicht ändern, wenn man nur lernt, was man alles nicht darf. Unsere Konsumgewohnheiten ändern sich, sobald die Alternativen besser, finanzierbar, attraktiver und erreichbar sind. Wenn wir wirklich ganz genau erfahren, was wir da eigentlich kaufen, Umweltfolgen, Produktionsbedingungen inklusive – ohne dafür stundenlang im Internet surfen zu müssen.

Seitdem das deutsche Bio-Siegel deutlich erkennbar und einheitlich auf ökologisch erzeugten Lebensmitteln prangt, explodieren die Umsätze. Über 46 000 Produkte tragen mittlerweile das schwarz-grüne Zeichen, und wir, die wir uns angeblich so wenig Gedanken machen und am liebsten alles billig haben wollen, greifen immer öfter zu; fünfmal so oft wie vor der Einführung des sechseckigen Zeichens, obwohl Bio-Lebensmittel 15 bis 25 Prozent teurer sind. Und Fairtrade? Seit das »Transfair«-Siegel auf Kaffee, Fußbällen oder Schokolade klebt, zeigen wir, dass uns auch diese Idee ein bisschen mehr wert ist. Der Umsatz mit Fairtrade-Waren stieg weltweit im vergangenen Jahr von einer Milliarde auf 1,6 Milliarden Euro.

In beinahe allen Kapiteln dieses Buches geht es auch um Unternehmen, die jahrelang ökologisch und sozial korrekte Produkte anboten, aber nie über einen kleinen, überzeugten Kundenkreis hinauskamen. Und um große Firmen, die wissen, wie man Kauflust weckt, auch wenn die Ware nichts taugt. Das Buch beschreibt die Annäherung der beiden Extreme. Bio-Supermärkte sehen nicht mehr aus, als müsste man die Produkte dort selber ernten. Öko-Mode und -Möbel schaffen es in die Hochglanzmagazine. Naturkosmetik orientiert sich im Design nicht mehr an Verzicht, sondern an Haben! Wollen!

Hollywood-Stars wie George Clooney, Leonardo DiCaprio, Julia Roberts oder Cate Blanchett demonstrieren mit ihren Hybridautos, ihren Eco-Fashion-Garderoben und Ökovillen, dass »Green« und »Glamour« kein Widerspruch mehr sein muss. In ihrem Buch »Wunschlos unglücklich. Alles über Konsum« beschreiben die Autoren Alexander Meschnig und Matthias Stuhr das Erfolgsprinzip am Beispiel der Kosmetikfirma Body Shop, die Mitte der 80er-Jahre nach Deutschland kam. »Body-Shop-Produkte sahen gut aus, rochen noch besser, hatten interessante Namen und die Läden waren sehr stylish. Diese Form des Ablasshandels – gutes Gewissen gegen Geld – hatte nichts von protestantischer Zurückhaltung oder gar Selbstgeißelung, im Gegenteil.«

Alles ist möglich

Das Design bestimmt das Bewusstsein. Es muss einen ja nicht gleich bewusstlos machen, dafür gibt es einfach zu viel zu tun. In den vergangenen 40 Jahren ist in Europa die Arbeitsproduktivität um 270 Prozent gestiegen, die Materialeffizienz um 100, die Energieeffizienz um 20. Lächerlich. Die Welt ist eine Kerze, die an beiden Enden brennt. Seit 200 000 Jahren hatten wir keinen derart hohen Temperaturanstieg in so kurzer Zeit. Bis zum Ende des Jahrhunderts wird es mindestens drei Grad wärmer auf der Erde. Spätestens 2050 ist die Arktis eisfrei. Der Meeresspiegel wird weltweit um beinahe einen halben Meter steigen – wenn wir es nicht endlich schaffen, den weltweiten Ausstoß von Kohlendioxid zu halbieren. Mindestens.

Theoretisch wäre es möglich, ein Fünftel unseres Energiebedarfs mit Solaranlagen auf unseren Dächern zu decken. Theoretisch könnten wir alle Menschen auf der Erde satt bekommen, allen eine Arbeit geben und allen Kindern jeden Morgen Unterricht. Ja, da haben die »Selbst schuld!«-Nörgler Recht, wir tragen durch unseren Konsum dazu bei, die Umwelt zu schädigen und miese Arbeitsbedingungen zu festigen. Aber wir können auch anders, wenn man uns wirkliche Alternativen bietet. Dieses Buch soll zeigen, welche es gibt. Natürlich werden wir nur durch unseren Konsum allein die Welt nicht retten. Und neben dem »Stimmzettel Einkaufswagen«, von dem Ulrich Beck spricht, werden wir den richtigen schon auch noch eine Weile brauchen. Aber warum sollen wir nicht beim Einkaufen damit anfangen?

Täglich werden in Deutschland 150 Millionen »Konsumentscheidungen getroffen«, übersetzt: Wir kaufen was. Wann immer wir in Kaufhäusern, Trendshops, Tante-Emma-Läden oder Bio-Supermärkten ein Angebot sehen, das umweltschonend und ohne Ausbeutung von Mensch oder Tier produziert wurde, tun wir uns und unserer Welt doch bitte einen Gefallen: Packen wir's ein.

Die Erotik des Verzichts
Ein kleiner Nachtrag, bevor es richtig losgeht

Man kann es ja einfach mal versuchen. Der britische Journalist Leo Hickmann beschreibt in seinem unterhaltsamen Buch »Fast nackt« wie es ist, ein Jahr lang ökologisch korrekt zu leben. Inklusive frierender Ehefrau, tagelangen Reisen mit der Bahn und Kompostwürmern in der Küche. Sein Landsmann Neil Boorman verbrannte alle Markenartikel aus seinem Besitz und erzählt in »Goodbye Logo!« von seinem Logo-losen Dasein. Die New Yorkerin Judith Levine versuchte, nur noch »das Nötigste« zu kaufen (»No Shopping«) und beschreibt die Leiden

Die Erotik des Verzichts

eine Shopaholics so ergreifend wie andere ihren Alkoholentzug. Der Verzicht scheint einem leichter zu fallen, wenn man rechtzeitig einen Buchvertrag abgeschlossen hat. Colin Beavan, Journalist und New Yorker wie Judith Levine, wagte den bislang konsequentesten Selbstversuch. Als »no impact«-Mann probierte er mitten in der Großstadt eine komplett umweltneutrale Existenz. Kein Müll, kein Plastik, Treppensteigen statt Fahrstuhl, abends Kerzenschein statt Fernsehen. Lebensmittel aus der unmittelbaren Umgebung. Die Milch für die zweijährige Tochter kam von der einzigen Molkerei New Yorks. Das Internet-Tagebuch – aus dem natürlich auch ein Buch wurde – wird mit Strom aus erneuerbaren Energiequellen betrieben. Vor allem der Verzicht auf Toilettenpapier hat die Webgemeinde aufgeschreckt, aber auch das – ohne ins Detail gehen zu wollen – scheint irgendwie zu funktionieren. Doch selbst Familie Beavan dürfte sich gegenüber der jüngsten großen »NoNo«-Bewegung wie im Konsumparadies vorkommen. Die »Freeganer« (nach: Veganer) oder »freegans« bedienen sich aus dem Schlaraffenland der Wegwerfgesellschaft. Sperrmüllmöbel, Lebensmittel aus dem Müll, konsequente Tauschwirtschaft. »Noch nie habe ich«, schreibt ein Freeganer auf der Website freegan.info, »so viel Freiheit verspürt. Freiheit von einer Gesellschaft, die auf Materialismus, moralischer Apathie, Wettkampf, Konformität und Gier basiert.«

»Shopping hilft die Welt verbessern« steht auf dem Umschlag dieses Buches. »Richtiges« Shopping kann helfen, aber Shopping allein verbessert noch nicht die Welt. Es gibt viele Wege zum Ziel. Ob Sie morgen das erste Biobaumwoll-T-Shirt Ihres Lebens kaufen oder beschließen, nur noch Secondhand zu tragen. Ob Sie auf einen schadstoffarmen Wagen umsteigen oder nur noch zu Fuß gehen wollen. Jeder Schritt zählt. Gehen wir einfach los.

ERNÄHRUNG

Hubert, Paula und die gute alte Zeit

Ich will Ihnen wirklich nicht den Appetit verderben, wenn ich Ihnen gleich etwas über unsere Landwirtschaft erzähle. Dafür esse ich selber viel zu gern. Knusprig gegrilltes Fleisch, knackiges Gemüse, süßes Obst. Ich liebe frisch gebrühten Kaffee, den Duft aus Backstuben. Ich mag den sahnig-grasigen Nachgeschmack der Milch und liebe es, meiner sechsjährigen Tochter beim Pfannkuchenbacken zuzusehen.

Vor einigen Sommern haben wir in Bayern auf einem ehemaligen Bauernhof Urlaub gemacht. Jahre zuvor wurden dort noch Milchkühe gehalten und Felder bewirtschaftet. Lohnt sich nicht mehr. Die Hofbesitzer haben das Anwesen zu einem kleinen Apartment-Hotel umgebaut und ziehen im Garten Gemüse für den Hausgebrauch. Ein paar Hühner begrüßen aufgeregt die Gäste. Bei Hitze liegt man im Schatten der letzten Apfelbäume. Ein paar Höfe weiter lassen Hubert und Paula noch immer jeden Morgen ihre Kühe auf die Weide. Hubert und Paula, verheiratet seit 54 Jahren, sind weit über 70. »Zu alt, um jetzt noch aufzuhören«, sagen sie. Die Kühe, Bertha, Lena, Elisabeth, Katharina und wie sie alle heißen, sind mit den beiden alt geworden. Eine von denen, die meine Tochter und ich im Stall besucht haben, zählte schon über 20 Jahre. »Nächste Woche wird sie 22«, verriet uns Hubert.

Mit großen Augen sah meine Tochter beim Melken zu. Die prallen Euter wurden kurz gestreichelt, dann an die betagte Melkmaschine angeschlossen. Das dauerte. Zehn, fünfzehn Minuten pro Kuh, dann kam die nächste dran. Zeit genug, um frisches Heu zum Futtern nachzuschieben und uns jede Kuh einzeln vorzustellen: Die Ruhige, die Hungrige, die kleine Wilde, die mal ausgebüxt war und ganz allein zurückgefunden hatte. Am nächsten Morgen tranken wir in unserer Ferienwohnung die frischeste Milch unseres Städterlebens.

»Ja, der Hubert und die Paula«, sagte unser Gastgeber, als er uns die frischen Frühstückseier brachte. »So was wie die gibt's heut eigentlich nicht mehr.«

Bevor Sie jetzt sentimental werden: Die gute alte Zeit, die gab es nie. Früher war gesunde, genussvolle Ernährung ein Luxus für wenige und die Flächen deckende Versorgung mit Frischwaren mangelhaft. Vor 40 Jahren mussten wir in Deutschland 35 Prozent unseres Einkommens für Lebensmittel ausgeben, heute durchschnittlich zwölf. Trotz einiger Preiserhöhungen in den vergangenen Monaten sind Fleisch, Brot, Obst, Gemüse und Molkereiprodukte so günstig und verfügbar wie kaum jemals zuvor. Die Art, wie die Bauern leben und arbeiten, wie sie Tiere und Pflanzen behandeln, hat sich verändert – und mit ihr unsere Lebensmittel. Sie sind zum größten Teil nicht mehr das Ergebnis halbwegs natürlicher Prozesse, sondern Produkte einer knallhart durchrationalisierten Ernährungsindustrie. Es geht längst nicht mehr darum, uns satt zu kriegen. Es geht darum, uns eine gewaltige Überproduktion im Wortsinne »schmackhaft« zu machen.

Aus der Tierfabrik

Umfragen zufolge wünschen sich 89 Prozent der deutschen Verbraucher eine »artgerechte« Tierhaltung bei der Erzeugung von Milch, Butter, Eiern oder Fleisch: Glückliche Kühe auf saftigen Weiden, fröhliche Hühner im Gehege, Schweine im Matsch. Die Praxis sieht anders aus. Nehmen wir nur mal die Hühner: Fürs klassische Brüten, bei dem die stolze Hühnermama versonnen auf ihrem Ei sitzt, bleibt in der industrialisierten Landwirtschaft keine Zeit. Die Eier werden zu Abertausenden in Brutregalen gestapelt und bei Computer gesteuerter Temperatur und Luftfeuchtigkeit künstlich gewärmt. Nach dem Schlüpfen kommen die weiblichen Küken über ein Fließband in die Legebatterie. In ihrem kurzen Leben quetschen sie 300 Eier jährlich durch ihre entzündeten Eileiter – doppelt so viele, wie die Natur vorgesehen hat. 80 Prozent der deutschen Legehennen sehen nie das Tageslicht, geschweige denn einen Hahn.

Die männlichen Küken können später keine Eier legen. Da sie aus einer Legehennenzuchtlinie stammen, sind sie nicht mal als Suppenhühner zu gebrauchen. Sie werden vergast oder landen im Häcksler. Jährlich werden in Deutschland zwischen 40 und 50 Millionen Küken getötet, die das Pech hatten, als Hahn geboren zu werden. Natürlich könnte man sie bei kleinen Korrekturen in der Züchtung für die Fleischerzeugung retten, aber das kostet Zeit und drückt den Profit. Eier- und Hühnerfleischproduktion sind heute streng getrennt*.

---

* In der Biobranche wird derzeit mit der Zucht so genannter »Zweinutzungshühner« experimentiert, also Hühner, die – als Weibchen geboren – ausdauernd Eier legen als auch – als Männchen – kräftig Fleisch ansetzen kann. Entsprechende Versuche in den Neunzigerjahren waren allerdings nicht sehr erfolgreich.

■ ERNÄHRUNG

Hühner, die für den Teller gezüchtet wurden, haben es nicht viel besser. Nach ein paar Tagen schon sehen sie aus wie ihre eigene Karikatur: überdimensionale Brust- und Keulenmuskeln, der restliche Körper verkümmert – wie Bodybuilder, die sich beim Griff ins Anabolikadöschen vertan haben. Nach 30 Tagen ist so ein Fabrikfleischhuhn viermal so schwer wie sein Artgenosse in der Legebatterie. Es ist noch gar nicht lange her, da wurden Hühner 15, 20 Jahre alt. Legehühner sterben heute nach maximal zwei Jahren. Für Masthühner ist nach einem Monat Schluss. Hochleistungsmilchkühe segnen spätestens nach fünf Jahren das Zeitliche – ohne nur einmal die Sonne gesehen zu haben. Schweine werden heute in der Fleischfabrik binnen fünf Monaten auf über 100 Kilogramm Gewicht gemästet und dann geschlachtet. Bei ihrem Tod tragen sie noch ihre Milchzähne im Mund.

Natürlich lassen Fleischproduzenten die Tiere auch nicht das Futter fressen, das sie seit Jahrtausenden gewohnt sind. Stattdessen gibt es Silage und Billig-Soja. Letzteres hat optimale Nährwerte für die Mast, wächst hier aber leider nicht. Also werden in Brasilien Urwälder gerodet, um riesigen Sojafeldern Platz zu machen, deren Ernte man in europäische Schweine- und Rindermastfabriken exportiert. Der Verdauungsapparat von Zuchtrindern wird durch die Zugabe solcher Proteinkonzentrate derart ruiniert, dass das Immunsystem der Tiere versagt. Aber wozu gibt es Medizin? Schätzungen zufolge landet über ein Drittel der weltweiten Antibiotika-Produktion im Tierfutter. Falls Sie Vegetarier sind, sollten Sie sich nicht zu früh freuen. Die mit Antibiotika-Rückständen verseuchte Schweinegülle dringt in die Böden und landet im Salat.

Die Pestizidbelastung von Obst und Gemüse hat 2004 den höchsten Stand seit 1996 erreicht. In 47 Prozent der im Rahmen eines EU-Monitoringprogramms untersuchten 600 000

Proben fanden die Kontrolleure Spuren von Pflanzengift. 197 verschiedene Pestizid-Varianten wurden auf Erdbeeren, Paprika, Salate und dergleichen versprüht, zwölf mehr als ein Jahr zuvor. Pestizide gelten als Krebserreger, verursachen Nervenschäden (man vermutet einen Zusammenhang mit der zunehmenden Verbreitung von Parkinson), schädigen das Hormon- und Immunsystem und mindern die Fortpflanzungsfähigkeit. 2005 einigte sich die damalige Bundesregierung mit den Ländern, die Pestizidbelastung in deutschen Lebensmitteln deutlich zurückzufahren. Bis heute gibt es keine Vereinbarung darüber, wie man das in der Praxis anstellen will. Jährlich verdient die Chemieindustrie mit dem Verkauf von Pestiziden 30 Milliarden Euro.

Die Bio-Wende

Kein Wunder, dass »Bio« boomt. Immer mehr Menschen haben es satt, jährlich 20 Kilogramm allein an Zusatzstoffen und Konservierungsmitteln in sich hineinzustopfen. Sie sehnen sich nach einer Landwirtschaft, die mit der Natur funktioniert und nicht gegen sie. 80 Prozent der Deutschen glauben, dass »Bio« gesünder ist und besser schmeckt. 64 Prozent würden mehr »unverfälschte Lebensmittel« kaufen, wenn sie besser verfügbar wären. Das dürfte bald so weit sein. Vergangenes Jahr wurde in Deutschland jede Woche mindestens ein Biosupermarkt eröffnet. Mittlerweile gibt es über 400. Der Umsatz im Naturkosthandel steigt seit Jahren um zweistellige Prozentsätze und durchbrach 2007 erstmals die 5-Milliarden-Euro-Grenze. In deutschen Einkaufskörben landeten beinahe doppelt so viel Bio-Bananen, -Äpfel oder -Zitronen wie im Vorjahr. Dazu wurden 25 Prozent mehr Bio-Eier, 35 Prozent

ERNÄHRUNG

mehr Biomilch und über 20 Prozent mehr Gemüse und Obst aus ökologischem Anbau verkauft. Eine Volksabstimmung mit dem Portemonnaie.

Der ökologische Landbau unterscheidet sich dramatisch von der konventionellen Lebensmittelindustrie. Die Tiere haben Platz und Auslauf und fressen natürliches Futter. Zusätze wie Hormone oder Antibiotika sind verboten. Das Gemüse wächst auf Böden, die nicht durch synthetische Düngemittel ruiniert wurden. Bei der Herstellung von Bio-Lebensmitteln wird auf künstliche Aromen oder Geschmacksverstärker ebenso verzichtet wie auf alles – Futter, Hilfsstoffe oder Zutaten –, was aus gentechnischer Produktion stammen könnte. Konventionell erzeugte Lebensmittel dürfen über 400 verschiedene Zusatzstoffe mit teils zweifelhafter Wirkung enthalten. Die deutschen Öko-Anbauverbände erlauben 20 gesundheitlich unbedenkliche. Die Vorgaben werden streng kontrolliert. Das 2001 bundesweit eingeführte Bio-Siegel steht für die Einhaltung der Mindeststandards. Jeden Tag werden im Schnitt 19 neue Produkte nach den Richtlinien zertifiziert. Über 46 000 sind es, seit das sechseckige Zeichen für jeden Konsumenten eindeutig erkennbare Bio-Qualität verspricht. Öko-Anbauverbände wie Bioland, Demeter oder Naturland haben sich auf noch strengere Grundsätze verpflichtet (Zu den Bedingungen für die Siegelvergabe: siehe Serviceteil, Seite 109 ff.).

Der Anteil organisch erzeugter Lebensmittel am deutschen Gesamtmarkt lag 2007 bei fünf Prozent. Das ist noch nicht viel, aber die Trendwende ist unübersehbar. Bereits heute kauft jeder zweite Deutsche regelmäßig oder gelegentlich Bio-Lebensmittel. Marktforscher schätzen, dass in naher Zukunft jeder vierte Haushalt in Deutschland ganz oder überwiegend auf »Bio« umsteigen wird. Für 2030 rechnen sie mit einem Marktanteil für Bio-Produkte von 30 Prozent.

Lifestyle Bio

»Bio« ist Lifestyle geworden. Es geht nicht mehr nur um Gesundheit oder die Zugehörigkeit zu einer politischen Gruppierung. Götz Rehn, Chef und Gründer der erfolgreichen Bio-Marke Alnatura, begründet den Bio-Boom mit einem Bewusstseinswandel der Käufer. »Wer am Markt erfolgreich sein will, muss sich mit authentischen, ästhetischen und günstigen Produkten hoher Qualität auf den ›neuen‹ Verbraucher einstellen. Bio-Produkte sind eine Antwort auf die neue Konsumkultur.«

»Wer grün isst«, freute sich das Magazin »Focus«, »muss nicht mehr grün wählen.« Die Zeit der Souterrainläden, in denen asketische Naturkostwarenhändler jeden hinauswarfen, der mit einer Aldi-Tüte hineinspazierte, ist vorbei. Früher tastete man sich auf der Suche nach Frischgemüse mit spitzen Fingern durch Schrumpelmöhrenhaufen, riskierte sein Gebiss beim Kauen knochenharter Vollkornbrote und gab ein Vermögen für die Biomilch-Lotterie aus: in jeder dritten Packung grüßten saure Stinkeflocken, so schien es mir jedenfalls. Wer wagte, sich zu beschweren, bekam schon mal ein »Weißt du eigentlich, wie viel Strom so ein Kühlhaus frisst?« zu hören. Mein Lieblingssatz im Zusammenhang mit abgelaufenen Haltbarkeitsdaten für Molkereiprodukte: »Kann man aber noch essen.«

Natürlich waren längst nicht alle Naturkost-Pioniere freudlose Missionare des ökologisch korrekten Essens. Sie haben uns infiziert mit ihrem Gefühl für Genuss, mit ihrem Bewusstsein, sich und der Welt durch die Art ihrer Ernährung Gutes tun zu können. Sie haben uns sensibilisiert für ökologische Zusammenhänge und das, was wir den Tieren in der Massenproduktion der Fleischindustrie antun. »Bio ist Ausdruck für eine ganz bestimmte Auffassung, die Welt zu gestalten«, schwärmt Alnatura-Mann Götz Rehn, der sein Handwerk bei Nestlé lernte. Früher präsentierte eine Barbara Rütting mit raspelkurzem Haar und strengem Blick seltsame Körnermischungen, die aussahen wie das, was man nach dem Brotbacken zusammenfegt. Heute stellt Comedy-Kugel Dirk Bach in einer Zeitschrift seine liebsten Bio-Desserts vor. Der schmucke Fernsehförster Hardy Krüger Jr. schreibt ein Bio-Kochbuch. Und die 50-jährige Madonna demonstriert auf der Bühne, wie gut einen »Organic Food« in die zweite Lebenshälfte bringt.

Es gibt heute ein ganz anderes Interesse für Ernährungsthemen als noch vor 20 Jahren. Eine ganze Armee unprätentiöser Fernsehköche von Sarah Wiener bis Jamie Oliver trommelt für Bio-Lebensmittel und verlockt die Deutschen dazu, sich wieder selbst an den Herd zu stellen. Man lädt nicht mehr zur Party, sondern zum gemeinsamen Essen. Der Gastgeber kocht selbst. Deutsch und deftig wie bei Muttern oder exotische Rezepte, von denen man noch vor drei Jahren nie etwas gehört hatte. Natürlich mit Zutaten aus dem Bio-Markt. Geschäfte, in denen hochwertiges Küchenzubehör und Kochkurse angeboten werden, verzeichnen Rekordumsätze. Freunde, die vor Kurzem ihre Mittagspausen an der Würstchenbude verbrachten, zeigen einem plötzlich voller Stolz ihre »original japanische« Sushi-Messer-Kollektion.

Jedes fünfte Naturkost-Geschäft, das 2005 in Deutschland neu eröffnete, war ein Biosupermarkt, ein Hybrid aus Discounter und Müsli-Shop. Einige wie die Erdkorn-Filialen in Norddeutschland mit ihrem schlichten Ambiente und den Lebensmitteln, die man selbst aus den Kartons herausnehmen muss, erinnern ein wenig an Aldi. Das passt ganz gut, handelt es sich beim Erdkorn-Gründer doch um den ehemaligen Aldi-Manager Thomas Hinz, der mit der Erdkorn-Idee seinen ganz per-

»Es geht um Genuss«
Bio-Supermarkt-Chef Frank Lüske über die Zukunft des Lebensmittelhandels

Frank Lüske züchtete Ziegen in Irland, verdiente seine ersten Tausender mit dem Versand von britischen Wachsjacken und verbrachte zwei Jahre auf einem kollektiv betriebenen Bio-Bauernhof in Bielefeld. Er kann Trecker fahren, Kräutergärten anlegen, Obst ernten und Rinder voneinander unterscheiden – nur konsequent, dass er 2004, mit 35 Jahren, in Berlin seinen ersten eigenen Bio-Supermarkt eröffnete. Ein Jahr später wurde »Biolüske« zum »Bio-Supermarkt des Jahres« gewählt.

In dem ehemaligen Filmtheater verkaufen die Angestellten unten Lebensmittel und Kosmetik. Oben richtet Lüske in einer luxuriös ausgestatteten, offenen Küche regelmäßig Bio-Kochstudios aus, vom »Kids Club essen wie die wilden Kerle« bis zum Gourmetfest. Immer öfter wird die Location auch von Firmen für Feiern gebucht.

Herr Lüske, wie und wo kaufen wir in zehn Jahren unsere Bio-Produkte ein?

Heute wird ja schon ein Großteil der Bio-Waren von Aldi oder Lidl verkauft. Ich glaube, deren Anteil am Kuchen wird eher noch größer werden. Dadurch wird »Bio« auch für breitere Bevölkerungsschichten erschwinglich. Daneben dürfte sich eine Art »Premium-Bio« etablieren, also kleinere Läden mit besonders gutem Service und ausgesuchtem Angebot oder Bio-Supermärkte, die sich durch attraktive Warenpräsentation oder die Förderung regionaler

Spezialitäten von den großen Discountern absetzen. Dunkle, verstaubte Naturkostläden, die um 18.30 Uhr Schluss machen, und nichts bieten, was man nicht auch im Supermarkt kaufen kann, haben bald keine Chance mehr.

Fürchten Sie beim Aldi-Bio nicht um die Qualität?

Ich erwarte eine Aufspaltung in zwei Bereiche. Der eine wird nur nach den Mindestkriterien für biologischen Anbau arbeiten und kann daher billig anbieten. Dies ist zwar auch Bio-Ware ohne chemische Spritzmittel und mit artgerechter Tierhaltung. Der zweite Bereich wird dem Verbraucher aber mehr bieten. Zum Beispiel fairen Handel mit den Erzeugern, Verzicht auf zahlreiche Zusatzstoffe bei der Produktion und Umstellung der gesamten Höfe auf Bio. Das Angebot wird sich generell ausweiten, in der Masse und der Spitze. Wenn ich daran denke, wie schwer es noch vor fünf Jahren war, gute Schokolade, guten Wein oder Kaffee in Bio-Qualität zu bekommen – heute finden Sie richtig schöne Sachen, die jedes konventionell erzeugte Produkt schlagen. Damals ging es im Bio-Bereich vor allem um Gesundheit. Heute um Genuss.

Biolüske ist ein architektonisches Kleinod, ein umgebautes 50er-Jahre-Kino mit einer Empore, auf der Sie Ihr Kochstudio veranstalten. Warum sehen die meisten anderen Bio-Supermärkte eigentlich so langweilig aus?

Es gibt schon einige, die sehr schön geworden sind. Aber es stimmt, in Deutschland wird die Einrichtung und Präsentation von Waren noch immer unterschätzt. Man fürchtet den Kunden, der sagt: Oh, das sieht aber teuer aus, den Klimbim zahle ich nicht auch noch mit. Aber da gibt es inzwischen eine echte Werteveränderung beim Konsumenten. Viele haben heute eine andere Beziehung zu den Lebensmitteln und mit der gewachsenen Wertschätzung nimmt auch das Interesse an einer ästhetischen Präsentation zu.

Wenn ich durch Ihren Markt gehe, finde ich zwar grobe Informationen über die Herkunft der Waren, aber die Verkäufer können einem da noch viel, viel mehr erzählen, wenn man sie fragt. Müssten die Bio-Supermärkte die Geschichte ihrer Waren nicht viel offensiver darstellen?

Da müssen wir tatsächlich viel, viel besser werden. In Zukunft werden die Bio-Läden immer stärker dazu übergehen, auch ihre Lieferanten vorzustellen. Ich sehe bei vielen Bio-Märkten das Luxusproblem, dass sie erst einmal mit dem riesigen Umsatzwachstum zurechtkommen mussten und für eine solche Verfeinerung noch nicht die Zeit gefunden haben. Außerdem können wir es uns leisten, auch ganz kleine Höfe mit ihren Produkten ins Sortiment aufzunehmen und deren Geschichte zu erzählen. Gerade war ein Bauer aus Brandenburg da, die haben wunderbare Highlandrinder, allerdings nur 35 Mutterkühe. Für eine größere Kette lohnt sich das gar nicht. Für uns ist das etwas Besonderes, was die Kunden schätzen.

sönlichen Bewusstseinswandel dokumentiert. Immerhin plätschert in der einen oder anderen gewollt schmucklosen Filiale ein Wasserfall.

In den in warmen Farben gehaltenen Filialen der Basic-Biosupermärkte gleiten die Einkaufswagen an einladenden Wurst- und Käsetheken vorbei. Das Obst wird zu opulenten Frischeskulpturen aufgetürmt. »Nichts darf an einen Bioladen erinnern«, lautet das Gebot von Georg Schweisfurth, der zusammen mit drei Kollegen das Basic-Konzept erdachte. Überall ist es sauber und hell, und einige der Verkäufer und Verkäuferinnen sehen aus wie Models. Hier quengeln die Kinder Gesundheit bewusster Eltern nicht nach Mars oder Haribo, sondern den Ernie-und-Bert-Keksen aus Vollkorn-Dinkelmehl.

Aldi goes bio

Der konventionelle Lebensmittelhandel ist in Deutschland an seine Grenzen gestoßen. Die Renditen schmelzen. Jeder neue Futtermittel- oder Gammelfleisch-Skandal verdirbt das Geschäft. Der Umstieg auf Produkte aus ökologischer Herstellung, für die sich vor allem die zahlungskräftigere Klientel interessiert, liegt nah. Die sieben größten Lebensmittelhändler, die gemeinsam 90 Prozent des deutschen Marktes kontrollieren, haben kräftig in den Ausbau ihres Bio-Angebots investiert. Heute verkauft Aldi zu Kampfpreisen fünfmal so viele Biokartoffeln wie der gesamte Naturkosthandel.

Wir können unser Öko-Müsli bei Plus kaufen, fair gehandelte Bananen bei Lidl oder Alnatura-Amaranth-Riegel in der Drogerie. Wenn die Massen nicht zu »Bio« kommen, kommt »Bio« eben zu den Massen. Das Argument, Bio-Lebensmittel seien für den Normalverbraucher viel zu teuer, fällt allmählich in sich zusammen. »Bio« ist noch immer teurer, etwa 20 Prozent im Schnitt, aber sind 99 Cent für einen Liter Biomilch, die tatsächlich nach Milch schmeckt, 1,79 Euro für eine Packung Bio-Müsli oder 1,99 Euro für 500 Gramm Bio-Honig wirklich noch »teuer«?

Es gibt kein Entrinnen. »Bio« bei Aldi, in den Perfetto-Märkten von Karstadt oder unter dem Label Naturkind bei Tengelmann. Das Angebot weitet sich aus, denn das Geschäft lohnt sich. Die Renditen, die Discounter mit dem Verkauf von Bio-Waren erzielen, sind zwei- bis dreimal höher als im konventionellen Angebot. Doch während der Umsatz mit Bio-Lebensmitteln jährlich um 15 Prozent steigt, wächst die ökologisch bewirtschaftete Gesamtfläche in Deutschland nur um zwei bis drei Prozent. Das reicht nicht, um den rasant steigenden Bedarf zu decken. »Bio« wird knapp.

Im Frühjahr 2006 schlugen die wichtigsten deutschen Bio-Anbauverbände erstmals Alarm. In einigen Bereichen – Kartoffeln, Möhren, Schweinefleisch – könnten sie die Nachfrage nach ökologisch erzeugten Lebensmitteln nicht mehr befriedigen. Während in Skandinavien, Österreich oder der Schweiz bereits zehn Prozent der gesamten Anbaufläche nach ökologischen Kriterien bewirtschaftet werden, sind es in Deutschland gerade fünf Prozent. Die Umstellung von konventioneller auf ökologische Landwirtschaft dauert für einen Hof im Schnitt zwei bis drei Jahre. Doch seit Horst Seehofer das Landwirtschaftsministerium führt und ankündigte, er wolle sich lieber um die »normalen« Bauern kümmern, werden überall Bio-Umstellungsförderungen gestrichen. 2006 froren zehn Bundesländer ihre Hilfen ein. Das Agrarland Schleswig-Holstein halbierte die Umstiegsförderung auf 137 Euro pro Hektar. Die Bio-Milch, die Hamburger trinken, stammt daher immer häufiger aus dem Euter einer dänischen Kuh. Mit ihrer kurzsichtigen Nicht-Förderpolitik ruinieren die Landwirtschaftsminister die zukünftigen Marktchancen für deutsche Bauern. Der europäische Bio-Markt boomt, selbst in Slowenien erhalten Bio-Bauern eine Umstiegshilfe in Höhe von 460 Euro.

Bio goes Aldi?

Im Bio-Lebensmittelhandel erleben wir eine allmähliche Angleichung von konventionellen und ökologischen Methoden. Heute können wir im Bio-Supermarkt bereits im April Erdbeeren aus Südspanien kaufen. Dazu Braeburn-Äpfel aus Neuseeland oder Packham-Birnen aus Chile, wobei man sich schon fragen darf, was eine um die halbe Welt geflogene Birne noch mit nachhaltiger Lebensweise zu tun haben soll. Und natürlich besteht die Gefahr, dass die Gesetzmäßigkeiten der konventionellen Lebensmittelindustrie auf die ökologische Landwirtschaft übergreifen. Schon sagen Pessimisten den ersten großen Pestizid- oder Fleischskandal in der Biobranche vorher.

Ich will hier wirklich nicht klingen wie ein alter Hutzelbauer, aber müssen die Schweineherden im Öko-Landbau mittlerweile teilweise wieder auf 600 Tiere anschwellen und die Bio-Kühe in zwölf Monaten tausend Liter mehr Milch geben als noch vor wenigen Jahren? Die Verwendung von Kupfer in Kartoffelfeldern, die beim Bioanbau in absoluten Ausnahmefällen zum Schutz vor Kraut- und Knollenfäule gestattet wird, ist längst zur Regel geworden, mit gravierenden Folgen für die Böden. In einer »Spiegel«-Reportage über die Auswüchse der globalisierten Bio-Industrie war zu lesen, dass bis zu 20 Prozent der Obst- oder Gemüselieferungen an Bio-Supermärkte zurückgehen, weil die Größe der Tomaten, das Aussehen der Äpfel oder die Form der Möhren nicht den Normmaßen entsprächen. Sind wir tatsächlich auf Bio umgestiegen, damit die Rüben im Bio-Supermarkt-Regal so einheitlich aussehen wie eine nordkoreanische Armeeformation?

Seit einiger Zeit wird der Bio-Trend zunehmend misstrauischer beäugt. Ökobauern fürchten um die ethischen Grundsätze, die sie einst auf den mühsamen Weg zur natürlichen Landwirtschaft geführt haben. Einige Zeitschriften und Zeitungen brachten mehr oder minder durchdachte Artikel wider »Bio-Hype« und »Bio-Lüge«, die vermeintliche Mythen zerstörten und den Anzeigenkunden aus der konventionellen Lebensmittelindustrie viel Freude machten. Es gibt einige Fragen und Kritikpunkte, denen sich Erzeuger und Käufer biologisch erzeugter Lebensmittel stellen sollten. Gerade jetzt, wo Bio anfängt »mainstream« zu werden.

1. Sind Bio-Produkte wirklich gesünder?

Eine wichtige Frage, gilt die Gesundheit doch als eines der wichtigsten Argumente beim Umstieg auf Bio-Waren. Bis heute gebe es keine Studie, die nachweist, dass Bio gesünder ist, bekommt man dieser Tage oft zu lesen. Dass Bio-Gemüse im Gegensatz zu konventionell erzeugten so gut wie gar keine Pestizid-Rückstände aufweist, sei zu vernachlässigen. Feinsinnige Begründung: Die Pestizidmenge, die man etwa in Nicht-Bio-Tomaten oder Weintrauben findet, sei so gering, dass sie der Gesundheit nicht schadet.

Natürlich ist auch an Gammelfleisch, Dioxin in der Fischleber oder an künstlichen Zusatzstoffen noch niemand gestorben. Doch die Argumentation, Bio wäre nicht gesünder, weil »normale« Lebensmittel nicht direkt zur Erkrankung führten, greift zu kurz. Die Zahl ernährungsbedingter Krankheiten in

Deutschland steigt dramatisch. Und wenn es um die Nährwerte von ökologisch erzeugten Lebensmitteln geht, existieren tatsächlich zahlreiche Studien, die ihnen ein gutes Zeugnis ausstellen.

Eine Zehn-Jahres-Studie der University of California wies in Bio-Tomaten einen doppelt so hohen Anteil von Blutdruck senkenden und Krebsrisiken mindernden Flavanoiden auf. Holländische Forscher stellten fest, dass die Babys von Müttern, die Bio-Milch trinken, ein deutlich verringertes Allergie-Risiko aufweisen. Das Gleiche gilt für Asthma und Neurodermitis. Bio-Milch weist einen doppelt so hohen Vitamin-E-Gehalt auf, 64 Prozent mehr essenzielle Omega-3-Fettsäuren sowie 75 Prozent mehr Beta-Carotin als die Alternative aus der Melkfabrik, haben dänische Wissenschaftler errechnet. Bio-Salat enthält halb so viel Nitrat wie konventionell angebauter, dafür – wie anderes Bio-Gemüse auch – einen um zehn bis 50 Prozent höheren Gehalt an Vitaminen und sekundären Pflanzenstoffen. Bio-Rindfleisch enthält weniger Wasser, dreimal so viel Omega-3-Fettsäuren, mehr Eisen, B-Vitamine oder Zink.

Aber es kommt natürlich auch darauf an, was genau wir zu uns nehmen. Tatsächlich ist es gesünder, Billiggemüse zu essen, das im Gewächshaus produziert wurde, als tütenweise Bio-Chips oder Fairtrade-Schokolade. Und wer jeden Tag einen Liter Öko-Limonade trinkt statt des 29-Cent-Mineralwassers von Aldi, sollte sich nicht über seine Wampe wundern.

2. Bio-Lebensmittel sind nur etwas für Reiche.

Bei Interviews, die ich zur ersten Ausgabe von »Shopping hilft die Welt verbessern« geben durfte, kam dieses Thema so sicher zur Sprache wie der Abpfiff beim Fußballspiel: Ist Bio nicht viel zu teuer? Bei Lesungen oder Podiumsdiskussionen fragte ich manchmal zurück, ob man denn überhaupt wisse, was beispielsweise ein Liter Bio-Milch kosten würde. Die Antworten bestätigten mich darin, dass bei der Rede von angeblich unbezahlbarer Bio-Kost viel Mythos im Spiel ist. Von zwei Euro sprach eine empörungsbereite junge Frau. Ein Herr war fest davon überzeugt, dass Bio-Butter fünf Euro kostet. Und irgendeiner hatte, wo auch immer, Bio-Brote für sechs Euro entdeckt. Tatsächlich sind Bio-Lebensmittel – etwa Möhren oder Kartoffeln – nur noch geringfügig teurer als konventionell erzeugte. Bei Molkereiprodukten gilt ein Preisunterschied zwischen 15 und 25 Prozent. Nach wie vor ins Gewicht fallen die hohen Preise für Bio-Fleisch. Da sollten wir uns jedoch fragen, was uns eine artgerechte Haltung wert ist. Tiere im ökologischen Landbau leben nun einmal mindestens doppelt so lange wie ihre traurigen Artgenossen in der Fleischfabrik. Entsprechend höher ist der Aufwand für Pflege und das Futter.

Einer Umfrage zufolge, sind 78 Prozent der Deutschen bereit, für Bio-Produkte mehr zu zahlen. Wobei man nicht vergessen sollte, dass die geringen Preise für Nicht-Bio-Lebensmittel die wahren Kosten verschleiern. Wir finanzieren die Folgen der konventionellen Landwirtschaft – ruinierte Böden, verseuchtes Grundwasser, zerstörte Ökosysteme, hohe Subventionen für Agrarfabriken – mit unseren Steuern, ohne dass sie auf den Preisschildern im Supermarkt auftauchen.

Ich fand es auch seltsam, dass viele ihre Preissensibilität ausgerechnet bei Bio-Lebensmitteln entdecken. Menschen, die

ERNÄHRUNG

kein Problem damit haben, drei Euro für Milchschaum mit einigen Spritzern Kaffee zu bezahlen oder sonntags ihr Bier für das Doppelte an der Tankstelle kaufen. Natürlich ist mir auch klar, dass die Einkommenssituation in Deutschland für viele Menschen schwierig ist. Bei stagnierenden Löhnen und dramatisch steigenden Lebenshaltungskosten kommt es für allzu viele auf jeden Cent an. Doch vor den Bio-Läden, in denen ich einkaufe, stehen keine Porsche Cayennes. Zudem ermöglicht das Bio-Angebot der Discounter, dass immer mehr Menschen Lebensmittel von hoher Qualität konsumieren können, wenn sie es wollen. Viele nicht gerade begüterte Studenten, die ich kenne, mischen beim Einkauf nach Kräften: Aldi-Nudeln für 29 Cent, am Wochenende Ausflug aufs Land und dort Gemüse direkt vom Bio-Bauern kaufen. Bio-Milch von Basic, Erdkorn oder Alnatura, Vollkornbrot von Kamps und Fairtrade-Kaffee von Lidl.

Katja zum Beispiel, eine 24-jährige Archäologiestudentin, die abzüglich der Grundkosten mit 300 Euro im Monat auskommen muss, kauft Obst und Gemüse nur noch nach Saison. »Dann kommen die Sachen aus der Region und sind viel billiger als die Import-Bio-Sachen im Supermarkt.« Frank, ein 38-jähriger Ingenieur, hat seinen Fleischkonsum heruntergeschraubt und kauft nur noch alle zwei Wochen bei einem Bio-Schlachter. »Das ist zwar teuer, aber wenn ich zusammenrechne, was ich früher für schlechtes Fleisch ausgegeben habe, spare ich am Ende sogar noch Geld.«

3. So viele Bio-Waren kommen aus dem Ausland. Muss das sein?

Eines vorweg: Für Bio-Ware, die mit dem sechseckigen Siegel nach EU-Standard verkauft wird, gelten überall die gleichen Regeln. Nur weil eine Bio-Tomate aus Italien stammt oder eine Frühkartoffel aus Ägypten heißt das nicht, dass sie nichts taugt. Die Kontrollen sind alles in allem gut. (Zu den genauen Anforderungen des EU-Bio-Siegels siehe: Seite 109 ff.) An ihrer Verschärfung wird gearbeitet – was natürlich nicht heißt, dass sich angesichts des steigenden Marktanteils von Bio-Lebensmitteln Betrüger nicht auch hier versuchen. Man hat Pestizide in italienischem Bio-Obst oder -Gemüse gefunden. Auch Bio-Ware aus China wird argwöhnisch beäugt. Da die Bauern ihre Kontrolleure selbst bezahlen, ist die Versuchung groß, lieber einen zu nehmen, der nicht ganz so genau hinschaut. Und solche scheint man in China leichter zu finden als anderswo.

70 Prozent der Deutschen sind der Meinung, dass der Import und lange Transport von Bio-Produkten dem Bio-Gedanken widersprechen. Doch ebenfalls 70 Prozent des Bio-Obstes und die Hälfte des Bio-Gemüses, das wir kaufen, kommen aus dem Ausland. Das liegt aber nicht nur an den üblichen Widersprüchen des Daseins oder vermeintlichen Dumpingpreisen für Bio aus Süd- oder Osteuropa. Vieles wächst hier einfach nicht. Versuche, Brandenburg mit Bananenplantagen zu überziehen oder Kaiserslautern zur Kaffeeanbaumetropole zu machen, wären wohl eher nicht von Erfolg gekrönt. Auch eignet sich meine wunderbare Heimatstadt Hamburg kaum für die Ananas- oder Kiwi-Zucht. Aber sollen wir deshalb in Zukunft nur noch Kartoffeln oder Äpfel essen?

Bei aller Liebe für Lebensmittel aus der unmittelbaren Umgebung, stört mich der völkische Unterton beim Hohelied des Regionalprodukts. Natürlich ist es für meine persönliche Klimaschutzbilanz sinnvoller zur Erntezeit Äpfel aus dem Alten Land in der Hamburger Umgebung zu kaufen statt sie aus Neuseeland herbeifliegen zu lassen. Schon nicht mehr ganz so sinnvoll ist es, deutsche Äpfel zu kaufen, die einen Winter lang in irgendwelchen Lagerhäusern begast und beheizt wurden statt südafrikanische Bio-Äpfel, die, frisch gepflückt, auf Schiffe verladen wurden und ausgereift in Hamburg ankommen. Einer Studie des Freiburger Öko-Instituts zufolge machen lange Transportwege nur rund drei Prozent der Ökobilanz von Obst und Gemüse aus. Und nur zwei Prozent des in Deutschland verkauften Obstes oder Gemüses sind überhaupt Flugware.

Mittlerweile werden in über 120 Ländern der Welt Lebensmittel nach ökologischen Prinzipien hergestellt. Der globale Umsatz wird auf 40 Milliarden Dollar geschätzt. Die brutale Handelspolitik der Industrieländer, die unseren Angriff auf die Märkte der Entwicklungsländer subventioniert und politisch unterstützt, aber unsere Märkte abriegelt, kann nicht das Vorbild für eine globalisierte Bio-Zukunft sein. Bio ist Bio, wenn die Natur geschont wird, keine Gifte verwendet und Tiere artgerecht gehalten werden. Wahres Bio ist aber auch eine soziale Frage.

4. Wie Bio ist Bio wirklich?

Es ist schon eine Weile her, da stand im amerikanischen Magazin »New Yorker« der Satz eines resignierten Ökofarmers zu lesen: »Bio ist das geworden, wozu es eine Alternative hätte werden sollen.« Der Satz klingt im englischen Original eleganter, aber er beschreibt ein Unbehagen, das mir bei Gesprächen mit Öko-Veteranen häufig begegnet ist. In dem Maße, in dem sich Bio-Bauern den Gesetzmäßigkeiten der Massenproduktion unterwerfen, wird es schwierig, die Ursprungsidee einer naturnahen Lebens- und Arbeitsweit aufrechtzuerhalten. Kühe, die vor wenigen Jahren noch etwa 40 Prozent weniger Milch gaben als ihre Kolleginnen in der Milchfabrik, liegen heute in Bio-Siegel konformen Großanlagen nur noch zehn bis fünfzehn Prozent darunter. Konventionelle Großproduzenten leisten sich nebenher kleine Bio-Bereiche, um ihre Abnehmer im Discount auch mit der nachgefragten Ökoware zu versorgen. Sie konkurrieren gewissermaßen mit dem »Original« wenn sie es nicht gleich selbst übernehmen. 2007 kaufte der Agrarmulti »Deutsche Frühstücksei«, mit einer Armee von 16 Millionen Legehennen, den Bioeier-Spezialisten Wiesenhof.

Durch Spanien ziehen sich futuristische Landschaften aus mit Plastikfolien abgedeckten Gewächshäusern, die künstlich bewässert werden müssen – und deren Salate oder Tomaten trotzdem Bio-Kriterien genügen. In Deutschland leiden viele Bio-Schweine, weil es den meisten Biobauern noch nicht überall gelungen ist, Rassen zu züchten, die für die ökologische Tierhaltung geeignet sind. So pervers es klingt: Die heutigen Schweinerassen sind an die Medikamente und das Kunstfutter aus der konventionellen Zucht mittlerweile so gewöhnt, dass sie häufig von Parasiten befallen werden, wenn sie sich natürlich ernähren und keine Antibiotika beigemischt werden. Vorherige Bauerngenerationen haben ihnen das richtige Fressen quasi weggezüchtet.

Und muss es im Bio-Supermarkt eigentlich wirklich alles geben? Bio-Pizza? Bio-Hamburger? Bio-Currywurst? Bio-Cola? Ich bin da hin- und hergerissen, muss ich gestehen.

Bio sollte mehr sein als eine Lifestyle-Option. Das erwachte

■ ERNÄHRUNG

Ernährungsbewusstsein sollte uns dazu bringen, zu hinterfragen, was wir täglich zu uns nehmen und größtmögliche Transparenz über die Herstellung unserer Lebensmittel einzufordern. Nur dann ist Bio so gut wie Bio sein kann.

Vielleicht hat Werner Lampert, der »Bio-Guru« Österreichs, der bereits 1994 die Supermarkt-Kette »billa« überredete, sein Biosortiment aufzunehmen, ja das Gespür für die Zukunft der Lebensmittel. Seit 2006 verkauft er frische Milch, die ausdrücklich nicht Bio zertifiziert ist. Lampert stört sich beispielsweise daran, dass das Bio-Siegel die Verfütterung von Silage erlaubt, die die Mägen der Kühe angreift. Seine Kühe fressen nur Heu und Gerste. Über das Internet lässt sich bei jeder einzelnen Milchpackung verfolgen, von welchem Hof die Milch stammt. Der Name der neuen, alten Milch ist Programm: »Zurück zum Ursprung«.

5. Bio im Supermarkt ist ein Widerspruch in sich.

Sie kennen sicher auch diese notorischen Marktgänger und Biokisten-Bezieher. Wenn Sie mit ihren Edeka- oder Alnatura-Tüten nach Hause kommen, schauen die Sie an, als kämen sie gerade aus einem Pornokino. Das Prinzip Supermarkt gilt ihnen als Anfang vom Ende: Durchrationalisierte Anbau-, Verarbeitungs- und Transportketten, Massenabfertigung, Verpackungsmüll. Wochenende für Wochenende fahren diese Menschen mit ihrem Kombi zum Bauer ihres Vertrauens und kaufen nur Fleisch von Tieren, die sie persönlich kennen. Von ihnen kamen besonders schadenfrohe Bemerkungen als vergangenen Sommer gemeldet wurde, dass die Schwarz-Gruppe (Lidl) die Bio-Supermarkt-Kette Basic übernehmen wollte. Basic-Finanzvorstand Johann Priemeier begründete das ungewöhnliche

Bündnis mit den Expansionsplänen von Basic. Binnen weniger Jahre sollte das Filialnetz verdoppelt werden, um den Basic-Slogan »Bio für alle« endlich zu verwirklichen.

Doch Basic hatte die Rechnung ohne »alle« gemacht. Lidl gilt in der an Gutmenschen ohnehin armen Einzelhandelsbranche als besonders heftiger Preisdrücker und unfreundlicher Arbeitgeber, der sich gegen Betriebsräte stemmt wie Muslims gegen Abbildungen ihres Propheten. Die schwarzen Bretter in den Basic-Märkten wurden mit Boykottdrohungen der Stammkundschaft förmlich zugepflastert. Lieferanten wie Denn'ree oder die Herrmannsdorfer Landwerkstätten erklärten, ihre Verträge mit Basic zu kündigen. Im Herbst wurde die Übernahme gestoppt. »Der Druck ist zu groß geworden«, befand Vorstandschef Josef Spanruft enttäuscht. Und sucht weiter nach – unproblematischeren – Investoren.

Der Streit um Lidl/Basic offenbart einen Zielkonflikt, auf den die Bio-Branche unweigerlich zusteuert. Während die Kundschaft in Bio-Supermärkten mehr oder minder in dem Glauben gelassen wird, die feilgebotenen Waren stammten quasi vom Bauern nebenan und damit nicht nur Lebensmittel sondern auch ethisches Behagen kauft, unterwerfen sich die Bio-Supermärkte den Gesetzmäßigkeiten des Lebensmitteleinzelhandels. Von Preisdrückereien gegenüber Biobauern ist die Rede. Eine Kette soll vor der Eröffnung neuer Filialen schon Baukostenzuschüsse von ihren Zulieferern gefordert haben.

Knapp die Hälfte aller Bio-Lebensmittel wurde 2007 bei Aldi, Lidl, REWE, Edeka & Co. gekauft. Ein Viertel im Bio-Supermarkt oder Naturkostladen, elf Prozent in der Direktvermarktung durch Bio-Kisten, auf den Märkten oder am Bauernhof. Sieben Prozent in Drogerien oder im Versandhandel, fünf Prozent im Reformhaus. 70 Prozent der Bio-Milch und

ERNÄHRUNG

65 Prozent des Bio-Müslis werden heute beim Discounter oder im »normalen« Supermarkt gekauft.

In keinem Bereich wächst der Verkauf von Bio-Lebensmitteln so stark wie bei den Discountern.

Es ist nicht so einfach wie es scheint, aus den verschiedenen Angebotsformen für Biowaren die eine, ethisch richtige, herauszufiltern. Denkt man etwa an die Klimabilanz ist es wenig sinnvoll, wenn jeder am Wochenende mit dem Auto die Bauernhöfe der Umgebung abklappert, um den Familienbedarf für die nächsten Tage zu decken. In der Tat ist die intelligente Logistik der großen Händler die potenziell klimafreundlichste Art, Waren zu den Kunden zu bringen. Und natürlich bringen längerfristige Abkommen zwischen Discountern und Erzeugern Planungssicherheit für alle landwirtschaftlichen Betriebe, die im großen Stil auf Bio umsteigen wollen. Mich schreckt die Vorstellung nicht, dass auch eine allein erziehende Mutter in Berlin-Wedding ihren Kindern künftig erschwingliche Lebensmittel aus biologischem Anbau kaufen kann. Die unterschwellige Arroganz derer, die gegen »Billig-Bio« wettern, ist bisweilen unerträglich. Sofern also die Bedingungen des Bio-Siegels eingehalten und kontrolliert werden, freue ich mich auch über Bio-Waren, die beim Discounter verkauft werden. Was uns als Kunden nicht davon abhalten sollte – etwa bei der Geschäftsführung von Lidl –, nachzufragen, warum die sich eigentlich so gegen Betriebsräte stemmen.

Und wo bleiben die kleinen Bio-Läden und die Basics, Bio Companys und Erdkorn-Märkte? Wer ausschließlich Bio-Waren verkauft, sollte sich viel konsequenter auf die Grundideen der Bewegung besinnen. Ich habe kein Verständnis für Bio-Supermärkte, die ihren Strom nicht von Öko-Energieanbietern beziehen. Bio-Supermärkte und Naturkostläden müssten Vorreiter beim Kampf gegen Verpackungsexzesse sein, beim Zahlen fairer Preise für die Erzeuger (auch in Deutschland – wie das bei der Milch ja teilweise bereits passiert) und ihren Mitarbeitern vorbildliche Arbeitsbedingungen bieten. Sie müssten totale Transparenz über die Herkunft ihrer Waren zeigen. Sie müssten sich mit Modellen wie die der britischen Supermarktkette Tesco oder der niederländischen Biohandelskette Eosta auseinandersetzen, die für ihre Waren die jeweiligen CO_2-Bilanzen ausweisen (www.natureandmore.com/German/Content/Main_Navigation/CO2/CO2.cmt). Sie müssten eigentlich die Avantgarde des Einzelhandels bilden und nicht ihren traurigen Abklatsch.

In der deutschen Bio-Supermarkt-Hauptstadt Berlin versucht gerade ein neuer Bio-Discounter Fuß zu fassen. Zum Start von McBio – so heißen die wirklich – hatte sich die Geschäftsleitung eine ganz besondere Kooperation ausgedacht. Wer bei Shell sein Auto betankt, bekommt pro Liter Benzin 10 Cent geschenkt – 5 Cent in bar und 5 Cent in Bio-Waren: »Mit McBio Tanken und Sparen«. Auf so ein Geschäftsmodell wären die notorischen Marktgänger und Bio-Kisten-Bezieher nicht mal in ihren Alpträumen gekommen.

6. Wenn alle Bauern auf Bio umsteigen würden, könnte man die Welt unmöglich ernähren.

Dieses Argument hört man oft. Vor allem von Unternehmen, die mit dem Verkauf von Gensaat oder synthetischen Düngern jährlich Milliarden verdienen. Ökologische Landwirtschaft bräuchte bei gleicher Produktionsmenge ein Drittel mehr Anbaufläche als konventionelle, haben Experten errechnet. »Wir müssten die Wälder abholzen, um die Menschen ernähren zu können«, zitiert die »Frankfurter Allgemeine Sonntagszeitung« den Giessener Agrarökonom Michael Schmitz.

Tatsächlich lassen solche Argumente zwei wesentliche Faktoren außer Acht. Noch immer subventionieren wir in der EU eine gewaltige Überproduktion. Wir lassen weit mehr anbauen als wir je essen könnten und drücken die Überschüsse, abermals subventioniert, in die Märkte der Entwicklungsländer. Ganz platt gedacht, könnte man da nicht vielleicht ein bisschen weniger...?

Unsere Landwirtschaft trägt massiv zur Zerstörung des ökologischen Gleichgewichts bei. In der Nähe landwirtschaftlich genutzter Flächen leben heute ein Drittel weniger Vögel als noch 1980. Auch sonst beobachten Fachleute eine drastische Reduzierung der Arten und eine Auslaugung der Böden. In der Nähe britischer Biobauernhöfe wurden 105 Prozent mehr Pflanzenarten und 48 Prozent mehr Vogelarten gezählt als an vergleichbaren konventionell bewirtschafteten Höfen. Agrarwissenschaftler, die die Wirtschaftlichkeit des Ökolandbaus weltweit untersucht haben, gelangen zu erstaunlichen Ergebnissen. Gerade in Afrika und Asien ist der Ökolandbau dem konventionellen an Produktivität und Kostenersparnis weit überlegen. Die externen Kosten, die für Erosion, Wasserverbrauch, den Erhalt von Arten etc. anfielen, lägen zwei Drittel niedriger. Gleichzeitig holt der Ökolandbau wesentlich mehr aus den Böden heraus, weil er sie vor Übersäuerung und Erosion schützt. Nach einer Studie der University of Michigan liegt der Ertrag mittelfristig um 80 Prozent höher. Ähnliche Studien mit vergleichbaren Resultaten von der Cornell University, Rodale Institut, University of Maryland liegen vor.

Zudem sind die Preise für synthetischen Dünger und Saatgut in den vergangenen Jahren drastisch gestiegen. Die französische Zeitung »Le Monde diplomatique« berichtet in einer Reportage aus Indien über die Schuldenspirale, die immer mehr indische Bauern in den Selbstmord treibt. Preise für Düngemittel hätten sich vervierfacht, die für Saatgut seien teilweise um 300 Prozent gestiegen – bei sinkender Qualität; ebenso die Zahlungen für die privatisierten Strom- und Wasseranbieter. Die Abhängigkeit von den Agrarchemie-Konzernen scheint ausweglos. Für den Umstieg auf ökologische Landwirtschaft, der bei den versauten Böden mindestens zwei einnahmefreie Jahre dauern würde, zahlt den Bauern niemand Geld. In einigen landwirtschaftlichen Distrikten hat sich die Selbstmordquote binnen fünf Jahren versechsfacht. Bis heute ist in Entwicklungsländern kein Fall nachgewiesen, bei dem der Umstieg auf ökologische Landwirtschaft die Ernteerträge und die Lebensbedingungen der Bauern und ihrer Familien verschlechtert hätte.

7. Was soll das ganze Gerede? Was man isst, ist doch sowieso egal.

»Du bist, was du isst«, lautet der Kampfruf mancher Frauenzeitschrift, mit der die alljährliche Diät eingeläutet wird. Vor meinem geistigen Auge verwandele ich mich schuldbewusst in Mais-Chips, Schokoriegel, überbackene Kalbsschnitzel oder ein Käsesandwich und gelobe Besserung. Doch der Satz enthält – wie alles, was man in Frauenzeitschriften lesen kann – eine Wahrheit, die tiefer dringt als meine Fingerspitzen in den Hüftspeck. Im Zeitalter des Klimawandels machen sich immer mehr Menschen Gedanken darüber, wie sie persönlich die Emission schädlicher Treibhausgase vermindern können. Der Ernährung kommt dabei eine Bedeutung zu, die unser täg-

■ ERNÄHRUNG

liches Ess- und Einkaufsverhalten beinahe zur Grundsatzfrage macht.

Nach jüngsten Untersuchungen tragen Anbau, Verarbeitung und Transport von Lebensmitteln bis zu 30 Prozent zum weltweiten Ausstoß von Treibhausgasen bei. Bei der Produktion von einem Kilogramm Käse werden über acht Kilogramm CO_2 in die Atmosphäre geblasen, für ein Kilogramm Rindfleisch über sechs. Bei Brokkoli sind es 150 Gramm. Doch es kommt nicht nur darauf an, was wir essen. Tatsächlich zeigen alle Untersuchungen, dass der Umstieg auf ökologischen Landbau ein echter Beitrag zum Klimaschutz sein kann. Weltweit werden jährlich 90 Millionen Tonnen Erdöl oder Erdgas zu Stickstoffdünger verarbeitet. Das entspricht einer CO_2-Emission von 250 Millionen Tonnen – die Komplettbilanz von 25 Millionen Deutschen. Das Einsparungspotenzial durch den Verzicht auf die Energie aufwendige Produktion von Pestiziden oder künstlichen Dünger beläuft sich auf etwa 60 Prozent. Gleichzeitig »arbeiten« die Ökoböden aktiv für den Klimaschutz. Die Humus reichen Böden binden bis zu zehn Tonnen CO_2 pro Hektar. Wasser versickert in den lockeren Böden wesentlich besser (ein aktiver Beitrag zum Hochwasserschutz – falls der Klimawandel so dramatisch wird wie viele fürchten...) Das Biofutter in der Ökofleischzucht verursacht deutlich weniger klimaschädliche Methangase bei der Verdauung. Und bei gleichen Erträgen kommen Bio-Höfe mit 30 Prozent weniger Energie aus, hat eine Untersuchung aus den USA ergeben. Alles in allem, so schätzt Professor Ulrich Köpke von der Universität Bonn, beläuft sich das generelle Einsparpotenzial für CO_2-Emissionen durch den Umstieg auf ökologische Landwirtschaft auf bis zu 50 Prozent.

Dank der Bauern, die auf Öko-Landbau umgestellt haben, landeten 2005 630 Tonnen Düngemittel sowie acht Tonnen

Pflanzenschutzmittel weniger auf deutschen Feldern. Ein Beispiel: Für einen 2-Kilo-Laib Öko-Brot bleiben vier Hektar Boden von Agrar-Chemikalien verschont. Das klingt nicht besonders eindrucksvoll – aufs Jahr gerechnet jedoch erspart ein Bio-Brot-Anbieter wie die süddeutsche Bäckereikette Pfister 2800 Hektar Boden den Gift-Einsatz.

Natürlich ist der Beitrag, den man als Einzelner leistet, wenn man aus Klimaschutzgründen zu Bio-Milch oder Bio-Brot greift, beinahe lächerlich, wenn die Regierung unverdrossen Baugenehmigungen für neue Kohlekraftwerke erteilt. Aber es ist eine Möglichkeit dem grassierenden Zynismus zu widerstehen, der uns alle zu machtlosen Opfern unseres Schicksals macht. Gegen diese Alles-egal-Haltung hat Thorsten Denkler in der »Süddeutschen Zeitung« im Herbst 2007 die richtigen Worte gefunden: »Bio-Nahrung ist nicht deshalb teurer, weil es die konventionellen Konkurrenten in der Qualität meilenweit hinter sich lässt. Es kostet mehr, weil artgerechte Tierhaltung aufwändig ist, weil die Ernteausfälle ohne Chemiespritze höher sind, weil die Bauern ordentlich entlohnt werden. Oder einfach gesagt: Weil die Hühner glücklich sind.«

■ ERNÄHRUNG

Systemvergleich:
konventionelle Landwirtschaft versus Öko-Landbau

Was genau macht eigentlich den Unterschied zwischen ökologischer und konventioneller Landwirtschaft? Vier Lebensmittel im Vergleich:

Hühnerfleisch
Geflügel wird bei den Deutschen immer beliebter – doch Huhn ist nicht gleich Huhn.

	KONVENTIONELLE LANDWIRTSCHAFT	**ÖKO-LANDBAU**
Aufzucht:	200 000 bis 300 000 Tiere pro Stall, bis zu 25 Hühner teilen sich einen Quadratmeter.	Maximal 4800 Tiere pro Stall, zehn Tiere auf einem Quadratmeter.
Behausung:	Schlechtwetterauslauf nicht vorgesehen, ebenso Einstreu (Sand, Stroh, Hanf) oder Sitzstangen. Im Sommer gehen in überhitzten Ställen die Tiere immer wieder massenhaft ein.	Schlechtwetterauslauf, mindestens ein Drittel der Stallfläche als eingestreuter Scharrraum (Stroh, Sägespäne, Sand, Torf), Sitz stangen vorgeschrieben.
Auslauf:	Nicht vorgesehen; da die Tiere ständig im Stall bleiben, schädigt die ammoniakhaltige Luft ihre Lungen.	Für jedes Tier muss mindestens vier Quadratmeter Grundfläche zur Verfügung stehen.

Systemvergleich

	KONVENTIONELLE LANDWIRTSCHAFT	**ÖKO-LANDBAU**
Futter:	Die Hühner fressen Mais, Erbsen, Getreide und eiweißreiches Ergänzungsfutter, wie beispielsweise Sojaschrot, was zu Leberschäden führen kann. Da sie keine Würmer picken dürfen, dienen Aminosäuren als Ersatz. Routinemäßig werden Medikamente und Antibiotika ins Futter gemischt.	Die Tiere fressen Getreide und Hülsenfrüchte; das Futter stammt vom eigenen Hof oder anderen ökologisch wirtschaftenden Betrieben. Statt synthetischer Aminosäuren werden zu maximal 20 Prozent Kartoffeleiweiß und Maiskleber aus konventioneller Produktion verfüttert. Antibiotika im Futter sind verboten und als Arzneimittel nur in wenigen Fällen erlaubt.
Besonderheiten:	Weil die Tiere sich die Federn ausreißen, dürfen Schnäbel gekürzt oder ganz abgeschliffen werden. Bei manchen Küken wird der Schnabel abgebrannt.	Bei den meisten Bio-Bauern keine Manipulationen am Schnabel.
Lebenserwartung:	32, maximal 56 Tage	70 bis 90 Tage
Preis:	Eine Hähnchengrillplatte bei Aldi kostet pro Kilo 2,99 Euro, ein Kilo Hähnchenbrustfilet bei Discountern um die 6 Euro.	Ein Kilo Bio-Hähnchen kostet zwischen 9 und 12 Euro.

■ ERNÄHRUNG

Eier

Wie es den Hühnern beim Eierlegen ergangen ist, erkennen Sie an der ersten Ziffer, die auf der Verpackung steht: Die 0 steht für ökologischen Landbau, die 1 für Freilandhaltung, die 2 für Boden- und die 3 für Käfighaltung.

	KONVENTIONELLE LANDWIRTSCHAFT	ÖKO-LANDBAU
Aufzucht:	Bis zu 500 Legehennen pro Hektar. Bei gewerblichen Legebatteriebetrieben sind noch mehr erlaubt. 200 000 Tiere pro Stall	Maximal 230 Legehennen pro Hektar. Anbauvereinigungen wie Bioland erlauben höchstens 140. Maximal 3000 Tiere pro Stall
Behausung:	Maximal 12,5 Tiere pro Quadratmeter, bei Käfiganlagen sind Einstreu, Nester oder Sitzstangen nicht vorgeschrieben.	Maximal sechs Tiere pro Quadratmeter. Ein Drittel der Stallfläche steht als eingestreuter Scharrraum zur Verfügung, die Ställe sind mit erhöhten Sitzstangen sowie Familien- oder Einzelnestern ausgestattet.
Auslauf:	Tageslicht? Ausflüge ins Grüne? Was ist das? (Bei konventioneller Freilandhaltung sind 4 Quadratmeter Grünfläche pro Tier vorgeschrieben.)	Bei Bioland sind mindestens fünf Prozent der Stallfläche Fenster. Grünauslauf mit Pflanzen und Gehölzen vorgeschrieben, Schlechtwetterauslauf/ Wintergarten.

Systemvergleich

	KONVENTIONELLE LANDWIRTSCHAFT	**ÖKO-LANDBAU**
Futter:	Die Fütterung, Entmistung und Eiersammlung ist automatisiert. Das Fertigfutter enthält einen hohen Anteil Soja. Vorbeugend werden Antibiotika verabreicht, weil die Hühner aufgrund der schlechten Haltungsbedingungen anfällig für Infektionen sind.	Futter (Weizen, Futtererbsen) aus ökologischem Anbau, möglichst vom eigenen Hof. Die vorbeugende Verabreichung von Medikamenten ist verboten. Maximal 20 Prozent dürfen aus konventionellem Anbau stammen.
Besonderheiten:	Schnäbel in der Regel geschnitten, synthetische Dotterfarbstoffe zugelassen. Viele der heutigen »Turbo-Hennen« besitzen eine Veranlagung für Verhaltensstörungen wie Federpicken oder Kannibalismus, welche bei der Zucht auf hohe Legeleistung unbeabsichtigt mitgezüchtet wurde. Ungünstige Faktoren wie Transport, Haltungs- oder Fütterungsfehler, Krankheiten, Stress etc. können diese Verhaltensstörungen auslösen.	Schnäbel dürfen bei Bioland überhaupt nicht, bei anderen nur mit Ausnahmegenehmigung geschliffen werden, synthetische Dotterfarbstoffe sind verboten.

■ ERNÄHRUNG

	KONVENTIONELLE LANDWIRTSCHAFT	**ÖKO-LANDBAU**
Lebenserwartung:	1,6 Jahre. »Moderne« Legehennen stammen aus speziellen Kreuzungen, die auf eine besonders hohe Legeleistung (rund 300 Eier im ersten Jahr) ausgerichtet sind. Die Hennen beginnen etwa ab der 21. Lebenswoche zu legen und werden rund ein Jahr lang im Legebetrieb gehalten. Weil die Tiere so viele Eier legen, können sie das für die Schalenbildung notwendige Calcium nicht alleine aus der Nahrung gewinnen. Ein Teil des Calciums wird daher aus den Knochen mobilisiert. Diese »Calcium-Depots« werden im Verlauf der Legezeit mehr und mehr entleert, bis vom Körper fast kein zusätzliches Calcium mehr freigestellt werden kann. Das dauert etwa ein Jahr und die Hühner werden »ersetzt«.	Sehr unterschiedlich. In manchen Bio-Höfen dürfen die Hühner mit 15 Jahren eines natürlichen Todes sterben. Eine einheitliche Richtlinie, ab wann die Hühner frühestens geschlachtet werden dürfen, gibt es nicht.
Preis:	Eier aus Legebatterien kosten unter 20 Cent pro Stück.	Bio-Eier gibt es ab 35 Cent.

Milch

Die Lebensbedingungen der Kühe in der konventionellen und ökologischen Landwirtschaft unterscheiden sich dramatisch.

	KONVENTIONELLE LANDWIRTSCHAFT	**ÖKO-LANDBAU**
Auslauf:	Weiden? Auslauf? Muss doch nicht sein!	Mindestens ein Laufhof ist vorgeschrieben.
Behausung:	Bei Neubauten wird 6 Quadratmeter pro Kuh verlangt, bei älteren Betrieben oft deutlich weniger; Einstreu nicht Pflicht, geringe Mengen Einstreu bzw. Gummimatten sind üblich, enge Fressplätze.	Mindestens 6 Quadratmeter, Einstreu ist Pflicht.
Futter:	Gras- oder Maissilage ganzjährig zulässig (Silage ist durch Milchsäuregärung konserviertes, hochwertiges Grünfutter für Nutztiere), viele Kühe bekommen durch das viele Protein Verdauungsprobleme.	Im Sommer überwiegen Frischgras und Weide, im Winter Heu und Silage, Einsatz von Biokraftfutter erlaubt.
Besonderheiten:	Hörnerstutzen üblich. Kälber bekommen häufig nur Milchaustauscher, um die kostbare Milch ihrer Mütter nicht zu »verschwenden«.	Hörner bleiben dran, die Kälber dürfen in den ersten zwölf Lebenswochen bei ihrer Mutter trinken.

ERNÄHRUNG

	KONVENTIONELLE LANDWIRTSCHAFT	**ÖKO-LANDBAU**
Lebenserwartung der Kühe:	Fünfeinhalb Jahre	Wie bei den Legehennen – manche Biomilch-Kühe werden 20 Jahre alt wie die von Hubert und Paula!
Preis:	Bei Discountern durchschnittlich 57 Cent pro Liter	89 Cent im Biosupermarkt

Kartoffeln

Mittlerweile verkauft Aldi die meisten Bio-Kartoffeln in Deutschland. Mit gutem Grund.

	KONVENTIONELLE LANDWIRTSCHAFT	**ÖKO-LANDBAU**
Boden:	Bevor das chemisch behandelte Saatgut in den Boden gelegt wird, werden auf dem Feld Herbizide ausgebracht. Die Menge des mineralischen Düngers beträgt rund 180 kg Stickstoff, 120 kg Phosphat und 200 kg Kali pro Hektar.	Böden sind nicht vorbehandelt.

Systemvergleich

	KONVENTIONELLE LANDWIRTSCHAFT	**ÖKO-LANDBAU**
	Die enge Fruchtfolge fördert Erosion und Bodenverdichtung und beschleunigt die Artenverarmung. Eine zusätzliche Behandlung des Bodens erfolgt mit einem Nematizid (gegen Nematoden – Bodentiere).	
Zusatzversorgung:	Während des Reifens werden die Kartoffeln mit Insektiziden (gegen Kartoffelkäfer), Fungiziden und bis zu achtmal gegen Kraut- und Knollenfäule bespritzt.	Der Öko-Bauer arbeitet mit widerstandsfähigen Sorten, die nicht gebeizt sind. Damit sich Krankheiten nicht so gut übertragen können, werden die Kartoffeln in einem größeren Reihenabstand gelegt. Als Dünger dienen 10 Tonnen Stallmist je Hektar. Der Kartoffelkäfer wird mit speziellen Maschinen abgesaugt.
Ernte, Lagerung:	Die Ernte beträgt rund 40 Tonnen je Hektar.	Etwa 25 Tonnen pro Hektar
Preis:	Bei Discountern 0,39 Euro pro Kilo	1,39 Euro pro Kilo

■ ERNÄHRUNG

Sind so viele Euros ...

Die Hälfte des gesamten EU-Jahresetats wird für die Förderung der europäischen Landwirtschaft ausgegeben. Damit wir auch in Zukunft immer genug hochwertige Lebensmittel zu essen haben, heißt es. Doch damit werden auch die unethischen Praktiken in der Fleischindustrie und der Chemieeinsatz auf den Feldern, unterstützt. Wer sich damit tröstet, dass das Geld armen Bauernfamilien zugutekommt, damit die ihre Höfe erhalten können, dürfte sich wundern, wenn er erfährt, bei wem die Milliarden tatsächlich landen. WENN er es erfährt. Denn in Zeiten, in denen jeder Hartz-IV-Empfänger seine Vermögensverhältnisse haarklein auflisten muss, weil er schließlich staatliche Zuwendungen bezieht, hält das deutsche Landwirtschaftsministerium die Liste der Agrarsubventionsempfänger geheim. Was würden Verbraucher/Steuerzahler/Wähler auch davon halten, dass in Europa alle drei Minuten ein Hof aufgegeben werden muss, aber eine Firma wie Nestlé (Jahresgewinn: knapp fünf Milliarden Euro) im Jahr 48 Millionen Euro aus EU-Töpfen erhält?

Die Subventionierung der Landwirtschaft durch die EU ist eine Subventionierung der Lebensmittelindustrie und ihrer globalen Interessen. Nicht allein, dass wir hier in Europa keinen echten Markt haben – 92 Milliarden Euro, die beispielsweise der BSE-Skandal als Resultat einer pervertierten Fleischindustrie gekostet hat, wurden durch Steuergelder ausgeglichen –, wir ruinieren auch die Märkte jener Länder, die das am wenigsten gebrauchen können.

In Kenia, Nigeria oder dem Senegal bricht der heimische Getreideanbau zusammen, weil das importierte Mehl aus EU-Überschüssen billiger verkauft wird als die heimischen Produkte. In Mali oder Burkina Faso drücken wir Milchpulver zu

Spottpreisen auf den Markt – nachdem die Regierungen unter dem Vorwand der Handelsfreiheit genötigt wurden, ihre Einfuhrzölle zu senken. So zerstören wir die Geschäfte der dortigen Milchbauern. In Ghana bezahlt man für das künstlich billig gehaltene Überschuss-Hühnerfleisch aus Deutschland, Holland oder Frankreich nicht mal die Hälfte dessen, was die afrikanischen Geflügelzüchter verlangen müssen, um ihre Kosten zu decken. Der Mechanismus ist ebenso simpel wie fatal. Mit hohen Zöllen und Importauflagen werden die europäischen Märkte vor den Produkten aus Afrika oder Südamerika geschützt – und gleichzeitig die gewaltigen Überschüsse unserer durch Steuergelder gestützten Lebensmittelindustrie mit aller Gewalt in die Märkte der Entwicklungsländer gepumpt. Jeden Tag subventionieren die Industrieländer Produktion und Export ihrer landwirtschaftlichen Güter mit einer Milliarde Dollar. Es ist ein Kampf, den die Bauern in den Entwicklungsländern nicht gewinnen können.

Fair geht vor

Während ich diese Zeilen schreibe, kaue ich gerade einen Riegel mit dem schönen Namen »Bio Fairetta Weiß«: Weiße Schokolade mit »Knusper-Crispies«, ein Produkt des Handelshauses gepa, das seit über 30 Jahren mit dem Verkauf korrekt importierter Waren Geld verdient. Die Fairtrade-Idee ist so einfach wie einleuchtend. Anstatt die Bauern und Handwerker in Asien, Afrika oder Lateinamerika den Zumutungen des Weltmarkts auszusetzen, schließt gepa direkte Verträge mit den Kooperativen vor Ort. Die Fairtrade-Organisationen zahlen Garantiepreise über dem Weltmarktniveau und verpflichten sich zu langfristigen Verträgen. Die Vertragspartner verpflichten sich

■ ERNÄHRUNG

ihrerseits zur Einhaltung von Sozial- und Umweltstandards. Die Gewinne aus dem Handel werden teilweise in Ausbildungs- und Sozialprojekte gesteckt, um die Lebensbedingungen der Menschen zu verbessern. Mittlerweile profitieren 1,4 Millionen Bauern aus aller Welt von entsprechenden Abkommen.

Von der Jute-Tasche, dem ersten Verkaufsrenner der Fairtrade-Bewegung, war bereits am Anfang des Buches die Rede. Und auch die ersten landwirtschaftlichen Produkte, die politisch korrekt erworben nach Deutschland kamen, verlangten selbst dem wohlwollenden Verbraucher einiges ab. Besonders gefürchtet war der erste Solidaritätskaffee aus Nicaragua, der so bitter schmeckte wie das Schicksal der sandinistischen Revolution. Es hat eine Weile gedauert, bis die Fairtrade-Propagandisten ihre wunderbare Idee mit Produkten vorantreiben konnten, die man tatsächlich zu sich nehmen mochte. Heute scheint die Auswahl grenzenlos: Kaffee aus Äthiopien, Honig aus Chile, Tee aus Nordindien, Orangensaft aus Kuba – über 750 Produkte tragen das »Fairtrade«-Siegel von Transfair, das wichtigste Gütezeichen für fair gehandelte Waren. Die Zutaten für meinen längst vertilgten Schokoriegel stammen aus Bolivien, Paraguay und der Dominikanischen Republik. Von den Gewinnen aus dem fairen Handel gehen die Töchter von Kaffeebäuerinnen aus Peru zur Schule, lernen kleine Inder lesen und stellen Bananenbauern in Ecuador ihre Anbauflächen auf ökologische Bewirtschaftung um.

Prominente wie Franziska van Almsick oder Sportfreunde Stiller setzen sich für die Fairtrade-Idee ein, von der nach jüngsten Umfragen beinahe 80 Prozent der Deutschen schon mal was gehört haben. Und sie kaufen auch – seit Jahren steigen die Umsätze im fairen Handel rasant. Ein Öko-Bauer, den ich in Nürnberg am Rande einer Podiumsdiskussion zum »Bio-Boom« traf, zog allerdings heftig über die Lebensmittel mit dem

Transfair-Siegel her. »Was ist daran vernünftig, Orangensaft um die halbe Welt zu fliegen?« Nicht einmal der dezente Hinweis darauf, dass es mit dem Orangenanbau in Schleswig-Holstein ähnlich schlecht stünde wie mit der Kaffee-, Tee- oder Kakao-Ernte, konnte ihn bremsen. »Die Leute sollen Apfelsaft trinken, aus der Region. Sonst geht diese Welt zugrunde. Und außerdem...«, Roland, so hieß der Landwirt, hob triumphierend den Zeigefinger, »...ist das Zeug ja nicht mal bio!«

Da musste ich dann doch erst einmal nachlesen. Tatsächlich machen Bio-Produkte inzwischen über die Hälfte des gesamten Angebots aus. Fairtrade-Bananen und -Wein stammen komplett aus kontrolliertem Anbau, Tee zu 70, Kaffee und Kakao zu über 60 Prozent. Das Fairtrade-Handelshaus gepa zahlt für ökologisch produzierte Lebensmittel deutlich höhere Preise und unterstützt die langwierige und kostenintensive Umstellung mit Geld und Know-how (mehr zum Thema Fairtrade im Service-Teil auf Seite 101 ff.).

Genfood als Anstoß

Einen entscheidenden Schub für den Bio-Boom in Deutschland gab die Sorge der Verbraucher, dass sie Genfood zu sich nehmen, ohne es zu wissen. Die Unzahl von Lebensmittelskandalen in den vergangenen Jahren hat das Vertrauen der Verbraucher in den klassischen Einzelhandel tief erschüttert. Wenn man liest, dass in einigen Supermärkten einfach neue Schilder aufgeklebt werden, sobald das Haltbarkeitsdatum für abgepacktes Fleisch abgelaufen ist, überfallen einen Zweifel, ob die Händler uns korrekt informieren, wenn es um gentechnisch veränderte Nahrungsmittel geht.

Schätzungen zufolge kommen über 60 Prozent unserer Lebensmittel direkt oder indirekt mit gentechnisch veränderten Organismen in Berührung. Schlachtvieh wird mit Gen-Soja aus Brasilien oder Argentinien gefüttert. Gentechnisch veränderter Mais kann als Glukosesirup oder Traubenzucker in Puddingpulver, Süßigkeiten, Speiseöl oder Müsli stecken. Bestimmten Süßstoffen oder Geschmacksverstärkern liegen genmanipulierte Bakterienkulturen zugrunde. Nur bei Bio-Waren können Verbraucher so gut wie sicher sein, dass sie gentechnikfrei genießen.

In einer echten Marktwirtschaft wäre die Sache klar. Je nach Umfrage lehnen 70 bis 80 Prozent der deutschen Verbraucher gentechnisch veränderte Lebensmittel kategorisch ab. So hohe Quoten schafft nicht mal mehr die große Koalition. Man sollte meinen, dass diese im Sinne einer Verbraucherdemokratie alles tut, um uns vor der Gentechnik zu bewahren. Doch so einfach ist das nicht. Inzwischen werden auf über 100 Millionen Hektar Land in 22 Ländern gentechnisch veränderte Pflanzen angebaut. In Deutschland hat sich die Anbaufläche vergangenes Jahr verdoppelt. Über die Hälfte der weltweit produzierten Sojabohnen stammt heute bereits aus dem Genlabor. China, die USA, Argentinien und Brasilien gehören zu den ganz Großen im Geschäft. Von ihren Versprechungen, die Gentechnik würde vor allem verbraucherfreundliche Produkte entwickeln, hat die Genindustrie bislang kaum etwas einlösen können. Die Anti-Matsch-Tomate war ein Flop, der Turbo-Vitamin-Reis, den man vor 15 Jahren versprochen hatte, ist immer noch nicht marktreif. Das Gros der Generzeugnisse landet in den Futtertrögen, also nur indirekt auf unserem Tisch. Und genau das macht es Verbrauchern so schwer, sich frei zu entscheiden, ob sie gentechnisch veränderte Lebensmittel essen wollen oder nicht.

Seit April 2004 müssen in Deutschland Lebensmittel gekennzeichnet werden, deren gentechnisch veränderter Anteil 0,9 Prozent überschreitet. Doch die Kennzeichnungspflicht sagt nichts darüber aus, ob etwa die Fleisch, Milch oder Eier liefernden Tiere mit Gen-Soja gefüttert wurden.

Zum Zeitpunkt des Redaktionsschlusses hatte sich die Große Koalition auf eine Neuregelung verständigt, die uns ein neues Label beschweren soll. Mit dem Zusatz »Ohne Gentechnik« können demnach tierische Lebensmittel wie Milch, Käse oder Fleisch gekennzeichnet werden, wenn das Futter ohne gentechnisch veränderte Pflanzen hergestellt wurde. Sie können allerdings auch dann als gentechnikfrei gekennzeichnet werden, wenn für die Futterherstellung gentechnisch veränderte Zusatzstoffe wie Vitamine oder Enzyme verwendet werden. Diese Zusatzstoffe dürfen im fertigen Produkt allerdings nicht mehr enthalten sein. (Zum aktuellen Stand der Gesetzgebung: www.genfoodneindanke.de) Immerhin bietet das neue Label einen Anreiz für die Futtermittelproduzenten zukünftig auf gentechnisch veränderte Pflanzen zu verzichten.

Wer wissen möchte, auf welche konventionellen Lebensmittel-Produzenten er sich verlassen kann, für den hat die Verbraucher Initiative o.V. eine kompetente und informative Website samt Einkaufsratgeber zusammengestellt, den man sich im Netz herunterladen kann (www.transgen.de). Ein ähnliches, politisch zugespitztes Angebot hat Greenpeace ins Netz gestellt (de.einkaufsnetz.org).

Ich möchte die Debatte um gentechnisch veränderte Lebensmittel hier nicht in allen Einzelheiten nachzeichnen. Ein wirklicher Schaden für unsere Gesundheit wurde bislang ebenso wenig zweifelsfrei nachgewiesen wie der Nutzen. Solche Schäden dürften wenn, dann auch eher zeitversetzt und schwer nachweisbar auftreten. Viel schwerer wiegt für mich die schleichende Verwandlung unserer Lebensmittel in patentiertes Eigentum. Wenn jedes Gramm Saatgut einer Lizenzpflicht unterliegt, jede Pflanze, jedes Tier, gehören die Rechte an unseren Lebensgrundlagen bald vier großen Weltkonzernen. Bayer CropScience (Deutschland), Monsanto, Pioneer/DuPont (beide USA) und Syngenat (Schweiz) haben Geschäftsmodelle entwickelt, bei denen die »Weltherrschaft über unsere Ernährung« droht, ein Monopol auf Züchtung und Vermarktung: »vom Samen bis zum Supermarkt« (»Le Monde«).

Eine tickende Bombe?

Gentechnisch verändertes Saatgut unterscheidet sich grundsätzlich von natürlichem: Es ist steril. Für jede neue Ernte müssen die Bauern neues Saatgut kaufen. Es heißt, dafür könnten die Bauern sich die Pflanzenschutzmittel sparen. Doch der böse Witz vieler transgener Nutzpflanzen ist, dass man gerade nicht auf Pestizide verzichten kann, sondern dass nur die gentechnisch veränderte Saat den Giftangriff überlebt. Es ist ein bisschen so wie früher mit der Neutronenbombe: Ringsherum alles tot, nur die Häuser (der Gen-Mais, das Gen-Soja) stehen noch.

In Argentinien geben die Bauern heute für künstlichen Dünger, mit dem sie ihre vom Gensoja-Anbau ausgelaugten Böden versorgen müssen, so viel aus wie früher für die Pestizide. Und auch da tickt eine Zeitbombe. Auf den meisten Gentechnik-Feldern wurde beobachtet, dass Schädlinge, die ferngehalten werden sollten, nach einiger Zeit Resistenzen ausbilden. Für die müssen dann neue Schädlingsbekämpfungsmittel entwickelt und von den Bauern gekauft werden, Mittel, die übrigens genau den Konzernen gehören, die den Bauern vorher die Gen-Saat aufgeschwatzt hatten.

Für seinen Dokumentarfilm »We Feed The World« reiste der

österreichische Autor Erwin Wagenhofer auf den Spuren unserer Lebensmittel um die ganze Welt. Hühnerfleischfabriken in der Steiermark, Gewächshäuser in Andalusien, Soja-Felder in Brasilien. Zu Beginn des Films sehen wir, wie Lastwagen Tonnen von nicht mal 24 Stunden »altem« Brot auf den Mülldeponien Wiens entladen. Das Brot wenigstens an Tiere zu verfüttern wäre teurer, als es wegzuschmeißen. Am Ende sind wir zu Besuch beim Nestlé-Vorstandschef Peter Brabeck-Letmathe und hören ihm zu, wie er am Beispiel Wasser seine Wirtschaftsphilosophie entwickelt. »Eine Anschauung (besagt), als Mensch sollten Sie einfach das Recht haben, Wasser zu haben. Das ist die eine Extremlösung. Und die andere sagt, Wasser ist ein Lebensmittel. So wie jedes andere Lebensmittel sollte das einen Marktwert haben. Ich persönlich glaube, es ist besser, man gibt einem Lebensmittel einen Wert, sodass wir uns alle bewusst sind, dass das etwas kostet...«

Ist die Natur nur noch eine Ware, deren Verwertung den Gesetzmäßigkeiten des Kapitals unterliegt, oder sehen wir in ihr ein Geschenk, das die Kraft hat, die ganze Welt mit Nahrung zu versorgen?

Jeden Tag entscheiden wir mit unserem Einkaufskorb, welche der beiden Anschauungen sich weiter durchsetzen wird.

SERVICETEIL

Die größten deutschen Bio-Supermärkte

Mittlerweile locken in Deutschland mehr als 400 Bio-Supermärkte. Die meisten wie Bio Company in Berlin, SuperBio-Markt in Nordrhein-Westfalen oder Bio B im Süden sind beinahe ausschließlich regional aktiv. Die nächste Filiale an Ihrem Wohnort finden Sie auf den jeweiligen Webseiten der Unternehmen.

Alnatura *www.alnatura.de*

Geschichte: 1986 wurden die ersten Alnatura-Produkte in dm- und tegut-Geschäften verkauft. Bald darauf eröffnete der erste Alnatura Super Natur Markt in Mannheim. Mit 41 Filialen (inclusive der für 2008 geplanten) in ganz Deutschland und einem Jahresumsatz von 244 Millionen Euro ist die Firma aus Bickenbach an der Bergstraße unbestrittener Marktführer.

Philosophie: Der Unternehmensgrundsatz lautet »Sinnvoll für Mensch und Erde«. Alnatura-Gründer Götz Rehn betont den anthroposophischen Hintergrund. Ziel sei es, zu zeigen, dass sich wirtschaftliches Denken und Umweltbewusstsein Gewinn bringend vereinen lasse. Die Firma engagiert sich mit Aktionen gegen die Gentechnik oder für ein Verbot der Käfighaltung. Alnatura hat 600 Mitarbeiter und 38 Lehrlinge. Die jüngste Filialleiterin ist 21 Jahre jung.

Sortiment: Die 800 verschiedenen Alnatura-Produkte findet man in den firmeneigenen Supermärkten, eine Auswahl auch in Drogerien wie dm oder Budnikowsky. Anbaugemeinschaften wie Naturland, Demeter und Bioland sind Vertragspartner des Unternehmens. Die Aktion »Fairer Milchpreis« fördert Biomilchbauern mit höheren Grundpreisen. Der Anteil regionaler Produkte schwankt naturgemäß. Alnatura selbst schätzt ihn auf durchschnittlich 20 Prozent, will ihn aber durch verstärkte Zusammenarbeit mit regionalen Großhändlern ausbauen.

Wissenswert: In den Alnatura-Märkten sind die Regale aus Holz, die Decken aus Recycling-Aluminium. Der Firmensitz wird mit Energie aus Wasserkraft versorgt. Die Auszubildenden können Musik- und Theaterkurse absolvieren. 2006/2007 stieg der Umsatz um 33 Prozent auf 244 Millionen Euro.

Basic *www.basic-ag.de*

Geschichte: Die Basic AG wurde 1997 gegründet. Ein Jahr später öffnete der erste Basic-Supermarkt in München seine Türen. Ende 2007 waren es 27 Filialen, davon 2 in Österreich. Von Plänen, gemeinsam mit der Schwarz-Gruppe (Lidl) als Partner die Zahl bis 2009 auf 50 auszuweiten, hat sich das Management verabschiedet und sucht neue Investoren.

Philosophie: Die Basic-Philosophie lautet »Bio für alle« – Lebensgenuss. Service und Qualität zu machbaren Preisen. Basic setzt auf die ästhetisch anspruchsvolle Einrichtung ihrer Supermärkte.

Sortiment: Die Eigenmarke »Basic« umfasst 180 Produkte vom Speiseöl bis zum Müsli. Der Anteil regionaler Produkte beträgt etwa 15 Prozent. Das Preisniveau in den Supermärkten entspricht grundsätzlich dem im Naturkosteinzelhandel, die Sonderpreise sind allerdings deutlich günstiger (Fairana gepa-Schokolade: 1,19 Euro, 100 Gramm Leberkäse 99 Cent, Minigurken 39 Cent).

Wissenswert: Als der Discounter-Konzern Lidl im Sommer bei Basic einsteigen wollten, rebellierten Kunden und Zulieferer. Lidl hat einen zweifelhaften Ruf bei der Behandlung seiner Angestellten. Die Umsätze bei Basic sanken in einigen Filialen um zweistellige Prozentsätze. Lidl zog seine Offerte zurück. An ihren Standorten unterstützt Basic Mittagstisch-Projekte für Kinder und Jugendliche aus schwierigen Familienverhältnissen und spendet für jeden Einkauf ihrer Kunden einen Cent. Die hauseigene Marktforschung weist einen besonders hohen Anteil junger, unverheirateter Frauen unter den Basic-Kunden auf – Basic als Flirttreff für ökologisch engagierte Single-Männer?

Bio Company *www.biocompany.de*

Geschichte: 1998 hatten drei Partner mit Erfahrungen in der Bioszene die Idee, Bioläden und Supermärkte miteinander zu verbinden. Vorbild waren die damals schon erfolgreichen großen Bioläden in Süddeutschland. 1999 eröffnete Gründerin Undine Erler den ersten Markt in Berlin-Steglitz. Anfangs gab es vor allem Ärger, weil man an der Kasse auch Zigaretten kaufen konnte. Anfang 2008 war Bio Company mit 14 Filialen Marktführer in der Biosupermarkt-Hauptstadt Berlin.

Philosophie: »Wir bringen ein Stück Land in die Stadt« (Eigenwerbung).

Sortiment: Für den Anteil regionaler Produkte keine Angabe möglich, Anteil schwankt zu stark nach Saison. In der Erntezeit im Sommer/Herbst sehr stark, im Winter eher niedrig. Generell gilt »so nah wie möglich«, was durch die regionale Beschränkung auf Berlin und Umgebung erleichtert wird. Importierte Waren stammen nach Möglichkeit aus dem fairen Handel. Hoch gelobte Frischetheken.

Wissenswert: Bio Commpany bietet 5 Prozent Rabatt für Kindergärten. Als Sponsor in der regionalen Kinder- und Jugendarbeit aktiv. Wurde bei Käufertests für ihren übersichtlichen Erzeugernachweis gelobt. Seit Juni 2005 führt BioCompanist Rainer Erler einen Webblog (blog.biocompany.de).

Denn's *www.dennree.de*

Geschichte: Vor 31 Jahren wurde der Naturkostgroßhändler Dennree von Biokostpionier Thomas Grein gegründet. Heute liefert der Logistikgigant im Biobereich ungefähr 10 000 verschiedene Artikel an 1600 Verkaufsstellen mit Bio-Angebot. Mit dem Ladenkonzept »Denn's Bio« versucht das Unternehmen sich im Supermarkt-Bereich. Mit großem Ehrgeiz: Anfang 2008 standen 15 »Denn's Bio«-Märkte in Deutschland, 5 in Österreich. Fünf weitere Märkte sind für 2008 angekündigt.

Philosophie: Vom frühen Konzept als schlichter Billig-Discounter hat »Denn's Bio« sich verabschiedet. Seit Kurzem setzt man auf hochwertige Einrichtung, Bistrobereiche, sowie eigene Wein- und Kosmetikabteilungen. Das Konzept soll als Franchise-Idee Abnehmer finden.

Sortiment: Nach den tristen Anfängen stark aufgestockt. Im Schnitt um die 5000 Produkte. Der Anteil regionaler Produkte schwankt von Supermarkt zu Supermarkt stark. Das überarbeitete Konzept sieht Frischetheken nach dem »Shop-im-Shop«-Prinzip vor.

Wissenswert: Bei der Expansion von »Denn's Bio« kommt es regelmäßig zu Verdrängungskonflikten mit eingesessenen Bioläden, die von Dennree beliefert werden. Man suche das Gespräch mit der lokalen Konkurrenz, Probleme ließen sich jedoch nicht vermeiden, heißt es. Für eine neue, 800 qm große Denn's Bio-Filiale, die 2008 in Kaufbeuren eröffnet wird, musste ein kleiner Naturkostladen im gleichen Gebäude schließen.

Erdkorn *www.erdkorn.de*

Geschichte: Die erste Erdkorn-Filiale eröffnete 2001 in Hamburg. Der Gründer Thomas Hinz war vorher Manager bei Aldi und konnte es nicht mehr ertragen, dass seine Familie ihm vorwurfsvoll Bio-Lebensmittel auf den Tisch legte. 2007 gab es 13 Erdkorn-Märkte zwischen Kiel und Köln. Erdkorn sucht nach neuen Standorten. Bis 2008 sollen es 25 Filialen werden.

Philosophie: Geringe Kosten, niedrige Preise, Motto »Besseres Bio, günstiger einkaufen«. Aber der Gewinn muss stimmen. 2008 möchte Erdkorn an die Börse.

Sortiment: In der Theorie regional ausgerichtet, in der Praxis findet man in den Erdkorn-Märkten der Obstanbauhochburg Hamburg auch im Oktober Äpfel und Birnen aus Italien. Aus Kostengründen keine Frischetheken. Erdkorn wirbt vor allem mit geringen Kosten und niedrigen Preisen – über das ganze Sortiment gesehen, liegt das Angebot preislich nicht unter denen der Mitbewerber.

Wissenswert: Die eher schlichten Filialen sind nach Feng-Shui-Prinzipien ausgerichtet. Es gibt viel Platz zwischen den Regalen und irgendwo plätschert immer ein wenig Wasser. Jährlich steigen die Umsätze um knapp zwanzig Prozent.

SuperBioMarkt *www.superbiomarkt.de*

Geschichte: Hervorgegangen aus dem 1973 in Münster gegründeten Naturkostladen »Makrohaus«, entstand 1993 das Konzept des »SuperBioMarkt«. Ende 2007 verfügte das Unternehmen über 13 Filialen in sieben Städten mit Schwerpunkt Nordrhein-Westfalen. Anfang 2008 eröffnete die 14. in Gelsenkirchen. Für 2008 sind 3 bis 5 neue geplant.

Philosophie: »Wir versuchen die Ideale der Gründerzeit mit den Ansprüchen unserer Zeit zu verbinden«, heißt es in der Selbstdarstellung des Unternehmens.

Sortiment: Im Schnitt pro Filiale mehr als 6000 Artikel. Anteil regional erzeugter Waren je nach Saison bei 30–80 Prozent. SuperBioMarkt-Geschäftsführer Michael Radau beklagt, dass der Ausbau der Ökoanbaufläche mit dem Markt nicht Schritt hält: »Wir werden massive Schwierigkeiten bekommen, hochwertige ökologische Produkte aus Deutschland zu beziehen. Das wäre extrem schade und gegen den Geist der meisten Unternehmen.«

Wissenswert: Von den 250 Mitarbeitern ist jeder zehnte Auszubildender. In den Märkten werden regelmäßig »Genießerabende« mit Bio-Beköstigung veranstaltet. Seit Kurzem in ausgewählten Läden Kosmetikfachabteilungen mit speziell geschultem Personal.

Think global, buy local!

Aber natürlich muss es nicht immer ein Bio-Supermarkt sein. Einen sehr guten Überblick über Naturkost-Angebieter in ihrer Region finden Sie unter: www.soel.de/oekolandbau/links_einkaufen.html Ebenfalls gut aufbereitete Auflistungen der meisten Adressen mit Postleitzahlen-Suchfunktion bieten www.naturkost.de sowie www.bio-markt.info.

Viele Bio-Bauern bieten ihre Produkte auch in einem kleinen Hofladen an. Die Adressen finden Sie auf den Internetseiten der Anbauverbände wie Naturland, Demeter oder Bioland.

Inzwischen hat sich in beinahe allen Ballungszentren ein Lieferservice für regionale Bio-Waren etabliert. Das Angebot reicht dabei von einem wöchentlichen Gemüse- und Obstkorb, wobei die Bio-Bauern der Umgebung ihre saisonalen Produkte für Sie zusammenstellen, bis zur Lieferung auf Bestellung.

Das Ökodorf Brodowin (www.brodowin.de) beliefert allein über 1600 Haushalte in Berlin. In Bayern rangeln über ein Dutzend Lieferanten um Kunden.

Die Bio-Linien der Discounter

Die konventionellen Lebensmittel-Discounter schwimmen mit auf der Bio-Welle und haben teilweise kräftig in den Ausbau eigener Marken investiert. Die Umsätze mit Bio-Lebensmitteln stiegen 2007 in den Discountern um 70 Prozent, in Biofachgeschäften um 28 Prozent. Wer sich erst einmal vorsichtig an Bio-Lebensmittel herantasten will, aber auch das konventionelle Angebot braucht, ist bei folgenden Handelsketten gut aufgehoben. Darüber hinaus werben Aldi, Lidl & Co. mit niedrigen Kampfpreisen gegen die Öko-Konkurrenz. Bei einer groß angelegten Qualitätsuntersuchung von Bio-Lebensmitteln bekamen die Eigenmarken der Discounter von der Zeitschrift Ökotest im Herbst 2007 beinahe durchweg gute Noten. Die Gewerkschaften weisen darauf hin, dass auch die Bio-Niedrigpreise bei Aldi oder Lidl teilweise mit Niedriglöhnen und schlechten Arbeitsbedingungen für die Angestellten erkauft werden, und monieren, dass es dort noch immer keine Betriebsräte gibt.

Aldi *www.aldi-essen.de (Aldi Nord)/*
www.aldi-sued.de (Aldi Süd)

Eigenmarken: Prima Bio (aldi nord) Bio (süd)

Produkte: Vor allem bei Aldi Süd ein immer breiteres Angebot – vom Sojadrink zum Bio-Käse, von Spaghetti oder Müsli bis Reiswaffeln oder Tee. Dazu regelmäßig Obst und Gemüse (EU-Bio-Siegel). Zehn Prozent des täglichen Obst- und Gemüseangebots bei Aldi Süd stammt aus Bio-Anbau.

Geschichte: 2002 führte Aldi Nord die Bio-Babykost »Sunshine« ein. Mit großem Erfolg. 2006 verkaufte Aldi 50 Prozent mehr Bio-Produkte als im Vorjahr. Mittlerweile gilt der Marktführer unter den Billig-Discountern auch als größter Anbieter von Bio-Lebensmitteln. Aldi hat mit dem Bau von Solaranlagen auf den Dächern ihrer Logistikzentren in Deutschland und Spanien begonnen. Die Anlagen sollen später eine Gesamtleistung von 31 Megawatt erzeugen.

Edeka *www.edeka.de*

Eigenmarke: Bio Wertkost

Produkte: Rund 200 (EU-Bio-Siegel). Ost und Gemüse saisonabhängig.

Geschichte: Seit 1999 im Sortiment – aber ideologiefrei. »Wir bedienen Verbraucherwünsche, nicht Weltanschauungen«, erklärte der Edeka-Marketingchef Hermann Sievers der Zeitschrift »Werben und Verkaufen«. Im Jahr 2007 verkaufte Edeka 70 Prozent mehr Bio-Obst als 2006. 20 deutsche Edeka-Märkte haben Photovaltikanlagen auf dem Dach installiert. Edeka plant im Raum Berlin die Eröffnung eines eigenständigen Bio-Supermarkt zu Testzwecken. Die übernommenen Netto-Supermärkte führen die Bio-Eigenmarke

»Bio bewusst«. Netto und die 2007 von Tengelmann übernommene Tochter Plus werden ab Mitte 2008 zusammen geführt.

Lidl *www.lidl-bioness.de*

Eigenmarke: Bioness

Produkte: Die Eigenmarke Bioness umfasste 2007 40 verschiedene Produkte. Seit Juni 2006 unter dem Eigenlabel »Fairglobe« auch Transfair-Produkte wie Kaffee und Bananen (EU-Bio-Siegel).

Geschichte: Seit Februar 2006 bietet Lidl in 2700 Filialen Bio-Produkte an. Außerdem werden auch konventionelle Erzeuger auf ein strenges Qualitätssicherungssystem verpflichtet, das eine Rückverfolgung sämtlicher Produktionsschritte ermöglichen soll. Lidl will in naher Zukunft nur noch Obst und Gemüse aus Europa verkaufen, das nach den sozialen und ökologischen Standards der Foodplus/Eurepgap zertifiziert wurde. Bis Ende 2007 sollte der Anteil von Bio-Ware am Gesamtangebot eigentlich auf 20 Prozent steigen. Genaue Angaben dazu gibt es nicht, nach Augenschein sind es weit weniger. Seit Sommer 2006 bietet Lidl in Zusammenarbeit mit FairTrade unter dem Namen »Fairglobe« auch Produkte aus fairem Handel an, beispielsweise 500 Gramm Kaffee für 4,69 Euro. Die Schwarz-Gruppe, der auch Lidl angehört, stieg Ende 2006 bei Basic ein, um die Bio-Supermarkt-Kette komplett zu übernehmen. Schied nach neun Monaten wieder aus.

Metro-Gruppe (Real, Metro, Kaufhof) *www.metrogroup.de*

Eigenmarke: Grünes Land

Produkte: Ungefähr 200 Bio-Produkte

Geschichte: Die Handelsmarke »Grünes Land« wurde 1996 eingeführt. Viele Produkte stammen aus Betrieben der Anbauverbände Naturland oder Bioland. Bio-Anteil am Gesamtumsatz zwischen vier und fünf Prozent.

Norma *www.norma-online.de*

Eigenmarke: Bio Sonne

Produkte: Um die vierzig Bio-Artikel in über 1300 Märkten. Anteil am Gesamt-Sortiment etwa fünf Prozent. Hat das Konzept »Transparente Fischerei« entwickelt, das für Kunden eine Rückverfolgung des verkauften Fisches ermöglicht. Aber keine Bio-Qualität.

Geschichte: Seit Februar 2006 werden Waren der Eigenmark Bio Sonne in allen Filialen angeboten.

Plus *www.plus.de*

Eigenmarke: BioBio

Produkte: Die langjährige Tengelmann-Tochter Plus hat 50 Bio-Waren, darunter in einigen Filialen auch Bio-Fleisch, im Angebot.

Geschichte: Im März 2002 brachte Plus mit »BioBio« als erster Discounter Bio-Produkte in seine Läden. Verkauft in einigen Filialen mittlerweile zu 20 Prozent Bio-Produkte.

ERNÄHRUNG SERVICETEIL

REWE (Minimal, HL, Toom, Penny) *www.rewe.de*

Eigenmarken: Seit Anfang 2008 nur noch REWE Bio

Produkte: Insgesamt rund 400. Von der Nudel bis zum vegetarischen Brotaufstrich, vom Müsli bis zur Trockenpflaume. Inzwischen auch Frischwaren, Öko-Tiefkühlkost oder Molkereiprodukte im Angebot. Tomaten, Gurken, Orangen, Pfirsiche und dergleichen nach Saison (EU-Bio-Siegel). Massiver Ausbau der Eigenmarke samt großer Werbekampagne für REWE Bio.

Geschichte: »Füllhorn« gibt es seit 1988, zunächst ausschließlich Trockenwaren. 2005 verzeichnete REWE bei Bio-Obst und -Gemüse eine Umsatzsteigerung von 35 Prozent. Unter dem Namen »Vierlinden« eröffnete REWE als erster Handelskonzern im April 2005 in Düsseldorf einen reinen Bio-Markt-Ableger, ein zweiter folgte im September in Köln. Für »Vierlinden« plant die REWE-Gruppe ein »organisches Wachstum« von zwei bis drei neuen Märkten im Jahr. Der Bio-Anteil an allen bei REWE verkauften Produkten belief sich 2007 auf 2,2 Prozent. Bei Eiern waren es 20 Prozent.

tegut *www.tegut.de*

Eigenmarke: Herzberger (für Backwaren)

Produkte: 2200 verschiedene im Angebot, ein Teil davon Bio, zum Teil in Bioland- oder Demeter-Qualität. Besonders gefragt sind die Wurst- und Fleischwaren der angeschlossenen kff-Metzgereien sowie die Produkte der hauseigenen Herzberger-Bäckerei. Unter der Marke »Fairbindet Bio« werden Fairtrade-Bio-Bananen verkauft.

Geschichte: Größte mittelständische Supermarktkette mit 300 Filialen in Hessen, Thüringen, Bayern und Niedersachsen.

Führt seit 1995 Bio mit bis zu 1800 verschiedenen Artikeln im Sortiment. In großstädtischen Lagen macht tegut beinahe ein Drittel des Umsatzes mit Bio-Waren. Die Kundenzeitschrift »tegut-Marktplatz« informiert regelmäßig über Herkunft und Produktion der Bio-Lebensmittel. Schult seit Anfang 2007 alle Marktleiter in Umweltschutz und Energiemanagement. Wirbt auf der Website für eine Aktion gegen Gentechnik.

Tengelmann-Gruppe (Tengelmann, Kaiser's)
www.tengelmann.de

Eigenmarke: Naturkind, Birkenhof (Siegel für Rindfleisch, knapp unter Bio-Auflagen)

Produkte: 300. Anfangs Trockensortiment, später Molkereiprodukte, inzwischen Voll-Sortiment mit Produkten auch von demeter oder Bioland (EU-Bio-Siegel, die Waren der Anbauverbände erfüllen die entsprechend strengeren Standards; in puncto Pestizide oder Schwermetallrückstände teilweise strengere Vorgaben). Etwa 60 Produkte mit Fairtrade-Logo.

Geschichte: Im November 1986 kam »Naturkind« mit Trockenobst und Getreide in die Läden. Seit 1992 auch Frischwaren. 1999 wurde das Erscheinungsbild von »Naturkind« in der bis heute gültigen Form überarbeitet und das Angebot immer weiter ausgebaut.

Freds Liste

Elf Lebensmittel, die man mal probiert haben muss

Es gibt hunderttausende verschiedene Produkte im Lebensmittelbereich, und jedes dürfte wenigstens einen begeisterten Abnehmer finden. Okay, vielleicht nicht jedes: Der Versuch japanischer Food-Forscher, einen künstlichen Vanille-Extrakt auf den Markt zu bringen, scheiterte. Die Forscher hätten vielleicht verschweigen sollen, dass sie Tierexkremente als Ausgangsmaterial verwendet hatten.
Bei der Vielzahl lebens- und liebenswerter Waren zum Essen oder Trinken sind mir einige Köstlichkeiten aufgefallen, die ich Ihnen nicht vorenthalten will. Die Auswahl ist radikal subjektiv, und ich entschuldige mich vorab bei all jenen wunderbaren Lebensmittel-Produzenten, die hier fehlen.

Ananassaft

Der Schweizer Bio-Visionär Dr. Hugo Brandenberger hatte viele Ideen, wie richtig gute Säfte schmecken müssen. Seine Firma Biotta bringt seit 1951 Obst in die Gläser, das getrunken noch besser schmeckt als gekaut. Unvergleichlich gut ist der Ananassaft. *www.biotta.ch*

Espresso

il-caffe bio ist der beste Espresso, den ich je getrunken habe, und wird von Kaffee-Fanatikern gemacht. 100 Prozent Arabica-Bohnen aus Bio-Anbau und fairem Handel. *(www.il-caffe.de)*

Brotaufstrich

Meine Freundin Anne, die mir bei den Recherchen für dieses Buch sehr geholfen hat, schwört auf den vegetarischen Brotaufstrich von Zwergenwiese. Sieht ein bisschen, nun ja... aus, aber man kann es ja mal mit der 50-Gramm-Packung versuchen. Bärlauch schmeckt am besten.
(www. zwergenwiese.de)

Buttermilch

Es gibt kaum etwas Schlimmeres im Sommer als Buttermilch, die nicht nach Buttermilch schmeckt. Die von Andechser ist ein ziemlich sicherer Tipp für den klassisch-säuerlichen Genuss. Die Andechser Molkerei war übrigens 1980 die erste deutsche Molkerei, die Bio-Milch verarbeitete. *(www.andechser-molkerei.de)*

Chips

Natürlich sind Bio-Chips immer eine kleine Lüge, denn dauerhaft gesund ist es gewiss nicht, sich gebackene Mais-Leckereien einzuverleiben. Unter den Sünden sind die Bio Corn Chips der belgischen Experten von Amaizin in der vertretbaren 75-Gramm-Packung die besten. Vor allem die mit Chili. Das Korn kommt übrigens aus Frankreich.
(www.amaizin.com)

Salami

Mir ist Salami manchmal zu wuchtig und zu schmierig, aber diese raffinierte Fenchelsalami überlebt selten ein Frühstückswochenende. Besonders lecker mit Senf.
(www.oekoland.de)

Knäckebrot

Dinkel wird von Bio-Freunden für sein nussiges Nachbeben im Gaumen sehr geschätzt. Besser als beim »Bio Dinkel Knäckebrot« von Holo lässt sich dieser feine Geschmack nicht genießen. Gut kauen, ein treuer Begleiter auch für Fastenkuren. Gibt es im Reformhaus.
(www.neuform-international.de)

Konfitüre

Wenn man Konfitüre schätzt, die wirklich nach Frucht schmeckt und nicht nur nach Zucker, sollte man mal die Erdbeer-Konfitüre von »Annes Beste« probieren. Das Obst wurde bei 60 Grad im Vakuum gekocht, damit die Inhaltsstoffe weitgehend erhalten bleiben. Das Familienunternehmen Maintal aus Unterfranken macht das besser, als Oma es je vermochte. *(www.maintal-frucht.de)*

Mango

Wenn man die Tüte öffnet, riecht es nach Urlaub, 30 Grad und Tropenklima. Die getrockneten Mangos von Alnatura schmecken, als hätte man zum Trocknen die besten Früchte aufgehoben und nicht – wie sonst üblich – die schlechtesten. *(www.alnatura.de)*

Tofu

Ich bin alles andere als ein Vegetarier, aber bei dieser Tofu-Sorte kann ich die Anhänger der fleischlosen Ernährung verstehen. Kinogushi Tofu ist zart im Geschmack und stichfest, so ganz anders als der deprimierende Matsch-

> Tofu, den einem so manches Veganer-Restaurant serviert. *(www.taifun-tofu.com)*
>
> **Weißbier alkoholfrei**
> In diesem Jahr stellte die Neumarkter Lammsbräu eine Weltneuheit vor: das erste alkoholfreie Weißbier in Bio-Qualität. Durch ein spezielles Brauverfahren entsteht Alkohol erst gar nicht, das Weißbier hat 40 Prozent weniger Kalorien als herkömmliches – und es schmeckt trotzdem nach Bayern und Brotzeit. *(www.lammsbraeu.de)*

Fairtrade – fairer Handel

Von dem Geld, das wir im Supermarkt für Kaffee, Schokolade, Bananen oder Tee bezahlen, landet nur ein Bruchteil bei den Erzeugern. Ihre Abhängigkeit von den schwankenden Weltmarktpreisen, der Druck der Zwischenhändler, unsichere Perspektiven – all das führt dazu, dass sich in den rohstoffreichen Ländern keine nachhaltige Lebensmittelwirtschaft entfalten kann. Die Fairtrade-Bewegung will die ungerechten Strukturen des Welthandels aushebeln und in den Entwicklungsländern angemessene Bezahlung sowie höhere Sozial- und Umweltstandards durchsetzen. So erhalten die Bauern in Ecuador von banafair doppelt so viel Geld für ihre Bananen wie von den traditionellen Exportfirmen. Mit den Gewinnen aus dem fairen Handel sollen darüber hinaus bessere Ausbildungs- und Lebensperspektiven durchgesetzt werden.

In Deutschland ist die Fairtrade-Bewegung in den 70er-Jahren rund um kirchliche Kreise und die politischen Dritte-

Welt-Gruppen entstanden. Gepa, das größte Fairhandelshaus der Welt, das durch den Verkauf seiner »Jute statt Plastik«-Tüten berühmt wurde, gehört ebenso dazu wie eine Vielzahl von »Weltläden«, von denen sich 800 zu einer gemeinsamen Dachmarke zusammengeschlossen haben. Mittlerweile erhält man Fairtrade-Produkte auch in 270 000 Supermärkten in ganz Deutschland.

Beim fairen Handel schließen die Importeure direkt mit kleinen Kooperativen und Bauern, mit Plantagen oder kleinen Handwerkergruppen Verträge ab, die ihnen längerfristige Einnahmen über dem Weltmarktpreis garantieren und die Wahrung bestimmter Standards verlangen. Bei Bedarf werden bestimmte Projekte vorfinanziert. Die Einhaltung wird von den Kontrolleuren der »Fairtrade Labelling Organizations International« (FLO) überwacht. Dabei wird auch überprüft, ob die Mehrerlöse sinnvoll eingesetzt werden – etwa für die Umstellung von konventioneller auf ökologische Landwirtschaft. Ende 2006 waren 569 Erzeuger-Organisationen in 55 Ländern von der FLO zertifiziert worden. Mit Fairtrade-Produkten wurden 2006 weltweit über 1,6 Milliarden Euro umgesetzt. Für Bio-Produkte erhalten die Vertragspartner mehr Geld. Inzwischen stammen über 70 Prozent der in Deutschland verkauften Transfair-Produkte aus kontrolliertem organischem Anbau.

Seit dem Jahr 2003 sind fair gehandelte Produkte in Deutschland, Belgien, Frankreich, den Niederlanden, Luxemburg, England, Österreich, Italien und Irland an dem Transfair-Siegel zu erkennen. Die beliebtesten Fairtrade-Produkte sind Kaffee, Tee, Bananen und Schokolade. 2007 stieg der Umsatz mit Fairtrade-Produkten in Deutschland um 36 Prozent auf knapp 200 Millionen Euro. Der Umsatz mit Fairtrade-Bananen legte sogar um 50 Prozent zu. Fairer Handel kostet den Verbraucher zwar etwas mehr, hat sich aber als ausgesprochen wirkungsvolles Instrument erwiesen. Die Mehrkosten sind übrigens eher überschaubar – eine Tasse Fairtrade-Kaffee kostet gerade mal 2 Cent mehr.

Die Transfair-Idee reicht längst über die Kreise engagierter Entwicklungshelfer hinaus, mit durchaus irritierenden Teilnehmern. Ausgerechnet der Discounter Lidl, der wegen der Arbeitsbedingungen seiner Angestellten ins Gerede gekommen ist, führt seit Kurzem Fairtrade-Produkte. Und McDonald's, Inbegriff dessen, was Globalisierungsgegner bekämpfen, schenkt in 650 seiner US-Filialen probeweise Fairtrade-Kaffee aus.

Mehr Infos zu Fairtrade-Produkten

www.transfair.org

1992 startete der Verein, der selbst keine Waren aus fairem Handel anbietet, sondern entsprechende Produkte mit seinem Siegel auszeichnet. »Transfair« ist das wichtigste Fairhandels-Siegel in Deutschland.

www.fair-feels-good.de

Eine umfangreiche Informationsseite der Verbraucher Initiative, die für die Kampagne »Fair Feels Good« zahlreiche Prominente gewonnen hat: von Franziska van Almsick über die Schauspieler Nina Petri und Peter Sodann bis zur Trainerin der Frauenfußball-Nationalmannschaft Tina Theune-Meyer. Mit ausführlichem Verzeichnis aller Fairtrade-Anbieter.

www.banafair.de

Hier erfahren Sie alles, was Sie schon immer über Bananen wissen wollten. BanaFair vermarktet Fairtrade- und Bio-Bananen von Kleinbauernorganisationen aus Lateinamerika und in der Karibik. Der Verein aus dem hessischen Gelnhausen arbeitet eng mit den Gewerkschaften der Plantagenarbeiter zusammen und unterstützt soziale und ökologische Projekte in den Anbauregionen.

www.gepa3.de

Das 1975 in Wuppertal gegründete Handelshaus bietet über 300 Lebensmittel und über 1000 Handwerksprodukte aus fairem Handel an. Mit einem Jahresumsatz von über 40 Millionen Euro ist gepa der erfolgreichste Fairtrade-Händler der Welt. Alle Produkte sind auch im Online-Shop erhältlich. Gesellschafter von gepa sind unter anderem der Evangelische Entwicklungsdienst, das Bischöfliche Hilfswerk MISEREOR der katholischen Kirche sowie die Jugendverbände der großen deutschen Kirchen.

www.dwp-rv.de

DWP Mensch und Zukunft wurde 1988 als Genossenschaft in Oberschwaben gegründet. Importiert heute Waren aus 30 Ländern und bietet um die 1000 »faire« Produkte von Lebensmitteln bis zum Kunsthandwerk. Hier gibt es auch noch den berühmten Nicaragua-Kaffee »Companero«. Unter dem Label »fair+bio« werden Lebensmittel verkauft, die sowohl fair gehandelt sind als auch aus ökologischem Anbau stammen. Mit Online-Shop.

www.fairchoc.de

Sympathische Idee einer Hamburger Schule: Die Schülerfirma »Fairchoc« verkauft den Schokoriegel »Faircoco« aus fair gehandelten Kakao und leistet muntere und lebensnahe Bildungsarbeit zu Fragen des Welthandels. Einige Schüler waren bereits zu langen Info-Besuchen in der Dominikanischen Republik, woher der Kakao für den Super-Riegel stammt. Sehr informative und persönliche Website.

Die wichtigsten Öko-Verbände

Zur Förderung der ökologischen Landwirtschaft, zur Entwicklung und Kontrolle von Produktionsstandards sowie für bessere Vertriebs- und Vermarktungsmöglichkeiten haben sich in Deutschland die meisten der insgesamt 16 000 Bio-Höfe zu Anbauverbänden zusammengeschlossen. In ihren Kriterien gehen die Anbauverbände über die vom weit verbreiteten Bio-Siegel genannten hinaus. Sämtliche Webseiten enthalten ausführliche Informationen über Landwirtschaft und Ernährung sowie ein Verzeichnis aller Anbieter der jeweiligen Bio-Markenprodukte.

Biokreis *www.biokreis.de*

Stelzlhof 1
94034 Passau
Telefon: 0851/7565-0

Anders als die übrigen Ökolandbauverbände entstand Biokreis aus einer Verbraucherinitiative, 1979 schlossen sich im bayrischen Passau engagierte Menschen zusammen, um Bauern zum Umstieg auf ökologische Landwirtschaft zu bewegen. Heute sind im Biokreis 700 Landwirte, Gärtner, Imker und Winzer in Bayern, Hessen und Nordrhein-Westfalen organisiert, die 20 000 Hektar bewirtschaften. Dazu kommen 60 Verarbeiter sowie 200 Verbraucher.

Klassischer Satz: »Wenn der Verbraucher beim Kauf wirklich darauf achtet, dass die Produkte aus der Region kommen und darüber hinaus auch mal flexibel darauf reagiert, wenn etwas nicht verfügbar ist, wird diese Bioschiene weiter gesund wachsen.«

Bioland *www.bioland.de*

Kaiserstraße 18
55116 Mainz
Telefon: 06131/23979-0

Bioland ist der größte ökologische Anbauverband. Sein Bekanntheitsgrad liegt nach einer Umfrage aus dem Sommer 2007 bei 81 Prozent. Die Wurzeln, wenn man das so sagen darf, wuchsen 1971, als zwölf engagierte süddeutsche Bäuerinnen und Bauern den Verein »bio-gemüse« gründeten. Seit 1981 verkaufen alle Mitglieder ihre Waren unter dem »Bioland«-Markenzeichen. Im basisdemokratisch organisierten Bioland haben sich über 4500 deutsche (und ein paar Südtiroler) Bio-Bauernhöfe sowie 700 Verarbeiter wie Bäckereien, Metzgereien, Brauereien, Molkereien zusammengeschlossen, die insgesamt über 200 000 Hektar Land nach ökologischen Kriterien bewirtschaften.

Klassischer Satz: »Der Karpfen gilt im positiven Sinne als Schwein unter den Fischen.«

Demeter *www.demeter.de*

Brandschneise 1
64295 Darmstadt
Telefon: 06155/8469-0

Demeter ist eine antrophosophisch inspirierte Gemeinschaft, die im Sinne Rudolf Steiners »biologisch-dynamisch« wirtschaften will. Das Warenzeichen wurde 1928 eingeführt. Demeter ist als internationale Bio-Marke auf allen Kontinenten vertreten, von Argentinien bis Ungarn. Der weltweite Umsatz Demeter-zertifizierter Waren, darunter über 3000 verschiedene Lebensmittel, betrug im Jahr 2004 220 Millionen Euro. (Online-Shop von Demeter-Produkten: www.naturkost.ag.) Der wachsende Preis- und Nachfragedruck im Bereich der Lebensmittel führt bei Demeter zu Überlegungen, eine Art Fairtrade vor der Haustür einzuführen, mit der die deutschen Qualitäts-Bio-Höfe vor der nicht gar so streng kontrollierten europäischen Konkurrenz geschützt werden sollen. In Deutschland bewirtschaften 1350 Landwirte insgesamt 50 000 Hektar Land nach den Prinzipien von Demeter.

Klassischer Satz: »In liebevoller Verantwortung für unsere Haustiere bekommen Rinder, Schweine, Geflügel, Schafe und Ziegen, aber auch Bienen artgerechte Ställe, Bewegung, frische Luft und achtsame Zuwendung.«

Gäa *www.gaea.de*

Arndtstrasse 11
01099 Dresden
Telefon: 0351/401-2381

Der Name stammt aus dem Griechischen und bedeutet »Mutter Erde«. Die Vereinigung wurde 1989 noch zu DDR-Zeiten im sächsischen Goppeln gegründet. Schwerpunkt ist bis heute der Osten unseres Landes. Die knapp 300 Mitglieds-Betriebe bewirtschaften eine Gesamtfläche von knapp 300 000 Hektar. Zusätzlich gehören dem Verband 13 Verarbeiter und 5 Handelsunternehmen an (Stand Anfang 2008).

Klassischer Satz: »Keine Gen-Äpfel in Dresden-Pillnitz!«

Naturland *www.naturland.de*

Kleinhaderner Weg 1
82166 Gräfelfing
Telefon: 089/898082-0

Bei Naturland haben von Anfang an auch Wissenschaftler mitgemischt, was die frühe Zuwendung des Verbandes zu modernen Kommunikationsmitteln erklären mag. Der 1982 von zehn »engagierten Wissenschaftlern, Landwirten und Verbrauchern« gegründete Verband betreut heute in Deutschland 1800 Betriebe, weltweit 440 000 Bauern. Die Zahl der Betriebe und Flächen hat sich in den vergangenen fünf Jahren mehr als verdoppelt. Er ist eine der wichtigsten Zertifizierungsorganisationen für Qualität aus ökologischem Landbau. Spannend ist das von Naturland entwickelte Konzept zur Rückverfolgung von Lebensmitteln (»Wir schreiben Biografie neu.«). Es verspricht lückenlose Fakten und Transparenz. Auf der Verpackung steht eine Code-Nummer, die der Käufer unter www.bio-mit-gesicht.de eingeben und so die Geschichte des Produkts erfahren kann. Das Software-Paket e-TQM wurde für alle Naturland-Partner entwickelt. Es nutzt die ohnehin vorhandenen Daten und verknüpft sie. »In der Praxis sieht das so aus, dass der Verbraucher, der im Supermarkt abgepackte Kartoffeln kauft, sich im Internet ein Porträt des Betriebes anschauen kann, von dem die Kartoffeln stammen«, erklärt Geschäftsführer Jörg Große-Lochtmann. Begonnen wurde mit Kartoffeln und Geflügel. Naturland zertifiziert auch Fisch und Holz.

Klassischer Satz: »Um keinen Unkrautdruck aufkommen zu lassen, regulieren wir die ›Beiflora‹ jedes Jahr.«

Die wichtigsten Lebensmittelsiegel und ihre Bedeutung

In Deutschland kleben über 1000 verschiedene Siegel, Zertifikate oder Gütezeichen auf den Lebensmittelverpackungen. Bei vielen handelt es sich um fantasievolle Eigenkreationen wie »ungespritzt« oder »aus kontrollierter Landwirtschaft«, meine Lieblingsformulierung lautet »naturnah erzeugt«. Auch tragen die Eigenmarken der Supermärkte wie »BioBio«, »Naturland« oder »Von hier« zur Verwirrung bei. Die wichtigsten Siegel jedoch bieten eine wertvolle Orientierung für unsere Kaufentscheidung. Ein Riesenerfolg ist die bundesweite Einführung des bundesweit einheitlichen Bio-Siegels im Jahr 2001. Es besagt, dass die Auflagen der EU-Öko-Verordnung eingehalten werden, und ziert mittlerweile über 46 000 Produkte, denen man vertrauen kann. In Deutschland haben Öko-Anbauverbände wie Bioland, Demeter oder Naturland eigene Gütezeichen entwickelt, deren Kriterien noch über die des Bio-Siegels hinausreichen. Nach Schätzungen genügen in Deutschland 80 Prozent der angebotenen Bio-Produkte Ansprüchen, die über den Forderungen der EU-Öko-Verordnung liegen. Für 2009 ist eine heftig umstrittene Neufassung der EU-Bioverordnung geplant, die die Bestimmungen für mögliche gentechnisch veränderte Futterpflanzen, Übergangsfristen beim Umstieg auf Bio oder Verwendung von nicht-ökologischen Inhaltsstoffen nach Meinung deutscher Ökolandbauverbänden aufweichen würde. Zum Zeitpunkt des Redaktionsschlusses läuft die entsprechende Diskussion noch.

In den vergangenen Jahren wurden verschiedene Ländersiegel entwickelt, die sowohl auf die Beachtung ökologischer Prinzipien als auch die regionale Herkunft verweisen. Derzeit werben vier Bundesländer mit den Siegeln Bio-Zeichen Baden-Württemberg, Biopark Mecklenburg-Vorpommern, Öko-

Punkt Sachsen sowie Öko-Qualität aus Bayern für ihre Erzeugnisse.

In der konventionellen Landwirtschaft wurde das einstige Gütezeichen »Qualität aus deutschen Landen« von der EU »aus Wettbewerbsgründen« verboten. Der zentrale Vermarkter CMA hat mit »QS« einen Nachfolger entwickelt und reagiert damit auch auf die Verunsicherung vieler Verbraucher nach den Lebensmittel-Skandalen der vergangenen Jahre.

Derzeit sorgt ein Gesetzentwurf der EU-Kommission für Unruhe, der das ganze System der Öko-Gütesiegel-Vergabe europaweit neu ordnen soll. In der Konsequenz würden die Bedingungen für die Vergabe des Bio-Siegels aufgeweicht und die Beweislast umgekehrt. Statt wie bisher mit einem festen Kontrollsystem die Produktion von Bio-Lebensmitteln begleitend zu kontrollieren und sicherzustellen, dürften in Zukunft staatliche Stellen nur noch einschreiten, wenn ein Betrieb oder Produkt das Bio-Siegel zu Unrecht trägt. Die Beweislast wäre also umgekehrt, für den Verbraucher bestünde keine Sicherheit mehr, dass die Produkte auch wirklich aus konsequent ökologischem Anbau stammen. Diese wäre nur noch bei den Gütezeichen von Bioland, Demeter & Co. garantiert. Bei Redaktionsschluss wurde der Entwurf noch intensiv diskutiert.

Bio-Siegel

www.verbraucherministerium.de
www.biosiegel.de

Das Bio-Siegel kennzeichnet Lebensmittel, die gemäß der EG-Bio-Verordnung (EWG) 91/2092 aus kontrolliert ökologischer Landwirtschaft stammen.

Kriterien:

- Die Zutaten der Produkte müssen mindestens zu 95 Prozent aus dem ökologischen Landbau stammen.
- Genetisch veränderte Organismen und deren Derivate sind verboten.
- Weit gehender Verzicht auf chemisch-synthetische Pflanzenschutzmittel.
- Auf mineralischen Stickstoffdünger sollte verzichtet werden.
- Verwendung von konventionellem Vermehrungsgut und von konventionell erzeugten Jungpflanzen ist in Ausnahmefällen, zum Beispiel in Übergangszeiträumen, erlaubt.
- Artgerechte Tierhaltung hinsichtlich Belüftung, Platz- und Komfortbedarf und Lichtanspruch der Tiere.
- Futtermittel sollten im Betrieb selbst erzeugt worden sein (z. B. Gras); begrenzte Menge nicht ökologisch erzeugter Futtermittel ist zugelassen.
- Der Einsatz wachstumsfördernder Stoffe oder die Veränderung des Reproduktionszyklus der Tiere sind verboten.
- Zur Behandlung von Erkrankungen der Tiere sind pflanzliche oder homöopathische Arzneimittel vorzuziehen.
- Die Belastung von Böden und Gewässern durch feste und flüssige tierische Ausscheidungen sind zu vermeiden.

Vergabe: Zeicheninhaber und Herausgeber des Bio-Siegels ist das Bundesministerium für Verbraucherschutz, Ernährung und Landwirtschaft (BMVEL). Kontrolliert wird die Einhaltung der Standards durch staatlich zugelassene Kontrollstellen. Die von den Kontrollstellen überprüften Produkte werden mit einer Kontrollnummer gekennzeichnet. Die Kontrollen finden einmal im Jahr statt; sie schließen alle Erzeugungs- und Verarbeitungsstufen bis hin zur Verpackung und Kennzeichnung ein.

Gütesiegel der Anbauverbände

Die Gütesiegel von Naturland, Demeter oder Bioland (siehe Seite 105 ff.) gehen über die Bedingungen des Bio-Siegels hinaus. So ist der Zukauf von Dünger in Form von Gülle, Jauche und Geflügelmist aus konventioneller Landwirtschaft, von Blut- und Knochenmehl im Gegensatz zur EU-Verordnung verboten, ebenso der Einsatz hoffremden Futters. Es sind nur etwa 20 statt 40 Zusatzstoffe erlaubt wie beim EU-Bio-Siegel. Das Nebeneinander von ökologischer und konventioneller Produktion in einem Betrieb ist verboten, die Bedingungen artgerechter Tierhaltung sind wesentlich tierfreundlicher.

QS-Prüfzeichen *www.q-s.info*

Mit dem QS-Prüfzeichen versucht die konventionelle Landwirtschaft auf das gestiegene Verbraucherinteresse an durchgehenden, transparenten Kontrollen bei der Herstellung von Lebensmitteln zu reagieren. Es wird für Obst, Gemüse sowie Fleisch und Fleischwaren aller Art verliehen.

Kriterien: Das QS-Prüfzeichen gilt für ausgesuchte Produkte aus konventioneller Landwirtschaft. Geprüft wird in den Bereichen Produktqualität, landwirtschaftliche Bedingungen, Futtermittel bzw. Bodenzusätze, Schlachtung und Zerlegung bzw. Ernte und Lagerung, Verarbeitung und Handel. Bei Fleischwaren werden unter anderem folgende Bedingungen untersucht:

- Kennzeichnung der Tiere (Ohrmarke)
- Verzicht auf Antibiotika
- Stallhygiene
- Zugabe von Dünger nach »guter fachlicher Praxis«
- Futtermittelverwendung nach »Positivliste«
- Nachvollziehbare Herkunft der Schlachttiere
- Verzicht auf die Verarbeitung von Schweinehirn- und -Rückenmark
- Auflistung aller verwendeten Zusatzstoffe
- Lückenlose Kühlkette

Im Bereich Obst und Gemüse sowie Kartoffelanbau geht es vor allem um die Einhaltung von Schadstoffgrenzen beim Einsatz von Chemie, der im Wesentlichen lediglich die Einhaltung bestehender Schutzgesetze beinhaltet.

Vergabe: Kontrolle und Prüfkonzept durch die QS Qualität und Sicherheit GmbH. In ihr sind Vertreter aus Verbänden und Organisationen aller an der Produktion, Verarbeitung und Vermarktung von Fleisch und Fleischwaren beteiligten Bereiche sowie die CMA zusammengeschlossen. Für den Produktbereich frisches Obst und Gemüse sowie Speisekartoffeln sind der Bundesausschuss Obst und Gemüse (BOG), die Bundesvereinigung der Erzeugerorganisation Obst und Gemüse e.V. (BVEO) sowie der Zentralverband Gartenbau e.V. (ZVG) und die Union der Deutschen Kartoffelwirtschaft (UNIKA) einbezogen. In den vier Jahren seit Entwicklung des QS-Zeichens haben sich bereits über 10 000 Betriebe im Bereich Fleisch und Fleischwaren sowie über 160 000 im Bereich Frischobst und Gemüse zertifizieren lassen. Alle Daten und Prüfergebnisse des QS-Verfahrens werden in einer zentralen Datenbank erfasst und können jederzeit abgerufen werden.

Lebensmittel TÜV geprüft
www.tuev-sued.de

Im Bereich Fleisch und Fleischwaren bietet der TÜV ebenfalls Prüfverfahren an, die über die Bedingungen des QS-Prüfzeichens teilweise weit hinausgehen. Dazu gehören unter anderem das Verbot von Leistungsförderern und Hormonen, Schadstoffbegrenzungen, Überprüfung der Schimmelpilzgifte.

DLG-Prämiert *www.dlg-frankfurt.de*

Jetzt wird's lecker. »DLG-Prämiert« adelt verarbeitete Lebensmittel mit »überdurchschnittlichem Genusswert«. Die Kennzeichnung gibt es in Bronze, Silber und dem Großen DLG-Preis. Sie wird an Bio- und Nicht-Bio-Produkte vergeben.

Kriterien: Wird nach eingehender sensorischer Prüfung vergeben. Dabei geht es um Geschmack, Aussehen, Farbe, Konsistenz, Geruch und äußere Beschaffenheit. Je nach Produktbereich wird die sensorische Prüfung um mikrobiologische, chemische und physikalische Untersuchungen ergänzt. Die Prüfungen werden durch geschulte Prüfer im Rahmen eines Qualitätswettbewerbs durchgeführt.

Vergabe: Durch die Deutsche Landwirtschaftsgesellschaft (DLG)

 **ECOVIN** *www.ecovin.de*

ECOVIN steht für Trauben, Weine, Säfte und Sekte aus kontrolliert ökologischem Anbau. Prost!

Kriterien: Über die EU-Ökolandbau-Richtlinien hinaus hat der ECOVIN Bundesverband für ökologischen Weinbau eigene Richtlinien erarbeitet. Diese beinhalten die folgenden Anforderungen:
- Der ganze Betrieb muss ökologisch bewirtschaftet werden.
- Begrünung des Weinbergs zur Erhaltung der Bodenfruchtbarkeit und Artenvielfalt.
- Verbot von synthetisch-organischem Dünger
- Einsatz von Herbiziden, chemisch-synthetischen Insektiziden und organischen Fungiziden ist verboten.
- Keine Gen-Pflanzen
- Mehrwegsysteme für die Verpackung

Vergabe: Durch staatlich zugelassene Kontrollstelle entsprechend der EU-Öko-Verordnung. Kontrollen mindestens einmal im Jahr.

 **neuform** *www.reformhaus.de*

Das Zeichen wurde für Reformhausprodukte entwickelt, die den Kriterienkatalog der neuform Vereinigung erfüllen.

Kriterien: Die Anforderungen entsprechen weitgehend denen der EU-Ökolandbau-Verordnung (gentechnikfrei, geringer Pestizideinsatz etc.), auch wenn die Produkte lediglich »vorwiegend« aus ökologischer Landwirtschaft kommen sollen. Bei der überprüften Produktpalette jenseits der Lebensmittel sind im Bereich Kosmetika Tierversuche untersagt.

Vergabe: Durch die neuform Vereinigung Deutscher Reformhäuser. Die Einhaltung wird sowohl von den Herstellern selbst als auch durch unabhängige Institute kontrolliert. In eigenen neuform-Laboren finden ständig Warenanalysen statt, bei denen die Proben auf ihre Inhaltsstoffe und auf nicht erwünschte Schadstoffe (zum Beispiel Pestizide) untersucht werden. Wenn Rohstoffe oder auch Endprodukte nicht in der gewünschten Qualität verfügbar sind, können die Produkte vorübergehend nicht im Reformhaus erhältlich sein.

Neuland *www.neuland-fleisch.de*

Qualitätssiegel für Fleisch

Kriterien: Der »Verein für tiergerechte und umweltschonende Nutztierhaltung e.V.« wurde 1988 als Verein mit Sitz in Bonn gegründet. Mit dabei sind unter anderem der BUND und der Deutsche Tierschutzbund. Neuland versteht sich ausdrücklich nicht als ökologischer Verein. So muss den Neuland-zertifizierten Nutztieren nicht unbedingt Öko-Futter verabreicht werden. Was die Haltung der Tiere und die Betriebsgrößen-Grenze anbelangt, entspricht Neuland auch den Anforderungen der Öko-Verbände. Schließlich geht es Neuland um eine ethische Alternative zur Fleischindustrie. Schneidet bei Untersuchungen von »Öko-Test« regelmäßig hervorragend ab.

Vergabe: Durch eine Richtlinien-Kommission des Vereins, gilt für ein Jahr.

N – Natur Kost & Waren *www.n-bnn.de*

Das »N« ist kein Produkt-Siegel, sondern zeichnet Naturkost-Fachgeschäfte aus, die einen besonders hohen ökologischen Anspruch an ihr Sortiment stellen.

Kriterien:

- Die Produkte sind schonend erzeugt und verarbeitet, sodass wertvolle Inhaltsstoffe erhalten bleiben.
- Die Produkte wurden nicht unter Einsatz von Gentechnologie produziert.
- Die Inhaltsstoffe müssen deklariert werden.
- Die Produkte enthalten keine synthetischen oder naturidentischen Zusatzstoffe.
- Die Produkte entsprechen mindestens den Anforderungen der EG-Öko-Verordnung.
- Grundsätze der Vollwerternährung müssen eingehalten werden, zum Beispiel Bevorzugung pflanzlicher Lebensmittel und gering verarbeiteter Lebensmittel.
- Die Verpackung muss umweltfreundlich sein.
- Der Anteil der ökologischen Produkte überwiegt im Sortiment.

Vergabe: Das Zeichen wird vom Bundesverband Naturkost Naturwaren (BNN) e.V. auf Anfrage vergeben. Die Kontrollen werden vom BNN durchgeführt.

ERNÄHRUNG SERVICETEIL

Literatur und Links rund um Ernährung

Bücher

▶ Birgit Frohn: Das kommt mir nicht auf den Teller. Lebensmittel unter der Lupe. Econ Verlag 2005, 320 Seiten, 14,95 Euro
Klar verständliche Einführung zu allen wichtigen Fragen rund um unsere Lebensmittel: Was steckt drin? Woran erkenne ich Qualität? Warum wirkt meine Diät nicht?

▶ Horst Klier: Leben ohne Diät. Verlag Books on Demand 2007, 108 Seiten, 14,90 Euro
Horst Klier glaubt bedingungslos daran, dass der menschliche Körper seinen Appetit selbst steuern kann. Ein Mechanismus, der durch »Industriefutter«, wie er es nennt, zerstört werde. Temperamentvolles Plädoyer für ein ganzheitliches Ernährungskonzept.

▶ Werner Lampert: Schmeckt's? Was wir wirklich essen. ecowin Verlag 2005, 165 Seiten, 22 Euro
Eine ebenso leidenschaftliche wie faktenreiche Abrechnung mit der heutigen Lebensmittelproduktion, die sich nicht in heftigen Klagen erschöpft. Letztlich ist das Buch eine Liebeserklärung an Land, Tiere und »das Glück, ein Bauer zu sein«.

▶ Michael Pollan: The Omnivore's Dilemma: The Search for a Perfect Meal in a Fastfood World. Bloomsbury Publishing, 2007 (Taschenbuch-Ausgabe), 464 Seiten, 12,99 Euro
Am Beispiel von vier völlig unterschiedlichen Mahlzeiten verfolgt Pollan den Weg unseres Essens nach. Brillant geschrieben, ohne ökoideologische oder sonstige Scheuklappen.

- Jeremy Rifkin: Das Imperium der Rinder. Campus Verlag 2001, 281 Seiten, 19,90 Euro
  BSE ist ein Menetekel für unseren Umgang mit dem Tier. Weit über eine Milliarde Rinder leben auf der Erde. Ihre industrialisierte Aufzucht zerstört Lebensräume und Öko-Systeme. Ich kenne Menschen, die nach dem Lesen des Buches zum Vegetarier geworden sind.

- Jeffrey M. Smith: Trojanische Saaten. Riemann Verlag 2004, 416 Seiten, 19 Euro
  Worum es beim Anbau gentechnisch veränderter Lebensmittel wirklich geht. Eine engagierte und faktenreiche Reportage über die Zukunft unseres Essens.

- Verbraucher Initiative e.V. (Hg.): Gesund Essen (Berlin 2006). Tierisch gut (Berlin 2006). Je 24 Seiten, 2,50 Euro
  Empfehlenswerte Hefte zum Thema gesunde Ernährung und Fleisch. www.verbraucherinitiative.org

- Verbraucher Initiative e.V. (Hg.): Lebensmitteleinkauf (Berlin 2007), 24 Seiten, 1,80 Euro
  Kompakter Überblick zu den Themen Bio-Lebensmittel, Fairer Handel und Lebensmittelrecht. www.verbraucherinitiative.org

- Erwin Wagenhofer/Max Annas: We Feed The World. Orange-Press 2006, 192 Seiten, 20 Euro
  Das Buch zum Dokumentarfilm, der im Frühling 2006 auch in deutschen Kinos lief. Eine Weltreise, die uns die Zusammenhänge der globalisierten Lebensmittelindustrie aufzeigt. Es liegt an uns, etwas zu tun.

ERNÄHRUNG SERVICETEIL

- Marita Vollborn/Vlad D. Georgescu: Die Joghurtlüge. Die unappetitlichen Geschäfte der Lebensmittelindustrie. Campus Verlag, 2006, 300 Seiten, 19,90 Euro
Gründlich recherchierte Geschichte über die Mechanismen der Lebensmittelindustrie. Am Beispiel eines Erdbeerjoghurts wird dargestellt, wie sich reine Synthetikprodukte im Marketingnebel in Naturwaren verwandeln. Vollborn/Georgescu lassen aber auch die gesundheitlichen Folgen unserer industrialisierten Ernährung nicht außer Acht.

- Linda Walz/Julei M. Habisreutinger: Kochen mit der Maus rund um die Welt. Zabert Sandmann 2002, 87 Seiten, 12,50 Euro
Super-Einstieg in das Thema, für kleine und große Kinder. Wer nach der Lektüre nicht sofort in die Küche verschwindet um loszukochen, hat keinen Magen.

- Bettina Weiguny: Das Beste aus dem Klosterladen. Natürlich genießen – die besten Tipps. Herder Verlag 2003, 159 Seiten, 9,90 Euro
»Tu deinem Körper Gutes, damit die Seele Lust hat, darin zu wohnen«, verkündete die Klostergründerin Teresa von Avila im Mittelalter – und ganze Generationen von Mönchen und Nonnen hielten sich daran. Sie brauten wunderbares Bier und bekömmliche Kräuterschnäpse, backten Brot, machten Würste und Kekse. Kaum etwas, was es in irgendeinem der vielen deutschen Klosterläden nicht gibt. Die Produkte der Diener Gottes stehen bei immer mehr Kunden hoch im Kurs. Bettina Weiguny hat einige der Klosterläden, in denen man die himmlischen Lebensmittel kaufen kann, zusammengestellt. Es muss ja nicht immer der Bio-Supermarkt sein (auch wenn viele Klosterläden inzwischen auch »Bio«

im Angebot haben). Für eine Neuauflage wird es langsam Zeit.

Internetseiten für den Genuss

- *www.slowfood.de* – »Nur langsam kann man genießen«, das ist der Leitgedanke von »Slow Food«, einem Verein, der sich ganz dem Guten, Wahren, Edlen in Sachen Genuss verschrieben hat. Man erfährt hier wirklich alles über Lebensmittel und die wunderbare Welt der Gaumenfreuden. Ein sehr empfehlenswerter Einkaufsführer informiert regional aufgeschlüsselt über ganz besondere Lebensmittel und gibt wahre Insider-Tipps mit Adressen. Im »Slow Food«-Magazin philosophieren »Sinnlichkeitsexperten« und »Genussreisende« mit religiös anmutender Inbrunst über Wein, Käse und Moorschnucken. Alles sehr, sehr lehrreich. »Slow Food« Deutschland gliedert sich in lokalen »Convivien« – das heißt Tafelrunde. Die Mitglieder haben mindestens Abitur.
- *www.naturkost.de* – Die Online-Ausgabe des frei in Bio-Läden erhältlichen Magazins »Schrot & Korn«. Vor allem der Vorrat von 2500 Rezepten, die nach Zutaten sortiert werden können, macht die Seite zum Bookmark-Kandidaten.

Internetseiten zur Aufklärung

- *www.oekolandbau.de* – Ein sehr gut aufbereitetes Informationsportal zu allen Fragen rund um den ökologischen Landbau hat das Landwirtschafts- und Verbraucherschutzministerium finanziert. Hier findet sich eine gut gemachte Warenkunde, Einkaufsführer mit einem Überblick über das regionale Bio-Angebot, Koch-Tipps, Preisvergleiche zwischen konventionellen und ökologischen Erzeugnissen und

und und. Besonders der Teil mit preiswerten Bio-Rezepten ist sehr empfehlenswert.

- *www.allesbio.de* – Der Ableger von www.oeklandbau.de liefert unzählige Einkaufsadressen und Porträts lokaler Anbieter.
- *www.oekoinform.de* – Die größte europäische Produktdatenbank für ökologische und Fairtrade-Produkte und Anlass zum Staunen. Hätten Sie geahnt, dass es mittlerweile über 220 000 verschiedene Bio-Waren in Deutschland gibt?
- *www.aid.de* – Für generelle Fragen zum Thema Ernährung bietet diese Seite ein breites und verständliches Informationsangebot.
- *www.waswiressen.de* – aid hat außerdem eigens eine Verbraucherseite ins Netz gestellt.
- *www.dge.de* – Mit interessanten Forschungsergebnissen, tief gehenden Informationen und viel Beratung wartet die Website der Deutschen Gesellschaft für Ernährung auf.
- *de.einkaufsnetz.org* – Vor allem über Gentechnik und schadstoffbelastete Lebensmittel berichtet Greenpeace mit ausführlicher Produktdatenbank.
- *www.foodwatch.de* – Der ehemalige Greenpeace-Geschäftsführer Thilo Bode hat den Verein »Foodwatch«, gegründet, der sich an Themen wie Uran im Mineralwasser, Nitrofen- oder Dioxin-Belastungen abarbeitet. Die Lektüre der Seite ist ideal, wenn man demnächst eine Fastenkur plant.

MODE

Gut gemeint

Es ist noch gar nicht so lange her, da sah man den Menschen an, wenn sie mit ihrem Kleiderkauf Gutes tun wollten. Sie trugen wallende Gewänder in fahlen Beigetönen, vorzugsweise aus groben Hanffasern. Dazu klobige Schuhe aus Holz oder Veganerkautschuk; um den Hals naturgefärbte Seidenschals, auf dem Kopf Wollmützen mit verwegenen Ethno-Mustern, die eine Strickkooperative im andischen Hochland zum Solidaritätspreis von 99 Euro exklusiv für den deutschen Markt gefertigt hatte. Man pflegte beim Einkauf sein gutes Gewissen, wirkte aber in den Sachen geschlechtslos und irgendwie tragisch.

Wer sich – aufgeschreckt von Berichten über Schadstoffe in der Kleidung, verseuchte Baumwollfelder oder Kinderarbeit in der Textilindustrie – noch vor wenigen Jahren auf die Suche nach verantwortungsbewussten, aber modischen Alternativen machte, verfiel in tiefe Depression. Die Hanfhemden kratzten wie Schmirgelpapier. Die jutesackartige Sommerjacke aus dem Dritte-Welt-Laden mochte zwar aus handgepflückter, organisch angebauter Baumwolle genäht worden sein, sah aber so aus, als hätte jemand darin Kartoffeln aufbewahrt. Interessante Schnitte und Farben schienen in der ethisch korrekten

Variante der Bekleidungswirtschaft ebenso verboten wie Sex-Appeal.

Trendfarbe Grün

Juli 2007. Berlin, Luckenwalder Straße. Auf dem Gelände eines ehemaligen Postpaketamtes regiert die Mode. Fast 500 Designer und Modefirmen präsentieren auf der »Premium Fashion«-Messe ihre Ideen. Erstmals zeigen über 40 Aussteller in der »Green Living Area« Mode und Design mit ethisch-ökologischem Anspruch. Es ist einer der wenigen wirklich heißen Tage dieses verhagelten Sommers. In einem überfüllten Saal begrüßt die schöne »Premium«-Macherin Anita Bachelin die grüne Zukunft der Mode zu einer Diskussionsveranstaltung. Auf dem Podium hält der sympathisch verschwitzte Däne Peter Ingwersen eine feurige Rede. Er spricht über ökologischen Baumwollanbau in Uganda, sein Label Noir, über Ethik, Glamour und Sex. »Grüne Mode muss sexy sein«, fordert er mit bis zum Brustbein aufgeknöpftem Hemd. »Niemand kauft Mode, nur weil sie Fairtrade oder öko ist.« Neben ihm nickt der durchtrainierte Tony Tonnaer vom niederländischen Streetwear-Label Kuyichi zustimmend. Sein Unternehmen arbeitet ebenfalls nach Fairtrade-Prinzipien und kommt mit der Produktion ihrer begehrten ökologisch korrekten Jeans, Jacken und Shirts kaum nach. Petra Kjell von der »Environmental Justice Foundation« aus London, berichtet ebenso engagiert wie ausdauernd über ihren Kampf gegen Menschrechtsverletzungen und Umweltzerstörung im Zusammenhang mit der weltweiten Baumwollproduktion. Der hagere Andreas Soeffker vom Strumpfgiganten Falke schwärmt vom Wert der Qualitätsproduktion als Kontrapunkt zur Wegwerfmode. Unternehmensberaterin Judith

Vitt erklärt schließlich, warum das mit der Moral und der Mode alles nicht so einfach ist. Sie besucht – unter anderem für Otto – Textilfabriken in Asien und kontrolliert die Einhaltung von sozialen Standards.

In mehr als zwei konzentriert durchdiskutierten Stunden erleben die Zuhörer Aufbruchstimmung und mögliche Grenzen ethisch-ökologischer Modeproduktion. Ist umweltfreundlich und sozial verantwortlich produzierte Kleidung wirklich der Megatrend der nächsten Jahre? Oder nur eine »Modeerscheinung für ein paar Jahre«, wie Unternehmensberaterin Judith Vitt zu bedenken gibt. Einig waren sich allerdings alle, dass die Zeit der freud- und farblosen Ökomode aus den Achtzigerjahren vorbei ist. Design und Bewusstsein sind auch in der Welt schillernder Oberflächlichkeit kein Widerspruch mehr.

Bei den großen »Fashion Weeks« von New York, London oder Paris gehörten die »Eco-Shows« der Designer, die mit umweltfreundlichen Materialien experimentieren, zu den heimlichen Höhepunkten der Modewochen. Stars wie Cate Blanchett, Cameron Diaz oder Charlize Theron lassen sich auf großen Galas in glamouröser Ökomode sehen, die auch man in »Eco-Specials« von »Vogue«, »ELLE« oder »Style« bestaunen darf. Suzy Menkes, die einflussreichste Modejournalistin der Welt, jubelt: »Grün ist das neue Schwarz!« Die Londoner Modeaktivistin Katharine Hamnett kämpft seit über 15 Jahren für ein neues Umweltbewusstsein in der Modeindustrie. Ihre Kollektion wird nach strengen ethisch-ökologischen Prinzipien erstellt. Hamnett entwirft Damenkleider, mit denen frau sich auch auf Oscar-Verleihungen nicht blamieren würde. »Luxus, Schönheit, Ökologie und Ethik schließen sich nicht aus.«

Mittlerweile gibt es keinen Modebereich mehr ohne ethisch-ökologische Alternative: Von Luxus bis Streetwear, vom Fairtrade-Shirt fürs gute Gewissen bis zur Designerkorsage aus Hanf und Ökoseide. Man lässt Abendroben aus Bambusfasern um den Luxuskörper schmeicheln, verzaubert in Mini-Röcken aus Recycling-Tweed oder trägt eng geschnittene Designerjeans aus fair gehandelter Biobaumwolle. Man sieht Studenten in lässigen Kapuzenpullovern aus umweltfreundlichen Hanf oder Schülerinnen in romantisch bedruckten Öko-T-Shirts des Hamburger Labels »Fairliebt«. Die Firma American Apparel wirbt mit leicht bekleideten, schönen jungen Menschen und einem Bekenntnis zu vorbildlichen Arbeitsbedingungen (»Sweatshopfree«) für ihre T-Shirt-, Sport- und Unterwäsche-Kollektion. Labels wie Kuyichi, Del Forte oder Edun verkaufen Bio-Denim-Jeans, die in internationalen Hochglanzmagazinen bewundert werden. »Die größte Umweltsünde ist, Kleidung herzustellen, die nicht gut aussieht«, erklärt David Hieatt, Gründer des britischen Öko-Trendlabels Howies.

Passend zum Trend erhielten vergangenes Jahr zwei Kölner Studenten für »armedangels«, ein Konzept für ökofaire Mode, den mit 250 000 Euro dotierten Gründerpreis der »Wirtschaftswoche«.

Ökomode für alle!

Einige der großen Modehändler in Deutschland haben registriert, dass es vielen Menschen nicht mehr egal ist, unter welchen Bedingungen ihre Kleidung produziert wird. Unternehmen wie H&M, C&A, Arcandor (Ex-Karstadt), Otto, Puma, Nike oder Adidas versuchen, mit unterschiedlichem Erfolg, sich an strengeren Umwelt- oder Sozialstandards zu orientieren und bringen eigene »grüne« Modelinien heraus. Vergangenen Herbst schaffte es die Ökomode via H&M oder C&A endlich in die Fußgängerzonen der Republik. Das größere Angebot ermöglicht es auch Kunden mit kleinerem Geldbeutel, Gutes zu tun und dabei auch gut auszusehen. Doch bei der rasant steigenden Zahl von Unternehmen, die mit ethisch-ökologisch inspirierter Mode um uns werben, sollte man sich überlegen, was einem wirklich wichtig ist. Wünscht man sich möglichst Umwelt und Klima schonende Verfahren bei der Herstellung der Kleidung? Hat man das Wohl der Baumwolle anbauenden Landbevölkerung im Auge? Geht es um das Los der – meist chinesischen, oft sehr jungen und fast immer weiblichen – Textilarbeiter? Um das, was die Modefirmen mit ihren Gewinnen machen? Um alles zugleich?

Für den Kauf ethisch korrekter Kleidung bieten sich vier Leitfragen an, um zu entscheiden, welche Art des Wirtschaftens man unterstützen will:

1. Aus welchem Material sind die Produkte, wie werden die Rohstoffe angebaut und verarbeitet?
2. Unter welchen Arbeitsbedingungen werden die Artikel produziert?
3. Inwieweit fließen ökologische Kriterien in Verarbeitung und Vertrieb der Waren ein?
4. Zeigen die Hersteller und Händler soziales, ethisches oder ökologisches Engagement?

Fangen wir mit dem an, was man als Erstes spürt, wenn man Kleidung trägt: Dem Stoff.

■ MODE

Der Stoff, aus dem die Albträume sind

Baumwolle ist ein schönes Wort. »Baum« – das klingt nach rauschenden Wäldern, nach Grün und frischer Luft. Bei »Wolle« hört man im Geiste das Stricknadelklappern der Großmutter oder denkt an kuschelige Pullover. Baumwolle liegt angenehm auf der Haut, ist strapazierfähig und leicht waschbar. 80 Prozent der weltweit verkauften Textilien bestehen ganz oder teilweise der Pflanze, die seit über 5000 Jahren angebaut wird. Natur pur, sollte man meinen. Doch als das kalifornische Outdoor-Bekleidungsunternehmen Patagonia Anfang der Neunzigerjahre die Umweltbilanz der verwendeten Materialien untersuchte, stellten die Experten fest: Nicht synthetische Stoffe wie Polyester oder Nylon waren besonders problematisch, sondern ausgerechnet – Baumwolle.

Baumwolle ist extrem anfällig für Schädlingsbefall aller Art. Knapp zehn Prozent der weltweit verwendeten Pestizide sowie mehr als ein Fünftel aller Insektizide werden auf Baumwoll-Felder gesprüht – obwohl die Pflanze nicht mal drei Prozent der Welt-Anbauflächen einnimmt. Jährlich werden 25 Millionen Tonnen Baumwolle produziert. Dabei landen 400 000 Tonnen Schädlingsbekämpfungsgifte in Böden und im Grundwasser. Sieben der 15 besonders häufig verwendeten Chemikalien beim Baumwollanbau gelten in den USA als »möglicherweise« oder »nachgewiesen« Krebs erregend. Die Weltgesundheitsorganisation WHO schätzt, dass pro Jahr über 200 000 Menschen an den Folgen des Einsatzes dieser hochgiftigen Pflanzenschutzmittel sterben.

Konventionell angebaute Baumwolle braucht viel Dünger, der mit großem Energieaufwand produziert und eingekauft werden muss. Der hohe Chemiebedarf frisst über 50 Prozent der bäuerlichen Erlöse auf. Auch der Süßwasserverbrauch beim

Der Stoff, aus dem die Albträume sind

herkömmlichen Anbau und der Weiterverarbeitung von Baumwolle ist gravierend. Um ein einziges T-Shirt aus Baumwolle herzustellen, werden – je nach Verfahren – bis zu 7000 Liter Wasser verschwendet, für eine Jeans gar bis zu 40000. Es gibt Schätzungen, nach denen sechs Prozent der globalen Süßwasservorräte für den Anbau von Baumwolle benutzt werden.

Mittlerweile stammt ein hoher Prozentsatz der verarbeiteten Baumwolle aus gentechnisch verändertem Saatgut. Seit diese Supersamen im Einsatz sind, beobachten die Bauern, dass Schädlinge immer schneller Resistenzen bilden. Der Einsatz von Pestiziden, der zunächst sinkt, steigt nach drei, vier Jahren wieder dramatisch an. Eine Form des Anbaus, die vor allem den großen Agrarchemiekonzernen nützt, die Gensaat und Pflanzenschutzmittel gleichermaßen im Angebot haben.

Von der Mode kaufenden Öffentlichkeit unbemerkt, wird die Genbaumwolle auf die Felder der Welt gedrückt. Anfang des Jahres erschien in der »Zeit« eine Reportage über die Bemühungen des Gensaat-Marktführers Monsanto, den Bauern in Mali ihre Ware aufzudrängen. Doch die wehren sich. In dörflichen Gemeinschaften des afrikanischen Landes ist es Usus, sich gegenseitig mit Saatgut auszuhelfen. Verträge mit Monsanto verbieten diese solidarische Praxis. Zudem muss Gensaat Jahr für Jahr neu gekauft und gepflanzt werden. Die Bauern geraten in eine beinahe unkündbare Abhängigkeit. Die Weltbank zwingt die Regierung von Mali, ihre Märkte für Konzerne wie Monsanto zu öffnen und verbietet gleichzeitig Subventionen an die Bauern, die ihre Baumwolle zu staatlich festgelegten Niedrigpreisen abgeben müssen. Im Falle einer Preiserhöhung würde die Weltbank ihre Kredite für Mali kündigen. Der Baumwollanbau in den USA wurde 2007 von der Bush-Regierung übrigens mit knapp vier Milliarden Dollar subventioniert.

■ MODE

Die Verwendung von Biobaumwolle aus kontrolliertem Anbau bietet einen politischen, sozialen und ökologischen Mehrwert. Und dient nicht zuletzt dem Klimaschutz. Durch den Verzicht auf Dünger und aufwendig produzierte Pflanzenschutzmittel entsteht bei der Herstellung eines Öko-T-Shirts nur ein Fünftel der CO_2-Emission eines konventionell hergestellten. Das hat sich bei immer mehr Kunden und Modeunternehmen herumgesprochen. 2005 durchbrach der weltweite Umsatz mit Biobaumwolle erstmals die Milliarden-Dollar-Grenze. Für 2008 rechnen die Marktforscher von »Organic Exchange« mit 2,6 Milliarden Dollar. Bis zum Jahr 2025 soll der Anteil am gesamten Baumwollmarkt auf 30 Prozent steigen.

Der coolste Boss der Welt

Dass Patagonia kein Unternehmen ist wie jedes andere, merkt man, bevor man die Zentrale überhaupt betreten hat. Vom Spielplatz des Firmenkindergartens dringt fröhliches Gekicher. Auf dem Parkplatz sind die besten Plätze unter dem Solardach für Autos mit niedrigem CO_2-Ausstoß reserviert. Über der Rezeption zeigt eine Tafel die aktuelle Wellenhöhe an. Wenn das Meer am Strand von Ventura, Kalifornien, danach ist, dürfen die Mitarbeiter surfen. So viel Zeit muss sein.

Yvon Chouinard, Gründer, Chef und Besitzer des 200-Millionen-Euro-Unternehmens, ist meistens sowieso nicht da. Die Hälfte des Jahres verbringt der 69jährige draußen. Surfen vor Hawaii, im Wildwasser-Kajak durch den Yellowstone River und immer noch die schwierigsten Berge hoch. Er schläft unter freiem Himmel und trinkt aus denselben Flüssen, in denen er fischt. Mit seiner Wetter gegerbten Haut, den Handwerkerhänden und der lässigen Nicht-Frisur erinnert Yvon Chouinard

Von Bambus bis Baumwolle – eine Materialkunde

Baumwolle wird in über 60 Ländern der Erde angebaut und deckt die Hälfte des globalen Faserbedarfs. Die größten Produzenten sind China, die USA, Indien und Pakistan. Man schätzt, dass etwa 100 Millionen bäuerliche Familien direkt von Einnahmen aus der Baumwollproduktion abhängen. Seit 1960 sind die Preise für **Baumwolle** um die Hälfte gesunken. Die US-Subventionen für ihre heimischen Baumwollfarmer sind doppelt so hoch wie die amerikanische Entwicklungshilfe für ganz Afrika. Durchschnittlich wird jeder amerikanische Baumwollfarmer von der Regierung mit einer halben Million Euro jährlich gepäppelt, um ihn gegen die Konkurrenz zu schützen. Fairtrade-Initiativen versuchen, den alles andere als freien Markt über direkte Kontrakte mit lokalen Baumwollerzeugern in Entwicklungsländern zu umgehen. Inzwischen wird in über 20 Staaten **Biobaumwolle** angebaut, die auf den Einsatz von Pestiziden und Insektiziden verzichtet. Fairtrade-Unternehmen und Naturtextil-Händler zahlen organisch anbauenden Bauern 20 bis 40 Prozent mehr für ihre Produkte.

Umstritten ist der Einsatz gentechnisch veränderter Baumwollsaat. Die Manipulation im Erbgut soll die Pflanzen vor dem Schädlingsbefall schützen und die Verseuchung der Umwelt mit Pflanzenschutzmitteln dauerhaft vermindern. In der Praxis gibt es dafür bislang keine Belege. Die Pflanzenschädlinge bilden Resistenzen aus, gegen die mit verstärktem Gifteinsatz vorgegangen werden muss. Auch scheinen die Erträge des Baumwollanbaus mit gentechnisch verändertem Saatgut langfristig gesehen niedriger zu sein als jene aus organischem Anbau, haben Untersuchungen in Indien und China ergeben. In den USA wurde im Jahr 2004 bereits auf 79 Prozent der Anbauflächen gentechnisch veränderte Baumwolle produziert. In China waren es 66 Prozent.

Eine Alternative zur Baumwolle ist **Hanf**. Bis zum Siegeszug der Chemiefasern nach dem Zweiten Weltkrieg wurde die Hälfte des weltweiten Rohstoffbedarfs für Kleidung aus Hanf oder Leinen gedeckt. Hanf wächst wesentlich schneller als Baumwolle, die Weiterverarbeitung lässt sich mit weit geringerem Energie- und Wasserverbrauch leisten.

Flachs bzw. **Leinen** gehört zu den ältesten von Menschen genutzten Faserpflanzen überhaupt und wird heute vor allem in den Ländern der ehemaligen UdSSR, Rumänien und China angebaut. Der organische Anbau von Flachs erlebt seit einigen Jahren in Mittel- und Nordeuropa ein Comeback. Bei entsprechender Behandlung kann auf Pflanzenschutzmittel und Chemiedüngung verzichtet werden. Den sehr festen Leinengarnen, die beim Tragen knittern, werden in der konventionellen Produktion häufig synthetische Fasern beigemischt, um die Pflege- und Trageeigenschaften zu verbessern.

Seide entsteht beim Verpuppen der Seidenraupen. Jeder Kokon enthält feine, millimeterlange Seidenfäden, die nach dem Abkochen der Raupen gewonnen werden. Um ein Kilogramm Rohseide zu gewinnen, braucht man bis zu zehn Kilogramm Kokon. Rohseide ist sehr leicht und wird, da sie nach Gewicht verkauft wird, mit der Einlagerung schwer löslicher, umweltschädlicher Salze ins Gewebe künstlich beschwert. Noch immer arbeiten in der Seidenproduktion viele Kinder. Die größten Seidenproduzenten sind China, Indien, Japan und Thailand. Sehr vereinzelt kommt so genannte Veganerseide auf den Markt, bei deren Produktion der Wurm nicht getötet wird.

Wolle wird vor allem aus Schaf-, Ziegen-, Kamel- oder Kaninchenhaaren gewonnen. Die Verunreinigungen in den Rohhaaren müssen zunächst ausgewaschen werden. Um die Verfilzung der Wolle zu verhindern, wird sie häufig mit Chemiefasern versetzt und gegen den Schädlingsbefall beim Transport mit Schutzmitteln behandelt. Haupterzeuger sind die Staaten der ehemaligen UdSSR, Neuseeland und China.

Möglicherweise stehen in naher Zukunft ökologisch verheißungsvolle Alternativen zu den herkömmlichen Rohstoffen der Textilindustrie zur Verfügung. Da gibt es **Soysilk**, eine Faser, die aus den Abfallprodukten bei der Herstellung von Soja gewonnen wird. Das italienische Edel-Label Versace experimentiert mit einer auf Korn basierenden Faser namens **Ingeo**, der ersten von Menschenhand hergestellten Faser, die zu 100 Prozent aus nachwachsenden Rohstoffen entwickelt wurde und biologisch komplett abbaubar ist. In Österreich wurde ein Frotteestoff mit einem 35-prozentigen Anteil von Sojafasern entwickelt. Mit vergleichbaren Mischungen aus **Bambus**- oder **Mais**fasern arbeiten junge Designer für die »Re:Fashion«-Show auf der Londoner Modewoche.

MODE

In letzter Zeit macht auch eine Faser namens **Tencel** von sich reden. Das Wort Tencel setzt sich zusammen aus Tenacity (Festigkeit) und Cellulose. Die Zellulose wird vor allem aus den Resten von Eukalyptusbäumen gewonnen und in einem beinahe rückstandfreien Prozess in extrem feste, biologisch komplett abbaubare Fasern mit angenehmen Trageeigenschaften verwandelt.

Für echte Vegetarier verbietet sich die Verwendung von **Leder** als Beiprodukt der verhassten Fleischindustrie. Die Umweltbilanz dieses Materials fällt ebenfalls eher negativ aus. Leder muss vor der Weiterverarbeitung zu Jacken oder Schuhen mit hohem Chemieaufwand konserviert und gegerbt werden. »100 Prozent Leder« enthält daher in der Regel oft 20 Prozent Chemie – Chromsalze und Ähnliches. Der Wasserverbrauch bei der Produktion ist sehr hoch, die giftigen Abfälle gefährden die Gesundheit der Bevölkerung im Umfeld der Lederfabriken. Mit der Verwendung pflanzlicher Gerbstoffe und einer intelligenten Wasser- und Abfallwirtschaft lässt sich die Belastung deutlich senken.

Chemiefasern wie Elasthan, Polyacryl oder Polyamid haben grundsätzlich keinen guten Ruf bei umweltbewussten Modemachern. Die Verwendung des Grundstoffs Erdöl widerspricht allen Öko-Prinzipien. Mittlerweile gibt es einige Verfahren, die den hohen Energieaufwand bei der Produktion dramatisch senken; der Wasserverbrauch ist, verglichen mit Baumwolle, ohnehin eher gering. Im Fokus stehen aber vor allem neue, intelligente Recycling-Verfahren, die Plastikmüll und Chemiefasern aus Gebrauchttextilien in neue Stoffe verwandeln.

eher an einen Bergführer als einen erfolgreichen Geschäftsmann. Das passt zu dem Mann, der in seine Karriere quasi hineingestolpert, besser: hineingeklettert ist. Vom Mountain-Punk der späten Fünfzigerjahre, der Kletterhaken für sich und seine Bergsteigerkumpel schmiedete, bis zum Vorzeigechef der profitabelsten und ökologisch progressivsten Outdoor-Firma der Welt.

»Ich bin ein Geschäftsmann seit fünfzig Jahren«, beginnt Chouinards Business-Manifest und Lebenserinnerung »Let My People Go Surfing«. »Mir fällt das ebenso schwer zuzugeben wie anderen das Geständnis Alkoholiker zu sein.« Der junge Chouinard fuhr in einem alten Chevy durch die Gegend, surfte in Mexiko oder kletterte im Yosemite Nationalpark. Mit 24 verbrachte er wegen »Herumstreunens ohne festes Ziel« 18 Tage in einem Gefängnis in Arizona. Weil ihn bei seinen Touren in den Steilhängen des amerikanischen Westens die weichen Kletterhaken aus Europa nervten, schmiedete er selbst welche und verkaufte sie an Freunde. Die Teile waren so gut, dass Chouinard mit der Produktion bald nicht mehr nachkam. 1964 gründete er zusammen mit dem Luftfahrtingenieur und Kletterkumpel Tom Frost die Firma »Chouinard Equipment«, die das beste Bergsteiger-Zubehör der Welt herstellen wollte. Vor allem für den Eigenbedarf, denn Chouinard hing noch immer den Großteil des Jahres in irgendwelchen Felsspalten herum.

1972 entschloss Chouinard sich zu einem radikalen Schritt, der jeden gelernten Unternehmer zur Verzweiflung gebracht hätte. Nachdem ihm klar wurde, dass seine bestens verkauften Kletterhaken tiefe Risse ins Gestein fraßen, stellte er die Produktion ein. »Sonst zerstören wir, was wir lieben.« Seine Fantasie reichte längst über die Herstellung von Bergsteiger-Equipment hinaus. Er träumte von einem hochwertigen Komplettprogramm für Outdoor-Fans, das er selber verwenden könnte und gründete die Bekleidungsfirma »Patagonia«, benannt nach der rauen Landschaft am Südzipfel Südamerikas. »Der Name war perfekt«, schreibt Chouinard in seinem Buch. »Patagonia klingt in allen Sprachen gut.«

Er sah voraus, dass die Verstädterung des Lebens einhergehen würde mit der steigenden Sehnsucht nach Natur und Abenteuer. Patagonia entwickelte Spezialunterwäsche für kalte und nasse Outdoor-Touren, fabrizierte die ersten Fleece-Jacken und die strapazierfähigsten Shorts. Jahr für Jahr schrieb Patagonias Finanzchef ein Umsatzplus von 40 bis 50 Prozent in die Bücher. Ein Teil der Gewinne floss an Umweltschutz-Organisationen. Davon abgesehen folgte Chouinard dem Lehrbuch für Jungunternehmer. Er fügte ständig neue Produkte dazu, dehnte den Vertrieb bis an die Belastungsgrenze und verschickte Werbekataloge ins ganze Land. Für eine Viertelmillion Dollar ließ der erklärte Nicht-Techniker in den frühen Achtzigern sogar einen klotzigen Firmencomputer anschaffen. Eines Tages marschierte Chouinard in den PC-Raum, blieb vor einem Riesengerät stehen und fragte zweifelnd den jungen IT-Experten: »Und dafür habe ich eine Viertelmillion Dollar ausgegeben?« »Dafür nicht«, antwortete der. »Das ist die Klimaanlage.«

1989/1990 kam der Kollaps. Produktion und Auslieferung waren um die üblichen 50 Prozent gewachsen, der Umsatz leider nur um 20. Geschäfte schickten die Allwetterjacken und gefütterten Hosen zurück. Banken strichen die Kreditlinien zusammen. Patagonia war faktisch pleite. »Es war so schlimm«, erzählte Chouinard kürzlich bei einem Vortrag an der Stanford University, »dass mein Finanzchef sogar versuchen wollte, Geld von der Mafia zu leihen.« 1991, am »schwarzen Mittwoch« der Firmengeschichte, musste Patagonia 120 Mitarbeiter entlassen. »Mitarbeiter« ist das falsche Wort. Es war als habe er Familienmitglieder wegschicken müssen, sagt Chouinard. Menschen, mit denen er durch die Wildnis gezogen war, deren Kinder er im firmeneigenen Kindergarten hatte aufwachsen sehen. Mütter und Väter, die nach einer Geburt drei Monate gemeinsamen Urlaub kriegten, konnte er jetzt nicht mehr bezahlen. »Wir hatten alles falsch gemacht, was man nur falsch machen konnte. Wir hatten vergessen, wofür wir stehen.«

Angesichts des Abgrunds tat Yvon Chouinard, was ein Naturmensch eben tut. Er ging raus. Ein Seelentrip ins Herz von Patagonien. Die wichtigsten Mitarbeiter aus der Firma wanderten mit. Mitten in der Wildnis machten sie sich klar, warum sie überhaupt in dieses Business geraten waren. »Wir sind hier, weil wir die Erde lieben«, sagte einer von ihnen. »Und wir sollten alles dafür tun, sie zu bewahren.« Patagonia erklärte den Umweltschutz zum obersten Firmenziel und entwarf ein ehrgeiziges Programm, das sämtliche Prozesse bei Materialgewinnung, Fertigung, Transport und Vertrieb ihrer Produkte nach ökologischen Gesichtspunkten ausrichtete. Koste es, was es wolle. Mit derselben Akribie, mit der er als junger Mann die Eisen für bessere Kletterhaken bearbeitet hatte, drängte Chouinard seine Mitarbeiter zu revolutionären Lösungen.

1993 kamen die ersten Polyesterjacken auf den Markt, die aus recycelten Plastikflaschen hergestellt wurden. Seit 1996 verwendet Patagonia nur noch Biobaumwolle. Der Verzicht auf konventionell mit Pestizid-Giften besprühte Baumwolle brachte die Produktion der ökologisch angebauten Alternative weltweit in Schwung. Die verwendete Schafswolle wird einer besonders schonenden, chlorfreien Spezialwäsche unterzogen. Der penetrante Geruch der Rohwolle wird statt mit Chemikalien mit einer Eigenentwicklung aus zerstoßenen Krabbenschalen beseitigt. Vor zwei Jahren entwickelte Patagonia in Zusammen-

■ MODE

arbeit mit der japanischen Firma Tejin ein Verfahren, das es erlaubt Fasern beliebig oft wiederzuwerten. Inzwischen nimmt Patagonia als erste US-Firma in ihren Geschäften alte Polyesterwäsche an, um sie zu Fleecejacken zu verarbeiten. Bis 2010 soll die Bekleidungslinie ausschließlich aus Recycling-Material gefertigt werden. Dann nimmt Patagonia auch getragene Baumwollkleidung zurück.

»Mit jedem Schritt, mit dem ich Qualität und Aufwand erhöht und die Auswirkungen auf die Umwelt minimiert habe, stieg auch der Profit«, erzählt Chouinard. Mehr als acht Prozent Wachstum im Jahr vermeidet er. »Als Extremsportler habe ich gelernt, natürliche Grenzen zu achten.« Patagonia an die Börse zu führen, verbietet sich für den Mann, der nicht mal über ein eigenes Bankkonto verfügt. »Wäre der Kapitalismus eine Kirche«, schreibt das US-Magazin »Vanity Fair«, »hätte man Yvon Chouinard längst exkommuniziert«.

»Ich mache diesen Job nicht, um Kleidung zu verkaufen«, erklärte Chouinard in einem Interview mit der wunderbaren Öko-Website grist.org. »Patagonia existiert, weil wir zeigen wollen, wie man so sauber wie möglich arbeiten kann. Wir wollen andere Firmen beeinflussen, es uns nachzutun. Wir wollen unsere Kunden beeinflussen, das Richtige zu tun. Wem das nicht passt, der soll seine Sachen woanders kaufen.«

Schluss mit giftig!

Inzwischen rufen Giganten wie Gap, Nike oder Wal-Mart bei Yvon Chouinard an, wenn sie wissen wollen, wie man seine Produktion auf Biobaumwolle umstellt oder Recycling-Ideen in den Produktionszyklus einbezieht. In Amerika hat sich die Zahl der Textil-Unternehmen, die Rohstoffe aus organischem

Anbau verwenden, binnen zwei Jahren verdreifacht. Vor allem die vorgebliche Ökowende des Supermarktgiganten Wal-Mart hat die Nachfrage befeuert. Wal-Mart ist derzeit gemeinsam mit Nike der weltweit größte Abnehmer von Biobaumwolle. In Großbritannien steigt der Absatz von Biobaumwolle jährlich um ein Drittel. In Deutschland freuen sich Versandhändler von Naturtextil-Mode wie Hess Natur seit Jahren über zweistellige Zuwachsraten. Richtig in Schwung kommt der Markt hierzulande aber auch erst durch die Großen. Die Billigmodemacher von C&A haben angekündigt, sich als »führende Anbieter von Biobaumwollprodukten in Europa zu positionieren«. Für ihre erste größere Biobaumwollkollektion, die 2007 in die Kaufhäuser kam, kaufte das Unternehmen 1200 Tonnen aus Indien und der Türkei. 2008 sollen es 7500 Tonnen werden. Das wären 15 Prozent der gesamten Biobaumwollernte der Welt. Auch H&M hat für seine erfolgreiche »Organic Cotton«-Kollektion im großen Stil eingekauft. 1100 Tonnen waren es nach Angaben des »Tagesspiegels« im Jahr 2007. Hundert Tonnen wurden für die »Organic Cotton«-Kollektion im Sommer vernäht. Für dieses Jahr ist eine deutliche Steigerung des Angebots geplant. 2006 hatte das schwedische Unternehmen seine Kunden auf der Firmenwebsite darüber abstimmen lassen, ob es mehr Ökomaterialien für seine Mode verwenden soll. Eine deutliche Mehrheit war dafür – sofern die Sachen nicht nach Öko aussehen. Nur für sechs Prozent derer, die abgestimmt haben, hatte das Umweltsiegel »keine Bedeutung«.

Noch werden erst maximal vier Prozent der weltweiten Baumwoll-Anbaufläche umwelt- und sozialverträglich bewirtschaftet. Die meist kleinen Produzentengemeinschaften in Burkina Faso, Indien oder der Türkei sind oft noch nicht in der Lage, zuverlässig große Mengen zu liefern. Konventionell bewirtschaftete Baumwollfelder benötigen zwischen zwei und fünf Jahren für die Entgiftung, bevor ökologischer Anbau auf ihnen möglich ist. Ein eindrucksvolles Projekt, das diesen Schwierigkeiten begegnet, ist die Aktion »Cotton made in Africa«. Dabei arbeiten die Otto Group und Tom Tailor mit dem Entwicklungshilfeministerium, der GTZ, der Deutschen Investitions- und Entwicklungsgesellschaft, dem WWF sowie der Welthungerhilfe zusammen (www.cotton-made-in-africa. com). In Sambia, Benin und Burkina Faso werden Schulungen für den Umstieg auf Biobaumwollanbau veranstaltet und Umstiegshilfen gezahlt. Gleichzeitig sichern sich die Modefirmen so langfristig einen sicheren Nachschub an exzellenter und zertifizierter Biobaumwolle. Im vergangenen Frühjahr verkaufte Otto die ersten Stücke aus der »Cotton Made in Africa«-Kollektion. Noch in diesem Jahr soll das Projekt auf weitere afrikanische Staaten ausgeweitet werden.

Ein Aspekt, der beim Biobaumwollboom etwas vernachlässigt wird, ist der generelle Produktionsprozess von Textilien. Das Ökosiegel gilt nur für den Anbau. Bei der Verarbeitung – auch von Biobaumwolle – kommen problematische Farbstoffe oder Formaldehyde ins Spiel. Rund 2400 so genannter »Textilhilfsstoffe« sind zugelassen. Bei der »Vereinigung Naturtextilien« stehen beinahe alle auf dem Index. H&M verarbeitet seine Biobaumwolle wie die übrigen Materialien. Anders ließen sich die Preise für die »Organic Cotton«-Shirts, -Hoodies und -Jeans nach Firmenangaben nicht halten. Die Kosten für Naturfarben liegen bei zwei Euro pro Kilo Textilien. Bei chemischer Färbung sind das nur 60 Cent. Otto legt Wert auf die durchgehend ökologische Verarbeitung der als Bio ausgewiesenen Kleidung. C&A verweist darauf, dass die Ökomode immerhin klimaschonend mit dem Schiff angeliefert und der höhere Preis für Biobaumwolle nicht an die Kunden weitergegeben wird. Trotz der problematischen Weiterverarbeitung ist die Verwendung von Biobaumwolle ein wichtiger Schritt. »Generell die bessere Lösung« erklärt Uwe Fritsche vom Öko-Institut dem »Kölner Stadt-Anzeiger«. Immerhin entstünden bei der Herstellung eines T-Shirts aus konventioneller Baumwolle 32,3 Kilo Kohlendioxid, bei Biobaumwolle dagegen nur 6,5 Kilo.

Die Geschichte einer Jeans

»Wir tragen die Geschichte derer, die diese Kleidung für uns genäht haben, mit uns«, lässt das britische Öko-Designer-Label Edun als Mahnung in seine Jeans sticken. Denn noch immer funktioniert der Kapitalismus in der Bekleidungsbranche vor allem nach den alten Regeln. Rund 15 Prozent aller weltweiten Jobs werden in der Textilindustrie vergeben. Aus den klassischen Industrieländern sind die Fabriken seit Ende der Achtzigerjahre immer stärker in die Billiglohnländer in Asien, Osteuropa oder Mittelamerika verlagert worden. In den 90er-Jahren schreckten Berichte über unerträgliche Arbeitsbedingungen erstmals das breitere Publikum auf. Bilder von siebenjährigen indischen Mädchen, die mit verstümmelten Händen Garn in die Nähmaschinen fädelten, gingen um die Welt. Man las von brennenden chinesischen Textilfabriken, in denen die Arbeiterinnen erstickten, weil ihre Vorgesetzten sie eingeschlossen hatten. Bei Nike, das wegen der Zustände bei seinen indonesischen Vertragspartnern am Pranger stand, brachen die Umsätze ein.

Popbands wie Radiohead, REM oder Supergrass haben eigene Merchandising-Firmen aufgebaut, damit bei ihren Konzerten nur Fan-T-Shirts mit dem Fairtrade-Siegel verkauft werden. U2-Sänger Bono lässt bei seinen Tour-Auftritten Fan-

Artikel anbieten, die vom ethisch-ökologisch korrekten Label Edun seiner Frau hergestellt wurden. Kleidung aus den »Sweatshops« dieser Welt kommt für diese Popstars nicht infrage, während eigentlich sehr engagierte deutsche Musiker wie Herbert Grönemeyer oder Campino ihre Merchandising-Produkte weder als Bio- noch als Fairtrade-Waren anbieten lassen. Zeit, dass sich was dreht?

Umfragen zeigen, dass in Ländern wie Deutschland, Großbritannien oder den USA über zwei Drittel der Konsumenten keine Kleidung von einer Marke kaufen wollen, die unter menschenunwürdigen Bedingungen hergestellt wird. Tatsächlich gibt es heute keinen Grund mehr, Kleidung von einer Firma zu kaufen, die ihre Jeans, Röcke oder T-Shirts in stickigen Fabriken von chronisch übermüdeten und unterbezahlten Arbeiterinnen nähen lässt – in Ländern wie China, Bangladesh, Mexiko oder Indonesien, in denen Stundenlöhne gezahlt werden, für die man sich hierzulande nicht mal eine Packung Papiertaschentücher kaufen könnte. Organisationen wie die »Fair Labour Organisation« (FLO) aus den USA, »Oxfam«, die »Clean Clothes Campaign« oder der deutsche Ableger »Kampagne für saubere Kleidung« haben in den vergangenen Jahren Mindeststandards für die Arbeit in den Textilfabriken formuliert und Verstöße prominenter Markenartikler dokumentiert.

Nach den Richtlinien der International Labour Organisation (ILO), die der Ableger der Vereinten Nationen 1998 verabschiedete, sollten Unternehmen sich unter anderem auf folgende Prinzipien verpflichten:

- Recht der Arbeitnehmer auf einen ordentlichen Arbeitsvertrag und eine Interessenvertretung
- Keine Zwangs- oder Kinderarbeit
- Keine unterschiedliche Bezahlung von Frauen und Männern

- Mindestalter der Beschäftigten von 15 Jahren
- Sicherheits- und Gesundheitsstandards in den Fabriken
- Maximale Arbeitszeit von 12 Stunden am Tag und 48 Stunden in der Woche
- Ein Mindestlohn, der die ortsüblichen Lebenshaltungskosten deckt

Eine Frage des Überblicks

Angesichts der Risiken, die Berichte über unzumutbare Arbeitsbedingungen bei ihren Zulieferern für Image, Gewinn und Aktienkurs bedeuten, haben die großen Modeunternehmen ihre Vertragspartner auf soziale und gesundheitliche Mindeststandards verpflichtet. Ein solcher Verhaltenskodex, »Code of Conduct« genannt, gehört inzwischen ebenso zur gängigen Unternehmenspraxis wie der ausführliche Bericht zu den sozialen und Umwelt-Aktivitäten. Die Herzogenauracher Sportartikelfirmen adidas und Puma sind der honorigen »Fair Labour Association« beigetreten, die unabhängige Kontrollen in den Zuliefererbetrieben durchführt und darüber ausführliche Jahresberichte veröffentlicht (Download: www.fairlabour.org). In Indonesien beraten sich die Puma-Vertreter bei der Wahl ihrer Zulieferer mit örtlichen Gewerkschaften und Menschenrechtsorganisationen. Adidas veranstaltet – wie Nike und Puma – in einigen seiner Zulieferfabriken in China, Indien oder Vietnam Mitarbeiter-Schulungen über Fragen des Arbeitsrechts.

Doch oft steckt die Tücke im Detail. Nur wenige Unternehmen haben wie Otto die Standards der ILO komplett übernommen. Die verschiedenen konzerneigenen »Codes of Conduct« lesen sich zwar auf den ersten Blick häufig wie Gewerkschaftsprosa, doch Formulierungen, man orientiere sich am »örtlichen

■ MODE

Mindestlohn« oder halte sich in Umwelt- und Arbeitszeitfragen »an örtliche Gesetze« sind nicht ganz unproblematisch. Gerade erst wurde in Bangladesch, wo die großen Sportartikel- und Modekonzerne produzieren lassen, die 72-Stunden-Woche legalisiert. Zudem erschwert das beinahe unüberschaubare globale Geflecht aus Subunternehmen und Zulieferern die Kontrolle der hehren Prinzipien. Ein T-Shirt fliegt im Schnitt 18 000 Kilometer um die Welt, bis es in deutschen Läden landet. Textilien machen 20 Prozent der gesamten Luftfracht aus. Nike-Produkte werden von 600 000 Menschen in aller Welt hergestellt.

Gleichwohl lässt sich beobachten, dass Unternehmen wie Nike, adidas oder Puma heute offensiver und schneller auf Missstände reagieren, die von unabhängigen Organisationen gemeldet werden. Kaum hatte etwa »China Labour Watch« im November 2007 über mangelhafte Zustände in südchinesischen Textilfabriken berichtet und adidas als einen der Auftraggeber identifiziert, veröffentlichte das Unternehmen eine ausführliche Klarstellung auf der Firmen-Website. Im Dezember fanden Gespräche mit Vertretern von »China Labour Watch« darüber statt, wie die Situation in der betreffenden Fabrik verbessert werden könnte. Bei der Kritik ging es unter anderem um die verzögerte Auszahlung von Löhnen und die Behandlung der Angestellten. Inzwischen veröffentlicht auch adidas – wie Nike – eine 30 Seiten lange Liste aller Zuliefererbetriebe von Argentinien bis Vietnam.

Das ist dann schon ein Unterschied zum Verhalten von Aldi. Die Initiative »Südwind« (www.suedwind-institut.de) hatte 2007 einen Bericht über chinesische Textilfabriken veröffentlicht, in denen auch für Aldi genäht wird. Die Angestellten schlafen wie Leibeigene in großen Sälen direkt neben der Fabrik. Um 22 Uhr werden die Türen verschlossen. Arbeitsverträge gebe es nicht, ausgezahlt werde nur mit großer Zeitverzögerung. Wer die Zustände nicht mehr aushält, verliert so mindestens zwei, drei Monatslöhne. So etwas findet Aldi eigentlich auch nicht gut, konnte man aus einem Antwortschreiben des Billiganbieters herauslesen. Direkt eingehen auf die Kritik mochte man aber nicht. »Wir arbeiten hier im Vertrauen auf die Geschäftspraktiken unserer Partner.«

Kontrolle ist besser

Die schwedische Modefirma H&M, die sich und ihren Vertragspartnern seit 1998 einen Verhaltenskodex auferlegt, pflegt Geschäftsbeziehungen zu 700 Zulieferfirmen und deren Subunternehmen. Weltweit arbeiten über eine halbe Million Menschen direkt oder indirekt für H&M. Die Firma leistet sich eine eigene Abteilung mit 50 Vollzeit-Mitarbeitern zur Kontrolle der selbst auferlegten Sozialstandards. Bei 1474 Kontrollbesuchen im Jahr 2006 stellte H&M teils gravierende Mängel bei ihren tatsächlichen und potenziellen Vertragspartnern fest. 110 Betriebe wurden nicht bzw. nicht mehr für die Produktion von H&M-Auftragsware zugelassen. In beinahe 60 Prozent der kontrollierten Fabriken hatten Arbeiter keinen Vertrag, in 47,6 Prozent wurden die Arbeiter nicht korrekt im Umgang mit Chemikalien geschult. In 18,6 Prozent der Fälle gab es keine ausreichenden Toilettenanlagen. Da es sich dabei um Stichprobenwerte handelt und die Besuche – etwa in Asien – zu 80 Prozent angekündigt waren, geht H&M »davon aus, dass es in folgenden Bereichen in mehr Fabriken Abweichungen gab, als wir in unseren Revisionen nachweisen konnten: Überstundenvergütung; Vereinigungsfreiheit; Fehlzeiten auf Grund von Krankheit; Erziehungsurlaub und Urlaub; Arbeitsbedingungen der jungen Angestellten; kränkende Behandlung.«

In ihrem Rechenschaftsbericht formuliert H&M Zielvorgaben, wie die Missstände in Zukunft beseitigt werden sollen. Das Unternehmen verpflichtet sich binnen eines Jahres »Verhaltenskodex-Verantwortliche« auszubilden, Mitarbeiter zu schulen sowie die Auftragsvergabe stärker mit der Einhaltung des Kodex zu verknüpfen. 2006 trat H&M der FLO bei, weil sich die Firma von den unabhängigen Kontrollen Rückschlüsse auf die Qualität des eigenen Kontrollsystems erhofft.

Jedes Unternehmen, das sich in einen globalen Herstellungs- und Logistikprozess begibt, steht irgendwann vor dem Problem, wie sie die hehren Grundsätze, die daheim formuliert werden, auch in der hintersten Nähklitsche von Bangladesh durchsetzen und kontrollieren können. Oft reichen die Zulieferer Aufträge einfach nur weiter und lassen in Heimarbeit fertigen. »Irgendwann ließ uns das ungute Gefühl nicht mehr los, dass wir selbst nicht genau wissen, woher unsere Ware letztlich kommt«, plaudert ein C&A-Manager aus dem Nähkästchen. Die Firma verfügt inzwischen ebenfalls über eine eigene Kontrolleinrichtung (SOCAM), die bei Stichproben in einem Jahr 363 »drastische Verstöße« gegen den C&A-Kodex registrierte. Ein Zeichen dafür, dass auch ausgefeilte Kontrollen der Arbeitsbedingungen die Probleme in den Nähfabriken zwar aufzeigen, aber noch nicht lösen. »Bei etwa einem Viertel unserer Fabriken haben wir noch Probleme«, gibt Nike-Boss Phil Knight zu. Bei Gap, der großen amerikanischen Bekleidungsfirma, fielen 2003 bei den ersten ordentlichen Kontrollen der Arbeitsbedingungen sogar 90 Prozent der Zulieferer durch. Nach mehreren Folgebesuchen wurde jeder sechsten Fabrik der Vertrag gekündigt.

Der hohe Preisdruck im internationalen Wettbewerb, die immer kürzeren Lieferfristen erschweren es auch sozialer orientierten Subunternehmen, moralische Gebote und Produktivität in Einklang zu bringen. Wenn Billigmodefirmen einen großen Auftrag haben, bewerben sich internationale Textilfabriken wie bei einer Auktion. Nur dass hier das niedrigste Gebot gewinnt. Langfristige Vereinbarungen wie im Fairtrade-Handel werden immer seltener. Oft müssen große Stückzahlen für Aktionsware in weniger als drei Wochen produziert werden. Wie das ohne Überstunden gehen soll, scheint schleierhaft.

Letztlich liegt es in der Macht der Kunden, sozial und ökologisch verantwortlich handelnde Firmen mit ihrem Kauf zu unterstützen – oder Unternehmen, die das nicht tun, auf ihre Verpflichtungen hinzuweisen. Das Beispiel von Tchibo, das sich vom Kaffeehändler zu einem der größten deutschen Billig-Bekleidungsanbieter entwickelt hat, zeigt, was öffentlicher Druck bewirken kann. Nachdem zwei ehemalige Textilarbeiterinnen aus Bangladesch berichtet hatten, dass Arbeiterinnen in den Zulieferbetrieben für Tchibos Modemarke TCM regelmäßig unentgeltlich bis zu zehn Überstunden täglich leisten mussten und über 200 von ihnen gefeuert wurden, weil sie eine Gewerkschaftsgruppe gründen wollten, litt das Image des Kaffeegiganten. Inzwischen hat Tchibo, das sich schon vor Jahren auf einen Verhaltenskodex verpflichtet hatte, erklärt, die Kontrollen der Zulieferer drastisch zu verschärfen. Die Arbeiterinnen wurden wieder eingestellt. Bis zum nächsten Mal.

SERVICETEIL

Eco-Fashion

Während ich für die erste Auflage dieses Buches nach entsprechenden Firmen und Designern lange suchen musste, ist das Angebot an ethisch-ökologisch korrekt gefertigter Mode inzwischen beinahe unüberschaubar geworden. In England hat es Eco-Fashion längst in die großen Modehäuser geschafft. In den USA spricht man bereits vom »Eco-Glam« und auch die Deutschen haben aufgeholt, auch wenn sich das Angebot hierzulande noch auf T-Shirts, Jacken und Kapuzenpullover zu konzentrieren scheint.

Armedangels *www.armedangels.de*

Anton Jurina, 28, und Martin Höfeler, 25, hatten eine Idee: ökokorrekte Mode aus fair gehandelter Biobaumwolle (produziert wird in Portugal und Indien), bei der Kunden via Internet über das Design mitbestimmen können. Wenn man sich auf armedangels.de umsieht, reicht das Spektrum dabei vom Hippie-Punk bis zum Öko-Dandy. Die Idee war so gut, dass die »Wirtschaftswoche«, die sonst nicht als Vorkämpferin für einen moralischen Kapitalismus in Erscheinung getreten ist, den beiden den Gründerpreis 2007 verlieh. Das sind immerhin 250 000 Euro. Der Online-Shop brummt bereits, bald soll es in ausgewählte Geschäfte gehen. Wie es weitergeht, kann man im unterhaltsamen Blog der Kölner nachlesen. Er versorgt einen auch mit Nachrichten von der ethisch-ökologischen deutschen Mode»konkurrenz«. Motto: Wir kämpfen alle für dasselbe.

Ciel *www.ciel.ltd.uk*

Das kleine Label Ciel hat es bereits bis nach Hollywood geschafft. Oscar-Preisträgerin Cate Blanchett ist ein Fan der eleganten, experimentellen »Eco-Fashion« von Sarah Ratty. Die Mischung aus Weiblichkeit, Hightech und ökologischem Bewusstsein kann frau sich über den Online-Shop auf der Ciel-Seite auch nach Deutschland holen. Die hinreißenden Stücke hängen bislang leider nur in britischen und amerikanischen Geschäften.

Delforte *www.delforte.com*

Die Designerin Tierra Del Forte liebt Jeans. Je mehr sie über die Umwelt- und Gesundheitsschäden infolge des konventionellen Baumwollanbaus erfuhr, umso größer wurde ihr Wunsch, Modeleidenschaft und Verantwortung zu verbinden. Ihre Retro angehauchte Jeans-Linie für Frauen wird aus 100 Prozent Ökobaumwolle genäht und ist regelmäßig in Vogue, Glamour oder Nylon zu sehen. Ihr »Project Rejeaneration« bereitet alte Jeans auf. Erhältlich sind die hochpreisigen Luxusjeans in Deutschland bislang nur bei Veronica Pohle auf dem Ku'damm, Berlin, oder bei den einschlägigen Online-Shops. (Siehe Kasten in diesem Service-Teil)

Edun *www.edun.ie*

2005 gegründetes Fairtrade-Streetwear-Label aus dem Umfeld des omnipräsenten guten Menschen Bono. Seine Ehefrau Ali Hewson konzipierte die Modemarke. Der als Freund organisch angebauter Baumwolle ausgewiesene Loomstate-Gründer Rogan Gregory entwirft. Heraus kommt eine spannende

Mischung aus lässig (Männerlinie) und sexy (Frauenmode), passend zum Namen der rückwärts gelesen »nude« (nackt) bedeutet. Mittelfristig will Edun mit 100 Prozent organisch angebauten Rohstoffen zu 100 Prozent in Afrika, Indien und Südamerika produzieren lassen. Dafür hat Edun in Uganda, Madagaskar und Sambia Förderprojekte für den Umstieg auf ökologisch angebaute Baumwolle ins Leben gerufen. Derzeit liegt der Anteil von Biobaumwolle allerdings noch unter 50 Prozent. Die Produktionsbedingungen in den Edun-Fabriken werden extern kontrolliert, Edun zahlt seinen Lieferanten und Produzenten Garantiepreise, die weit über dem Marktüblichen liegen. Die eng geschnittenen Öko-Luxusjeans kosten ab 140 Euro steil aufwärts. Der Ableger Edun Live produziert T-Shirts für das Merchandising, unter anderem für die letzte Tour von U2, für R.E.M. oder Live Earth. In den USA, Japan und Großbritannien hängt die Kollektion in ausgesuchten Edelkaufhäusern. Bezug in Deutschland über: Feldenkirchen KG, 20345 Hamburg, Poststraße 51.

Enamore *www.enamore.co.uk*

Kimono-inspirierte Tops, knielange Hosen im Look der Französischen Revolution, Mäntel aus recycelten Vorhängen – die Mode der kanadischen Designerin Jenny McPherson für das Label Enamore setzt Akzente. Vor allem ihre Verbindung von Hanf aus Öko-Anbau und Seide bringt zwei Welten zusammen. Für Aufsehen sorgt auch ihre Lingerie-Kollektion. Die Bekleidung der »Glamourbraut des Hanf« ist noch nicht in deutschen Läden, aber über www.thenaturalstore.co.uk oder www.fashion-conscience.com erhältlich.

Fairliebt *www.fairliebt.com*

Wenn er früher zu Konzerten ging, bei denen die Bands Tour-T-Shirts verkauften, guckte Mathias Ahrberg, 24, immer zuerst aufs Label. Und weil da fast immer »Made in Bangladesh« oder »Made in China« stand, kam er ins Grübeln. »Alle wissen, wie solche Shirts gefertigt werden, aber keiner tut was.« Und da der VWL-Student auch »nicht ständig im Greenpeace-Shirt« rumlaufen wollte, gründete er im Winter 2005/2006 gemeinsam mit der Grafikdesignerin Wiebke Hövelmeyer, 27, ein eigenes Label, das korrekte Mode verkaufen soll. »Wir sind fairliebt in den Gedanken, dass es auch anders geht«, heißt es in der Selbstdarstellung von Fairliebt. Die beiden Hamburger lassen ihre Biobaumwoll-Kreationen von der ostafrikanischen Kooperative LamuLamu produzieren. Die Shirts tragen so malerische Namen wie »Zugvögel«, »Baumhaus« oder »Steingarten« und gefallen der gesundheitsbewussten Mutter ebenso wie dem selbst ernannten Trendgott. 20 Euro kostet die faire Alternative zum gedankenlosen Tourshirt, 12 Euro gehen direkt zu LamuLamu. »Spenden ist gut«, sagt Ahrberg. »Aber ein Produkt zu fairen Preisen kaufen ist besser.«

Glückstoff *www.glueckstoff.de*

Aus Kornwestheim kommt ein 2006 gegründetes junges deutsches Label, das sich »bio, fair und vegan« auf die Fahnen geschrieben hat. Inhaberin Daniela Lehle hat vom Faltenmantel bis zum verspielten Kleekleid witzige und figurbetonte Kleidung entworfen, größtenteils aus Biobaumwolle, die ausschließlich mit Pflanzenfarben bearbeitet wird. Für Männer gibt es leider nur ein T-Shirt. Der Online-Shop wird selbstverständlich »atomstromfrei« von Greenpeace Energy betrieben.

Hemp Trading Company *www.thtc.co.uk*

Londoner Kultmarke unter Hip-Hop-Fans, auch wenn die sich erst daran gewöhnen mussten, dass man Hanf-T-Shirts nicht rauchen sollte. Kapuzenpullover und T-Shirts mit Graffiti-Motiven, aus fair gehandeltem Hanf und organisch angebauter Baumwolle. Online-Shop auf der Site.

Howies *www.howies.co.uk*

Nehmen wir nur mal die angenehm geräumigen Jeans: Schöner schwerer Stoff (Organic), mit Natur-Indigo gefärbt und Ökowaschmittel vorgewaschen. Umweltfreundlicher lassen sich Jeans nicht produzieren. Dave Hiatt hat ein familiär geführtes Unternehmen aufgebaut (eine sehr private Firmenchronik kann man auf der Website nachlesen), das zeitlos stilvolle Streetwear verkauft. Einmal die Woche räumt das Howies-Team übrigens am Standort Cardigan den Strand auf. Sehr nett. Online-Shop. In Deutschland bei Glore (Nürnberg) und Trüffelschwein (Berlin).

Hug *www.hug.co.uk*

Wenn auf einer Babymütze aus Biobaumwolle auch noch »Hug Me!« (»Umarme mich!«) steht, kann ich nicht widerstehen. Vor allem wenn die Linie mit Kinder- und Babykleidung »Little green radicals« heißt... Aber Hug produziert auch für Erwachsene: Charmante, verspielt bedruckte T-Shirts, gut geschnittene Jeans – alles aus biologisch angebauten, fair gehandelten Materialien, zu durchaus bezahlbaren Preisen. Online-Shop.

jjeco *www.jackjones.com/jjeco/*

»Die Zukunft ist das, was wir aus ihr machen«, begrüßt einen die Website des »Organic Jeanswear«-Labels. jjeco ist eine Art Unterlabel des Jeans-Herstellers Jack&Jones, die in 600 europäischen Filialen angeboten wird. Die Produktion der Jeans und fröhlichen Slogan-T-Shirts ist komplett ökologisch und folgt zertifizierten Fairtrade-Prinzipien. »Die Welt ändert sich«, erklärt die Mutterfirma, »und so ändert sich die Welt der Mode.«

Junky Styling *www.junkystyling.co.uk*

Ungewöhnliche Materialkombinationen sind das Markenzeichen von Junky Styling: Miniröcke aus ehemaligen Tweed-Anzügen, Bikinis aus Jackentaschen, Recycling-Seide für Kimonos – die Designer kaufen Reststoffe auf und verwandeln sie in einen radikalen Öko-Punkrock-Glamour-Look. Junky Styling produziert unter Verwendung erneuerbarer Energien. Bei den Schauen tragen die Models passenderweise Sneakers der Marke »Worn Out«, die aus alten Gefängniswolldecken, Autoreifen und Naturkautschuk zusammengesetzt wurden. Junky Styling kann man auf der ganzen Welt kaufen, sogar in einem Laden in Beirut, aber noch nicht in Deutschland.

Katharine Hamnett *www.katharinehamnett.com*

Die Britin Katharine Hamnett ist eine Heldin der ethisch-ökologischen Modebewegung, eine Aktivistin, die schon vor fünfzehn Jahren auf die problematischen Praktiken der internationalen Modeindustrie hingewiesen hat. Der erfolgreiche Designerstar der Achtzigerjahre zog sich damals komplett aus dem Geschäft zurück und studierte Möglichkeiten, auch mit humanen und umweltfreundlichen Methoden coole Fashion zu machen: »Ich könnte nicht damit leben, viel Geld zu haben und auf Kosten anderer Leute zu leben, die 13 Cent pro Stunde verdienen. Dann wäre ich lieber arm.« Ihre Slogan-T-Shirts und Hoodies (»Choose Life«) aus ultrakorrekter Fairtrade-Biobaumwolle werden in Indien genäht und mit dem Schiff nach Europa transportiert. Ihre Linie heißt jetzt »Katherine E Hamnett« und das E ist wirklich groß gemeint. Online-Shop auf der lehrreichen Website.

Ketchup und Majo *www.ketchupundmajo.de*

Designerin Janina Meyer lässt unter anderem aus kuscheliger, alter Kinderbettwäsche farbenfrohe Kleider, Blusen und Shirts nähen. Die Stücke der Recycling-Kollektion tragen so schöne Namen wie »Rubbel die Katz« oder »Heiße Mieze« und werden von einem Frankfurter Sozialprojekt hergestellt.

Inka Koffke *www.inkakoffke.com*

Elegant, glamourös, handwerklich perfekt – die Ingolstädterin Inka Koffke hat an der Deutschen Meisterschule für Mode in München studiert. Man sieht es ihrer kühl-femininen Kollektion an. Inka Koffke verwendet ausschließlich ökologisch angebautes Material für ihre Kleidung, in der »man sich auch Nicole Kidman vorstellen könnte« (WamS).

Kuyichi *www.kuyichi.com*
Supersexy Streetwear aus Holland für die »Organic Revolution«. Die Rohstoffe für die Kollektion stammen nach Firmenangaben zu über 60 Prozent komplett aus organischem Anbau. Für

die Produktionsstätten in Indien, Tunesien und der Türkei gilt der Sozialstandard SA 8000. Hat sich mit anderen niederländischen Firmen zur Initiative »Made by« zusammengeschlossen, die sich für »nachhaltige und verantwortungsbewusste Herstellung von Kleidung« einsetzt und kleine Unternehmen bei der Umstellung auf ethisch-ökologische Produktion unterstützt. Kuyichi hat ein »Track&Trace«-System entwickelt, bei dem man den kompletten Weg der Kleidung zurückverfolgen kann – vom Baumwollanbau bis zur Fabrik. T-Shirts ab 39 Euro, Jacken ab 99 Euro, Jeans um die 129 Euro. Zu kaufen in 39 Städten in Deutschland oder via Online-Shops.

Lindquist *www.DeborahLindquist.com*

Für die Kollektion der Amerikanerin wurde der Ausdruck »Eco Glam« kreiert. Lindquist verarbeitet Hanf, Ökowolle mit Recycling-Cashmere und -Seide. »Mode für das Umweltbewusstsein« nennt sie ihre hochklassigen Entwürfe, die von A-Prominenten wie Gwen Stefani, Charlize Theron, Demi Moore oder Sharon Stone getragen werden. Besonders begehrt sind ihre Hochzeitskombinationen aus Hanf/Seide, die um die 1000 Dollar kosten.

Ihre Stücke gab zum Zeitpunkt des Redaktionsschlusses noch nicht in Deutschland. Lindquist hatte sich aber für die »Green Area« auf der Berliner Premium Fashion angemeldet.

Linda Loudermilk *www.lindaloudermilk.com*

Das wichtige Modemagazin »W« listet Loudermilk unter die einflussreichsten Persönlichkeiten der Modeszene. Auf jeden Fall hat die Britin Gespür für dramatische Auftritte. In Oxford studierte sie einst Shakespeare und Kostümdesign. Ihr

Motto: »Trage Deine Überzeugungen mit Stil!«. Ihre »Luxury Eco«-Kollektion besticht durch aufregendes Design und einen ebenso originellen wie nachhaltigen Materialmix aus Sasawashi, Tencel, Bambus, Soja oder Mais. Die Pionierin der Ökomode-Szene entwirft auch limitierte Themen-Editionen, deren Erlöse an Projekte wie »Water is a human right« gehen. Noch nicht in Deutschland. Online über: www.beklina.com.

Loomstate *www.loomstate.org*

Loomstate sieht sich als Mitglied einer »kulturellen Bewegung für eine nachhaltige Zukunft«. Auf der Website kann man sich einen sehr lehrreichen Film über den Baumwollanbau in Amerika ansehen. Designer ist Rogan Gregory, der auch bei Edun mitmacht. Jeans, Kleider und T-Shirts der US-Marke werden aus organischer Baumwolle hergestellt, die vor allem in den USA angebaut wird. Statt mit schönen Models wirbt die Anzeigenkampagne für Loomstate in US-Magazinen mit Fakten. Eine Doppelseite Informationen zu den ökologischen und gesundheitlichen Schäden durch den konventionellen Baumwollanbau. Sehr konsequent. Die Sachen gibt es online via www.revolveclothing.com oder www.thegreenloop.com.

Misericordia *www.misionmisericordia.com*

Zwei französische Studenten auf Weltreise entdeckten in Peru eine Schule mit angeschlossenem Waisenhaus und eigener Nähstube, in der die Schüler ihre Uniformen selbst entwarfen und nähten. Die Franzosen waren begeistert, gründeten das Label Misericordia (Barmherzigkeit) und verkauften die Sachen in Luxusläden wie »Colette« in Paris. Die Verkaufsgewinne finanzieren das Waisenhaus und die mittlerweile angeschlossene Minifabrik, in der die Angestellten – ehemalige Schüler – vorbildliche Arbeitsbedingungen genießen. Die Trainingsjacken, Sweat- oder T-Shirts mit dem hübsch geschwungenen Misericordia-Schriftzug gibt's auch in Deutschland (Store-Finder auf der Website).

Nau www.nau.com

»Wir haben eine eigene Definition von Erfolg«, gibt das Kollektiv der Outdoor-Marke Nau auf ihrer Website zum Besten. Es gehe darum, Verantwortung, Profitabilität und Gemeinsinn zu verbinden. Man merkt, einer der Designer kommt vom Vorzeigeunternehmen Patagonia. Tatsächlich erinnert manches an die kalifornischen Meister. Nau experimentiert mit besonders ökofreundlichen Fasern, hat ein ausgefeiltes Recyclingprogramm und spendet fünf Prozent des Gewinns an Umweltschutzorganisationen. Die Kunden können aus zwölf NGO's wählen, wer das Geld bekommen soll. Spannend ist der sehr ernsthafte Abschnitt »grey matters« auf ihrer Website, auf der verschiedene Aspekte der Produktion wie Heimarbeit oder Materialanbau diskutiert werden. Oft gibt es da kein weiß oder schwarz, manche Antworten sind eben grau. Die Sachen gibt es bislang nur in den Staaten, aber ein Blick auf die Website lohnt sich allemal.

Noir www.noir-illuminati2.com

Im Herbst 2005 zeigte der dänische Designer Peter Ingwersen in Kopenhagen erstmals seine Vision von Luxus-Mode, »die soziale Bewusstsein und Sex-Appeal verbindet«. Nicht zuletzt, weil eine scharfe Prise S&M dazu kam (Helmut Newton meets Edgar Allan Poe), gilt Noir von Anbeginn an als Kult-

Marke des ethisch-ökologischen Aufbruchs in der Modewelt. Die aktuelle Lingerie-Kollektion ist besonders ökologisch, weil die aufregend geschlitzten Teile vor allem im Brust und Bauchbereich auf sehr viel Stoff verzichten. Demnächst soll es auch eine Herrenlinie geben. »Ich habe jetzt wirklich lang genug probiert, mich in diese Kleider zu zwängen«, erklärte der lachende 44jährige der »Welt am Sonntag«. Die Biobaumwolle für seine provokanten Kollektionen bezieht Ingwersen aus Uganda und Tansania. Die Gewinne fließen in die »Noir Foundation«, die die Region mit Ausbildungsprojekten, Kleinkrediten und medizinischer Versorgung unterstützt. Mit seiner Rohstoffmarke »Illuminati 2« will Ingwersen zukünftig qualitativ hochwertige, kontrolliert organische Baumwolle auch an andere Firmen verkaufen. »Genau genommen braucht man nicht noch ein Mode-Label«, erklärt Ingwersen. »Ich kann meine Arbeit im Mode-Business für mich nur rechtfertigen, wenn ich gleichzeitig soziale Verantwortung übernehme.« Mode von Noir, wie die Stylegöttin Chloe Sevigny sie trägt, gibt es in fünf deutschen Städten, unter anderem im feinen Quartier 206 in Berlin. Der Ökoglamour hat seinen Preis. Blusen kosten 390, Hosen knapp 500 Euro.

Patagonia *www.europe.patagonia.com*

Erfindungsreiches Vorzeigeunternehmen für ökologisch korrekte, aber vorzeigbare Outdoor- und Abenteuerbekleidung. Verwendet seit 1996 ausschließlich Biobaumwolle bei seinen Produkten oder erdenkt neue umweltfreundliche Materialien wie PCR. PCR heißt »Post Consumer Recycled« und besteht zu fast 50 Prozent aus aufbereitetem Plastikmüll. Will bis 2010 ausschließlich recycelte Materialien verwenden. Seit 1998 lässt sich die Firma als erstes kalifornisches Unternehmen überhaupt komplett mit erneuerbaren Energien versorgen – die Zentrale in Ventura, das Distributionszentrum in Reno und den Flagship-Store in Denver. In der Patagonia-Kantine wird ausschließlich »Organic Food« serviert. Die Mitarbeiter bekommen bezahlte Auszeiten, in denen sie Freiwilligenarbeit für Naturschutzvereinen auf der ganzen Welt leisten können. Wer von ihnen bei Demos oder Blockaden gegen Umweltzerstörung verhaftet wird, bekommt den Anwalt gestellt. 2001 gehörte Yvon Chouinard zu den Gründern von »One Percent for the Planet«. Heute machen 400 amerikanische Unternehmen und Freiberufler mit und spenden ein Prozent ihres Umsatzes für »Hardcore-Umweltschützer«, wie Chouinard sie nennt. Knapp 30 Millionen Dollar kamen bislang zusammen. Sehr informative Website. Bekommt man bei allen entsprechenden deutschen Ausrüstern zwischen Würzburg und Ampfing (Storefinder – leider etwas veraltet – auf der Website). Deutscher Flagship-Store in München.

People Tree *www.peopletree.co.uk*

Klassisches Fairtrade- und Ökomodehaus mit beinhartem Ethno-Touch. Sieht an tollen Frauen toll aus. Die T-Shirts für Männer sind allerdings eher schlicht, aber witzig – vor allem das Modell »Wind Power« mit den drei Windkraftwerken auf der Brust. Online-Shop.

Sans *www.s-a-n-s.com*

Die originelle Kollektion des Designer-Duos Lika Volkova und Alessandro DeVito war auf der New Yorker Fashion Week 2007 ein Riesenerfolg. Das zwei Jahre zuvor gegründete Label verbindet Ethik und Provokation. Gewagte Silhouletten, verwegene

Schnitte, raffinierte Schlitze an außergewöhnlichen Stellen. Gefertigt wird das ganz aus Bambus- oder Sojafasern sowie diverse Recycling-Stoffe. Leider bekommt man die extravaganten, beinahe experimentellen Kreationen noch nicht in Deutschland, die Website bietet aber Inspiration dafür, wie Ökomode 2008 aussehen kann.

Slowmo *www.slowmo.eu*

Sympathisches Berliner Label des Geschwisterpaares Felicia und Melchior Moss. Der Name steht für »Slow Motion«, also eher die ruhige Nummer und ein Gegenentwurf zur »Fast Fashion« von H&M&Co. Schlichte Streetwear mit raffinierten Details. Produziert wird in Deutschland. Die verwendete Biobaumwolle entspricht den harten IVN-Standards (siehe Kasten, Label und Gütezeichen).

Stewart + Brown *www.stewartbrown.com*

Im Jahr 2002 bekamen Karen Stewart und Howard Brown ein Baby, Töchterchen Hazel, und gründeten das mittlerweile erfolgreichste amerikanische Öko-Label StewartBrown. Klare Schnitte, verspielt im Detail, sehr tragbar, Motto: »Hip not Hippie«. Material: 100 Prozent Biobaumwolle sowie handgezupfte Cashmerewolle von mongolischen Schafen. Bietet unter dem Stichwort »Green Fabric« auch Kleidung aus Hanf, Leinen oder Tencel an. Einen Teil der Kollektion kann man derzeit auch in achtzehn deutschen Geschäften kaufen (Liste auf der Website) sowie diversen Online-Shops.

Sunimar *www.sunimar.com*

Das war überfällig: Ökofaire Bekleidung für Snowboarder und Surfer. Marco Homberg gründete Sunimar 2007 in Düsseldorf. Produziert wird in Indien, Uganda und der Türkei. In Wuppertal kommen die Prints auf die Shirts und Hoodies. Gefärbt wird mit giftfreien Plastisolfarben. Produktion und Transport der Waren kann auf der Website nachverfolgt werden. »It's cool to care« heißt es auf der Site. Kaufen kann man die Sachen u. a. bei www.fairwear.de oder im Kölner Eco-Fashion-Laden bgreen.

Under the Canopy *www.underthecanopy.com*

Under the Canopy darf hier schon allein deshalb nicht fehlen, weil Gründerin Marci Zaroff 1996 den Begriff »EcoFashion« als Trademark registrieren lässt. Während die Männer sich mit Bademänteln aus Biobaumwolle begnügen müssen, bietet UtC Frauen schlichte, angenehm geschnittene Kleider, Blusen, T-Shirts, Jacken usw. aus Biobaumwolle, Organic Angora oder Sojafasern. Online-Shop.

Online-Shops Eco-Fashion
Noch ist es in Deutschland leider nicht so, dass man in Sachen ethisch-ökologischer Mode einen Einkaufsbummel von Shop zu Shop unternehmen kann. Dafür gibt es inzwischen ein ziemlich breites Online-Shop-Angebot – sowohl von Firmen, die nach Deutschland liefern, als auch von einigen deutschen Pionieren.

Adili www.adili.com

Britischer Online-Shop mit über 60 Marken von »Organic« bis Fairtrade. Breites Angebot von Ciel bis Stewart+Brown. Frauen, Männer, Kinder, Babies, Assecoires und Schuhe. Lieferungen nach Deutschland möglich, ab etwa 250 Euro versandkostenfrei. Wer nichts kaufen will, kann sich aber auch so einen wunderbaren Überblick verschaffen. Adili ist als erstes Ethical-Fashion-Unternehmen an der Börse notiert und am »Alternative Investment Market« in London gelistet.

Fairwear www.fairwear.de

»Das Wissen um miese Arbeitsbedingungen bei der Herstellung herkömmlicher Kleidung ist der entscheidende Grund gewesen, unser Projekt zu starten«, heißt es in der Selbstdarstellung von Fairwear. Daher gibt es hier nur Fairtrade und Bio. Bestellen kann man Streetwear von NoSweat bis Kuyichi, von Tudo Bom bis Fairliebt zu sehr zivilen Preisen. Man kann auch eigene Motive einschicken und auf die Shirts drucken lassen. Interessant ist der Ableger fairtradezone.de, ein Portal für News über politische Kampagnen und »solidarische Ökonomie«.

Fashion Conscience www.fashion-conscience.com

Britische Mischung aus Info-Quelle für »Ethical Fashion« und stilvollem Online-Shop. 2007 gegründet. Breite Auswahl von kleineren, vor allem britischen Eco-Designern mit Luxustouch. Führt auch Assecoires, Schmuck, Lingerie und Schuhe.

Glore www.glore.de

Wann immer Andrea Schneider, 33, und Bernd Hausmann, 40, in den vergangenen Jahren in London waren, wurden sie beim Einkaufsbummel neidisch. Coole T-Shirts von Kuyichi, Kleider von peopletree, Jeans von Howies, Sneakers von Veja – überall gab es ökologisch und fair produzierte Mode. Warum, fragten sich Andrea und Bernd, nicht auch bei uns? Die beiden kratzten ihre Ersparnisse zusammen und gründeten den Online-Shop www.glore.de, dank dessen man sich all die guten Sachen jetzt direkt ins Haus holen kann. Eigentlich hatten die beiden vor, ausschließlich virtuell zu bleiben. Doch als Bernd Hausmann eines Tages in Nürnberg vor einem leeren und günstigen Ladengeschäft stand, nahmen die Glor(e)reichen ihren Mut zusammen und eröffneten ihren eigenen kleinen Flagship-Store. Anfang 2008 öffnet Freundin Brigitte Puttkamer in München das zweite Glore-Geschäft. Schon haben sich die ersten Investoren gemeldet, die von einer Deutschland-Kette träumen. Andrea Schneider wartet noch ab: »Wir sind da in der Findungsphase. Vielleicht bleiben wir auch lieber klein.«

Naturalstore www.thenaturalstore.co.uk

Öko, Fairtrade – über 3000 Artikel für den Einkauf mit gutem Gewissen bekommt man im Natural Store. 2,5 Prozent vom Preis gehen an ein Charity-Projekt nach Wahl. Die Auswahl ist riesig: Vom Teebaumöl-Shampoo für den Mann mit Hang zur Schuppenbildung bis zur Bio-Aromatherapy fürs Haustier. Und natürlich Eco-Fashion satt: Enamore, Edun, Ciel und so fort. Liefert nach Deutschland.

MODE

> **True Fashion** *www.true-fashion.com*
> »Good, True, Beautiful«, so lautet das Motto von True Fashion, die ökologisch und fair produzierte »Urban Streetwear« anbieten. Kuyuchi ist ebenso dabei wie Stewart+Brown, Misericordia oder Recycling-Sneaker von Worn Again. Das Angebot ist noch etwas knapp, etwas mehr Hintergrund wäre auch schön. Aber das wird schon.

Grün angehaucht

Anders als die oben genannten Unternehmen sind die folgenden nicht durchgehend öko oder Fairtrade, passen aber aufgrund ihres Engagements mit hinein. Nobody's perfect.

American Apparel *http://store.americanapparel.de*

Profil: Die am schnellsten wachsende Modemarke der Welt (Jahresumsatz: 275 Millionen Dollar) wirbt mit ihren guten Löhnen und Arbeitsbedingungen (einschließlich freier Yoga-Kurse). Sie produziert die körperbetont genähten, bunten Basics (Shirts, Unterwäsche, Baumwollkleider) ausschließlich in einer siebenstöckigen Fabrik in Los Angeles. Eine Ausnahme in den USA, die 96 Prozent ihrer Textilien importieren. American Apparel zahlt seinen Beschäftigten das Zwei- bis Dreifache des gesetzlich vorgeschriebenen Mindestlohns. Seinen zu großen Teilen mexikanischen Angestellten bietet American Apparel kostenlosen Englisch-Unterricht. Für Demonstrationen gegen die neuen Einwanderungsgesetze gab Firmengründer Dov Charney frei. Charney, 40, beschreibt seine Mission: »Wir versuchen, es ein wenig anders zu machen. Wir wollen den Menschen Kleidung verkaufen, die sie lieben, menschlich sein, Spaß haben und Geld verdienen.« Auf seiner Website veröffentlicht American Apparel Amateurfotos seiner Mitarbeiter. Zugleich kann man sich einen Überblick über die freizügigen Werbefotos verschaffen, mit denen die Firma ins Gerede gekommen ist. Vor allem der Chef selbst. Mitarbeiterinnen haben Charney wegen sexueller Belästigung angezeigt. Der Exzentriker bestreitet die Vorwürfe, soll sich aber inzwischen abgewöhnt haben, in Unterhosen durch seine Fabrik zu laufen.

Der Anteil von Biobaumwolle, den Charney mal auf 80 Prozent treiben wollte, liegt noch immer weit darunter. Immerhin werden in der Fabrik wöchentlich 14 000 Kilogramm Baumwollreste recycelt. Mittlerweile kann man American Apparel in 175 Läden in 13 Ländern, darunter auch Deutschland, kaufen. Die Zahl soll mittelfristig auf 800 Geschäfte steigen. Für diese Ausdehnung (und weil weit über 100 Millionen Dollar Schulden drückten) verkaufte Charney American Apparel im Dezember 2007 für 244 Millionen Dollar an eine US-Investmentfirma.

Gudrun Sjöden *www.gudrunsjoeden.de*

Sehr persönlich angehauchte, farben- und musterfreudige Damen- und Accessoires-Kollektion der schwedischen Designerin Gudrun Sjöden. Die Linie »Ökotrikot« wird nach eigenen Angaben aus »handgepflückter Baumwolle« gefertigt. Sie gehört seit zehn Jahren zum Programm und umfasst Basics – T-Shirts, Röcke, Tops etc. – zwischen 38 und 49 Euro. Die Baumwolle kommt aus Griechenland, das Umstellen der Produktion auf organischen Anbau dauerte drei Jahre. Aus Umweltschutzgründen transportiert die Firma das Gros der Waren mit Schiff und

LKWs statt mit dem Flugzeug. Auf der Website kann man sich einen netten kleinen Wegweiser für ein klimafreundliches Leben herunterladen (»Gudruns grünes Heftchen«). Drei Geschäfte in Deutschland. Katalogdienst und Online-Shop.

Trigema *www.trigema.de*

Basis-Kleidung für alle Altersgruppen. Vor allem T-Shirts, leichte Baumwollhosen, Sportbekleidung. T-Shirts ab 22 Euro, das klassische Tenniskleid ca. 70 Euro. Der schwäbische Familienbetrieb wirbt damit, ausschließlich in Deutschland zu produzieren. Der entsprechende Werbespot mit dem Affen lief bislang gefühlte eine Million Mal, kurz vor der »Tagesschau«. Die 1200 Mitarbeiter werden übertariflich bezahlt, ihre Kinder haben eine Ausbildungsplatzgarantie. Firmeneigner Wolfgang Grupp betont die ethische Verantwortung des Unternehmers: »Wenn wir Unternehmer nicht mehr Vorbilder sind, dann fahren wir Deutschland an die Wand.« Trigema unterwirft sich dem Öko-Tex Standard 100 und hat das erste voll kompostierbare Hemd entwickelt. Eine neue Printkampagne wirbt »für einen bewussten Umgang mit der Natur«. Es gibt über 40 Trigema-Geschäfte in ganz Deutschland sowie einen Online-Shop.

Die Riesen

Globaler Wettbewerb, Preisdruck, immer rasantere Produktzyklen – in der hektischen Welt der Modekonzerne stehen soziale Verantwortung und Umweltbewusstsein nicht gerade an erster Stelle. Berichte über verheerende Arbeitsbedingungen kommen besonders häufig aus dieser Branche. In den Neunzigerjahren begannen einige Vorreiter damit, für die Produktion ihrer Waren bestimmte Maßstäbe, so genannte »Codes of Conduct«, zu formulieren, um ihre Zulieferer auf die Wahrung arbeitsrechtlicher und ethischer Mindeststandards zu verpflichten. Häufig genügen diese Verhaltenskodexe allerdings nicht den Mindestanforderungen, wie sie etwa die International Labor Organisation ILO festlegt. Bei Löhnen, Arbeitsbelastung oder Umweltschutz nehmen die Firmen allzu oft die unzureichenden gesetzlichen Regelungen der Zulieferstaaten als Maßstab. Auch tun sich die meisten Unternehmen mit der unabhängigen Kontrolle ihrer Textilfabriken schwer.

Auf Druck von Kunden, Verbänden und manchmal auch aus eigener Einsicht versuchen gleichwohl einige Firmen ihre Produktionsbedingungen zu verbessern. Auch wenn man nicht davon ausgehen kann, dass T-Shirts für 2,90 Euro von glücklichen Näherinnen in lichtdurchfluteten Fabrikhallen aus handgepflückter, organisch angebauter Baumwolle gefertigt werden, sollte man sich beim Einkaufen nach den Arbeitsbedingungen und Umweltschutzmaßnahmen erkundigen. Je mehr Kunden das tun, desto mehr Transparenz werden die Firmen leisten. Die folgenden Beispiele zeigen, welche Anstrengungen einige der großen Firmen unternehmen, um gegen mögliche Ausbeutung bei ihren Zulieferern anzugehen, und welche Umweltschutzmaßnahmen sie ergreifen. Jeder Schritt in die richtige Richtung zählt.

Adidas-Salomon *www.adidas.de*

Profil: Größter deutscher Sportartikelhersteller. Die Turnschuhe, Fußbälle oder Trainingsjacken mit den drei Streifen werden in 1080 Fabriken auf der ganzen Welt produziert, davon 67 Prozent in Asien (Adidas-Eigenangabe, Stand Mai 2007).

Aktivitäten: Adidas verfügt über ein eigenes Team für »Social and Environmental Affairs« mit 62 Mitarbeitern. 2006 wurden die Zulieferer 1101 mal kontrolliert. Die Zusammenarbeit mit zwei Betrieben wurde aufgrund von Verstößen gegen den Adidas- »Code of Conduct« beendet. Adidas veröffentlicht unter www.adidas-group.com/de/ sustainability/welcome.asp regelmäßig detaillierte Stellungnahmen zu Vorwürfen über Missstände bei seinen Zulieferern. Unternimmt in Vietnam, China und Indien Mitarbeiterschulungen zu arbeitsrechtlichen Fragen. Die kürzlich übernommene Adidas-Tochter Reebok weist ihre Subunternehmen in China ausdrücklich an, Gewerkschaftsvertretungen wählen zu lassen. Adidas ist wie Nike und Puma Mitglied der »Fair Labour Association« FLA, die die Einhaltung von Arbeitsschutzbestimmungen kontrolliert. Mit der FLA arbeitet Adidas in Guatemala gemeinsam an einem Projekt zur Verbesserung der Arbeitsbedingungen bei mittelamerikanischen Zulieferern. »Die Einhaltung von Sozialstandards trägt zur Erhöhung der Produktivität bei«, erklärt der für CSR zuständige Manager Frank Henke. Seit dem Frühjahr ist eine 37teilige »adidas green«-Kollektion in drei Varianten auf dem Markt. Für die Sneaker »Reground« wurden rein organische Materialien sowie Recycling-Gummi verwendet und auf Färbe- oder Bleichvorgänge verzichtet. Die Linie »Nature« besteht aus Jute, Leinen, Bambus, Hanf und Kork.

C&A *www.cunda.de/aboutUs/socialResponsibility*

Profil: C&A bietet Frauen-, Männer-, Kinderbekleidung im Niedrigpreissegment. Ist in allen großen deutschen Städten mit eigenen Warenhäusern vertreten. C&A lässt seine Artikel von 1015 Zulieferern in 60 Ländern herstellen. 28,4 Prozent der Fertigungsstätten liegen in China.

Aktivitäten: Das Familienunternehmen verabschiedete 1996 einen Verhaltenskodex und gründete mit SOCAM eine eigene Organisation, die die Einhaltung überwacht. Seit einigen Jahren senkt C&A die Zahl seiner Zulieferer, um die Kontrollmöglichkeiten zu verbessern. Für das Jahr 2005, für das die aktuellsten Zahlen vorliegen, besuchten die SOCAM-Leute 1412 mal Betriebsstätten in 36 Länder. Davon 73 Prozent in Asien und Indien. 667 Beanstandungen wurden registriert, darunter 469 »gravierende Verstöße« gegen die Arbeitsschutz- oder Sozialstandards. In 323 Fällen wurden die Geschäftsbeziehungen eingestellt.

Im Jahr 2007 brachte C&A seine erste größere Biobaumwoll-Kollektion auf den Markt und will sich zukünftig »als führender Anbieter von Biobaumwollprodukten in Europa positionieren«. Die Firma kaufte 1200 Tonnen Biobaumwolle aus Indien und der Türkei. 2008 sollen europaweit 12,5 Millionen Bekleidungsartikel aus Biobaumwolle angeboten. Im Rahmen seiner Umweltinitiative »We C&Are« kündigte das Unternehmen an, nur noch Tüten aus Recyclingmaterial anzubieten, das sind für 2008 immerhin 170 Millionen Stück. Außerdem gibt C&A »Bio Cotton«-Tragetaschen für die Mehrfachverwertung aus. 50 Prozent der Verkaufsfläche werden bereits jetzt aus erneuerbaren Energien versorgt. Bis 2010 soll sich der Anteil auf 80 Prozent erhöhen, ebenso wie der Anteil der Ware, die mit dem Schiff statt mit dem Flugzeug ausgeliefert wird.

H&M *www.hm.com*

Profil: Günstiger Anbieter von junger Trend-Mode. Fester Bestandteil im Erscheinungsbild der deutschen Innenstädte.
Aktivitäten: Die schwedische Modefirma H&M hat sich und

ihren Vertragspartnern seit 1998 einen Verhaltenskodex auferlegt. Die Zahl der Zulieferer wurden von einst über 2000 auf 750 reduziert. Knapp 60 Prozent der Ware kommt aus Asien, fast 40 Prozent aus Europa, vor allem aus der Türkei. Weltweit arbeiten über eine halbe Million Menschen direkt oder indirekt für H&M. Die Firma leistet sich eine eigene Abteilung mit 50 Vollzeit-Mitarbeitern zur Kontrolle der selbst auferlegten Sozialstandards. Bei 1474 Kontrollbesuchen im Jahr 2006 stellte H&M teilweise gravierende Mängel bei ihren tatsächlichen und potenziellen Vertragspartnern fest. 110 Betriebe wurden nicht bzw. nicht mehr für die Produktion von H&M-Auftragsware zugelassen.

Im Rechenschaftsbericht verpflichtet sich das Unternehmen binnen eines Jahres »Verhaltenskodex-Verantwortliche« auszubilden, Mitarbeiter zu schulen sowie die Auftragsvergabe stärker mit der Einhaltung des Kodex zu verknüpfen. 2006 trat H&M der Fair Labour Organization FLO bei, weil sich die Firma von den unabhängigen Kontrollen Rückschlüsse auf die Qualität des eigenen Kontrollsystems erhofft.

Zulieferer müssen unterschreiben, bestimmte Chemikalien während der Produktion nicht zu verwenden. 2007 brachte H&M seine »Organic Cotton«-Kollektion in die Läden und kaufte 1100 Tonnen Biobaumwolle. In einigen Ländern der Zulieferfabriken laufen Projekte mit Terre des Hommes gegen Kinderarbeit; H&M unterstützt außerdem die UNICEF in Kambodscha. Eine Studie der gewerkschaftsnahen Hans-Böckler-Stiftung beschreibt die Diskriminierung von Betriebsräten in deutschen H&M-Filialen.

Aus »ethischen Gründen« verkauft das schwedische Unternehmen keine Kleidung mit militärisch anmutenden Camouflage-Mustern.

Nike www.nike.com

Profil: Größte Sportartikelmarke der Welt. 8 000 000 Menschen in 49 Ländern arbeiten für sie und generieren 16 Milliarden Dollar Umsatz im Jahr. Galt lange neben Coca-Cola als Inbegriff von Profitgier und Ausbeutung.

Aktivitäten: Der Schaden für das Markenimage hat das Management zu deutlichen Kurskorrekturen veranlasst. Der »Code of Conduct« soll jetzt strenger eingehalten werden. Noch immer gelten die Arbeitsbedingungen in einem Viertel der Fabriken, die für Nike arbeiten, als problematisch. Die Zahl der Vertragsfabriken wurde auf 667 reduziert (Stand: 2006), der Großteil liegt in Asien. Im aktuellen Nachhaltigkeitsbericht führt Nike die Namen aller Zulieferer auf (aktuelle Version: www.nikeresponsibility.com) und verpflichtet sich, die Kontrollen auszuweiten und zu verbessern. Trat der Fair Labour Association (FLA) bei, die zu unangemeldeten Kontrollen der Zulieferer berechtigt ist. Unabhängige Berichte aus Nike-Zulieferfabriken werden auf www.fairlabour.org veröffentlicht.

Nike ist weltweit der größte Abnehmer von organisch angebauter Baumwolle. 2004 enthielt die Hälfte aller Nike-Artikel mindestens fünf Prozent Bio-Baumwolle. 2005 produzierte Nike eine Million Einheiten, die zu 100 Prozent bio waren. Die aktuelle Ausgabe des berühmten »Air Jordan«-Basketballschuhs folgt den Öko-Grundsätzen von Nikes »Considered«-Linie. Die Sohle besteht aus Recycling-Gummi, verwendet wurden wasserlösliche Kleber. Die Schuhe werden in Amerika für über 200 Dollar verkauft. Der Anteil der Lohnkosten an jedem Schuh liegt nach Schätzungen nicht einmal bei 50 Cent.

MODE SERVICETEIL

Otto Versand *www.otto.de*

Profil: Größtes deutsches Versandhaus mit Komplett-Angebot. Katalogdienst und Online-Shop. Nach eigenen Angaben der größte Online-Händler der Welt.

Aktivitäten: Das größte deutsche Versandhaus ist einer der Vorreiter in Sachen nachhaltiger Wirtschaft und Träger zahlreicher Auszeichnungen. Bereits vor 20 Jahren schrieb Otto den Umweltschutz ausdrücklich als Unternehmensziel fest. Heute ist Otto weltweit der viertgrößte Anbieter von Kleidung aus Bio-Baumwolle. Im Jahr 2008 sollen 1000 Tonnen gekauft werden, ein Teil davon aus dem Projekt »Cotton made in Africa«, bei dem Otto in Zusammenarbeit mit Entwicklungshilfeorganisationen den Anbau ökologischer Baumwolle in afrikanischen Ländern fördert. 90 Prozent aller Textil-Produkte tragen das Siegel Öko-Tex 100. Seit 2003 verkauft Otto mit seinem »Pure Wear«-Label Kleidung aus reinen Naturtextilien. Unterwäsche, Bademäntel, T-Shirts ab 15 Euro, Caprihosen ca. 45 Euro. Etwas teurer als die übrige Katalogware. »Die Kunden fragen inzwischen gezielt nach Ökoware«, freut sich Johannes Merck, der Leiter des Bereichs Unternehmensverantwortung.

Seit 1996 sind alle Zulieferer auf einen »Code of Conduct« verpflichtet, dessen Einhaltung seit 1997 sporadisch und seit 2000 systematisch überprüft wird. Seit 2003 werden die Zulieferer in China, Indien oder der Türkei von unabhängigen Instanzen kontrolliert. Der Kodex verlangt Höchstarbeitszeiten und Mindestlöhne, Gesundheitsschutz und Umweltschutzmaßnahmen. Aber auch er konnte nicht verhindern, dass im Herbst 2006 Fälle von Kinderarbeit für die Otto-Tochter Heine aufgedeckt wurden. Otto kündigte daraufhin die Verträge mit dem betreffenden Zulieferer. Nach dem jüngsten Nachhaltigkeitsbericht werden die Arbeitsbedingungen in 23 Prozent der Fabriken als kritisch eingestuft.

Mit seinem Verhaltenskodex geht das Versandhaus Otto über die Standards der meisten Großunternehmen hinaus, indem es etwa die Höchstarbeitszeit festschreibt, statt sie nationalen Regelungen zu überlassen. Die 650 Zulieferer sollen mittelfristig komplett nach dem internationalen Sozialstandard SA 8000 kontrolliert werden. Für sie gelten die strengen Arbeitsrecht-Standards der ILO.

»Otto übernimmt die Verantwortung für den gesamten Lebensweg der gehandelten Produkte und Dienstleistungen auch gegenüber allen Menschen, die daran beteiligt sind«, erklärt Michael Otto. Arbeitet an einer Verlagerung von Luft- auf Seefracht. Der von Otto verursachte CO_2-Ausstoß wurde zwischen 1993 und 2003 halbiert. Otto hat vor zehn Jahren Kleidung aus oder mit Fell aus dem Programm genommen.

Puma *www.puma.de*

Profil: Sport- und Litestylekonzern aus Herzogenaurach mit David-Image gegenüber den Goliaths Adidas und Nike – dabei arbeiten in 50 Ländern 2560000 Menschen für 350 Zuliefererfabriken an der Produktion von Puma-Produkten.

Aktivitäten: Seit 1993 gelten Sozialstandards für Zulieferer. Entwicklung des so genannten S.A.F.E.-Konzeptes, das für alle Schritte der Produktion »Transparenz, Dialog, Kontrolle, Verantwortung und Nachhaltigkeit« verlangt. Seit Januar 2004 Mitglied in der Fair Labour Association FLA; hat sich damit verpflichtet, den strengeren FLA-»Code of Conduct« zu übernehmen und unangemeldete Fabrikkontrollen durch

FLA-Vertreter zuzulassen. Überprüft nach eigenen Angaben jährlich fünf Prozent der Zulieferer unangekündigt.

Stellte 2004 laut Nachhaltigkeitsbericht bei 337 Kontrollbesuchen 49 gravierende Mängel fest. Die Geschäftsbeziehungen wurden wegen Missachtung von Arbeitsstandards beendet. Arbeitet in Osteuropa mit NGO's in Round Table-Initiativen für bessere Arbeitsbedingungen zusammen. Vergleichbare Projekte in Vietnam und China. Kooperation mit »Gemeinsam für Afrika«, einer Hilfsorganisation für den schwarzen Kontinent. Die unterschiedlichen Projekte bieten Unterstützung für Straßenkinder, Waisenhäuser, AIDS-Präventionsprogramme sowie psychologische Betreuung von Kindersoldaten. Pumas Bemühungen Schadstoffe aus dem Produktionsprozess zu verbannen, wurden 2007 von Greenpeace mit »green« bewertet, der besten Einstufung.

Natur pur aus Deutschland

Bei diesen Anbietern geht es weniger darum, modisch weit vorn zu sein. Hier gelten strenge Qualitätsstandards für Rohstoffe und Herstellung. Das Design kann eine gewisse Aversion gegen die vermeintliche Oberflächlichkeit der Modewelt leider nicht verhehlen. Wer hier einkauft, dokumentiert seine Umweltverbundenheit durch die Verwendung reiner Naturprodukte und kreiert für sich einen zeitlosen Look unaufdringlicher Uneleganz. Menschen, die ihre Garderobe nicht ausschließlich aus Hanf, Leinen und extrem schlichten Baumwoll-Dessins zusammenstellen wollen, können sich hier gleichwohl mit einigen Basics eindecken oder die ökologisch korrekte Winterabendwolljacke fürs Leben kaufen.

Deerberg *www.deerberg.de*

Seit über 20 Jahren bieten Gabi und Stefan Deerberg Naturtextilien und Schuhe an. Der anfangs reine Schuh-Katalog von zehn Seiten hat sich mittlerweile zum kompletten Bekleidungskatalog von fast 200 Seiten Umfang ausgewachsen. Der Modestil ist nicht gerade hip, das Motto lautet vielmehr: »Schön & bequem«.

Produkte und Preise: Mode »fast immer« aus Bio-Baumwolle und rein natürlichen Materialien hat ihren Preis. Ein Top kostet hier 59,90 Euro, ein Kleid ab 189,90 Euro.

Bezugsquellen: Katalogversand, Online-Shop. Zwei Läden in Velgen und Münster.

Wissenswert: Deerberg hat inzwischen über 130 Mitarbeiter, einen Betriebskindergarten und wurde mehrfach als besonders familienfreundlicher Betrieb ausgezeichnet.

Foster Natur *www.foster-natur.de*

Kleidung ist unsere zweite Haut, schreibt die Firma in ihrer Selbstdarstellung. 1994 wurde die Firma gegründet, damals wurde noch Bekleidung in reinen Naturfarben verkauft. Dem Firmengründer Lars Foster geht es nicht um Mode, sondern um Dauerhaftigkeit und Einklang mit der Natur.

Produkte und Preise: Einfach und bequem soll es sein. Kleine Auswahl. Walkwolljacken für Männer ab 165 Euro, Damenpullover liegen um die 70 Euro, die Wohlfühlhosen um die 80 Euro.

Bezugsquellen: Online-Shop, ein Laden in Marburg.

Wissenswert: Wer von auswärts kommt, um im Geschäft zu stöbern, dem vermittelt Foster Natur eine Unterkunft.

MODE

Hess Natur *www.hess-natur.de*

700 000 Kunden, eine Million verschickte Kataloge jährlich, 71 Millionen Euro Jahresumsatz – das kann passieren, wenn ein Vater aus Sorge vor Chemikalien in der Kinderkleidung nach Naturtextilien sucht – und keine findet. Heute ist die Firmenidee des 2006 verstorbenen Heinz Hess der größte europäische Anbieter von Kleidung aus kontrolliert biologischem Anbau. Das Vorzeigeunternehmen hat die Sozialstandards für seine Zulieferer mit der »Clean Clothes Campaign« abgestimmt. Hess Natur ist Mitglied in der strengen »Fair Wear Foundation«. Einige Produkte tragen das höchste Siegel für umweltfreundliche Textilien, das Naturtextil-Zertifikat. Arbeitet an Projekten für die Produktion von Ökoseide und -leinen. Spannend ist das »Rhönschaf-Projekt«, mit dem die Existenz von Schäfern aus dieser einzigartigen deutschen Kulturlandschaft gesichert wird. Und der Wollnachschub für Hess Natur. In Burkina Faso arbeitet Hess Natur mit der Schweizer Entwicklungsorganisation Helvetas zusammen. Sie fördern den Anbau von Biobaumwolle. Die 2000 beteiligten Bauern konnten 2006 knapp 400 Tonnen für Hess Natur ernten. Sie bekamen dafür 40 Prozent mehr als in Westafrika üblich. Die Verarbeitung von Hess-Produkten wird gelegentlich von kotest kritisiert. So wurden Chrom-Rückstände von Färbemitteln in Hess Natur-Schals gefunden.

Produkte und Preise: Unaufdringlich, vielseitig. Von den wohl unvermeidlichen Blumenmustern und wallenden Leinengewändern bis zu tragbaren Basics (und sehr süßen Kindersachen) ist alles dabei. T-Shirts ab 17,95 Euro, Sweatshirts 64,90 Euro. Für Männer gibt es elegant-lässige Seidenpolos (74,95 Euro). Grüne Schwerenöter schenken ihrer Frau einen Öko-BH mit Spitze (42,90 Euro).

Bezugsquellen: Katalogversand, Online-Shop.
Wissenswert: Hess Natur gehört seit dem Jahr 2000 Karstadt-Quelle, jetzt Arcanador. 2005 erhielt das Unternehmen den Preis »Vorreiter ethischen Handelns«. Ein Prozent aller Umsätze geht an den Verein Nepra, der behinderten Menschen Arbeit und Einkommen in den Textilwerkstätten verschafft.

Maas Natur *www.maas-natur.de*

Ganzheitlicher Ansatz, strenge Qualitätskontrollen von den Arbeitsbedingungen bis zum Anbau und der Weiterverarbeitung der Rohstoffe. Als Mitglied im IVN, dem Internationalen Verband der Naturtextilhersteller, trägt der Großteil der Maas-Kleidung das strenge Naturtextil-Siegel. Materialien wie Baumwolle aus kontrolliert biologischem Anbau, die Wolle von artgerecht gehaltenen Schafen wird handgeschoren.

Produkte und Preise: Schlichte Basis-Kleidung, einfache Schnitte, viel Leinen, Hanf-Baumwoll-Mischungen. Haltbarkeit geht vor modischer Extravaganz. T-Shirts ab ca. 16 Euro, Pullover ab 30 Euro, Leinenhosen ab 24 Euro, einfache Leinenkleider um die 40 Euro, einige Angebote auch für Männer.
Bezugsquellen: Vor allem Katalogbestellung, Online-Shop. Filialen in Bad Homburg, Gütersloh, Oldenburg und Bielefeld.
Wissenswert: Reinhard Maas und seine Frau Gisela gründeten die Firma vor 20 Jahren auf der Suche nach ökologisch vertretbaren Alternativen zur Wegwerfwindel. Inzwischen beschäftigt Maas Natur über 85 Mitarbeiter. Seit 2007 liefert eine Photovoltaik-Anlage den Strom für den Firmensitz.

SportNatur *www.sportnatur.de*

»Die Natur hat auf alle Fragen eine Antwort, warum also nach künstlichen Stoffen suchen?« 2003 gegründet, mit Firmensitz im Taunus. Anbieter von Sport- und Funktionskleidung aus Naturtextilien. Verwendet ausschließlich Baumwolle aus kontrolliert biologischem Anbau, Träger des Naturtextil-Siegels.

Produkte und Preise: Sweater und Trainingshosen zwischen 37 und 58 Euro, Sportschuhe aus Öko-Hanf und Natur-Latex (27 Euro), aber auch Yoga-Wickelshirts (69 Euro).

Bezugsquellen: Derzeit ausschließlich im Online-Shop unter www.sportnatur.com.

Wissenswert: SportNatur ist Partner von Hess Natur.

Nicht unerwähnt bleiben darf der Waschbär-Versand, der »Quelle-Katalog« für Ökos, mit 4000 »umweltgerechten, sozialverträglichen Alternativen zu konventionellen Produkten« (www.waschbaer.de). Über 100 der 300 Katalogseiten gehören der mittelpreisigen Mode im klassischen Naturtextil-Stil. Die Firma macht sich auch anderweitig um Nachhaltigkeit in unserem Alltag verdient. Neben dem Kork-Dildo (29,95 Euro) bietet Waschbär für 39,95 Euro auch einen Minivibrator in Raupenform an. Der programmatische Name: »Grüner Freund«.

Schuhe – ein Kapitel für sich

Die Schuhindustrie ist traditionell eine der umweltschädlichsten und energieintensivsten Branchen der Welt. Bei der Herstellung von Schuhen werden Materialien wie PVC verwendet. Die Kleber sind häufig aus toxischem Material, das nicht abgebaut werden kann. Für die Gerbung von Leder nimmt man noch immer hochgiftige Chromsalze. Seit Ende der 90er-Jahre müssten dafür weltweit eigentlich spezielle Vorklär- und Rückgewinnungsanlagen eingesetzt werden, was aber, vor allem in Indien und China, in der Praxis noch immer häufig ignoriert wird. Die Folge: verseuchtes Grundwasser, zerstörte Felder.

Mit dem Verzicht auf Chrom tun sich übrigens auch die Naturschuhhersteller schwer. Viele sind von pflanzlicher Gerbung wieder auf den Chemieeinsatz umgestiegen.

Die Produktion unterliegt den Gesetzmäßigkeiten der Globalisierung. 1968 waren noch 100 000 Menschen in Deutschland mit der Herstellung von Schuhen beschäftigt, heute sind es knapp über 10 000. In der Regel werden die Slipper, Sneakers, High Heels und wuchtigen Herbsttreter heutzutage in Fernost hergestellt. Die Hälfte aller in Deutschland verkauften Schuhe, 225 Millionen Paare, stammte 2005 aus China. Die großen Schuhfirmen beauftragen Vermittler in Hongkong, Taiwan oder Südkorea mit dem gesamten Fertigungsprozess, die wiederum die Aufträge an kleinere Subunternehmen in Länder wie China, Indonesien, Indien oder Thailand weiterreichen. Die Auftraggeber zahlen im Schnitt nicht mal fünf Euro für ein Paar. Von den großen Markennamen stammen in der Regel nur das Design und das Marketing. Das führt dazu, dass große Schuhfirmen oft nicht einmal so genau wissen, welche Substanzen sich in den Schuhen verbergen. Die Zeitschrift »Öko-Test« findet regelmäßig bei Markenprodukten Schadstoffanteile, die als gesundheitsgefährdend gelten. Einige der vor ein paar Jahren getesteten Lackstiefel waren aufgrund des hohen Anteils zinnorganischer Verbindungen sogar ein Fall für die Sondermülldeponie (www.oekotest.de). Durch Wärme und Schweißbildung können diese Substanzen in die Haut gelangen – neben den Zweifeln an sozial verträglichen Arbeitsbedingungen in der globalisierten Schuhindustrie sowie den

Umweltschäden ein weiteres Argument, seiner Schuhleidenschaft mit dem Kauf alternativ produzierter Exemplare nachzugehen.

In den vergangenen Jahren wurden mehrere kleine Schuhfirmen gegründet, die ausschließlich mit natürlichen Rohstoffen und Verfahren arbeiten oder – als überzeugte Veganer – mit »Ersatzleder«. Vor allem aus England kommen aufregende Schuhe, die sich auch auf Eco-Fashion-Shows bereits bewährt haben. Die in Deutschland üblichen »Gesundheitstreter« folgen zwar häufig ethisch-ökologischen Grundsätzen bei der Fertigung, sind sehr gesund, haben aber im Design noch sehr viel Luft nach oben, während die Schuhe des britischen Veganer-Labels »Beyond Skin« von der traumschönen Natalie Portman bei der Verleihung der Golden Globes getragen werden.

Nicht ganz so betont unelegante Schuhe führen die in diesem Kapitel genannten Naturmode- und Versand-Häuser wie Hess Natur. Bei den großen Marken gibt es Firmen wie Deichmann oder das US-Unternehmen Timberland, die sich vor allem im karitativen Bereich engagieren.

Die Großen und die nicht ganz so Kleinen

Camper *www.camper.com*

Profil: »Walk, don't run« – antimodisch schlichte Schuhe mit kleinen Kicks mit riesiger Fan-Basis.

Engagement: Der Name stammt aus dem Katalanischen; »camperi« heißt Bauer und betont den erdverbundenen Charakter der Camper-Philosophie. Motto: »Keep it simple.« Der Wabi-Schuh zum Beispiel besteht nur aus drei recyclingfähigen Teilen. Die Fußbetten sind aus Kokosfasern. Camper macht keine klassischen Öko-Schuhe, wird aber zu Recht mit dem schönen Beiwort »eco-friendly« vermarktet. Die Qualität und Langlebigkeit der Schuhe ist neben dem Versuch, sie umweltfreundlich zu produzieren, ein Kaufargument für ethisch-ökologisch orientierte Konsumenten. Bereits seit 1877 macht die spanische Familie Fluxa Schuhe, seit 1992 wächst das Familienunternehmen mit Sitz auf Mallorca jährlich ununterbrochen mit zweistelligen Raten.

Produkte und Preise: Die klassischen Camper-Schuhe sehen ein wenig aus wie Retro-Turnschuhe mit Leder, mittlerweile reicht die Auswahl von durchgeknallten Gummilatschen bis zum Stiefel. Alle Modelle liegen extrem leicht am Fuß, ab 109 Euro.

Bezugsquellen: Viele Camper-Läden in deutschen Großstädten, Storefinder auf der Website.

Wissenswert: In Barcelona hat Camper sein erstes Hotel eröffnet. Im »Casa Camper« (www.casacamper.com) wird das Wasser mit Solarenergie erhitzt. Das Geschirr im Camper-Bio-Schnellrestaurant wird aus kompostierbarem Material gefertigt. Camper experimentiert mit einer »umweltfreundlichen« Fast-Food-Kettenidee namens FOODball. Ein Restaurant öffnete 2006 in Berlin-Mitte.

Deichmann *www.deichmann.de*

Profil: Mit 1000 Filialen die größte Schuhhandelskette Deutschlands. Verkaufte 2006 über 116 Millionen Paar Schuhe, schaffte allein in Deutschland 1,258 Milliarden Euro Umsatz.

Engagement: »Mister Deichmann«, Heinz-Horst Deichmann, macht aus seinen christlichen Überzeugungen kein Hehl. Er versucht, die Firmenpolitik nach ethischen Prinzipien auszurichten. Alle Deichmann-Schuhe werden in Indien hergestellt. Die Firma engagiert sich seit 20 Jahren bei zahlreichen Entwicklungshilfeprojekten im Land. Zur Einhaltung der Sozial- und Umweltstandards arbeitet Deichmann mit dem »Indo German Export Promotion Project« (IGEP) zusammen, dem örtlichen Vertreter der »Gesellschaft für Technische Zusammenarbeit« (GTZ). Deichmann hat einen an ILO-Standards orientierten »Code of Conduct«, der von unabhängigen Prüfern kontrolliert werden soll. Es gibt allerdings immer wieder Berichte über Probleme im Umwelt- oder Sozialbereich. Weitere Hilfsprojekte bestehen im Nahen Osten, in Tansania, aber auch für Obdachlose in Deutschland. Deichmann engagiert sich im Verein »Wort und Tat«, einer Mischung aus direkter Hilfe und christlicher Mission für die Dritte Welt: »Gott liebt die Menschen, wir zeigen es ihnen. In Wort und Tat.«

Produkte und Preise: Alles. Und billig.

Bezugsquellen: Bei 1000 Filialen im Land ist der nächste Deichmann-Shop nicht weit.

Wissenswert: Heinz-Horst Deichmann ist indischer Honorarkonsul für Nordrhein-Westfalen. Die Firma hat einen Förderpreis gegen Jugendarbeitslosigkeit ausgeschrieben.

Timberland *www.timberland.com*

Profil: Modisch-rustikale Schuh- und Outdoorbekleidungsmarke aus den USA. Klassiker bei Hip-Hop-Fans.

Engagement: Hat ein neues Verpackungssystem lanciert. Auf jedem Schuhkarton ist eine »Nährwerttabelle« abgedruckt. Der Kunde wird darüber informiert, wo und unter welchen Arbeitsbedingungen der Schuh im Karton hergestellt wurde, über die CO_2-Bilanz und über die Gesamtzahl der Stunden, die Timberland-Mitarbeiter pro Jahr für soziales Engagement aufwenden. Timberland-Angestellte erhalten jährlich 40 Stunden bezahlten Urlaub für »Community Work«, freiwillige Sozialarbeit in ihrer Heimatgemeinde. Die Firma verwendet bislang knapp fünf Prozent organische Baumwolle. 2002 hatte der Vorstandsvorsitzende Jeff Schwartz einen wachsenden Verbrauch von Biobaumwolle über sieben Jahreszeiten initiiert (»sieben« in Anlehnung an die Indianer, die die Auswirkungen auf sieben Generationen berücksichtigen, wenn sie eine wichtige Entscheidung treffen). Setzt im eigenen Unternehmen auf Solarenergie. Landet regelmäßig unter den Top Ten der »Best companies to work for«. Allerdings hat Timberland seit dem Jahr 2000 alle Produktionsstätten in den USA geschlossen und die Arbeit in Billiglohnländer verlagert. Vor allem aus China kommen immer wieder Berichte über Verletzungen elementarer Arbeitsrechte bei Timberland-Zulieferern. Die Firma versucht, die Probleme mit Schulungen und verstärkten Kontrollen zu lösen, flog dafür aber 2003 aus dem »Naturaktien-Index«, einer Listung ethisch-ökologisch herausragender Unternehmen. In seinem aktuellen Sustainability Report dokumentiert das Unternehmen, dass es 2005 in 50 Prozent der überprüften Fabriken Probleme mit zu langen Arbeitszeiten gegeben habe. 2006 sei der Wert auf 39 Prozent gesunken. Probleme mit den Löhnen sind mit 17 bzw. 16 etwa gleich häufig vorgekommen.

Produkte und Preise: Das volle Programm: Work-Boots, Wanderschuhe, Sandalen, Latschen, sogar bürofähige Schuhe sind dabei. Boots ab 99 Euro, Latschen ab 55 Euro.

Bezugsquellen: In zahllosen Schuhfachgeschäften, dazu eigene Shops in mehreren deutschen Großstädten, etwa am Ku'damm in Berlin.

Wissenswert: Für die Klimabelastung, die bei der Produktion seiner Schuhe anfällt, hat Timerland eine Skala entwickelt. Null bedeutet weniger als 3 Kilo Emissionen, zehn über 100. Die Firma versucht andere Schuhhersteller dazu zu überreden, das System gemeinsam weiter zu entwickeln.

Trippen *www.trippen.com*

Profil: Trendtreter aus echter Handarbeit

Engagement: Die sehr eigenen Trippen-Schuhe sind zwar nicht 100 Prozent öko, aber auf jeden Fall ein Statement gegen die Wegwerfschuh-Mentalität. In einem ehemaligen Schuh-Kombinat bei Zehdenick in Berlin (schöner Name...) werden jährlich 60 000 Paare gefertigt. Das Leder ist größtenteils pflanzlich gegerbt. Für Holz-Clogs werden nur heimische Arten verwendet – Erle, Pappel, Buche. Da die Sohlen genäht werden statt geklebt, entfallen die Probleme bei der Entsorgung. Anti-Motto: »Alles, was nur eine Saison getragen werden kann, ist für uns tabu.« (Angela Spaeth, Trippen-Design)

Produkte und Preise: Design-Spielereien mit überraschenden Löchern, fragil, aber auch klassisch-schlicht. Avantgardistischer als Camper. Sehr bequem. Preise um die 200 Euro.

Bezugsquellen: Online-Shop mit Katalog zum Runterladen. Geschäfte gibt es unter anderem in Berlin, Hamburg, Köln, Verzeichnis online.

Wissenswert: Abgelaufene Sohlen kann man im Trippen-Laden gegen neue tauschen. Die Firma bietet Job-Sharing-Modelle für Eltern.

Die Öko-Avantgarde

Kleinere Unternehmen mit Sinn für ökologische und/oder soziale Produktionsweise. Die schicksten stammen leider nicht aus Deutschland.

Beyond Skin *www.beyondskin.co.uk*

Beyond Skin wurde 2001 von der Make-Up-Künstlerin Natalie Dean gegründet. Sie suchte nach Wegen, Schönheit, Schuhe, Tier- und Umweltschutz zu verbinden. Heraus kam eine Schuh-Linie, die zeigt, dass sexy und ethisch keine Gegensätze sein müssen. Pumps for Peace, könnte man auch sagen. Bei Beyond Skin wird alles mit der Hand gemacht. Das Nähen spart umweltgefährdende Kleber, die Materialien dürfen weder tierischen Ursprungs sein noch der Umwelt schaden. Viele Paare werden aus Recycling-Material oder mit Hanf gefertigt. Die Tinte für die Muster auf den Pumps wird umweltfreundlich auf Soja-Basis hergestellt. Verpackung und Promo-Material sind aus Recycling-Papier. Ein bestimmter Prozentsatz der Gewinne geht an den Tierschutz. Spezialität sind die spitz zulaufenden Pumps und die scharfen Öko-Hochzeitsschuhe. Günstigere Modelle liegen im Online-Shop um die 110 Pfund (ca. 160 Euro, ohne Versand), die meisten zwischen 200 und 300 Pfund. Online-Shop.

Bourgeois Bohème *www.bboheme.com*

Ethisch, stylisch, vegan – das Label Bourgeois Bohème verkauft sehr modische Schuhe gegen Gewissensbisse aller Art. Von den roten Hochhackigen für sie über die eleganten schwarzen Oxfords für ihn, dazu lässige Loafers und coole Boots, alles etwa ab 65 Euro bis sehr weit aufwärts. Der veganische Missionarismus ist vielleicht aber nicht jedermanns Sache. Die todschicke Website propagiert auch schon mal Kampagnen wie »White Lies«: gegen die Verwendung von Kuhmilch.

Charmoné Shoes *www.charmoneshoes.com*

»Schuhe in Harmonie mit der Welt«, verspricht das amerikanische Luxuslabel. Die Schuhe der Herbstkollektion sind nach französischen Malern wie Monet und Cezanne benannt – und mindestens so kunstvoll. Vom Preis ganz zu schweigen. Lauren Carroll und Jodi Koskella gründeten ihre Firma 2005. Leider nur für Frauen. Natalie Portman und Öko-Supermodel Summer Rayne Oakes sind Fans. Online über: www.simplysoles.com (mit einem Liefer-Aufpreis von 45 Dollar für zwei Paar...)

Chaussures Bionat *www.bionat.fr*

Die Schuhe der französischen Naturfreunde aus Chatenois tragen das »Eco-Label« der Europäischen Union. Das Leder wird rein pflanzlich gegerbt, ohne Zugabe künstlicher Farbstoffe. Die Sohlen sind aus 100 Prozent Naturlatex. Die neue, sommerliche Linie »Gumpy« zeigt Schuhe aus Hanf und Bio-Baumwohle – mehr öko geht nicht. Den Schuhen sieht man die gute Absicht zum Teil noch an, doch im Detail dringt der französische Sinn für Schönheit durch. Sehr gelungen sind die Wanderschuhe »Baqueira« (215 Euro), auch die Damenstiefel »Botte Haute« (245 Euro) haben was. Halbschuhe ab 165 Euro aufwärts, Bezugsquellenverzeichnis auf der Website. Online-Shop. Den Katalog kann man herunterladen.

Terra Plana *www.terraplana.com*

Recycling-Materialien, chromfrei gegerbtes Leder (oder gleich Veganer-Leder), Nähen statt Kleber, und wenn Kleber, dann wasserlöslich – die Macher von Terra-Plana-Schuhen achten auf eine möglichst nachhaltige Art der Produktion. Und auf originelle Namensgebung. Philosophiestudenten können in den Modellen »Derrida« oder »Wittgenstein« in die Hörsäle schlurfen, Partyfrauen im Stiefel »Janis« Southern Comfort-Flaschen leer trinken. Das ultrahippe und ausführliches Schuhangebot reicht von Sneakers bis Pumps, von Stiefeln bis zu den charmanten Unikaten der Eigenmarke »Worn Out«, für die alte Gefängnisdecken, Kaffeefilter, Jacken, Jeans, Autoreifen und dergleichen in erstaunlich ansehnliche Schuhe verwandelt werden. Alle Gummischuhe sind aus Naturkautschuk. Ein »Eco-Faktor« erklärt die Besonderheiten jedes einzelnen Schuhs. Die wunderbaren Teile, die man auch online erwerben kann, müssen die Wartezeit wert sein. Aus Klimaschutzgründen werden sie verschifft. Kosten: ab 115 Euro.

Vegetarian Shoes *www.vegetarian-shoes.co.uk*

Breite Auswahl. Von dem, was mein Opa früher immer »Klapperlatschen« nannte, über wiesengrüne Boots bis zu Stöckelstiefeln. Gelegentlich etwas wuchtiges Design, aber sehr tragbar. Und natürlich verwenden Vegetarian Shoes ausschließlich biologisch abbaubare Materialien. Wenn man mal in London ist, sollte man unbedingt bei Robin Webb, dem freundlichen Vegetarier, in der Werkstatt vorbeischauen. Die Schuhe kosten ab 40 Euro (Latschen) aufwärts, bis maximal 100 Euro. Online-Shop.

Veja *www.veja.fr*

Alle Menschen, die sich gerade für interessant halten, tragen Veja. Zumindest ihre Schuhe sind es auch: Der Stoff ist aus Bio-Baumwolle, die Sohle aus Naturkautschuk. Produziert wird in Brasilien in Kooperation mit lokalen Arbeiterverbänden nach dem Fairtrade-Konzept. Für die Sohle wird wilder Kautschuk aus dem Amazonas benutzt. Es gibt sie in vier Geschäften in Berlin und Nürnberg und in allen guten Online-Shops. Große Auswahl z. B. bei www.glore.de

Zhef *www.zhef.de*

Deutschlands »größter Online-Versand für schöne, bequeme und ökologische Schuhe« präsentiert Schrecken und Chancen des ethisch korrekten Schuhdesigns. Coole, verspielte Teile von Camper kann man hier ebenso bestellen wie die wuchtig-farbenfrohen Öko-Schuhe von Inuits. Die Auswahl der versammelten Marken folgt nicht unbedingt den höchsten ethisch-ökologischen Prinzipien (zum Teil fragwürdige Ledergerbung, Clarks lässt in chinesischen »Sweatshops« nähen), aber die Grundrichtung stimmt. Hinreißend sind die Marienkäfer-Gummistiefel von Grand Step.

Die wichtigsten Umwelt-Gütesiegel für Textilien

Nach Schätzungen von Greenpeace tragen inzwischen fünf Prozent der Textilien in Deutschland ein Öko-Label, Tendenz steigend. Doch die Liste der Siegel und Zertifikate für umwelt- und gesundheitsschonend produzierte Bekleidung ist ebenso lang wie unübersichtlich. Bei einer groben Zählung kommt man auf knapp 20 Prädikate, die im Zweifel eher zur Verwirrung des Käufers beitragen. Es bleibt zu hoffen, dass sich die Textilwirtschaft bald auf möglichst einheitliche Standards einigen kann. Als Kunde können Sie sich bei den jeweiligen Prüfstellen informieren, welches Unternehmen besonders weit ist auf dem Weg zu einer Mensch und Umwelt schonenden Produktion.

Derzeit wird ein Siegel entwickelt, das auch die Arbeitsbedingungen bei der Herstellung mit einbezieht, der »Global Organic Textile Standard«. Info: www.fairforlife.net. Belgien hat ein solches Soziallabel 2007 eingeführt.

Europäisches Umweltzeichen (»EU-Blume«)

www.eco-label.com/german
www.umweltbundesamt.de
www.ral.de

Vergabe: Umweltbundesamt und Deutsches Institut für Gütesicherung und Kennzeichnung e.V., in Rücksprache mit der EU-Kommission

Kriterien: Mit der »EU-Blume« werden Textilien gekennzeichnet, die vom Anbau bis zum Verrotten auf der Mülldeponie eine vergleichbar geringe Umweltbelastung aufweisen. Dabei sind schwermetallhaltige Farbstoffe ebenso verboten wie gesundheitsschädliche Flammschutzmittel. Für Formaldehyd und andere Stoffe gibt es (nicht allzu strenge) Grenzwerte. Ein weiterer Schwerpunkt liegt auf wassersparendem Anbau und Produktion. Das Vergabeverfahren ist gut dokumentiert und transparent und wird von unterschiedlichen, unabhängigen Gruppen überwacht.

Bewertung: Die »EU-Blume« sollte von Kunden als Standard auch von großen Markenartiklern verlangt werden können. Ein Kompromiss zwischen den Bedingungen einer Massenproduktion und dem Umweltschutz. Arbeitsbedingungen von Bauern und Textilarbeitern werden nicht erfasst.

Öko-Tex Standard 100,
Öko-Tex Standard 1000 sowie
Öko-Tex Standard 100plus
www.oeko-tex.com

Vergabe: Internationale Gemeinschaft für Forschung und Prüfung auf dem Gebiet der Textilökologie (Öko-Tex). Die Gemeinschaft besteht aus zwölf Textilinstituten aus zwölf Ländern.

Kriterien: Der Öko-Tex Standard 100 prüft die Schadstoffe am Endprodukt auf die Einhaltung von Grenzwerten, etwa für Formaldehyd, Schwermetalle, Pestizidrückstände oder für chlororganische Verbindungen. Der Öko-Tex Standard 1000 orientiert sich an der Umweltfreundlichkeit der Betriebsstätte sowie der Produktionsabläufe, dabei insbesondere dem Energieverbrauch und der Abwasserentsorgung.

Der Öko-Tex Standard 100plus kombiniert die Prädikate Öko-Tex Standard 100 und Öko-Tex Standard 1000 und zeichnet Produkte aus, die sowohl schadstoffgeprüft als auch umweltverträglich produziert sind.

Bewertung: Die Bedingungen reichen weniger weit als die Standards von Naturtextil. Gute Kontrollmechanismen.

PUREWEAR www.otto.de

Vergabe: Ein Gütesiegel von Otto, das von unabhängigen Prüforganisationen überwacht wird.

Kriterien: Das PUREWEAR-Zeichen kennzeichnet Textilien, die schadstoffgeprüft und umweltfreundlich hergestellt sind, mit Grenzwerten für Formaldehyd, Schwermetalle, Pestizide und chlororganische Carrier. Verzicht auf PVC. Die verwendete Biobaumwolle muss nach EU-Richtlinien zertifiziert sein.

Bewertung: Lobenswerter Ansatz eines großen deutschen Unternehmens. Soziale Standards für die Arbeitsbedingungen bleiben unberücksichtigt.

Naturtextil www.naturtextil.com

Vergabe: Internationaler Verband der Naturtextilwirtschaft e.V.

Kriterien: Das Qualitätszeichen »Naturtextil« kennzeichnet Textilien, die vollständig aus Naturstoffen bestehen, und wird in zwei Auszeichnungsstufen (Better und Best) vergeben. Verbindung von umweltschonender Produktion und sozialen Mindeststandards für die beteiligten Arbeiter.

Die Fasern müssen aus zertifiziertem ökologischen Anbau stammen, die Garne, Futter oder Knöpfe aus Naturfasern oder Recycling-Material. Verzicht auf Chloride, Formaldehyd o. Ä. bei der Weiterverarbeitung. Strenge und unabhängige Überprüfung, auch ohne Anmeldung. Die Hersteller müssen über sämtliche verwendeten Hilfsstoffe Auskunft geben.

MODE

Bewertung: Strenge Kriterien. Eher für Nischen-Anbieter, Probleme bei der Massenproduktion.

Literatur und Links rund um Mode – eine Auswahl

Bücher

▶ Sandy Black: Eco-Chic. The Fashion Paradox. Black Dog Publishing, 2008, 256 Seiten, 29,99 Euro
Ein aufklärender Bericht über die Praktiken der großen Modeunternehmen mit einem Blick auf mögliche Alternativen. Ist zwar in Hinblick auf die Situation in Großbritannien geschrieben, aber auch für deutsche LeserInnen aufschlussreich.

▶ Tamsin Blanchard: Green is the New Black. How to change the world with style. Hodder & Stoughton, 2007, 274 Seiten, 12,90 Euro
Sehr nett, vielleicht etwas »girlish« geschriebene Einführung in die wunderbare Welt der Eco-Fashion. Gutes Geschenk zum entspannten Missionieren. Viel Service, hübsche Gestaltung – wie sich das gehört. Tasmin Blanchard schreibt auch einen Blog: www.greenisthenewblack.typepad.com

▶ Greenpeace Magazin (Hg): Textil-Fibel 2. 130 Seiten, 9,90 Euro, über: www.greenpeace-magazin.de
Alles über »Fasern, Fäden und faire Produktion«, kompakt und Service orientiert aufgeschrieben.

▶ Matilda Lee: Eco Chic. How to Be ethical and easy on the Eye. Gala Books, 2007, 256 Seiten, 11,99 Euro

Matilda Lee schreibt normalerweise für das britische Magazin »Ecologist« und weiß, wie man Dinge erklärt. Gute Einführung.

Blogs/Online-Magazine

Fabulously Green *http://fabgreen.com/*

Seit April 2006 sucht und findet die neugierige Stephanie Zhong spannende Produkte und Trends der »Eco-Moderne«, also Mode und Interior Design. Tolle Link-Liste.

Feldversuch *fiftyrx3.com*

Jill Danyelle dokumentierte ein Jahr lang den Versuch nachhaltige Prinzipien in der Mode auszuleben. Nach dem Motto »reuse, reduce, recycle« kleidete sie sich, fotografierte das Ergebnis und schrieb über »sustainable fashion«. Das Projekt endete 2007 ist aber immer noch einen Blick wert.

Good True Beautiful

http://goodtruebeautiful.typepad.com/goodtruebeautiful/

Nein, das ist kein Blog über meine Frau, auf die der Titel wunderbar passen würde, sondern eine sehr inspirierende Site zu den Fragen: »Was ist gut? Was ist wahr? Was ist Schönheit?« Viele News, die man sonst nicht liest. Der Autor/die Autorin (kann ich aus der Selbstdarstellung nicht herauslesen) ist seit 20 Jahren in der Modebranche tätig.

grass routes – green lifestyle blog
http://grass-routes-blog.blogspot.com/

Cecilla Palmer und Frans Pins aus Berlin schreiben einen sehr schönen Blog über Nachhaltigkeit und Mode. Die beiden sind viel unterwegs und besuchen auch schon mal eine Organic Cotton Farm in der Türkei. Informativ. Und es gibt bei den beiden viel zu gucken, Videos, Fotos.

N.E.E.T. Magazin *www.neetmagazine.com/*

Das nur als Online-Ausgabe erscheinende N.E.E.T. Magazine ist eine wirklich charmante Idee einer britischen Designerin namens Stephanie J. Viermal im Jahr zeigt N.E.E.T. einen ökosensiblen Streifzug durch die Alltagskreativität. Sensationell untrutschiges Selbstgemachtes: genäht, gestrickt, geklebt, was auch immer. Das sieht alles viel, viel besser aus, als es sich hier anhört und versorgt HandarbeiterInnen mit Ideen für das nächste Jahrtausend.

SASS *www.sustainablestyle.org*

Ziemlich rasantes US-Online-Magazin, das zeigen will, wie man Design und Bewusstsein miteinander verbinden kann. »SASS« stellt immer wieder interessante ökologisch-ethisch orientierte Designer und Stars vor. Da liest man dann auch mal was über Eco-Fashion-Shows in Polen. Das Ziel: Die Leser über Alternativen informieren, ohne sie zu bevormunden.

Style Will Save Us *http://stylewillsaveus.com/*

Der optimistische Name ist Programm. Das stilbewusste britische Online-Magazin (»Wir schützen die Bäume!«) liebt alles, was »super-stylish, organic, ethical, fairtrade, eco-friendly, vintage, recycled und nachhaltig« ist. Und das ist eine ganze Menge. Möbel, Mode, Design, Reisen, Interviews mit »Eco Warriors« wie Stella McCartney. Und selbstverständlich wird die supersexy Noir-Sommerkollektion hier auch besonders früh vorgestellt. Unentbehrlich für Eco-Fashionistas.

Summer Rayne Oakes *www.summerrayne.net*

Eigentlich muss man das erste Öko-Supermodel von Herzen hassen. Sie hat Ökologie studiert, macht hinreißende Laufstegwerbung für Eco-Fashion, ist ein gefragtes Model, hat eine Ökokonsum-Beratungsfirma mit 25 Mitarbeitern gegründet, schreibt gerade ein Buch und dreht ihre erste eigene Fernsehserie. Wahrscheinlich isst sie auch täglich drei Kilogramm Schokolade und nimmt dabei ab, lässt sich von George Clooney das Frühstück ans Bett bringen, friert oder schwitzt nie und hat schon drei Mal im Lotto gewonnen. Aber im Ernst: mehr Eco-Style als bei der 24jährigen Schönheit aus den USA geht nicht. Wer stark genug ist für Perfektion, sollte sich auf ihrer hochinformativen Website umsehen.

Weißliste Kleidung *www.weissliste.twoday.net*

»Ulli und Tobias« sammeln fleißig Information über ethisch-ökologische Kleidung und die entsprechenden Läden. Verdienstvolle kleine Seite.

MODE SERVICETEIL

Faire Arbeitsbedingungen

Die Fair Labour Association (FLA – www.fairlabour.org) ist eine Vereinigung von Nicht-Regierungsorganisationen, wissenschaftlichen Einrichtungen und Unternehmen, die die Arbeitsbedingungen in der Bekleidungsindustrie verbessern will. Die Mitgliedsunternehmen verpflichten sich, unabhängige Kontrollen bei ihren Zulieferern zuzulassen. Mit dabei sind von Adidas bis Nike alle großen Namen im Sportartikelgeschäft, aber auch Patagonia oder H&M. Die Website bietet einen breiten Überblick über die Chancen und Probleme bei der Kontrolle sowie aktuelle Daten. Der verbindliche Kodex schließt einen garantierten existenzsichernden Lohn leider nicht mit ein. An den weiterreichenden Vorstellungen der Fair Labour Organization (FLO) orientiert sich die britische Ethical Trading Initiative (ETI – www.ethicaltrade.com). Mit angeschlossen sind unter anderem Levi's oder die spanische Inditex (Zara). Gleichwohl gibt es auch bei den ETI-Mitgliedsunternehmen immer wieder Probleme. Eine weitere Vereinigung von Unternehmen und NROs mit demselben Ziel ist die niederländische Fair Wear Foundation (FWF), bei der unter anderem O'Neill, Hess Natur und GSUS mitmachen (en.fairwear.nl).

Die Clean Clothes Campaign (www.cleanclothes.org) und ihr deutscher Ableger Aktion saubere Kleidung (www.sauberekleidung.de) stammen aus kirchlichen Kreisen. Bei der deutschen Gruppe machen insgesamt 18 verschiedene kleine Gruppen mit, es geht dabei vor allem um die Entwicklung von Kampagnen gegen unwürdige Arbeitsbedingungen in der Textilindustrie. Die »Aktion saubere Kleidung« weist ausdrücklich daraufhin, dass sie keine Boykott-Aufrufe fordert, sondern auf Probleme aufmerksam machen will.

Die britische Vereinigung »Labour behind the Label« aus Charity-Gruppen, Gewerkschaften, Verbraucherverbänden kämpft für die Rechte von Textilarbeitern aus aller Welt (www.labourbehindthelabel.org). Wer wissen will, welche aktuellen Kampagnen man unterstützen sollte und wo wieder welche Sauerei aufgedeckt wurde, findet hier Stoff für seinen solidarischen Zorn.

Politisch etwas weiter gefasst ist die britische Gruppe Anti Apathy (www.antiapathy.org), die auf ihrer Website die Themen Wasser, Ernährung und Kleidung behandelt, um auf Fehlentwicklungen unserer Wirtschaftsordnung hinzuweisen. Aus Kreisen der internationalen Arbeiterbewegung und von Menschenrechtsorganisationen kommt die sehr informative Seite www.sweatshopwatch.org. Sie verweist auch auf garantiert »Sweatshop-free«-produzierte Mode – leider nur in Amerika.

Biobaumwolle

Pan Germany *www.pan germany.net*

Pan setzt sich weltweit für die nachhaltige Produktion, Verarbeitung und den Konsum von Biobaumwolle ein. Reichlich Hintergrund zum Thema, mit internationalem Verzeichnis von zertifizierten Rohstofflieferanten und den wichtigsten Anbietern von Bio-Baumwoll-Bekleidung.

Verband Naturtextilwirtschaft *www.naturtextil.com*

Der »Internationale Verband für Naturtextilien« setzt sich für den Vertrieb von Öko-Bekleidung ein und arbeitet an internationalen Standards, die den Anbau und die Weiterverarbeitung entsprechender Materialien genau regeln. Vergibt das Gütezeichen »Naturtextil« und richtet die Internationale Messe für Naturtextil InNaTex aus (www.innatex.de).

Recycling

Altkleider-»Fairwertung« *www.fairwertung.de*

600 000 Textilien landen jährlich in der Altkleidersammlung, davon sind knapp 40 Prozent noch tragbar. Was nur wenige wissen – die meisten Kleidungsstücke werden von gewerblichen Händlern in Entwicklungsländern verkauft und nicht als Spenden verwendet. Der 1994 gegründete Verein »Fairwertung« entwickelt umwelt- und sozialverträgliche Konzepte für den Umgang mit Altkleidern und vergibt eine Lizenz an Organisationen, die mit dem Sammeln von Altkleidern echte Hilfe leisten. »Fairwertung« hat die Lizenz an über 140 Partner vergeben; die Adresse des nächsten Containers erfahren Sie unter Angabe Ihrer Postleitzahl, wenn Sie eine E-Mail schicken an: info@fairwertung.de

KOSMETIK

Mutter Natur

Ich musste fast bis ans Ende der Welt fliegen, um zu erfahren, dass ich eigentlich eine Geranie bin. »Svarup« hat es mir gesagt. Svarup, die sehr blond aussieht für diesen Namen, ist Spezialistin für Craniosakrales Balancing und Aromatherapie. So etwas in der Art macht hier in Byron Bay praktisch jeder. Byron Bay ist nicht einfach ein Badeort am östlichen Zipfel Australiens – Byron Bay ist eine andere Bewusstseinsstufe. Hier lebt inmitten vieler enorm relaxter Touristen eine Art »New Age«-Avantgarde aus Spirituellen, Gurus, Reiki-, Sekhem-, Seichim- und Karuna-Therapeuten. Trotz (oder wegen?) der weltweit höchsten Dichte selbst ernannter Heiler gibt es kaum einen Ort auf der Welt, wo die Menschen so gesund aussehen. Wenn man es bis Byron Bay geschafft hat, führt jede weitere Reise nur noch in einen selbst.

Doch Byron Bay ist nicht nur ein Ort für Menschen, die ihre Chakren fotografieren lassen wollen (30 Euro, donnerstags zum halben Preis). Hier werden Lifestyle-Trends geboren. In Byron Bay habe ich vor zehn Jahren meine erste – vorvorletzte – Yoga-Stunde durchlitten, bevor Madonna die Kunst der Verrenkungsversenkung für sich entdeckte. Hier habe ich die ersten Öko-Möbel gesehen, die ich mir in meiner Wohnung vorstellen könnte. Und hier, verzeihen Sie, dass ich etwas ausholen musste, lernte ich auch, dass ich eigentlich eine Geranie bin.

Nach zwei Tagen Byron Bay hatte ich mich entschieden, gnadenlos alles auszuprobieren, was der »Body&Soul Guide Byron Bay« so hergibt. Okay, die Prostata Healing Ceremony von Meisterin Surati mache ich vielleicht beim nächsten Mal... Aber immerhin verbrachte ich eine Stunde in einem Floating Tank, einer mit Salzwasser gefüllten Kapsel, in der man sich fühlen soll wie in Mamas Bauch. 20 Minuten später kam es mir vor, als wären die neun Monate schon um. Zur Ablenkung stellte Betreuerin Svarup auf dem Floating-Tank-Soundsystem ihre Lieblingsmusik an. Nach einer Stunde im Wassertank wurde ich massiert und roch plötzlich wie ein Blumenbeet. Mein Körper schien sich zu öffnen wie eine Blüte an einem Frühlingsmorgen, und ich lugte nach dem Fläschchen mit dem Massageöl. Tatsächlich: »Aesop Geranium Leaf Hydrating Body Treatment« – ich wurde mit Blumen eingerieben. »Gut?«, fragte Svarup und summte dazu. »Mmmh«, grunzte ich glücklich. »Deine Haut ist wie das Blatt einer Blume«, summte Svarup. »Es nimmt die Feuchtigkeit auf und bewahrt sie für dich, bis du sie brauchst. Ich habe eine Blume ausgesucht, die so ist wie du. Dieses Öl ist aus Geranienblättern gemacht. Keine Chemie, keine Tierversuche, die reine Natur!« Ich schnupperte zustimmend. »Soll ich dir nachher ein Fläschchen einpacken?« Ich kaufte drei.

Aus dem Chemielabor

Tag für Tag lässt die deutsche Durchschnittsfrau bei der Körperpflege einen Chemiecocktail aus über 100 verschiedenen Substanzen an ihre Haut. Die Liste ist eindrucksvoll: Parabene im Deodorant, allergieauslösende Moschus-Verbindungen in Parfüms und Pflegemitteln, schwer abbaubare Silikonöle, die sich in der Haut einlagern, giftiges Formaldehyd für die Haltbarkeit, Farbstoffe wie Anilin, das unter Krebsauslöseverdacht steht – Duftstoffe, Konservierungsmittel, Feuchtigkeitsspender; unsere tägliche Oberflächenbehandlung liest sich wie ein Wörterbuch der Hochleistungsmedizin. Dass etwa 60 Prozent dessen, was wir auf unsere Haut schmieren, im Blutkreislauf landet, macht die Sache nicht wirklich angenehmer. Als ein französischer Fernsehsender über die möglichen Risiken von Parabenen berichtete, stieg der Absatz von Naturkosmetik in den nachfolgenden Wochen um 40 Prozent.

Seit zehn Jahren sind die Kosmetik-Hersteller gesetzlich verpflichtet, sämtliche Bestandteile ihrer Produkte auf der Packung aufzuführen. Zur besseren Orientierung steht die Substanz, von der am meisten drinsteckt, ganz oben, und dann geht es den Anteilen nach weiter. Neben den Namen der Stoffe stehen Zahlencodes, die über die Funktion der Inhaltsstoffe Aufschluss geben. 1 steht für »abrasiv«, das heißt, der Stoff soll Verunreinigungen entfernen. 3 (»adstringierend«) verdichtet die Hautoberfläche, 14 (»desodorierend«) bekämpft Körpergerüche, 33 (»keratolytisch«) entfernt Hornhautablagerungen, und 60 (»vergällend«) sorgt dafür, dass die Reinigungsmilch nicht schmeckt, wenn man sie trinkt.

In einer Informationsbroschüre der deutschen Kosmetikindustrie umfasst die Auflistung sämtlicher Substanzen, die man in seinen Tuben, Töpfchen oder Flakons finden könnte, 87 Seiten. Falls Sie mal nach einem wirklich originellen Namen für Ihr Neugeborenes suchen sollten, werden Sie hier garantiert fündig. Azulene, Damar, Rutin, Zea oder Zizyphus heißt im Kindergarten garantiert sonst niemand. Die Liste ist vor allem für Allergiker interessant. Jeder dritte Deutsche wird mittlerweile von chronischen Abwehrreaktionen auf bestimmte Substanzen geplagt. Die meisten von ihnen kämpfen mit Heuschnupfen oder Tierhaarallergien. Immer häufiger reagieren Menschen aber auch auf Duft- oder Konservierungsstoffe, wie sie in Kosmetika enthalten sind.

> ### Die »inneren Werte«
>
> In Kosmetik ist eine Menge drin fürs Geld. Über 8000 verschiedene Substanzen sind derzeit für die Herstellung zugelassen. Ihre Nebenwirkungen sind umstritten. Ein Überblick über den Chemiebaukasten der Branche und seine wichtigsten Funktionen:
>
> **Färben** In der konventionellen Kosmetik werden synthetische, aber auch natürliche Farbstoffe verwendet. Einige der zugelassenen Substanzen sind in ihrer Wirkung umstritten. Tartrazin, das für das richtige Gelb sorgen soll, hat ein gewisses Allergiepotenzial. Amine stehen unter Verdacht, Krebs auslösen zu können; sie sind in Stoffen wie Phenylendiamin oder Toluylendiamin enthalten. Friseurinnen und Friseure, die täglich mit Haarfärbeprodukten zu tun haben, gehören übrigens zu der Berufsgruppe mit der höchsten Krebsrate.
>
> **Duften** Synthetische Duftstoffe zählen für die Naturkosmetik aufgrund ihres Allergiepotenzials zu den absoluten NoNos. Vor allem die häufig verwendeten Moschus-Verbindungen sind problematisch. Bei den natürlichen Aromen sind Rückstände von Pestiziden möglich, wenn die

Aus dem Chemielabor

Zutaten nicht aus kontrolliertem Anbau stammen. Ein normales Parfüm enthält 100 bis 200 verschiedene Duftstoffe, bei Cremes sind es üblicherweise 20 bis 30.

Schmieren Die so genannten PEGs (Polyethylenglykole) oder PEG-Derivate gehören zu den Emulgatoren, die Wasser und Fett verbinden. Sie haben die unangenehme Eigenschaft, die Haut durchlässiger zu machen. Dadurch können Schadstoffe leichter in den Körper geraten. Paraffine oder Silikonöle werden aus Erdöl gewonnen, was nie eine gute Idee ist. Allerdings sind sie auch schwer abbaubar und können sich in tieferen Hautschichten ablagern.

Schäumen Stark schäumende Tenside wie Natriumlaurylsulfat können als Bestandteil von Zahncremes das Zahnfleisch angreifen. Wird auch in Duschgels oder Shampoos verwendet, weil es so schön schäumt und billig ist.

Konservieren Die Kosmetik macht sich gern die konservierende Wirkung von Formaldehyd zunutze. Diese Substanz darf aufgrund ihres gesundheitsgefährdenden Charakters nur innerhalb bestimmter Grenzwerte eingesetzt werden. Aber auch in geringem Rahmen kann sie die Schleimhaut reizen, Allergien auslösen und den Alterungsprozess der Haut beschleunigen. In vielen Produkten sind halogenierte Konservierungsmittel enthalten. Triclosan etwa wird verdächtigt, den natürlichen Säureschutzmantel der Haut anzugreifen und die Leber zu schädigen. Greenpeace warnt auch vor dem Konservierungsmittel Methyldibromo Glutaronitril, das vor allem in Cremes, Lotionen und Gels ein-

> gesetzt wurde. Es soll Hautreizungen und Allergien auslösen können. Nach einem dramatischen Anstieg von Kontaktallergien gegen Methyldibromo wurde im September 2005 die Verwendung auf Kosmetikprodukte wie Duschgels beschränkt, die abgewaschen werden. Kritiker hatten gefordert, die Verwendung gleich ganz zu verbieten.

Millionen von Versuchskaninchen

Bevor Schönheits- und Pflegeprodukte mit neuen Inhaltsstoffen in den Handel kommen, müssen sie ausgiebig untersucht werden. Lösen sie Hautreizungen, Allergien, Erkrankungen oder gar Krebs aus? Wie werden sie vom Körper aufgenommen und verarbeitet, verändern sie das Erbgut? Für die Antwort auf diese Fragen haben in den vergangenen Jahrzehnten Millionen Tiere ihr Leben lassen müssen: Kaninchen, an denen Wissenschaftler die Schleimhautverträglichkeit bestimmter Stoffe testeten; Mäuse und Ratten, an denen die toxische Wirkung erprobt wurde. Seit 1998 sind Tierversuche in Europa grundsätzlich verboten, mit einem großen Aber. Das Verbot gilt nicht für Tierversuche mit neu entwickelten Rohstoffen, die auch außerhalb der Kosmetik Anwendung finden. Ein kleines Gedankenspiel hilft, den Widersinn dieser Regelung zu begreifen. Stellen Sie sich vor, man würde das Mitnahme-Verbot von Messern in Flugzeugen dahingehend erweitern, dass nur solche Messer verboten sind, mit denen man ausschließlich Menschen töten kann. Brot-, Fleisch- oder Taschenmesser blieben erlaubt.

Bis man tatsächlich sicher sein kann, dass für die Entwicklung eines kosmetischen Produkts kein Tier leiden musste, wird noch einige Zeit vergehen. Erst ab 2009 gilt das generelle Tierversuchsverbot auch für sämtliche Inhaltsstoffe – mit einigen Ausnahmeregelungen, die im Jahr 2013 auslaufen sollen. Wahrscheinlich wird es auch noch so lange dauern, bis in Europa keine Kosmetik mehr verkauft werden darf, die – oder deren Inhaltsstoffe – an Tieren getestet wurde. Der Tierschutzbund weist darauf hin, dass es längst geeignete Alternativen für die Tests gäbe, wie synthetische Haut oder Nachbildungen menschlicher Körperzellen. Auf jeden Fall sollten die 8000 bereits geprüften und offiziell zugelassenen Substanzen genügen, um daraus auch neue Kombinationen zu entwickeln.

Die Schönheitsindustrie mit ihrem Drang, ständig neue Produkte zu entwerfen, sieht das anders. Wann immer die Zeitschrift »Öko-Test« mal wieder Nitrosamine in der Wimperntusche, Aluminiumsalze im Deo oder Natriumlaurylsulfate in Eyelinern findet, setzt es eine wütende Pressemitteilung. Schließlich seien alle Substanzen von der EU zugelassen. Auch das Gerede von den allergieauslösenden Duftstoffen, gefährlichen PEG-Derivaten oder synthetischen Moschus-Verbindungen sei grundfalsch. »Bedenklich sind nicht die Inhaltsstoffe von Kosmetikprodukten, sondern die Inhalte von Öko-Test.« Tierversuche für neue Rohstoffe sind »leider immer noch unumgänglich«, heißt es außerdem in einer Stellungnahme des Verbandes der Vertriebsfirmen kosmetische Erzeugnisse (VKE), der die wichtigsten Luxusmarken vertritt. »Die Tests dienen immer dem Schutz des Verbrauchers. Der Verzicht auf Tierversuche wäre fahrlässig, da er unter Umständen zu einer Gefährdung von Menschen führen würde.«

■ KOSMETIK

Der Preis der Schönheit

»Wahre Schönheit kommt von innen« – irgendwie war nicht herauszukriegen, von wem diese grandiose Lüge stammt. Nach Erkenntnissen der Schönheitsforschung kommunizieren angeblich bereits die Babys lieber mit den hübscheren Krankenschwestern (die Väter sowieso). Schöne Menschen verdienen im Durchschnitt mehr Geld als weniger attraktive. Sie werden freundlicher behandelt, man traut ihnen im Job mehr zu, sie gelten als intelligent und haben wunderbaren Sex. Okay, den letzten Punkt habe ich mir ausgedacht, doch wenn wahre Schönheit von innen käme, würde die Kosmetikbranche in Deutschland nicht über zwölf Milliarden Euro mit der Pflege unseres Äußeren verdienen. »Es gibt drei Milliarden Frauen auf der Welt, aber nur acht von ihnen sind Supermodels«, hat die 2007 verstorbene Body-Shop-Gründerin Anita Roddick mal gesagt. Die klassische Schönheitsindustrie lebt vom Versprechen, dass in jeder Frau ein solches Supermodel steckt. Es kommt nur darauf an, die richtige Creme, das richtige Parfüm oder Make-up aufzulegen, und das ungeschminkte Elend ist vergessen. »Sagt den Leuten, dass sie hässlich sind«, lautete das Leitmotiv, das L'Oréal-Boss Eugène Schueller in den 30er-Jahren seinen Händlern einbläute. Und nach wie vor unterwerfen sich Millionen Frauen und auch immer mehr Männer den kostspieligen und Sucht bildenden Ritualen der Schönheitspflege.

Hautärzte beobachten, wie die einstige »Stewardessenkrankheit« traurige Auferstehung feiert. Die so genannte periorale Dermatitis verursacht schmerzliche Pickel und Rötungen, vor allem um den Mund, und wird durch ein Übermaß an Kosmetika ausgelöst. Der Verkauf von Anti-Aknemitteln steigt jährlich um 20 Prozent. Einige Frauen müssen regelrechte Kosmetik-Entziehungskuren absolvieren, damit sich der natürliche Hydrolipidmantel der Haut regenerieren kann. Den Lippenbalsam-Effekt im Winter kennen Sie wahrscheinlich selbst. Je öfter man den Stift aufträgt, um rissige Winterlippen zu verhindern, desto schneller trocknen sie wieder aus, wenn man den Stift weglässt. »Unsere Hülle ist eigentlich unschlagbar«, erklärte der Hamburger Dermatologe Volker Steinkraus in der Zeitschrift »Gesund Leben«. »Am besten wäre es, wir ließen sie in Ruhe.«

Gesund und schön grün

Seit einigen Jahren beobachten Branchenkenner einen schleichenden Wandel in der Kosmetikindustrie. Die Kundinnen und Kunden werden im Durchschnitt immer älter und sind an allem interessiert, was ewige Jugend verheißt. Der Anti-Aging-Trend verbindet sich mit erwachendem Gesundheits- und Umweltbewusstsein zu einer neuen Lifestyle-Attitüde. Bei einer Umfrage erklärten 61 Prozent der befragten Frauen, sie wünschten sich für ihre Pflege eine Kombination aus pflanzlichen Wirkstoffen und Medizin. Die Hälfte aller Kundinnen und Kunden kauft bereits heute mindestens einmal im Monat Natur pur. Nach Jahren mit zweistelligen Zuwachsraten durchbrach die deutsche Naturkosmetik mit Marken wie Dr. Hauschka, Lavera, Weleda, Logona oder Sante 2006 erstmals die 500-Millionen-Euro-Umsatzmarke. In den vergangenen drei Jahren haben sich die Umsätze der Öko-Schönheitspflege verdoppelt, während der konventionelle Bereich annährend konstant blieb. Insgesamt erreicht die Naturkosmetik inzwischen einen Marktanteil von über sechs Prozent. Bis 2010 rechnen Experten mit zehn Prozent. Eine Kernzielgruppe von beinahe sechs Millionen Frauen sollte sich für den neuen, grünen Weg der Naturkosmetik gewinnen lassen, schätzen Marktforscher.

Die Naturkosmetik entwickelt sich allmählich zum öko-korrekten Abbild des Gesamtmarktes. Längst gibt es auch hier dekorative Kosmetik oder Herrenpflegeserien. Jedes sechste Naturkosmetik-Produkt, das Sie in den Reformhäusern, Bio-Läden, Apotheken oder Wellness-Tempeln sehen, war vor einem Jahr noch nicht einmal auf dem Markt. Und es hat nichts mehr mit dem ranzig-schrabbeligen Gesundheitsmatsch zu tun, der einem noch vor wenigen Jahren gelegentlich aus den freudlosen Packungen entgegenquoll. Heute darf auch Naturkosmetik schön riechen und sanft einziehen.

Doch was genau ist »Naturkosmetik« eigentlich? Bis heute handelt es sich dabei nicht um einen rechtlich geschützten Begriff. Anders als etwa im Bereich der Lebensmittel gibt es kein EU-Siegel, das nach bestimmten Kriterien vergeben und kontrolliert wird. Die Angabe sämtlicher Inhaltsstoffe auf der Packung ist ein Ansatz zur Verbraucherkontrolle. Doch dürften die Diplomchemikerinnen und -chemiker eher in der Minderheit sein. Die als »kontrollierte Natur-Kosmetik« des »Bundesverbandes deutscher Industrie- und Handelsunternehmen für Arzneimittel, Reformwaren, Nahrungsergänzungsmittel und Körperpflegemittel e.V.« (BDIH) gekennzeichneten Produkte werden seit 2001 in einem strengen Verfahren auf Qualität und Inhaltsstoffe überprüft. Ähnlich zuverlässig ist der Demeter-Schriftzug, der auf ausgewählten Produkten steht (Zu den gängigen Siegeln und Zertifikaten bei Kosmetikprodukten siehe Seite 243 ff.). Bei diesen Siegeln kann man sicher sein, dass die Cremes und Wässerchen ausschließlich auf Basis unbehandelter Pflanzen hergestellt wurden, genfrei sind und für die Produkt-Entwicklung keine Tierversuche veranstaltet wurden.

Zusätzliche Sicherheit bieten gesetzlich geschützte Formulierungen auf der Packung wie »naturrein« oder »100 Prozent Natur«.

Doch unter Dermatologen ist durchaus umstritten, ob die reine Natur der Haut wirklich besser bekommt als die klinisch getesteten Elixiere der konventionellen Industriekosmetik. Schließlich gibt es auch Menschen, die auf pflanzliche Substanzen wie Arnika (Pflegemittel) oder Peubalsam (Parfüms, Seifen) allergisch reagieren. Zusätzlich besteht bei reinen Öko-Produkten zumindest theoretisch die Gefahr der Keimbildung, da auf künstliche Konservierungsstoffe verzichtet wird. Entsprechende Fälle sind allerdings nicht in größerem Ausmaß bekannt geworden. Allerdings geht beim Kauf von Naturkosmetik nicht nur um Gesundheit, sondern auch um den Wunsch nach Einklang mit der Welt. »Ich lasse nichts an meine Haut, das ich nicht auch essen könnte«, sagt Annemarie Lindner, die 87-jährige Grande Dame der deutschen Naturkosmetik (»Börlind«).

Natur – der wahre Luxus

Während die konventionelle Schönheitsindustrie den Superstars viel Geld zahlt, damit sie für ihre Produkte werben, propagieren die Julia Roberts', Brad Pitts, Keira Knightleys oder Sienna Millers ihre liebsten Öko-Cremes und -wässerchen kostenlos – als wäre es ihr persönlicher Beitrag für eine bessere Welt. Die schöne Scarlett Johansson benetzt ihre eindrucksvollen Lippen mit »Eco-Lips« (www.ecolips.com). Selbst Rapper Eminem wurde schon in einem Öko-Spa gesichtet. Magazine wie »Vanity Fair«, »Vogue« oder »Elle« erschienen in speziellen »Green Issues«. Darin widmeten sich die Blätter, die ihr Geld eigentlich mit den Anzeigen der Luxus-Kosmetikherstel-

■ KOSMETIK

ler verdienen, hingebungsvoll den Schönheits- und Pflegehelfern aus den Kräuter- und Blumengärten der Öko-Mixer. Und die Klassiker der Naturkosmetik suchen ihre Kunden längst nicht mehr nur im Reformhaus. Dr. Hauschka präsentiert sich im Berliner KaDeWe. Weleda eröffnet elegante Flagsip-Stores in Paris oder New York. In Mailand kann man sich im »Börlind Spa« im luxuriösen Ambiente verwöhnen lassen. An der Wand verweist ein sieben Meter hohes Foto mit Schwarzwaldtannen stolz auf die Herkunft des Unternehmens.

Jeder übernimmt etwas vom anderes: Naturkosmetik inszeniert sich als Luxus, Luxus macht in Natur. Und gesund sein wollen die meisten sowieso.

Wenn man heute in den feineren Einkaufsstraßen der Städte in eine Apotheke geht, glaubt man oft, sich in der Tür geirrt zu haben. Die Regale sind voll mit seriös anmutenden Kosmetikprodukten von Dr. Hauschka bis Weleda. Jährlich werden in deutschen Apotheken Pflege- und Schönheitsprodukte im Wert von über 600 Millionen Euro gekauft.

Es funktioniert aber auch umgekehrt. In der Hamburger Mönckebergstraße hat im Vorjahr eine deutsche Filiale der legendären amerikanischen Schönheitsmarke »Dr. Kiehl's« eröffnet, die man auch für eine besonders schicke Apotheke halten könnte. Viel Glas, viel Licht, der Fußboden ist aus Holz, die Verkäuferin trägt einen weißen Kittel. In den Regalen stehen dekorativ undekorativ gestaltete Fläschchen, Döschen und Tiegel. An der Decke baumelt ein imposanter Kronleuchter, der dem medizinischen Ambiente einen Hauch Festlichkeit verleiht. Ganz wie im Stammgeschäft in New Yorks dritter Avenue, wo seit 1851 gesundheitsbewusste Schönheitsprodukte zusammengerührt werden. In New York stolziert manchmal Uma Thurman in den Laden, und auch Bill Clinton kauft dort die Creme, die seinen jungenhaften Charme offensichtlich wunderbar konserviert. In Hamburg geht es an diesem Vormittag etwas unspektakulärer zu. Die freundliche Dame im Kittel bietet mir großzügige Proben an, die auf meinen Hauttyp abgestimmt werden können. Ich denke über einen Lippenbalsam für 9,10 Euro nach, der in exakt dieser Rezeptur bei der ersten Mount-Everest-Besteigung ohne Sauerstoffgerät im Jahr 1988 die Münder der Berghelden schützte. Oder doch besser das Kräutergesichtswasser »Blue Herbal« (250 ml für 22,10 Euro), das Andy Warhol sogar in seinen Tagebüchern pries?

Kiehl's gehört zu den Marken, die gekonnt ein natürlich-gesundes Image aufgebaut haben und von den meisten bedenkenlos mit der klassischen Naturkosmetik in einen (Creme-)Topf geworfen werden. Bei ihnen zeigt sich die Schwierigkeit für den Verbraucher zwischen echter Ökoware und grün Angehauchtem zu unterscheiden. Kiehl's verwendet Formaldehyd, die gefeierte »grüne« Luxusmarke Korres – nach Angaben von »Ökotest« – PEG-Derivate, Parabene, synthetische Duftstoffe und chemische UV-Filter, Aveda sogar halogenorganische Verbindungen.

Die kleine große Idee

Seit seinem zweiten Lebensjahr hat Thomas Haase Neurodermitis. Das Gefühl, wie einen die Kratzlust beinahe zum Wahnsinn bringt, war der Begleiter seiner Jugend. Haase probierte alles aus, was Apotheken und Drogerien hergaben, doch die Qual blieb. Je intensiver er sich mit möglichen Ursachen seiner Neurodermitis beschäftigte, desto größer wurde sein Unbehagen gegenüber der chemischen Durchdringung unseres Lebens: Pflanzenschutzgifte auf Obst und Gemüse, Schadstoffe in Seifen, Cremes und Haarwaschmitteln, Abgase, Abwässer.

KOSMETIK

Thomas Haase wurde zum Bio-Tüftler, der Kräuter und andere Pflanzen anbaute, um seine Haut mit purer Natur zu kurieren. Im Sommer 1975 rührte er zum ersten Mal Olivenöl, Woll- und Bienenwachs zusammen und schmierte sich die Paste zur Probe um den von Juckreiz geplagten Mund. Der Schmerz verschwand. »Die Rezeptur werde ich nie vergessen«, erzählt er.

Annemarie Lindner war ein hübsches Mädchen, das jeden Spiegel fürchtete. Auf der Stirn und den Wangen wucherte die Akne. Nichts half dagegen, keine Seife, keine Creme, kein Gesichtswasser, von denen es vor beinahe 70 Jahren ohnehin noch nicht viele gab. Ein Arzt strich ihr Resorcin ins Gesicht, einen Spezialkleber aus der Holzindustrie, der die Sache nicht wirklich besser machte. Bei einer Moorkur lernte sie einen Herrn Ekelkraut kennen. Der brachte sie mit einer Kosmetikerin zusammen, die nur natürliche Substanzen verwendete und auch eine Mixtur gegen Annemaries Akne fand. Annemarie Lindner war begeistert und ließ sich zur Naturkosmetikerin ausbilden. »Aus Verzweiflung«, sagt sie und lacht.

Eigentlich wollte die damals 33-jährige Anita Roddick nur mehr Zeit für ihre beiden Kinder haben. Und sie war genervt, dass man Seife oder Badezusätze nur in großen Packungen kaufen konnte. Und dass das Zeug so chemisch roch. Anita Roddick schloss das kleine Hotel, das sie mit ihrem Mann betrieb. Sie nahm einen Kredit über 4000 britische Pfund auf, lieh sich noch mal 3000 von einem Freund und mietete einen leer stehenden Laden direkt neben einem Beerdigungsinstitut. In der Garage verquirlte Roddick natürliche Öle, Fette, Kokos, Kakao und Früchte und füllte die aromatischen Mischungen in Portionsgläser, die eigentlich für Urinproben gedacht waren. Sie strich die Ladenwände grün – nicht weil sie ein Öko der ersten Stunde war, sondern weil man die Flecken dann nicht sah. Kosmetik aus natürlichen Substanzen gab es damals, 1976, in Brighton noch nicht. Dass man die Fläschchen und Verpackungen mehrmals verwendete, auch nicht. Und erst recht keinen Kosmetikladen wie den »Body Shop«, der statt Schönheit Wohlbehagen und politisches Bewusstsein verkaufen wollte. »Ich hasse die Beauty-Industrie«, erklärte Anita Roddick Jahre später. »Sie lügt. Sie betrügt. Und sie verdient ihr Geld mit dem Verkauf von Träumen, die für normale Frauen unerreichbar sind.«

Fakten statt Träume

Statt unerreichbarer Träume propagierten die Body Shops konkrete Ziele: Verbot aller Tierversuche, Kampf der Meeresverschmutzung, Solidarität mit politisch Verfolgten, Aids-Aufklärung und fairer Handel mit der Dritten Welt. Die Shea-Butter beispielsweise hatte Anita Roddick auf einem Markt in Ghana entdeckt. Eine beige-gelbe Masse, die sich die Frauen dort als Feuchtigkeitsmittel auf die Haut schmieren. Roddick traf sich mit den Oberen des wichtigsten Dorfes und verabredete die Lieferung von fünf Tonnen jährlich. Zusätzlich für jedes geliefertes Kilo fließt eine bestimmte Summe in einen Entwicklungsfonds, über dessen Verwendung nur die Frauen entscheiden dürfen. Die ließen Brunnen und kleine Kliniken bauen und päppelten die Schule auf. Inzwischen liefert die Kooperative 100 Tonnen Sheanuss-Butter jährlich. Anita Roddick, die im Sommer 2007 nach kurzer, schwerer Krankheit starb, war stolz auf dieses und etwa 40 ähnliche Projekte, die auch helfen sollen, die Machtverhältnisse zwischen den Geschlechtern aufzubrechen. Ihr Lieblingssatz lautete: »Wenn du glaubst, du bist zu klein, um etwas auszurichten, leg dich doch mal mit einer Mücke ins Bett.«

■ KOSMETIK

Thomas Haase, der Junge mit der Neurodermitis, ist heute Inhaber der Laverana GmbH, einer der größten deutschen Anbieter von Naturkosmetik. Seine Produktlinien Lavera und Laveré (abgeleitet von »la vera«: die Wahre) dürften jedem begegnet sein, der in den vergangenen Jahren einkaufen war. Der innovationsfreudige 53-Jährige sieht mindestens fünf Jahre jünger aus, und es ist kein Zufall, dass Lavera als eine der ersten Öko-Kosmetikfirmen eine Herrenlinie auf den Markt brachte. Und auch, wenn man Menschen, die einem etwas verkaufen wollen, grundsätzlich erst mal nicht glauben sollte, so nimmt man Haase sein Credo ab: »Ich wünsche mir, dass sich die Menschen in ihrer Haut wohlfühlen.« Wie bei den anderen Großen der Naturkosmetik scheint auch bei Laverana ein ganz besonderer Geist zu herrschen. Als die 1987 in einem Gutshof bei Hannover gegründete Firma 1992 abbrannte, stand Thomas Haase vor dem Aus. Sämtliche Labore, Aufzeichnungen, Geheimnisse waren vernichtet. Doch die Mitarbeiter verzichteten erst einmal auf ihr Gehalt und arbeiteten gemeinsam mit Haase und der agilen Geschäftsführerin Klara Ahlers daran, Laverana wieder aufzubauen. Drei Jahre später war es mit dem Gutshof dann aber endgültig vorbei – der Platz reichte nicht mehr aus. Heute arbeiten über 240 Menschen für Laverana. Die Firma exportiert in fast 30 Länder, verdient jeden dritten Euro außerhalb Deutschlands. Und alles nur, weil ein Teenager seine Neurodermitis nicht mehr ertragen mochte.

Annemarie Lindner aus Calw im Schwarzwald sprudelt mit ihren 87 Jahren noch immer. »Mein Mann sagt immer, man müsse mich abends abstellen«, gestand sie einer »FAZ«-Reporterin. Ihre Kosmetiklinie Börlind wurde 2005 mit dem »Natural Legacy Award« ausgezeichnet, dem Oscar der Naturkosmetik. Die straffe Dame, die ihr bestes Werbe-Model ist, nahm den Preis in New York gern selbst entgegen. Ihr Geheimnis ist

Fakten statt Träume

die beinahe religiöse Inbrunst, mit der die Schwarzwälder Kosmetik-Tüftler auf die Qualität der verwendeten Rohstoffe achten. Ein Kilo Blütenstaub von der Fackellilie kann da schon mal 3000 Euro kosten.

Und Anita Roddick, die Meistermischerin aus der Garage? »Eine Frau in meinem Alter hält nichts mehr auf!«, erklärte die 64-Jährige kurz vor ihrem Tod. Sie machte Schlagzeilen, als Body Shop im Februar 2006 für knapp eine Milliarde Euro an L'Oréal verkauft wurde. Ausgerechnet L'Oréal, die französische Schönheitsgroßmacht, die für alles steht, was Anita Roddick zu hassen schien. Für ihren Anteil an Body Shop strich Roddick umgerechnet 190 Millionen Euro ein, die sie größtenteils an ihre Stiftung weiterreichte: »Ich will arm sterben.«

War der L'Oréal-Deal der Ausverkauf einer guten Idee? Ein PR-Gag? Oder Zeichen einer Zeitenwende, in der große Konzerne anfangen, die ethisch-ökologischen Werte kleiner Avantgarde-Firmen zu übernehmen? Anita Roddick unterschrieb einen Vertrag, der sie verpflichtete, L'Oréal an 50 Tagen im Jahr in ethischen Fragen zu beraten. »L'Oréal hat versprochen, unsere Werte zu verteidigen. Jetzt bringen wir L'Oréal bei, wie man unsere Art des sozialverträglichen Handels auf den ganzen Konzern ausweiten kann«, triumphierte sie. Wackelt da plötzlich der Schwanz mit dem Hund? L'Oréal-Boss Lindsay Owen-Jones gab sich bei der Pressekonferenz zum Deal immerhin lernbereit: »Wir können die Body-Shop-Philosophie nicht über Nacht übernehmen. Aber auf lange Sicht wollen wir es versuchen.«

Auf jeden Fall passte dieser Deal zur Tendenz, erfolgreiche »Kleine« mit Ökotouch zu übernehmen. Aveda oder Origins produzieren längst unter dem Dach des Kosmetikgiganten Estée Lauder. Die grünen Beauty-Stars von Kibio aus Frankreich wurden von Clarins übernommen und L'Oréal selbst

■ KOSMETIK

hatte vor dem Body-Shop-Deal bereits die Klassiker Dr. Kiehl's und Sanoflore gekauft, um am Boom der alternativen Schönheitspflege teilzuhaben.

Von Menschen und Kräutern

Die Wurzeln von Dr. Hauschka sind eher asketischer Natur. Dr. Hauschka gab es wirklich – Dr. Rudolf Hauschka, um genau zu sein –, und der ließ sich in den 20er-Jahren von seinem Namensvetter, dem Anthroposophen und Antialkoholiker Rudolf Steiner, inspirieren, über die alkoholfreie Herstellung von Arzneimitteln nachzudenken. Ende der 60er-Jahre entwickelte die kleine Firma in Eckwälden nahe Göppingen ihre ersten Kosmetikprodukte auf rein natürlicher Basis. Die waren natürlich nicht einem profanen Schönheitsgedanken verpflichtet, sondern der Gesundheit. Meine Großmutter kaufte im Reformhaus regelmäßig eine Dr.-Hauschka-Creme, die aussah wie das, was man beim Renovieren in Dübellöcher spachtelt. Der echte Dr. Hauschka starb 1969 und musste nicht mehr miterleben, wie die Wala GmbH, die seine Kosmetik herstellt, Ende der 90er-Jahre in eine schwere Krise schlitterte. In den Regalen der Reformhäuser verstaubten die grauen Packungen in Wadenhöhe. Meine Oma war inzwischen auch schon tot.

Bei Wala kam man auf den Gedanken, dass es bei der Kosmetik naturgemäß nicht nur auf den Inhalt, sondern auch auf die Verpackung ankommt. 1998 tauchten die ersten neu gestalteten Dr.-Hauschka-Produkte in den Reformhäusern und Apotheken auf. Die schlichten weißen, aber modernen Verpackungen wanderten in die oberen Regalreihen und passten plötzlich wunderbar in eine Zeit, in der immer mehr Frauen Schönheit, Pflege, Naturgefühl und Gesundheit verbinden wollten. Und dann waren da noch Madonna und all die anderen. In der geschminkten Wirklichkeit Hollywoods ist nichts so wichtig wie eine gute Creme, mit der die Haut sich von den Masken des Glamours erholen kann. Madonna, die ihr Aussehen einem raffinierten Zusammenspiel aus Naturkosmetik und High Tech verdankt, konservierte ihre Haut angeblich mit den Cremes aus Eckwälden im Schwabenland. Julia Roberts und Brad Pitt ließen sich Gerüchten zufolge die weiße Masse nach dem Abschminken aufs Gesicht schmieren. »Ich bin süchtig danach«, bekannte Jennifer »Friends« Aniston. Dr. Hauschka tauchte plötzlich in Glamourmagazinen und der Serie »Sex and the City« auf. Japanerinnen kauften wie wild, und heute schwebt man im Berliner KaDeWe durch die natürlichen Duftwolken des ersten deutschen »Dr. Hauschka Shops«. Umsatz und Mitarbeiterzahlen haben sich binnen fünf Jahren verdoppelt. Mehr als jedes vierte Naturkosmetikprodukt, das in Deutschland verkauft wird, trägt den Namen Dr. Hauschka. Der deutsche Marktführer exportiert in über 40 Länder. Die rund 700 Mitarbeiter (Stand: Dezember 2007) freuen sich – da die Wala GmbH schnödem Profitdenken abhold ist und sich als Stiftung konstituiert hat, sind sie an den Gewinnen unmittelbar beteiligt und keinen Aktionärslaunen ausgesetzt.

Noch immer bildet der fünf Hektar große Heilpflanzengarten am Wala-Firmensitz das eigentliche Zentrum der Dr.-Hauschka-Philosophie. Sechs Gärtner kümmern sich um fünf Hektar und um die ortsansässigen Bienenvölker. Der »kontrolliert biologische Anbau« wird von den strengen Prüfern des Demeter-Verbandes zertifiziert. Es gibt nur ein kleines Problem: Der Garten ist zu klein geworden. Die Rosen für die duftigen Dr.-Hauschka-Rosenwässer kommen längst aus Rumänien. Bis so ein neuer Garten biodynamisch korrekt angelegt ist, kann es

■ KOSMETIK

sieben Jahre dauern. Dann wachsen wir eben nicht so schnell, heißt es dazu gelassen aus der Firmenführung.

Bei Weleda in Schwäbisch Gmünd kann man nicht nur den Pflanzen beim Wachsen zusehen. Wenn man hier Kinderlachen hört, kommt die Geräuschkulisse aus dem betriebseigenen Kindergarten. In der Villa Beutel werden seit 1998 die Kinder von Weleda-Mitarbeitern betreut, montags bis freitags, 7 bis 17 Uhr. Wenn man mag, kann man vom Bürofenster aus seinen Kindern zusehen, wie sie den firmeneigenen Heilpflanzengarten verwüsten (was sie als echte Waldorf-Kinder natürlich nie tun würden). Es gibt einen Kinderaustausch mit Familien von Weleda-Niederlassungen aus aller Welt, Erziehungsseminare, flexible Arbeitszeiten für die 630 Angestellten – die Naturkosmetik- und Gesundheitsfirma sammelt Auszeichnungen als besonders familienfreundliches Unternehmen. Auch die Mitarbeiter im Ruhestand bleiben der Firma über das so genannte Generationen-Netzwerk verbunden. Die Ehemaligen bieten Bügel- oder Einkaufsservice (im Bioladen natürlich) und helfen bei der Kinderbetreuung mit.

Es geht ein bisschen anders zu bei den Großen der Naturkosmetikbranche als beim Rest der Schönheitsindustrie. »Der Mensch steht im Mittelpunkt«, wirbt Weleda für sich. Und die Pflanzen gleich daneben. Im firmeneigenen Heilpflanzengarten wachsen auf 20 Hektar über 200 verschiedene Arten. Rohstoffe, die in Deutschland nicht oder nicht genügend vorhanden sind, werden im Ausland nach kontrolliert biologischen Gesichtspunkten für die Verarbeitung vorbereitet. In den Wäldern Südböhmens zupfen alljährlich im Mai fleißige Männer junge Blätter von den Bäumen. Dabei sind nur die erlaubt, an die man ohne Leiter herankommt. Man will die Natur nutzen, nicht ausbeuten.

Mit dem Wirtschaftsmodell der Luxuskosmetik, bei der Duftkreationen im Materialwert von 1,50 Euro mit erotischen Mythen aufgeladen werden, damit man sie für 60 Euro verkaufen kann, hat die Weleda-Welt nichts zu tun. Doch der eine oder andere Verbraucher könnte Anstoß an der anthroposophischen Ausrichtung des Unternehmens nehmen. Rudolf Steiner, der Vordenker der Bewegung, verbreitete zu Lebzeiten manch rassistische und antisemitische Unappetitlichkeit. (Die Diskussion um problematische Zitate Rudolf Steiners fasst ein Artikel in der »taz« zusammen: www.akdh.ch/ps/02Steiner-mutiert.htm. Die Position der Anthroposophen wird in einem Aufsatz von Gerard Kerkvliet deutlich: http://uncletaz.com/rsjudentum.html.)

Alles Natur

Es gibt Menschen, die behaupten, Paare sollten sich immer die Wahrheit sagen: was ihnen am anderen nicht gefällt, wovon sie nachts träumen, was die Verdauung macht und wenn sie sich einen Seitensprung geleistet haben. Ungeschminkte Wahrheiten sozusagen. Ich kenne kein Paar, das es so länger als zehn Jahre zusammen aushält. Die Fähigkeit zur kleinen Lüge, zur sanften Manipulation der Wirklichkeit ist eine der großen Menschheitsleistungen. Die Sehnsucht nach dem Reinen, Ungeschminkten ist eine sehr deutsche. Das Schönheitsideal unserer Großväter war das zeugungsfreudige Vollweib mit dicken blonden Zöpfen. In deutschen Filmen der 50er- und 60er-Jahre konnte man sich darauf verlassen, dass am Ende die natürliche Blondine zum Altar geführt wurde und nicht die (meist dunkelhaarige) Darstellerin mit den rot gemalten Lippen und den schwarz getuschten Wimpern. Ein wenig von diesem Geist durchweht auch die Erweckungsprosa der deutschen Naturkosmetik. Sie empfiehlt sich als gesunde ganzheitliche Alternative zur oberflächlich orientierten Kosmetikindustrie und verkauft ihre Produkte vor allem für die innere Schönheit.

Hamburg, Spitaler Straße. Zwischen Zara, Görtz und Peek & Cloppenburg sticht der rappelvolle Laden von »Lush« heraus. Es riecht schon von draußen intensiv nach Erdbeere, Schokolade, Kiefer, Minze, Grapefruit und Kakao. Die Einrichtung wurde von Gemüseständen auf dem Markt und Süßigkeitsläden inspiriert. Überall türmen sich Seifenklumpen, feste Cremes und Badezusätze, die aussehen wie Wackelpudding. Es leuchtet in allen Farben. An den Wänden hängen mit Kreide beschriebene Tafeln. »Wir lehnen Tierversuche ab«, steht da oder »Der Kunde hat immer Recht«. Verkäuferin Michiko, 27, lange schwarze Rastalocken, schneidet hier die Seifenstücke oder Festshampoo-Portionen von den riesigen bunten Brocken ab. Die »King of Spin« ist ihre Lieblingsseife. Ein bräunlich schimmernder Klumpen aus Banane, Avocado und ganz viel Kakaobutter. »Wenn man aus der Dusche kommt, riecht man nach Mandelblüte«, schwärmt Michiko, und es fällt einem ein, dass man Mandelblüten schon immer sehr mochte. »Hier ist alles Natur«, erklärt sie weiter. »Wir verwenden Konservierungsstoffe nur, wenn es nicht anders geht. Parfüms sind gar nicht drin.« Dafür können sich politisch Bewusste für die rosa »Fair Trade Foot Lotion« (14,95 Euro) aus Kakaobutter, Arnika und Minze entscheiden und der Globalisierung ein Schnippchen schlagen. Dekorative Kosmetik zum Schminken verkauft »Lush« nicht. »Es geht um Pflege, Wohlfühlen, nicht um äußere Schönheit.«

Bislang hat »Lush« in Deutschland 17 Filialen eröffnet, verfügt aber nicht mal über einen Werbeetat. »Wir setzen auf Mund-Propaganda«, sagt Michiko. Und auf die natürlichste Sache der Welt. Die Badekugeln heißen »Romance in a Stone«,

»Think Pink« oder »Sex Bomb«. Auf einer Tafel werden die Männer aufgefordert, ihrer Frau oder Freundin, doch mal was Schönes mitzubringen. Das Glaubensbekenntnis, das in jedem »Lush«-Laden auf die Tafel geschrieben wird, endet stets mit dem gleichen Satz. »Wir glauben an die wahre Liebe.«

Beim nächsten Mal kaufe ich auch was. Vielleicht haben die ja sogar Seife mit Geranienduft.

SERVICETEIL

Kosmetikhersteller mit Bio-Sortiment

Auf den Boom der Naturkosmetik reagiert der konventionelle Einzelhandel mit der Ausweitung seines Bio-Sortiments. Der Discounter Plus hat ein eigenes Label kreiert, Blütezeit, mit einem Logo, das dem Siegel für kontrollierte Naturkosmetik zum Verwechseln ähnlich sieht. Die Kriterien sind aber weniger streng. Eine Flasche Bio-Rose Duschbad mit 250 ml Inhalt kostet 1,79 Euro. Aldi Süd probiert es mit der Eigenmarke Lacura, Drogerie Müller mit Terra Naturi. Konkurrent dm versucht es mit Alverde-Produkten, Rossmann hat sich für seine grüne Linie den schönen Namen Alterra ausgedacht.

Im oberen Preissegment sorgen Luxusmarken wie das kräuterselige L'Otticane aus der Provence (www.lotticane.com), das trotz Öko-Image vielleicht etwas zu synthetische Korres (www.korres.com), die australische Jurlique (»The purest skin on earth«, www.jurlique.com) oder die Ayurveda-inspirierte Claire Fisher (»Natürlich Ich«, www.claire-fisher.de) für steigende Umsätze, im Bereich naturverbunden.

Aus London kommt das Konzept einer ehemaligen Beauty-Redakteurin der britischen »Vogue«. Kathy Phillips' ökologisch korrekte this works-Linie erinnert in ihrer superschlichten Aufmachung an Medizin-Verpackungen. Sie ist in Deutschland nur bei ausgewählten Anbietern erhältlich (www.thisworks.com, mit Händlerliste und Online-Shop).

Einen Überblick über die Produkte der Öko-Kosmetik-Avantgarde liefert unter anderem die Website des puristischen Berliner Ladens Breathe (www.breathe-cosmetics.com). Hier kann man die wichtigsten Marken auch online bestellen.

Die Öko-Inspirierten

Nicht immer ganz chemiefrei, aber »naturnah« und/oder besonders sozial.

Aesop www.aesop.net.au

Philosophie: »Wir versprechen keine ewige Jugend.« Schönheit will die australische Firma nicht verkaufen, die sei das Resultat von guter Ernährung, entspanntem Lebensstil und ein bisschen Sport. Dennis Paphites, der Aesop 1987 gründete, will nur helfen und bietet ein wildes Kompendium pflanzlicher Rohstoffe für die geplagte Großstadtmenschenhaut. Chemie ist enthalten – »so wenig wie möglich«. Auf der Website findet sich eine komplette Liste aller (teils fragwürdigen) Inhaltsstoffe von A bis Z.
Produkte: Komplett-Programm für Haut, Körper, Haare, Duft. Erhältlich in deutschen Edelkaufhäusern wie Ludwig Beck (München) oder Quartier 206 (Berlin). Sieht in den braunen Fläschchen und Alu-Tuben aus wie Medizin. Ab 20 Euro.
Star: Nicole Kidman. Australier halten zusammen.

Aveda www.aveda.com

Philosophie: Als der österreichische Friseur Horst Rechelbacher 1978 Aveda gründete, wollte er Aromatherapie, indische Spiritualität, Natur, Schönheit und Respekt vor der Umwelt miteinander verbinden. Er setzte aromatische Öle ein. Die verwendeten Pflanzen werden ökologisch angebaut, die Verpackungen zu über 70 Prozent aus Recycling-Materialien hergestellt. Aveda hat 1989 als erstes Unternehmen die CERES-Prinzipien (»Coalition for Environmentally Responsible Economies«) unterschrieben, die Firmen zu umweltgerechtem Verhalten verpflichten. Aveda bezieht seine Rohstoffe aus Handelsprojekten mit Entwicklungsländern. Rechelbacher ist dem Unternehmen seit dem Verkauf an Estée Lauder im Jahr 1997 als Berater verbunden. Er reibt sich noch immer jeden Morgen mit Jojobaöl und einem Tropfen Rosmarinöl ein. Das Aveda-Nachhaltigkeitsmanagement besitzt ein Vetorecht bei der Entwicklung neuer Produkte. Noch immer sind allerdings Konservierungsmittel und Silikonöle in einigen Produkten enthalten.

Produkte: Vor allem Haarpflege und Wellness. Die Haarshampoos bestehen zu 98 Prozent aus organisch angebauten Substanzen und werden in ausgesuchten Salons verkauft. Körpercremes und Badeöle ab 30 Euro. Aveda-Lifestyle Salon & Spa u. a. in Berlin (Adressenliste: www.aveda.de).

Star: Claudia Schiffer. Lässt an ihr Haar angeblich nur den Aveda-Spezialisten David Adams.

Body Shop www.thebodyshop.de

Philosophie: »Jeder Mensch ist schön – auf seine Weise.« Die 1976 von der Britin Anita Roddick gegründete Franchise-Kette Body Shop setzt auf Natur – mit einigen künstlichen Inhalts- und Konservierungsstoffen. Die Geschäfte sind quietschbunt und sehen fast nach Süßigkeitenladen aus. Ganz wichtig sind die ethische Prinzipien: Umweltschutz, Menschenrechte, radikal gegen Tierversuche. In deutschen Geschäften liegen Broschüren aus, mit denen die Kunden für den Umstieg auf alternative Stromanbieter gewonnen werden sollen. Zahllose Kampagnen, auch lokale: In Hamburg wurde beispielsweise das von der Schließung bedrohte Frauenhaus unterstützt. Praktiziert selbst fairen Handel, langfristige Beziehungen zu über 40 Kleinproduzenten und Rohstofflieferanten auf der ganzen Welt. Engagiert sich gerade für eine Initiative, nur Palmöl aus kontrollierten Beständen zu verwenden, um der Abholzung der Regenwälder durch Plantagenanbau zu begegnen. (Die Kosmetikindustrie steigt angesichts hoher Erdölpreis gern auf Palmöl um.) Mehr als 2000 Läden in über 50 Ländern, beinahe 80 Millionen Kunden. Im Frühjahr 2006 für fast 950 Millionen Euro an L'Oréal verkauft, was zu heftiger Unruhe bei den ethisch orientierten Stammkunden führte.

Produkte: Komplettprogramm. Natürliche Inhaltsstoffe wie Passionsfrucht, Shea-Butter oder Honig aus Sambia, aber keine reine Naturkosmetik.

Star: Firmengründerin und Multi-Aktivistin Anita Roddick – auch nach ihrem Tod.

Julisis *www.julisis.com*

Philosophie: Julius Eisenberg ist 44 Jahre alt, macht Yoga, hat weniger Falten als ein Säugling und spricht regelmäßig mit seiner Haut. »Was brauchst du heute?«, fragt er sie. Wahrscheinlich hat sie ihm irgendwann einmal geantwortet und nach einer seltsamen Mixtur aus Kräutern und wertvollen Metallen verlangt. Flüssiges Gold oder »kollidiales Silber« stecken in seinen alchemistischen Kreationen ebenso selbstverständlich wie Königsbienengelee oder Engelsblume. Eisenberg bezieht sich auf das Wissen des Paracelsus, der die Wirkung bestimmter Essenzen auf ihre astrologische Zuordnung zurückführte. An die teuren Tinkturen des kahlhäuptigen Berliners glauben angeblich auch Jodie Foster und Tom Cruise.

Produkte: Kosmische Konsequenz hat ihren Preis. Die Silber-

Nachtcreme von Julisis kostet überirdische 174 Euro. Der »Gold Neroli Toner Day« ist für 49 Euro zu haben. Online-Shop.

Star: Paracelsus. Der wusste angeblich vor 500 Jahren schon alles.

Dr. Kiehl's *www.kiehls.com*

Philosophie: »Jeder Betrieb sollte danach trachten, seine Umwelt zu bereichern.« Seit 1851 steht der kleine Dr.-Kiehl's-Laden an der Third Avenue, New York. Das Apotheken-Ambiente passt zum seriösen Gesundheits-Image der sehr verträglichen Markenprodukte. Sämtliche Inhaltsstoffe standen von Anfang an auf den Packungen. Das Online-Glossar erklärt die verwendeten Substanzen angenehm verständlich. Sehr beliebt bei Schwulen, »stolzer Sponsor« diverser Gay-Pride-Paraden. Unterstützt Youth-Aids- sowie Obdachlosen-Projekte, verwendet nur Recycling-Papier mit Soja-Tinte. Vor fünf Jahren von L'Oréal übernommen. Edel-Läden in der Hamburger Mönckebergstraße und in Berlin-Mitte.

Produkte: Komplettes Sortiment mit »möglichst wenig Konservierungsstoffen«. Vor allem die Gesichtspflege und die Badezusätze haben Kult-Status. Das hat seinen Preis, ab 20 Euro steil aufwärts. Dafür stellen einem die freundlichen Mitarbeiter auch großzügig Proben zusammen, die auf den individuellen Hauttyp abgestimmt sind. Filialen in Hamburg, Berlin, Köln, München, Düsseldorf und Stuttgart.

Star: Bill Clinton wurde öfter im New Yorker Stammgeschäft gesehen. Uma Thurman auch.

Lush *www.lush-online.de*

Philosophie: »We want you to be happy too!« In den knalligen Lush-Filialen sieht es aus wie an einem Marktstand für Gemüse, Käse und Süßigkeiten. Stapel von Seifen, Badekugeln, Buttercremes oder »Shower Jellies«, Schoko-Massageriegel, die bei Körpertemperatur schmelzen. Die über 250 appetitlichen, von Hand gemachten Schönheitsprodukte werden überwiegend vegetarisch hergestellt, aus Früchten, Gemüse (teilweise aus organischem Anbau), ätherischen Ölen mit einem geringen Anteil von Konservierungsstoffen. Es gibt auch Produkte mit Rohstoffen aus fairem Handel wie die »Fair Trade Foot Lotion« aus Kakaobutter, Minze und Arnika. Das Angebot dient dem Wohlbehagen, dekorative Kosmetik lehnt der britische Gründer Mark Constantine ebenso ab wie die Schaltung von Werbeanzeigen. Lush funktioniert ausschließlich über Mund-zu-Mund-Propaganda. Und zwar erfolgreich: Im Dezember 2007 gab es 400 Lush-Läden in 37 Ländern. Dass Lush auch Parabene oder Sodiumlaurylsulfat (in seinen Shampoos) verwendet, hat sich allerdings noch nicht so weit verbreitet. Bei einer Online-Abstimmung im Lush-Forum fordern 78 Prozent, auf die agressive Substanz zukünftig zu verzichten. Constantine dazu: »Unserer Meinung nach besteht kein erhöhtes Gesundheitsrisiko.«

Produkte: In mittlerweile 16 deutschen Filialen oder im Online-Shop: Badekugel »Sex Bomb«, 200 Gramm, 4,75 Euro. Seifenriegel »Honey I washed the kids«, 100 Gramm, 4,85 Euro. Haarspülung »American Cream«, 100 ml, 6,95 Euro.

Star: Angelina Jolie benutzt Lush. Behauptet Lush. Ansonsten steht »You're a Star« auf der Geschenkverpackung.

KOSMETIK SERVICETEIL

theorganicpharmacy *www.theorganicpharmacy.com*

Philosophie: »Unsere Produkte sollen schön aussehen, luxuriös sein und effektiver als die synthetische Konkurrenz.« Gilt als edelste Pflegelinie. Mitgründerin Margo Marrone studierte Pharmazie und ließ sich auch von homöopathischen Erfolgsrezepten anregen. Das Produktdesign spielt mit dem Gesundheitsappeal von Medikamenten. Marrone lässt nur natürliche Konservierungsmittel statt Parabene verwenden, mit denen die Produkte zwei Jahre frisch bleiben. 2002 gegründet, Liebling der edleren Beauty-Press.

Produkte: Die britische ELLE lobt das High End-MakeUp. Besonders populär ist der »Carrot Butter Cleanser« für 47,50 Euro. Altern ist bei theorganicpharmacy besonders teuer. Die »Roe plus Anti-Aging-Cream« kostet 195 Euro. In Deutschland ausgewählte Produkte z. B. bei Breathe Berlin, Ludwig Beck München oder im Pure Shop, Hamburg. Vor allem das Make-Up gibt es eher im Online-Shop (ca. 15 Euro Versandkosten)

Star: Kylie Minogue setzt angeblich auf die natürlichen Schönheitsmittel der Öko-Pharmazie

Origins *www.origins.de*

Philosophie: »Wir verbinden das Genie Natur mit der Intelligenz des Menschen.« Regelmäßige Aufenthalte in der Natur haben nach von Origins zitierten medizinischen Studien Heilpotenzial. Basis der Origins-Produkte sind ätherische Öle, also die »konzentrierte Lebenskraft der Pflanzen«, deren Struktur der Haut so ähnlich ist, dass sie besonders leicht aufgenommen wird. Noch hilft Origins der Natur aber etwas nach und verwendet Parabene, Propylenglykol oder

DEA. Auf seiner Website hat das Unternehmen angekündigt, darauf demnächst zu verzichten. Origins bemüht sich um einen ganzheitlichen grünen Ansatz. Die Verpackungen stammen je zur Hälfte aus Recyclingmaterial und aus FSC-zertifiziertem Holz. Der Aufdruck besteht aus einer Spezialtinte auf Soja-Basis. Die Firma nutzt Windenergie für ihre Produktionsstätten und Geschäfte und wirbt dafür nach Kräften. In den amerikanischen Origins-Shops glimmen Energiesparlampen, die Wände sind mit Ökofarben bemalt. 1990 wurde Origins gegründet, inzwischen von Estée Lauder übernommen.

Produkte: In Deutschland gibt es vier Linien: Gesichtspflege, Bad und Körper, Sensory Therapy und A Perfect World, letztere auf der Basis von weißen Tee aus Fujian, China. Die Reinigungsöle tragen den schönen Namen »Clean Energy«. Die Perfect World-Body Cream kostet bei Douglas 37 Euro (200ml).

Star: Dr. Andrew Weil. Der 64jährige Weißbart hat eine eigene Linie für Origins entwickelt, bei der unter anderem Reishi-Pilze zum Einsatz kommen.

Stella McCartney Care *www.stellamccartneycare.com/DE*

Philosophie: »Um unserer Haut zu geben, was sie braucht und nichts, was sie nicht braucht«, empfängt einen die Website, dazu plätschert das Meer. Unten läuft eine Art Newsticker mit Tipps für aktiven Umweltschutz. Die erste Hautpflegeserie der 37jährigen Modedesignerin und Kampfvegetarierin Stella McCartney versucht die Versöhnung von Luxus und Verantwortung. Die Pflanzenwirkstoffe der Pflegeserie stammen aus kontrolliert organischem Anbau. Sämtliche Bestandteile sind nach ECOCERT zertifiziert. Der Londoner

Flagshipstore von Care wird mit Windenergie versorgt. Stella McCartney (»Ich glaube an grünen Luxus«) arbeitete drei Jahre an der Serie. Sie selbst baut auf ihrem Anwesen Biogemüse und -Früchte an.

Produkte: In minimalistisch weißen Verpackungen stecken Unisex-Cremes mit verheißungsvoller Aufschrift (»Gentle Cleansing Milk« – nette Reinigungsmilch). Alles mittel- bis hochpreisig, ab 30 Euro, u. a. bei Douglas.

Star: Spötter würden sagen, Stella selbst. Kapriziös genug wäre sie. Aber passen würde auch ihre Mutter, Linda McCartney, eine engagierte Tierschützerin, die die kleine Stella enorm prägte.

Yves-Rocher *www.yves-rocher.com*

Philosophie: »Weltweit die Nr. 1 in Kosmetik auf Pflanzenbasis.« Yves Rocher verkauft Mischungen aus Wirkstoffen der traditionellen Pflanzenkunde und pflanzlichen Molekülen, dabei auch synthetische Duftstoffe, die von »Öko-Test« massiv kritisiert werden. Verwendet ausschließlich Pflanzen aus ökologischem Anbau. Geht nach Eigenangaben beim Einkauf nach Fairtrade-Regeln vor. Hat ein Verfahren entwickelt, bei dem Pflanzenextrakte ohne chemische Lösemittel gewonnen werden. Wendet seit 1989 ausschließlich Ersatzmethoden für Tierversuche an. 90 Prozent der Abfälle werden wiederverwertet. Verpackungsproduktion durch Umstieg auf Recycling (bei Papier und Pappe 80 Prozent) in fünf Jahren um 3500 Tonnen reduziert. Nach Umweltnorm ISO 14001 zertifiziert. Seit 1991 fördert die »Umweltstiftung Yves Rocher« Projekte zum Erhalt der Artenvielfalt und Umwelterziehung. Der Preis »Trophée des Femmes« zeichnet Frauen mit herausragendem Engagement für die Umwelt aus.

Produkte: Komplett-Programm. Mittleres Preisniveau. Erfolgreich sind derzeit vor allem die Anti-Aging-Produkte. Im Online-Shop häufig zu Sonderpreisen. Filialen in allen größeren Städten.
Star: Das bretonische Dorf La Gacilly, die Heimat von Yves Rocher. Mit Naturmuseum und botanischem Garten.

Naturkosmetik
Natur pur, oft aus deutschen Landen

Die Hersteller von Naturkosmetik verkauften ihre Produkte früher vor allem in den Reformhäusern. Mittlerweile ist dieser Anteil auf 12 Prozent gesunken. Als Lifestyle-Trend ist Naturkosmetik heute vor allem in Apotheken, Drogerien und Bio-Läden präsent. In einigen schicken Bio-Supermärkten gibt es sogar regelrechte Beauty-Abteilungen. In den SuperBioMärkte in Nordrheinwestfalen etwa arbeiten Kosmetikfachverkäuferinnen in den entsprechenden Bereichen. Unter www.natuerliche-pflege.de gibt es einen Online Shop mit großem Sortiment.

Generell sind alle Firmen empfehlenswert, die das Siegel »kontrollierte Naturkosmetik« tragen, ein Zertifikat, das an 73 Marken vergeben wurde (Stand: Dezember 2007, Komplette Liste der Hersteller: www.kontrollierte-naturkosmetik.de/hersteller_naturkosmetik.htm). Die exklusiv in Reformhäusern verkauften Produkte wie neobio (www.elektrobio.de) tragen das etwas weniger strenge »neuform«-Logo, genügen häufig aber auch den Ansprüchen der »kontrollierten Naturkosmetik«. Marken wie die Demeter-zertifizierte Martina Gebhardt Naturkosmetik (www.martina-gebhardt-naturkosmetik.de) erhalten Sie in Bio-Läden oder bei ausgewählten Kosmetikerinnen. In der jüngsten Vergangenheit werden auch französische Hersteller wie florame (www.florame.de) oder Douces Angevines (www.doucesangevines.com, nur in französisch) immer populärer. Sie lassen ihre Produkte nach ECOCERT-Bedingungen zertifizieren.

Falls Sie am liebsten in Drogerien einkaufen, soll hier nicht unerwähnt bleiben, dass die Kette dm immer wieder gute Kunden-Beurteilungen erhält (www.dm-drogeriemarkt.de). Das Unternehmen wird für seine Mitarbeiterführung und innovative Ausbildung gelobt (jeder Lehrling nimmt aus Gründen der Persönlichkeitsentwicklung an einem Theater-Workshop teil. Info zur dm-Ausbildung: www.erlebnis-ausbildung.de). Firmengründer Götz W. Werner engagiert sich in zahlreichen Hilfsprojekten, darunter so spannende wie die »Initiative Zukunfts-Musiker«, bei der Kinder aus sozial benachteiligten Familien kostenlose musikalische Schnupperkurse erhalten. Die dm-Kette führte als eine der ersten bereits Ende der 80er-Jahre Bio-Produkte. Fast alle der 750 dm-Filialen bieten Wickeltische (als Vater sage ich: tausend Dank!) und Wasserspender.

Annemarie Börlind *www.boerlind.com*

Philosophie: »Ich lasse nichts an meine Haut, das ich nicht auch essen könnte«, erklärt Gründerin Annemarie Lindner, die das Unternehmen Ende der 50er-Jahre zusammen mit Friedrich Börner gründete. Das malerisch im Schwarzwald gelegene Unternehmen verwendet zu 100 Prozent Naturprodukte, vorwiegend aus ökologischem Anbau. Börlind setzt damit auf optimale Wirkung und Verträglichkeit.

Produkte: Ihre Tagescreme »Nature Effect Fluid« wurde in einem Blindtest von französischen Verbraucherinnen zum besten Produkt gewählt. Nachdem es Börlind jahrzehntelang nur im Reformhaus gab, besteht seit 2007 keine Bindung mehr. Innerhalb eines Jahres schaffte Börlind den Weg in 800 Parfümerien, zu Karstadt und in mehr als 100 Douglas-Filialen.

Star: Annemarie Lindner, die Gründerin. 87 Jahre alt, sensationelle Haut.

Dr. Hauschka *www.dr.hauschka.de*

Philosophie: »Die Haut besitzt eigene Kräfte, sich zu versorgen und zu regenerieren. Eine Kosmetik muss sie darin unterstützen.« Die Marke Dr. Hauschka gehört zur Firma Wala Heilmittel GmbH. 1935 von Dr. Rudolf Hauschka gegründet, umfasst diese erste Marke heute über 1000 verschiedene Arzneimittel und Mittel zur Selbsthilfe. Sie basieren auf der Grundlage der anthroposophischen Medizin und bestehen aus Heilpflanzen und Natursubstanzen, die mit einem von Hauschka entwickelten rhythmischen Verfahren aufbereitet sind. Ein Teil der Rohstoffe wird immer noch im hauseigenen Heilpflanzengarten geerntet. Das einstige strenge Gesundheitsimage wurde in den vergangenen Jahren ziemlich aufgelockert. Dr. Hauschka rüstet Hollywood-Produktionen mit Pflegekosmetik aus und ist bei der superhippen Berliner »Bread&Butter«-Modenschau mit einem eigenen Beauty-Stand vertreten. Mit einem Anteil von 27 Prozent ist Dr. Hauschka Marktführer in der Naturkosmetik. Export in über 40 Länder.

Produkte: Spezialität Gesichtspflege, vor allem die berühmte Rosencreme (16,90 Euro). Cremes und Öle zwischen 30 und 40 Euro.

Star: Keira Knightley

KOSMETIK SERVICETEIL

Farfalla *www.farfalla.ch*

Philosophie: »Wir wollen unsere Begeisterung für natürliche Düfte, ihre Kraft und Vitalität anderen Menschen zugänglich machen.« Die 1992 gegründete Schweizer Firma hat ihre Wurzeln in der Aromatherapie. Nichts, was irgendwie nach etwas riecht, scheint vor ihnen sicher zu sein. Die Liste verwendeter Aromen reicht von der Akazienblüte bis zur Zypresse, von der Angelikawurzel bis zur Zirbelkiefer. Fast alles aus biologischem Anbau.
Produkte: Über 700 Produkte (ätherische Öle, Spa-Produkte wie Aromabäder, Massageöl), aber auch Raumsprays. 5 ml ätherisches Öl aus Geranie kosten 6,20 Euro (ausführliche Preisliste auf der Website, Online-Shop).
Star: Alle Nasen dieser Welt

Grüne Erde *www.grueneerde.de*

Philosophie: »Naturkosmetik gibt's bei Grüne Erde, Kettenschmiere in jedem Baumarkt.« Die selbstbewussten Österreicher waren bislang eher als Möbelmacher in Erscheinung getreten, haben aber seit 2002 ein eigenes Naturkosmetik-Angebot entwickelt und ihre Läden integriert. Bei Alexa in Berlin gibt es zwischen H&M und Esprit auch einen eigenen rührenden kleinen »Grüne Erde«-Naturkosmetik-Shop. Bei ihren Schönheitsprodukten folgt die Firma dem Österreichischen Lebensmittelcodex, in etwa vergleichbar mit dem Siegel »kontrollierte Naturkosmetik«. Die verwendete Stutenmilch stammt aus artgerechter Tierhaltung. Bei Rohstoffbeschaffung gibt das Unternehmen nach eigenen Angaben »sozial- und umweltverträglichen Projekten« den Vorzug. Der Großteil des Sortiments wird in Oberösterreich produziert. Dabei ist vor allem die neue Produktionsstätte zu erwähnen. Eine echte Ökohalle mit Fichtenholzrahmen und niederösterreichischem Flachs, ohne synthetische Stützfasern, die mit ihrer hervorragenden Wärmedämmung Niedrigenergiehaus-Standards erfüllt. Für die schlichten Gläser, etwa Badesalz, gibt es günstige Nachfüllpackungen. Seit 2002 eigene Naturkosmetiklinie.

Produkte: Rosen haben es der »Grünen Erde« besonders angetan, die Blumenschönheit wird in neun Varianten verwendet: von der Gesichtscreme (15,80 Euro), über Badesalz (500 Gr. 31,80 Euro) bis Rosenwasser (13,50 Euro). Dazu als duftfreie Reinigungsmilch oder Handcreme. Sprachlich rustikal wirken die Oberthemen »Frauenmantel« (für Schwangere) oder »Körperbutter«.

Star: Die firmeneigene Ökohalle in Oberösterreich. Wahrscheinlich wurden statt Nägeln Rosendornen verbaut.

Just Pure *www.justpure.de*

Philosophie: Esoterisch angehauchtes Schönheitskonzept mit ästhetisch ansprechendem Design. Bei der Herstellung orientiert sich die Firma an der Stellung der Tierkreiszeichen und den Phasen des Mondes. »Just Pure«-Gründerin Gabriela Just geht davon aus, dass es für alles im Leben einen richtigen und falschen Zeitpunkt gibt, den der Mond bestimmt. Ihre kostbaren Cremes und Lotionen werden daher nur an bestimmen Tagen angerührt. Die meisten Zutaten stammen aus kontrolliert biologischem Anbau, auf künstliche Duft- oder Konservierungsstoffe wird verzichtet.

Produkte: Dusch-Peelings, Tages- und Nachtcremes, Lotionen, alles edel, 100 Prozent Natur und nicht ganz billig. 100 ml Kamille-Sheabutter (mit Ackerschachtelhalm-Extrakt) geht

für 51 Euro weg. Bei der Körpermilch aus Orangenblüte (250 ml) ist man mit 39 Euro dabei. Online-Shop.
Star: Der Mond

Lavera, Laveré *www.lavera.de / www.lavere.de*

Philosophie: »Ich möchte, dass sich die Menschen in ihrer Haut wohlfühlen.« Laverana-Boss Thomas Haase weiß, wovon er spricht, plagte ihn doch seit seinem zweiten Lebensjahr eine Neurodermitis, die er erst als Erwachsener mit einer selbst zusammengerührten Naturcreme erfolgreich bekämpfen konnte. 1987 gründete er auf einem ehemaligen Gutshof nahe Hannover das Naturkosmetikunternehmen Laverana mit den Marken Lavera und Laveré (seit 2000). Laveré spezialisiert sich auf den wachsenden Markt der Anti-Aging-Kosmetik. Die Laverana GmbH hat mehr als 350 Auszeichnungen und Empfehlungen von »Öko-Test« bekommen. Die »Blütezeit«-Konkurrenzmarke von Plus wird übrigens bei Laverana produziert. Ebenso die Jugend orientierte Linie Nature Friends (www.nature-friends.de). Zielsetzung: Naturkosmetik für alle Käuferschichten. So erklärt es jedenfalls Laverana-Managerin Klara Ahlers, die schon mit 22 in Göttingen den »Cremetopf« eröffnete, vielleicht den der ersten reinen Naturkosmetikladen der Welt.

Produkte: Komplette, vergleichbar günstige Palette; die meisten Männerprodukte in der Naturkosmetik.

Star: Die biologisch-dynamische Geschäftsführerin Klara Ahlers. Der blonde Lockenkopf posiert auch für die Werbung der Eigenmarke Laveré.

Living Nature *www.livingnature.com*

Philosophie: Die Philosophie ist das Land, aus dem die Serie stammt. Neuseeland steht für natürliche Schönheit. Die Vielfalt der Landschaften begründete den Satz »Die ganze Welt in einem Land«. 1987 gründete Suzanne Hall die Firma. Sie selbst litt unter Akne. Als Chemikerin und Kunsthistorikerin verbindet sie wissenschaftlichen Anspruch und die Vielfalt der neuseeländischen Traditionen. Ihre Idee: Einheimische Rohstoffe möglichst unverfälscht zur Segnung unserer Haut. Ihr erstes Gel mixte Hill aus Harakeke, einer einheimischen Flachsart, Manukahonig und -öl. Living Nature unterwirft sich den strengen Regularien des BDIH. Die Produkte tragen das Siegel »kontrollierte Naturkosmetik«.

Produkte: Vollsortiment von Hautpflege über Haar bis Kosmetik, plus einer Linie für Männer. »Energetische« Body-Öle kosten 19,50 Euro, das teuerste Töpfchen Nachtcreme für »strahlende« Haut liegt bei 67,50 Euro. Guter Online-Shop.

Star. Erin O'Connor. Das Supermodel wurde auf Partys mit dem Öko-Lippenstift von »Living Nature« gesehen.

Logona, Sante www.logona.de / www.sante.de

Philosophie: Hans Hansel gründete 1975 einen der ersten Bioläden in Hannover. Der ausgebildete Heilpraktiker stellte fest, dass mangelndes Qualitätsbewusstsein nicht nur der Ernährung vorbehalten war. Er importierte Naturkosmetik aus Frankreich, fusionierte schließlich mit »Lorien Goods« zur Logona. Seit 1988 sitzt Logona in Salzhemmendorf. Anfang der 90er brachte Logona als erste Firma natürliche Pflanzenhaarfarben auf den Markt. In Zusammenarbeit mit dem Deutschen Allergie- und Asthmabund entstand »Logona PUR«.

Logona-Tochter Sante gibt sich trendiger, bietet auch dekorative Kosmetik und eine Männerlinie an. Logonas Bio-Kantine liefert auch an Kindergärten in der Nachbarschaft.

Produkte: Komplettes Sortiment mit über 600 Produkten. Das Haarfärbemittel »Logona Color Creme tizian« wurde 2006 auf der BioFach als »Renner des Jahres« ausgezeichnet. Logona ist vor allem in den boomenden Bio-Supermärkten präsent. Logona ist stolzer Sponsor von »Beautys in Motion«, ein Modelwettbewerb für Rollstuhlfahrerinnen. Die Gewinnerin des Jahres 2007, Ines aus dem Saarland, wurde für die nächste Logona-Werbekampagne fotografiert.

Star: Die Japanerin – bei ihr gilt Logona als ausgesprochen hip. Keiner weiß so recht, warum.

Pangea Organcics *www.pangeorganics.de*

Philosophie: »Ecocentric Bodycare«. Der 31jährige Gründer Joshua Onysko gilt in heimischen US-Magazinen als »green Groomer«. Sämtliche verwendeten Rohstoffe stammen aus organischem Anbau, werden nach Fairtrade-Prinzipien eingekauft und die kompostierbaren Verpackungen aus Recyclingpappe tragen Pflanzensamen in sich. Auf dass tausend bunte Blumen auf unseren Müllbergen erblühen! Man kann sie aber auch daheim auf dem Balkon einpflanzen. Newcomer Pangea (gegründet 2005) sucht seine Marktlücke durch abenteuerliche Duftkombinationen. Lavendel trifft auf Salbei, ägyptischer Fenchel auf Grapefruit.

Produkte: Gesichts-, Körperpflege sowie Seifen. Die wunderbar verpackten Seifen kosten um die zehn Euro und lassen die Hände u. a. nach kanadischen Kiefernwäldern duften.

Star: Joshua Onysko. Der dekorative Firmenchef lässt andere Männer murmeln: »Ich nehme das, was der hatte.«

Primavera *www.primavera.de*

Philosophie: »Ein Energiefeld von Luft, Licht und Lebensfreude.« Primavera hat die Gedanken der Aromatherapie verinnerlicht und glaubt an die Macht des Duftes. Die wertvollen Rohstoffe für ihre ätherischen Öle gewinnt Primavera aus weitgehend ökologischen Anbauprojekten zwischen Bhutan und Peru. Dabei gelten Fairtrade-Prinzipien. Die Firma veranstaltet zur Rosenblüte sogar »Duftreisen« in die Türkei.

Gründerin Ute Leube ließ sich als ganz junge Frau von Indianerritualen zur Heilung mit Kräutern inspirieren. 1986 gründete sie im Allgäu ihre eigene Firma. Primavera bezieht 168 naturreine ätherische Öle aus aller Welt. Export in 30 Länder. Förderung für Ökoprojekte in Nepal und Peru.

Produkte: Spezialität sind die ätherischen Öle, auch zum Selbermischen. Im Bereich Naturkosmetik Lotions mit vielversprechenden Namen wie »Relax«, »Harmony« oder »Eros« (9,90 Euro als Geschenkpackung). Online-Shop.

Star: Der Ylang-Ylang-Baum aus Madagaskar. Der Duft seiner Blüten stimmt angeblich beruhigend, glücklich und euphorisch zugleich.

Santaverde *www.santaverde.de*

Philosophie: Im Saft der Aloe vera steckt die Wahrheit. »Wenn man ein Blatt der Aloe vera einritzt, kann man beobachten, wie schnell sich die Pflanze ›heilt‹«, schwärmt Gründerin Sabine Beer auf der Website von Santaverde. »Erst läuft ein wenig Saft aus der lädierten Stelle, einige Minuten später stabilisiert dieser sich zu einer Haut, und nach kurzer Zeit hat sich diese Haut so gefestigt, dass die Verletzung so gut wie nicht mehr erkennbar ist. Erstaunlich ist auch, dass die Pflanze noch Monate nachdem man sie aus dem Erdreich geholt hat weiterleben kann. Sie übersteht selbst lange Trockenzeiten unbeschadet.« Inwieweit sich diese selbst heilenden Effekte der Aloe auf die menschliche Haut übertragen lassen, ist wissenschaftlich umstritten. Doch der Glaube an die Kraft von Aloe vera prägt das Hamburger Unternehmen. Santaverde baut die Pflanze selbst an (kontrolliert biologisch) und kombiniert sie mit anderen Wirkstoffen »aus der Natur«.

Produkte: Gesichts- und Körperpflege, Sonnenschutz und »Mittel zum Leben« – Nahrungsergänzungsmittel.

Star: Die Aloe-vera-Pflanze

Speick *www.speickwerk.com*

Philosophie: »Wir wollen die in den Speick-Pflanzen enthaltenen Wirkstoffe den Menschen nutzbar machen«, hat Firmengründer Walter Rau bereits 1928 proklamiert. 1800 Meter hoch, in den Alpen, wächst das kleine zarte Speick-Pflänzchen mit seinen langen dunkelgrünen Blättern und den kleinen gelben Blüten. Die Wurzeln enthalten ätherisches Öl. Seit 1936 steht Speick unter Naturschutz, doch Speickwerk besitzt Exklusivrechte an den Speick-Wurzeln, die zwei Kärntner Bauern jedes Jahr ab August ernten dürfen. Die Wirkung soll beruhigend sein, fast wie Baldrian. Der Geruch ist ziemlich intensiv. Im Mittelalter steckte man böse Buben in den »Speick-Arrest«, in eine Kammer, in der man Speick-Blätter trocknete. Der Duft soll ihnen noch wochenlang angeheftet haben. Neben der Speick-Linie gibt es jetzt auch Naturkosmetik der Marke »Phytokosma« aus demselben Haus.

Produkte: Seife, Lotionen, Körperöle in der klassischen rotgrünen Verpackung. Jetzt auch mit Herren-Linie. In zwei Dritteln der Produkte ist Speicköl enthalten. Gibt es in Apotheken, Drogerien, Reformhäusern und Bio-Märkten.

Star: Maria Magdalena. Schon die hat Jesus angeblich mit Speicköl gesalbt.

Tautropfen *www.tautropfen.de*

Philosophie: »Konsequente Naturkosmetik«: Durch die Beschränkung auf wenige Inhaltsstoffe entfaltet jeder Wirkstoff seine volle Kraft. Die meisten Zutaten stammen aus Demeter-zertifiziertem Anbau. Der Einkauf von exotischeren Rohstoffen erfolgt nach Fairtrade-Prinzipien. Die in den Siebzigerjahren von Silvia und Rainer Plum gegründete Firma wurde vor fünf Jahren von Börlind übernommen. Jetzt führt Annemarie Lindners Tochter Daniela die Geschäfte.

Produkte: Erfolgreiche Anti-Aging-Linie, vor allem Regeneration und Pflege. In Reformhäusern, Biosupermärkten und Naturwarenläden.

Star: Die heimlichen Stars sind Anbaugemeinschaften wie die kolumbianische »Asprome«, die für Tautropfen Passionsfruchtsamenöl herstellen und von den Einnahmen auch Schulen und Bildungszentren finanzieren.

Urtekram *http://urtekram.dk*

Philosophie: Was man an seine Haut lässt, sei genauso wichtig wie das, was man isst, erklärt das 1973 gegründete dänische

Unternehmen in seiner Selbstdarstellung. Die Firma setzt auf Ganzheitlichkeit im Produktionsprozess. Die Wärme stammt von einem Biokraftwerk, das Stroh verbrennt. Für den Strom wird Windkraft genutzt. 2007 ließ Urtekram das gesamte Sortiment nach den Bedingungen von Ecocert zertifizieren.

Produkte: Der Name klingt zwar nach einem neuen Papiersortiersystem von Ikea, aber die Dänen verkaufen tatsächlich Schönheit. Die Produkte sind frei von synthetischen Konservierungsstoffen, Farbstoffen und Alkohol. Stattdessen stecken Kräuterextrakte und ätherische Öle in Urtekram. Spezialität sind die Haarpflegemittel. Es gibt allein 15 Sorten Shampoo, von Brennnessel bis Distel. Die Preise liegen zwischen 5 und 8 Euro.

Star: Dr. Marcus Marcussen, dänischer Kräuterguru aus den Vierzigerjahren.

Weleda *www.weleda.de*

Philosophie: »Der Mensch steht im Mittelpunkt.« Da geht es nicht um Schminke, sondern um »das allgemeine Wohlbefinden und das individuelle Gleichgewicht von Körper, Seele und Geist«. Weleda konzentriert sich im Bereich der Naturkosmetik auf Pflegeprodukte. Die 1921 gegründete Firma Weleda dürfte das älteste Naturkosmetikunternehmen der Welt sein. Im anthroposophischen Geist wird ein eigener Heilpflanzengarten betrieben. Die Sozialleistungen für die Mitarbeiter gelten als herausragend. Es gibt flexible Arbeitsgestaltungsmöglichkeiten, einen Betriebskindergarten, Betriebs-Eurythmie (eine Art spiritueller Gymnastik) und eine Kantine mit Bio-Essen. Der Nachhaltigkeitsbericht »Transparenz« setzt voll auf die Vereinbarkeit von Familie und Beruf.

Die »Weleda-Nachrichten« werden seit 1992 auf Recycling-Papier gedruckt. Einsatz regenerativer Energien und moderner Wasseraufbereitungssysteme. Verleiht gemeinsam mit dem BUND den »Weleda Preis« für Umweltschutz. International erfolgreich, in Japan und den USA jährliche Umsatzsteigerungen um ein Drittel.

Produkte: Das Sortiment umfasst über 90 Produkte. Das Wildrosencremebad und die Calendula-Lotion sind Klassiker. Kosten in den meisten Bio-Läden übrigens bedeutend weniger als in der Apotheke. Die Babypflegeprodukte sind auch bei Frauen über 30 extrem beliebt.

Star: Rudolf Steiner

Die wichtigsten Siegel und Gütezeichen

In der Kosmetikbranche existieren eine Fülle selbst kreierter Gütezeichen und vier, die man sich wirklich merken muss. Plaketten wie »hypoallergen« oder »mit reduziertem Allergengehalt« können Sie ebenso vergessen wie »Wir sind gegen Tierversuche«. Letzteres heißt nicht unbedingt, dass die Firma auch tatsächlich nicht auf Rohstoffe zurückgreift, die an Tieren ausprobiert worden sind. Bei den Allergie-Hinweisen handelt es sich um nicht überprüfbare Eigenmarken.

Wenn Sie an Kosmetikprodukten interessiert sind, die umweltschonend hergestellt wurden und (weitgehend) auf chemische Zusätze verzichten sowie Tierversuche bei Entwicklung und Herstellung ausschließen, sollten Sie auf das Prädikat »Kontrollierte Naturkosmetik«, das »neuform«-Logo, ECOCERT oder das niedliche Kaninchen vom Tierschutzbund achten. Zum Zeitpunkt des Redaktionsschlusses arbeiteten verschiedene europäische Naturkosmetikverbände an der Entwicklung gemeinsamer Mindeststandards. Das Konzept sollte noch im Laufe des Jahres 2008 spruchreif werden.

Kontrollierte Natur-Kosmetik
www.kontrollierte-naturkosmetik.de

Kriterien: Konservierungs-, Duft- oder Farbstoffe sowie Emulgatoren dürfen nur unter bestimmten Bedingungen und sehr selten eingesetzt werden. Erdölprodukte, Gentechnik und radioaktive Bestrahlung sind untersagt. Die verwendeten pflanzlichen Rohstoffe stammen aus kontrolliert biologischem Anbau oder aus kontrolliert biologischen Wildsammlungen. Die Produktion muss sozialverträglich, umwelt- und ressourcenschonend vonstattengehen. Sparsamer Einsatz von Verpackungsmaterial. Und – natürlich – keine Tierversuche und auch keine Verwendung tierischer Substanzen.

Vergabe: Das Siegel wird vom Bundesverband deutscher Industrie- und Handelsunternehmen (BDIH) auf Antrag vergeben. Seit der Einführung haben sich über 70 Firmen den Regeln und unabhängigen Kontrollen unterworfen, davon 16 aus dem Ausland (Stand: Dezember 2007).

neuform
www.reformhaus.de

Kriterien: Produkte, die das »Dreihäuser-Logo« tragen, dürfen nur pflanzliche Rohstoffe beinhalten, die möglichst aus biologischem Anbau oder Wildsammlung stammen. Synthetische Konservierungs-, Duft- und

Farbstoffe sollten ebenso vermieden werden wie Silikone, Paraffine oder Erdölprodukte. Tierversuche sind tabu. Alle tierischen Rohstoffe müssen aus artgerechter Tierhaltung stammen.

Vergabe: Das Siegel wird durch die neuform Vereinigung Deutscher Reformhäuser vergeben. In den eigenen Laboren finden ständig Warenanalysen statt. Zusätzlich erfolgen unabhängige Kontrollen. Bei Missständen werden die Produkte sofort aus den Regalen genommen.

ECOCERT *www.ecocert.com*

Kriterien: Mindestens 95 Prozent der Inhaltsstoffe müssen natürlichen Ursprungs sein, mindestens zehn Prozent müssen aus kontrolliert biologischem Anbau stammen. Die Rohstoffe tierischer Herkunft dürfen nur von lebenden Tieren stammen, synthetische Farb- und Duftstoffe, Fette, Öle, Silikone und Erdölprodukte sind untersagt, ebenso Polyethylenglykole (PEGs)

Vergabe: ECOCERT wurde 1991 in Frankreich gegründet und zertifiziert 70 Prozent der Bio-Produkte im Land. Es wird aber weltweit in über 80 Ländern angewandt. Die Vergabe des Siegels erfolgt auf Antrag und wird unabhängig kontrolliert.

Kaninchen unter schützender Hand
www.tierschutzbund.de

Kriterien: Das niedliche Zeichen wird an alle kosmetischen Produkte vergeben, die ohne Tierversuche entwickelt wurden. Es dürfen keine Rohstoffe verarbeitet werden, die nach dem 1. 12. 1979 an Tieren getestet wurden. Ebenso verboten ist die Verwendung von Substanzen, für die Tiere gequält werden – wie Bärengalle oder Schildkrötenöl. Rohstoffe von Tieren müssen aus artgerechter Haltung stammen.

Vergabe: Durch den Deutschen Tierschutzbund. Die Hersteller verpflichten sich rechtsverbindlich, alle Vorgaben einzuhalten und Stichproben zuzulassen.

Literatur und Links rund um Kosmetik

Bücher

- Kevin Farrow: Skin Deep. Lothian Books, Sydney 2002
  Eine Abrechnung mit der Kosmetikindustrie, die die Menschen angeblich mit unnötiger Chemie bombardiert, und ein Plädoyer für natürliche Pflege. Sehr ideologisch – der australische Autor kommt aus der esoterischen Heilbewegung –, aber durchaus augenöffnend.
- Öko-Test (Hg.): Ratgeber Kosmetik und Wellness. Öko-Test-Verlag Frankfurt 2005, 228 Seiten, 7,50 Euro
  Von Blondierung bis Zahnseide – alles, was Sie über Kosmetik und Artverwandtes eigentlich lieber nicht wissen wollten. 1100 getestete Produkte. Aber keine Angst: Es sind nicht nur Chemiebomben dabei.
- Heinz Knieriemen/Paul S. Pfyl: Kosmetik-Inhaltsstoffe von A bis Z. Ein kritischer Ratgeber. AT Verlag, Baden Schweiz, 2005, 523 Seiten, 9,95 Euro
  Ausführlicher, im Detail aber manchmal zu allgemeiner Überblick über alles, was drin ist. Guter Einstieg.
- Ulrich Renz: Schönheit. Eine Wissenschaft für sich. Berlin Verlag 2006, 345 Seiten, 19,90 Euro

Renz hat viel gelesen, eigentlich alles, was es zum Thema
Attraktivitätsforschung gibt, und fasst die Ergebnisse zu einer
kleinen, entspannten Kulturkritik unserer Schönheitsfixierung
zusammen.
- Anita Roddick: Business as Unusual. My Entrepreneurial
  Journey, Profits with Principles. Selbstverlag über www.anitaroddick.com, 2005. Bei Amazon: 11,50 Euro
  Faszinierende Lebensgeschichte einer streitbaren Frau und
  Unternehmerin mit viel Gedankenfutter für eine ethische
  Zukunft des Kapitalismus.
- Anette Sabersky: Das große Allergie-Lexikon. Urania Verlag
  2006, 224 Seiten, 16,95 Euro
  Die Weltgesundheitsorganisation WHO prognostiziert, dass
  bis 2010 die Hälfte aller Menschen unter einer Allergie leidet.
  Sabersky liefert einen gut verständlichen Überblick über
  die wichtigsten allergieauslösenden Substanzen in der Kosmetik,
  aber auch aus den Bereichen Lebensmittel oder Bekleidung.
- Verbraucher Initiative e.V. (Hg.): Naturkosmetik, Berlin 2003,
  8 Seiten, 2,60 Euro, erhältlich über: www.verbraucher.org
  Informative Broschüre rund um alle Fragen zur Naturkosmetik:
  Inhaltsstoffe, Kennzeichnung, Unverträglichkeiten und
  viele Tipps.
- Susan West Kurz: Das Dr. Hauschka-Konzept – Schönheit
  pur. Mosaik bei Goldmann, 2007, 208 Seiten, 19,95 Euro
  Noch ein Erweckungsbuch: Innere Balance plus Gesundheit
  gleich schön. Neun Kapitel Lebenshilfe mit einem kleinen
  Verweis auf die kongenialen Produkte von Dr. Hauschka, vorgestellt
  von der USA-Chefin der erfolgreichsten deutschen
  Naturkosmetikfirma. »Wir müssen von dem Gedanken wegkommen,
  dass es ein Produkt gibt, das dich schön macht.
  Schönheit kommt von innen.«

KOSMETIK SERVICETEIL

Fakten und Tipps im Web

Beauty-Blog *www.mybeautyblog.de*

Die ebenso sympathische wie kenntnisreiche Andrea Tribel schreibt seit 2005 über Neues aus der Welt der Töpfchen, Tuben und Tausendschönchen. Sehr praktisch und Verbraucher orientiert, mit Herz für die Naturkosmetik. Der optisch eher ungeschminkte Blog soll nach Redaktionsschluss dieser Ausgabe kräftig aufgehübscht worden sein.

Allergien *www.daab.de*

Alles Wissenswerte hat der Deutsche Allergie- und Asthmabund unter dieser Adresse zusammengestellt.

Kosmetikindustrie *www.verbraucherbildung.de*

Einen guten, leicht verständlichen (und nicht ideologisch oder esoterisch durchsetzten) Überblick, bei dem auch auf die Vermarktung der Kosmetik eingegangen wird, bietet »Kosten der Schönheit«, eine Broschüre des Verbraucherinstituts in Berlin. Sie ist leider bereits sieben Jahre alt, in vielem aber immer noch aktuell. Als pdf-Datei abrufbar (genaue Adresse: http://www. verbraucherbildung.de/projekt01/media/pdf/Kosten_der_Schoenheit.pdf).

Naturkosmetik *www.naturalbeauty.de*

Eine gut gemachte Website mit vielen Fakten und ein bisschen Eigenwerbung haben die wichtigsten Naturkosmetikhersteller aufgebaut.

Selber machen *www.meinekosmetik.de*

Wer sich nach allem, was er jetzt weiß, seine Tagescreme lieber selbst zusammenrühren will, erfährt unter dieser Adresse gute Rezepte und Tipps.

Test *www.stiftung-warentest.de / www.oekotest.de*

Auf den Websites der Zeitschriften »Stiftung Warentest« und »Öko-Test« finden Sie interessante Hinweise auf Qualität und Inhaltsstoffe der wichtigsten Kosmetikmarken.

Tierversuche *www.ihtk.de*

Viele Informationen und Argumente bietet die Seite des Internationalen Herstellerverbandes gegen Tierversuche in der Kosmetik. Dort finden Sie auch eine Liste aller Beauty-Unternehmen, die nach wie vor an Tieren experimentieren.

Verbände

Die Vertreter der Naturkosmetik haben sich im Bundesverband Deutscher Industrie- und Handelsunternehmen für Arzneimittel, Reformwaren, Nahrungsergänzungsmittel und Körperpflegemittel (BDIH) zusammengefunden (www.kontrollierte-naturkosmetik.de).

Der Industrieverband Körperpflege und Waschmittel (IKW) vereint 370 Mitglieder, davon 270 aus dem Bereich Körperpflege. Auf der Verbands-Website www.ikw.org findet man alle wichtigen gesetzlichen Regelungen und vollständige Kompendien zum Thema Kosmetik aus eher konventioneller Sicht.

KOSMETIK SERVICETEIL

Gänzlich anti-ökologisch gibt sich der Verband der Vertriebsfirmen Kosmetischer Erzeugnisse (VKE), der die härteren Positionen der Kosmetikindustrie, etwa in der Frage der Tierversuche, vertritt (www.kosmetikverband.de).

WOHNEN

Generation Ivar

In den 8oer-Jahren stand das »Ivar«-Regal von Ikea in jeder zweiten deutschen Wohngemeinschaft. Jedenfalls kam es einem so vor. Ivar hatte keine Rückenwand, was die beidseitige Belegung mit Taschenbüchern ermöglichte. Und Ivar war aus Holz. Kiefer unbehandelt, um genau zu sein. »Kiefer unbehandelt« – das klang nach Natur pur, nach ehrlicher Handarbeit und passte wunderbar in diese ungeschminkte Zeit. Der Siegeszug eines Regaltyps, dessen Ästhetik sich auf »Kiefer unbehandelt« reduzieren ließ, war eine direkte Reaktion auf die Berichte über die schleichende Vergiftung unserer Welt. Ständig las man von Gift in Lebensmitteln, verseuchten Böden und Flüssen. Überall, so schien es, lauerte der Tod.

Und auch der Chemiebaukasten der Möbelindustrie war gut gefüllt: Formaldehyde, Lösemittel im Lack, Weichmacher, Flammschutzmittel. Munter wurden Holzschutzmittel mit PCP oder Lindan aufgetragen oder Spanplatten mit giftigen Klebern verleimt.

Wer seine Nähe zur erwachenden Öko-Bewegung demonstrieren wollte, holte sich seine Möbel entweder direkt vom Sperrmüll oder lebte in rustikalen Wohnlandschaften aus Kiefernholz. Kein Lack, keine Farben, Design war ein verhasster Kampfbegriff. Wohnen ist wichtig, das galt damals schon. Ob als demonstratives Anti-Wohnen mit angestoßenen Uraltmöbeln, im Yuppie-Loft zwischen Stahl und Glas oder in der Plüsch-Höhle mit Kissenbergen und roter Farbe an der Wand; wie wir wohnen, mit welchen Möbeln wir uns umgeben, war und ist Ausdruck unseres Lebensgefühls.

Wohnen mit Seele

15 Milliarden Euro geben die Deutschen jährlich für Möbel aus, seit zwei, drei Jahren mit sanft steigender Tendenz. Europaweit liegen wir mit 360 Euro pro Kopf und Jahr ganz vorn, gemeinsam mit den Österreichern und den Schweden. Nach einer Allensbach-Umfrage gilt die Wohnung für jeden zweiten Bundesbürger als »Ort der Verwirklichung des eigenen Stils und eigener Ideen«. Ihre Einrichtung sei wichtiger als die Wahl des richtigen Autos. »In wirtschaftlich unsicheren Zeiten ist es naheliegend, dass man wenigstens zu Hause ein Gefühl der Sicherheit und des Wohlfühlens anstrebt«, erklärt Dirk-Uwe Klaas vom Verband der Möbelindustrie.

In »Vision 2020«, einem Papier zur Zukunft des Wohnens, beschreibt der Verband die wichtigsten Trends. Emotionale, nichtmaterielle Werte würden die funktionalen ablösen, die Geschichte eines Produkts, seine Unverwechselbarkeit würde immer wichtiger. Gleichzeitig steige die Wertschätzung der Handwerkskunst und hochwertiger Materialien, die dem gesteigerten ökologischen Bewusstsein der Konsumenten gerecht werden müssten. »Das Bedürfnis nach Sinn-Suche wird als neue Klasse von Räumen die Wohnzukunft verändern. Allerdings wird es in diesen Räumen nicht viel geben. Nichts im Außen soll auf die Suche im Innen ablenken. Die Idee kommt aus dem Wellness-Bedürfnis des Menschen, aus der Suche nach Ausgleich zwischen Körper, Geist und Seele.«

Seinen Ausgleich sucht und findet der Mensch in der Natur. Bei der Mailänder Möbelmesse 2006, der wichtigsten Wohndesign-Schau der Welt, konnte man die Abkehr vom Kunststoff-Boom der vergangenen Jahre beobachten. Stattdessen: »Neo-Rurales« – Naturhölzer, Eiche zum Beispiel, möglichst unbehandelt, wie vom Lande oder die »Rezyklisierung«, wie der Design-Fachmann von der »Frankfurter Allgemeinen Zeitung« es nennt: Vermeintliche Abfälle als neue Rohstoffe. Glas, Holz, Metall, was auch immer, nur nichts wegschmeißen. Der Kölner Designer Mike Meiré bat in eine »Küchenscheune«. Natur zum Greifen nah: Ferkel, blökende Lämmer, Teich, Stroh, und im Hintergrund blitzten die High-Tech-Armaturen. 2007, ein Jahr später, stand gleich die ganze Möbelmesse im Zeichen von Ökologie und Nachhaltigkeit. Ein kleiner Birkenhain säumte die heiligen Hallen des internationalen Möbeldesigns, man sah Naturmotive, vorzugsweise Blumen, hörte Vogelzwitschern aus den Lautsprechern und staunte über Stahlgriffe, die in ihrer Form an Äste erinnerten. Ohne Naturnähe und vorgebliche Authentizität kam kaum ein Entwurf aus. Bei der »imm cologne« schließlich wurden die Trends »Outside in« sowie »Neo Nature« ausgerufen. Erfreut notierte der Beobachter der »Süddeutschen Zeitung«: »Sofas sahen plötzlich aus wie Lehmbauten, Schränke wie Jutewände. Neue, intelligente Materialien und Konstruktionen drängen in die Design-Zirkel vor. Die Formen werden mit Inhalten versehen. Energieeffizienz, Nachhaltigkeit und Öko-Bilanz werden endlich ernst genommen.« Zwischen superbillig und dem kühlen Luxus aus Chrom, Edelholz und Glas scheint sich eine dritte Linie zu entwickeln: die Sehnsucht nach einem Wohngefühl, das uns weder von der Welt abkoppelt noch von der Natur.

■ WOHNEN

Checkliste Möbelkauf

Sind so viele Möbel… Wer einmal eine komplette Wohnung neu einrichten musste (oder durfte), weiß, dass man im Strudel unzähliger Marken und Hersteller leicht untergehen kann. Möbelkäufer, die beim Einkaufen nicht ihr (ökologisches) Bewusstsein verlieren wollen, können sich an der folgenden Liste orientieren. Mit jedem erfüllten Kriterium bei Ihrem Möbelkauf tragen Sie zu einer umweltverträglicheren Art der Herstellung bei.

▶ Möbel und Heimtextilien nach Möglichkeit nur aus nachwachsenden Rohstoffen (Holz, Schurwolle, Baumwolle etc.).

▶ Holz, insbesondere Tropenholz, nur mit einem Zertifikat wie dem FSC-Zeichen, das die Herkunft aus nachhaltiger Forstwirtschaft bezeugt (zu den wichtigen Siegeln und Gütezeichen siehe Seite 286 ff.).

▶ Möglichst keine Spanplatten, da für ihre Verarbeitung häufig giftige Kleber verwendet werden.

▶ Die verwendeten Leime sollten keine Lösungsmitteln oder Formaldeyd enthalten. Die Öle und Lacke sollten auf natürlicher Basis produziert worden sein.

▶ Matratzen oder Polstermöbel sollten mit 100 Prozent natürlichen Materialien wie Latex, Rosshaar oder Kokos gefüllt sein. Auf synthetischen Latex verzichten, dabei handelt es sich häufig um so genannten »Naturlatex«, eine Mischung aus natürlichem Kautschuk und aus Erdöl gewonnenem Latex. Nach Klebstoffen fragen, großflächige Verklebungen vermeiden.

> ▶ Bei Heimtextilien gilt: keine chemischen Weichmacher, keine zusätzlichen Beschichtungen wie Teflon. Materialien möglichst aus kontrolliertem biologischen Anbau, tierische Rohstoffe wie Schurwolle aus artgerechter Tierhaltung.
>
> *Quelle:* Europäischer Verband der ökologischen Einrichtungshäuser

Einmal um die ganze Welt

Die Frage, wie wir uns einrichten, welche Tische, Betten, Schränke, Teppiche wir kaufen, entscheidet mit darüber, in welchem Zustand wir unseren Planeten einmal hinterlassen werden. Wenn wir Möbel kaufen, kaufen wir eine ganze Produktgeschichte: Welche Materialien werden verwendet? Wo kommen sie her? Unter welchen Arbeitsbedingungen wurden sie erschlossen und weiterverarbeitet? Was passiert mit den Möbeln, Matratzen oder Teppichen, wenn ich sie nicht mehr brauche?

Die deutsche Möbelbranche gibt darauf unterschiedliche Antworten. Auf den Extremen finden wir den Hardcore-Öko-Schreiner, der nur Holz von ihm persönlich bekannten Bäumen verarbeitet – am besten auch noch selbst gefällt – und vorzugsweise für Kunden arbeitet, die nur die unregelmäßige Witterung davon abhält, gleich ganz im Wald zu wohnen. Auf der anderen Seite erleben wir die Blütezeit des Wegwerfmöbels, Spanplatten aus – im Wortsinn – atemberaubender Qualität, die mit ihren Schadstoffen jedes Chemielabor rotieren lassen. »Presskacke« nennt das ein befreundeter Tischler.

WOHNEN

In den vergangenen Jahren hat die deutsche Möbelindustrie einen ähnlich tief greifenden Wandel vollzogen wie die Textilbranche. Weite Teile der Produktion wurden aus Deutschland nach Osteuropa und Asien ausgelagert. Beim gnadenlosen Preiskampf blieben viele kleine und mittelständische Unternehmen auf der Strecke. Mitnahmemöbel, die man sich beim Discounter kauft und zu Hause aufzubauen versucht, machen mittlerweile 48 Prozent des Marktes aus. Jeder fünfte deutsche Möbel-Euro landet in den Kassen von IKEA. Zwischen superbillig und Luxus ist die Mitte weggebrochen.

Die Möbelherstellung für den Massenmarkt ist ein anonymer Prozess. Wir erfahren kaum etwas über die Arbeitsbedingungen in den Fabriken, unter denen unsere Schränke, Betten oder Tische zusammengebaut werden. Wir müssen uns ungefähr zusammenreimen, was »Ahorn-Nachbildung« oder »metallähnlich« bedeutet, und darauf hoffen, dass bei der Produktion von Billigmöbeln die höchsten Umwelt- und Gesundheitsstandards eingehalten werden. Doch die gesetzlichen Regelungen, die – angefangen mit der Gefahrstoff-Verordnung aus dem Jahr 1986 – Schadstoffgrenzen für die Möbel-Produktion in Deutschland festlegten, gelten nicht in Polen, Rumänien, China oder wo immer die Großen der Möbelbranche fertigen lassen. Immer wieder erleben die Prüfer von »Öko-Test« daher unliebsame Überraschungen, wenn sie in ihren Laboren die Ausdünstungen von Küchenmöbeln oder Schlafzimmereinrichtungen untersuchen: Formaldehyd über allen Grenzwerten, sogar Blei, und das auch bei Marken, die für ihr aufwendiges Design gern ein paar Euro mehr nehmen.

Aus deutschen Landen...

Wer nach Möbeln sucht, die mehr bieten als nur die Einhaltung gesetzlicher Mindeststandards, wird bei den rund 100 Mitgliedern der Deutschen Gemeinschaft Möbel (DGM) fündig. Die DGM verleiht das »Goldene M«, ein Gütezeichen, das nach Auflagen vergeben wird, die in den »Allgemeinen Güte- und Prüfbestimmungen für Möbel RAL-GZ 430« geregelt sind. Dabei werden vor allem technische Voraussetzungen getestet, etwa ob ein Sofa es aushält, wenn sich ein 100-Kilo-Mann 30 000 Mal draufwirft, ob Schranktüren 80 000 Mal auf- und zugehen, ob ein umfangreicher Grenzwert-Katalog von Schadstoffen eingehalten wird, und und und. Das »Goldene M« verlangt darüber hinaus, dass verwendetes Holz aus »nachhaltiger Forstwirtschaft« stammt und bestimmte Umweltstandards bei der Produktion der Möbel eingehalten werden.

In der Mitgliederliste der DGM findet sich ein »Who's who« der bekannten deutschen Möbelmarken, von Rolf Benz bis Poggenpohl. Einige DGM-Mitglieder gehen über die Anforderungen des »Goldenen M« noch hinaus. So hat die Firma Hülsta aus dem Münsterland – mit über 1400 Angestellten die Nummer zwei in Deutschland – für ihr gesamtes Möbelangebot das angesehene Umweltgütezeichen »Blauer Engel« erhalten. Unternehmen wie Thielemeyer lassen in Deutschland produzieren und verweisen auf ihre umweltschonende Logistik.

Der deutsche Marktführer Rauch aus Freudenstadt verwendet ausschließlich Wasser- und UV-Lacke und wurde für sein komplettes Programm ebenfalls mit dem »Blauen Engel« ausgezeichnet – ohne das in seiner Selbstdarstellung auch nur zu erwähnen. Der niedersächsische Büromöbelhersteller Wilkhahn wird für seine vorbildlich flexiblen und humanen Arbeits- und Gesundheitsbedingungen sogar in Gewerkschaftszeitungen gelobt. Die Konkurrenten Assmann und Palmberg erstellen aufwendige Umweltberichte. Doch generell scheint sich die deutsche Möbelbranche noch nicht auf den neuen Kundentypus eingestellt zu haben, der ökologische und soziale Sensibilität mit ästhetischem Anspruch verbindet.

Im Rahmen einer Umfrage der Verbraucher Initiative e.V. über »Hemmnisse und Potenziale für die Nutzung des Blauen Engels in der Möbelindustrie« trat zweierlei zutage. Die befragten Möbelfirmen glaubten zur Hälfte, dass ihre Kunden sich für Umweltfragen nicht interessieren, und bemängelten andererseits die schlechte Information der Öffentlichkeit über die ökologischen Aspekte der Möbelfertigung. Die Wirkung des »Blauen Engels« als Marketing-Instrument schätzten die Möbelhersteller gering ein. Entsprechend verschwiegen gibt sich die Branche. Der eine Teil scheint das Öko-Image zu fürchten, der andere freut sich, dass keiner nach seinen Umwelt- oder Sozialstandards fragt.

Modell Ikea?

Ende März 2007 kam es im fränkischen Unterkrumbach zu einer denkwürdigen Begegnung. Ökologischer als die dort ansässigen Massivholzschreiner »Die Möbelmacher« kann man wahrscheinlich nicht produzieren und daher war es schon so etwas wie ein kleiner Kulturschock als eine 50köpfige Delegation von Ikea durch die Werkstätten und Ausstellungsräume spazierte. »Natürlich trennen uns Welten«, erklärt Ober-Möbelmacher Herwig Danzer, der »Ikea Green«-Chefin Mareke Wieben ins deutsche Nachhaltigkeitsparadies eingeladen hatte. Die Leiterin der Abteilung für Soziales und Umweltschutz kam gern und brachte aus jeder deutschen Ikea-Filiale mindestens

Modell Ikea?

einen Vertreter mit. Spätestens beim Abendessen entdeckte man dann sogar Gemeinsamkeiten. »Besser als ihr Ruf«, sei die Firma mit den FDP-Farben, erzählt Danzer und erwähnt etwa die »vorbildliche« Ikea-Kampagne gegen Kinderarbeit. Und die Möbel? »Auf ihre Art sind beide Arten Möbel ihr Geld wert«, erklärt Danzer ziemlich entspannt.

Ausgerechnet Ikea, das als weltweit operierendes Billigmöbelhaus der Schrecken jedes Globalisierungsgegners sein dürfte, scheint sich am Wunsch nach Transparenz und einem Kauf mit gutem Gewissen zu orientieren. Gemeinsam mit dem World Wildlife Fund (WWF) sucht das schwedische Unternehmen nach Möglichkeiten, für seine Produkte in naher Zukunft verstärkt Holz aus nachhaltiger Forstwirtschaft zu verwenden. Seit dem Jahr 2000 gilt ein Verhaltenskodex, der die Produktionsbedingungen für die 118 000 Ikea-Mitarbeiter in 40 Ländern genau regelt, beispielsweise Gewerkschaftsfreiheit fordert und Kinderarbeit ausschließt. Seit die Lieferanten unabhängig kontrolliert werden, steigt vor allem in Asien die Zahl der registrierten Verstöße gegen den Ikea-Kodex. Laut Ikea-Bericht von 2006 ist die »Erfüllungsquote« des »Code of Conducts« dort von 2005 auf 2006 von 80 auf 69 Prozent zurückgegangen – was für die Transparenz der Firma, aber eben auch gegen die Arbeitsbedingungen bei den Lieferanten spricht.

Wer will, kann im Umweltbericht der Firma nachlesen, dass bei der Herstellung und dem Transport eines einzelnen Ikea-Katalogs 250 Gramm weniger schädliches Kohlendioxid in die Luft abgegeben wurde als noch vor zwei Jahren (macht aber immer noch 550 Gramm CO_2 pro Stück). Die Firma hat sogar eine eigene Bahngesellschaft gegründet, um den Transport ihrer Möbelteile von der Straße auf die Schiene zu verlagern. Inzwischen spart Ikea so die Jahresleistung von 60 LKWs ein. Und – auch das zählt bei einer Firma, die jährlich über 150 Millonen Köttbullar (Hackbällchen) verkauft: In über 30 deutschen Ikea-Häusern bekommen Kinder für einen Euro ein komplettes Bio-Menü.

Das alles macht Ikea natürlich noch nicht zum Vorzeige-Öko-Unternehmen der Möbelbranche. Die Polyurethan-Exzesse bei der Herstellung ihrer Polstermöbel und Matratzen, die Verwendung von Billig-Metall oder von Baumwolle aus pestizidverseuchten Feldern spricht dagegen, ebenso dass die verschiedenen Teile, die man für einen Ikea-Schrank braucht, um die halbe Welt fliegen müssen, ehe genau eines beim Zusammenbauen fehlt. Bei der ersten gründlichen Überprüfung der Arbeitsbedingungen in 1600 Zulieferbetrieben wurden 20 000 Verfehlungen gegen den Ikea-»Code of Conduct« registriert – und Besserung gelobt. Aber all dies sind Sünden, die den bewussten Konsumenten überlegen lassen, ob es nicht doch eine andere Welt jenseits der Möbeldiscounter und Luxusmarken gibt.

Die Öko-Designer

Die alternative Möbelbranche in Deutschland hat lange, vielleicht allzu lange, vor allem mit Gesundheitsaspekten für ihre Stühle, Schränke, Betten oder Matratzen geworben. Das war löblich und sehr informativ. Doch wenn man eine ganz andere Art der Möbelherstellung durchsetzen will, reicht das nicht. Es dürfte eher selten passieren, dass jemand in einen Naturmöbel-Laden marschiert und ruft: »Hey, super, die Sitzbank da ist genau das Richtige für mich alten Allergiker!« Egal, wie sie aussieht. Das Fatale an vielen ökologisch und ethisch wertvollen Warenangeboten in Deutschland ist, dass Design und Ästhetik beinahe als unethische Kategorien zu gelten scheinen. Warum

Die Öko-Designer

bloß sehen die meisten »Bio-Möbel« noch immer so aus, wie Ikea-Möbel heißen? Es gibt eine Vielzahl von kleinen und mittleren Öko-Möbelgeschäften, die ganz bestimmt alle wichtigen Umweltstandards einhalten oder übererfüllen. Doch beim Besuch in einem dieser »Massivholz Natur«-Ausstellungsräume rattert es die ganze Zeit nur so in meinem Kopf: »Brögen«, »Rommske«, »Trellsö« – so hätte man sie nennen können, die wuchtigen Regale und klobigen Betten, garantiert schadstofffrei und von glücklichen Schreinern gefertigt. Aber in meine Wohnung stellen mag ich das Möbel gewordene gute Gewissen lieber nicht.

Doch allmählich setzt bei den alternativen Möbelherstellern und -verkäufern das Umdenken ein. Die Firma Grüne Erde, mit über 30 Millionen Euro Jahresumsatz ein Vorzeigeunternehmen der deutschen Alternativbranche, bekennt ebenso blumig wie selbstkritisch auf ihrer Website: »Die ›Öko-Verzicht-Ideologie‹ hat sich als untaugliche Lebensperspektive erwiesen. Es gilt, das zutiefst menschliche Bedürfnis nach Genuss nicht zu ignorieren, sondern in für die Natur verkraftbare, vernünftige Bahnen zu lenken. Das Design von Möbeln kann noch so schön und elegant sein – es stürzt einen ökologisch denkenden und gleichzeitig ästhetisch anspruchsvollen Menschen ins Dilemma, wenn sie aus Kunststoff gefertigt sind. Umgekehrt: Ein Bett, ein Schrank oder ein Bücherregal mag aus europäischem, vollem Holz handwerklich gefertigt sein – es trübt dennoch den ästhetischen Genuss, wenn sich Möbel formal ungelenk, plump und unproportional präsentieren.«

Entsprechend schlicht, beinahe elegant präsentieren sich die Naturmöbel von Grüne Erde, denen man den missionarischen Geist nicht mehr ansieht. Klare Formen, Rotbuche, Fichten- und Birkenholz, die Oberflächen mit natürlichen Ölen veredelt – kunststofffreie Zonen. Das kostet natürlich etwas mehr als

■ WOHNEN

die Spanplattenversion, bleibt aber mit etwa 1500 Euro für einen großzügigen Esstisch oder 1300 Euro (alles Zirka-Preise) für das Zen-inspirierte Bett »Suki« durchaus im Rahmen. Im Durchschnitt dürften Möbel in der Öko-Ausführung zehn bis 20 Prozent teurer sein.

»Öko und Design sind kein Widerspruch«, erklärt der Österreicher Georg Emprechtinger vom Team 7, das mit spektakulären Entwürfen auf sich aufmerksam gemacht hat (www.team7.at). In einem Interview mit »Schöner Wohnen« preist Emprechtinger »die Urkraft und wunderbare Ausstrahlung von Holz«. Metalle und giftige Lacke kommen für Team 7 nicht infrage. Sogar die Scharniere und Schlösser waren eine Weile lang aus Holz, bis sich die Möbelmacher wieder etwas pragmatischeren Positionen annäherten. Team-7-Meisterwerke wie den massiven Designer-Tisch »Magnum« kann man sich bei Design-affinen Öko-Einrichtern wie BioMöbel Genske in Köln oder Düsseldorf anschauen (www.biomoebel-genske.de). Dort findet man auch die Sideboards, Wandregale, Betten oder Stühle von Zeitraum, ein Zusammenspiel aus strengen Formen und warmen Materialien – Ahorn, Nussbaum, natürlich gewachst und möglichst umweltschonend produziert.

Propagandisten der wahrhaft ökologischen Möbelproduktion haben sich 1994 als Europäischer Verband ökologischer Einrichtungshäuser zusammengeschlossen. Das Motto der 53 Möbelhändler starken Vereinigung lautet »sensibler Wohnen«, und damit ist nicht etwa der Gebrauch von Kopfhörern beim Anhören des neuen Rammstein-Albums gemeint. Die sensiblen Möbelverkäufer haben einen umfangreichen Kriterienkatalog für Einrichtungsgegenstände aller Art entwickelt – nur die, die strengste Umwelt- und Sozialauflagen erfüllen, erhalten das Gütezeichen »ÖkoControl« (siehe »Siegel und Gütezeichen«, Seite 288), bei dem man absolut sorglos zugreifen kann.

Amerika, du hast es besser

Josh Dorfman isst gern Fleisch, liebt Partys und duscht morgens gern lange. Während er versucht, unter dem warmen Strahl langsam wach zu werden, fragt er sich regelmäßig, wann endlich eine günstige Öko-Dusche erfunden wird, die das verduschte Wasser sammelt und damit die Toilette spült. Als der Amerikaner vor zehn Jahren bei einer China-Reise im ersten Fahrradstau seines Lebens stand, hatte er eine Art ökologisches Erweckungserlebnis. Was wird aus unserer Welt, wenn die bald alle mit dem Auto fahren?, fragte er sich, und die Antwort machte ihm Angst.

Heute ist Josh einer der Stars der neogrünen New Yorker Szene, die Style und Öko-Bewusstsein verbinden will. Seine selbstironisch »The Lazy Environmentalist« (in etwa: Der faule Umweltschützer) genannte Radio-Show läuft wöchentlich auf einem Satellitenradiosender und richtet sich an all jene, die nicht gleich ihr ganzes Leben umschmeißen wollen, um den Planeten zu retten. Seit drei Jahren verkauft Dorfmans Firma Vivavi Möbel und Accessoires im Stil der neuen Zeit: Natürliche Materialien (Textilien aus Öko-Anbau), keine Schadstoffe, teilweise Recycling-Material – und alles so gestaltet, dass die in Vivavi zusammengeschlossenen Designer es regelmäßig auf die Seiten der besten internationalen Möbelmagazine schaffen. Natürlich ist Vivavi auch Mitglied der amerikanischen »1 % for the Planet«-Bewegung, in der Unternehmen ein Prozent ihres Umsatzes an Umweltschutzbewegungen spenden. Dass ihr Internet-Auftritt von einer Agentur gestaltet wurde, die ihren Strom ausschließlich aus erneuerbaren Energien bezieht, versteht sich von selbst.

Das Surfen auf www.vivavi.com, www.scrapile.com und den zahlreichen anderen »eco-homewear«-Seiten, die amerikanische Möbelkäufer versorgen, erfüllt einen mit einer Mischung aus Neid und Traurigkeit: Das Kombi-Regal aus Birkenholz, dessen Einzelstücke Tetris-Figuren nachempfunden sind; die verspielten Hocker aus Kork; die asymmetrische Bambusholz-Sitzbank mit integriertem Zeitschriftenständer – warum gibt es das nicht bei uns? Und wer in Deutschland baut mir ein öko-schickes Sideboard aus recycelten Edelhölzern, wie es der Dorfman-Freund Bart Bettencourt entworfen hat?

Das Holzschutzmittel sind wir

Natürlich versäumt Josh Dorfman es nicht, darauf hinzuweisen, dass sämtliche Hölzer, die für Vivavi-Möbel verwendet werden, aus FSC-zertifizierten Wäldern stammen. »FSC« – das müssen Sie sich merken, wenn Sie die nächste Sitzbank kaufen. Das »Forest Stewardship Council« wurde 1993 gegründet, um die Vernichtung unserer Urwälder endlich aufzuhalten. »Man muss kein Geheimagent sein, um unsere Wälder zu schützen«, wirbt Ex-Bond Pierce Brosnan in einer Anzeigenkampagne für die Ziele des FSC.

Die Erkenntnis, dass nur nachhaltig bewirtschaftete Wälder auch kommenden Generationen noch genügend Holz liefern, hat sich relativ spät durchgesetzt und wird von einer internationalen Holzmafia immer wieder gern unterlaufen. Länder wie Brasilien, Indonesien oder Kongo leiden nach wie vor unter dem Raubbau ihrer Edelholzwälder. Jährlich gehen etwa in Indonesien Waldflächen von der Größe von Wales unwiederbringlich verloren. Seit 1990 verschwand über ein Drittel des gesamten Holzbestands der Welt. Ein Wahnsinn. Ökologisch sowieso, aber auch ökonomisch macht das illegale Abholzen wenig Sinn, weil es die lokale Holzwirtschaft um die Chance bringt, mit nachwachsenden Beständen mittel- und langfristige Erträge zu erzielen.

Wer sich um die Waldbestände der Erde sorgt, sollte Möbel oder Holz nur bei solchen Herstellern kaufen, die die Herkunft ihrer Rohstoffe aus geprüften Forstbetrieben nachweisen können. Bei mindestens der Hälfte aller angebotenen Tropenholzmöbel stammt das Material aus illegalen Quellen, die auch durch putzige Eigenlabels wie »aus Plantagen« nicht besser werden. Die Kampagnen von Umwelt-Organisationen wie Robin Wood oder dem World Wildlife Fund (WWF) haben Verbraucher und Unternehmen durchaus sensibilisiert. Edeka nahm 2004 seine Tropenholzmöbel aus Vietnam und Indonesien aus dem Programm. Gemeinsam mit dem WWF engagieren sich Baumärkte wie OBI, Max Bahr, Bauhaus oder Hornbach in der »WWF Wood Group« für den Kampf um eine nachhaltige Waldwirtschaft. Dabei soll der Anteil FSC-zertifizierter Hölzer stufenweise erhöht werden.

Doch wenn man heute mit der eigentlich einfachen Frage, woher denn das Holz für die Möbel kommt, in einen ganz normalen Einrichtungsladen spaziert, wird man in den seltensten Fällen eine vernünftige Antwort bekommen. Hektisch blättern die Verkäufer in den zahlreichen Etiketten und versichern einem dann nur, es handle sich »ganz bestimmt« um allerbeste Qualität. Wer sichergehen möchte, mit dem Kauf von Möbeln aus exotischeren Materialien keinen Raubbau und keine Gewaltrodungen in bedrohten Wäldern zu unterstützen, sollte daher nur Produkte kaufen, die das Siegel des »Forest Stewardship Council« tragen. Unter www.fsc-deutschland.de kann man sich eine Liste aller Hersteller und Verkäufer herunterladen, die Möbel aus FSC-zertifiziertem Holz führen.

Man muss natürlich auch nicht immer Waldholz nehmen, wenn man interessante Möbel gestalten will. Die Berliner Jörn

Welches Holz ist das beste?

»Kiefer unbehandelt«? Feine Esche aus Frankreich? Oder doch lieber Ramin aus den Sumpfwäldern Malaysias? Eine kleine Liste mit Do's und Dont's bei der Auswahl verwendeter Rohstoffe:

▶ *Empfehlenswert* ◀

Ahorn
Herkunft: Europäische Mischwälder, verwandte Arten wachsen in Nordamerika
Geeignet für: Im Prinzip für alles, eines der wertvollsten Hölzer

Birke
Herkunft: Meist aus den skandinavischen Ländern, Osteuropa oder Nordamerika. Brauchen viel Licht, aber keine besondere Bodenqualität.
Geeignet für: Gutes Edelholz-Imitat, wird gern als Furnier und Sperrholz genommen

Buche
Herkunft: Meistens aus Deutschland. »Rotkernig« bedeutet, dass die Bäume länger wachsen durften – spricht für nachhaltig betriebene Forstwirtschaft.
Geeignet für: Möbel, die viel aushalten müssen – Regale, Schränke etc.

Eiche
Herkunft: Mittlerweile kommt mehr als die Hälfte des ver-

wendeten Eichenholzes aus Frankreich, Polen oder der
Ukraine. Der klassische deutsche Eichenwald hat für
Nadelwälder Platz machen müssen.
Geeignet für: Herrlich wuchtige Schrankwände im Stil des
»Gelsenkirchener Barock« und andere Möbel, die etwas
aushalten können müssen

Esche
Herkunft: Frankreich, Nordamerika
Geeignet für: Elastisches Holz, gut für aufwendigere Design-Ideen

Kirsche
Herkunft: Heiß begehrtes Mangelholz, die Qualität aus den USA lässt allmählich nach. In Europa hat man das wunderbar nachdunkelnde Holz bereits vor vielen Jahren beinahe vollständig abgeschlagen.
Geeignet für: Elegante, repräsentative Möbel – zum Beispiel Chefinnenschreibtische

▶ *So lala* ◀

Fichte
Herkunft: Nimmt ein Drittel der deutschen Waldfläche ein. Wird gern gepflanzt, weil die Bäume so schnell wachsen, deswegen Hang zu ökologisch bedenklichen Monokulturen. In Russland werden darüber hinaus gerade wunderbare Fichtenurwälder abgeholzt.
Geeignet für: Deutsche Repräsentationsmöbel

Kiefer

Herkunft: Jeder vierte Baum in deutschen Wäldern ist eine Kiefer. Leider gibt es den Trend, Kiefer-Monokulturen auf Kiefer-untypischen Böden anzulegen. Vor allem die Importe aus Polen, Russland oder Weißrussland sollten nur mit Umwelt-Zertifikaten verwendet werden.

Geeignet für: Ikea-Regale im Geist der 80er-Jahre

Robinie

Herkunft: Osteuropa, vor allem Ungarn oder Rumänien. Anbau ist ökologisch durchaus bedenklich.

Geeignet für: Extrem beständig, daher gut für Gartenmöbel oder stark beanspruchte Flächen. Auf jeden Fall besser als Tropenholz.

▶ *Bitte nicht!* ◀

Mahagoni

Herkunft: Amazonas, Mittelamerika und Karibik. Seit 2002 ist der Einschlag und Handel stark eingeschränkt worden, der illegale Handel blüht. Viele greifen auch auf die afrikanischen Mahagoni-Verwandten Khaya, Sapelli oder Sipo zurück. In Liberia finanziert man mit dem illegalen Verkauf Waffen für den nächsten Bürgerkrieg.

Geeignet für: Kostbare Möbel, auf denen sich schöne Menschen räkeln – aber bitte nur noch Secondhand!

Ramin

Herkunft: Ramin kommt aus den sumpfigen Wäldern Indonesiens und Malaysias. Steht auf der roten Liste bedrohter Holzarten.

Welches Holz ist das beste?

> *Geeignet für:* Boykotte. Einige deutsche Baumärkte bieten es noch immer an.
>
> **Teak**
> *Herkunft:* In Burma nehmen sie dafür gerade die letzten Urwälder auseinander. Die Nachbarländer haben den Export inzwischen verboten. Allerdings gibt es in Indonesien FSC-zertifizierte Wälder, die es mit nachhaltiger Forstwirtschaft versuchen.
> *Geeignet für:* Nobelmöbel. Besser sind Frühstücksbrettchen und Salatbesteck.

Neubauer und Christian Friedrich, Inhaber der 2005 gegründeten Designagentur Sawadee, zelebrieren wahre Nachhaltigkeit und bauen ihre Exponate aus teils uralten Berliner Bäumen, denen man die bewegte Geschichte der Stadt ansieht. Da glänzt dann schon mal ein Granatsplitter aus dem Zweiten Weltkrieg im Robinienholz. Astlöcher oder Jahresringe bilden die stimmungsvolle Details der wuchtigen Einzelstücke aus Eiche, Ahorn, Esche oder Pappel; unruhiges Holz aus altersschwachen Bäumen, die es kaum in ein normales Sägewerk schaffen würden.

Bei Sawadee wird nichts zusammengefügt oder geleimt, die Möbel werden den Baumstämmen förmlich abgerungen. Diese Kombination aus Möbeldesign und Bildhauerei hat ihren Preis. Für einen Banktisch muss man 2500 Euro hinlegen. Wer einfach mal probesitzen will, sollte die Berliner Bar »4inch« in Friedrichshain aufsuchen. Sie ist komplett mit den Sawadee-Verwertungsmöbeln der Berliner Baumgeschichte eingerichtet. (www.sawadeedesign.de)

■ WOHNEN

Möbel – so gut wie neu

Es müssen nicht immer nagelneue Möbel sein. Sieben Millionen Tonnen Altmöbel werden jährlich aussortiert. 95 Prozent davon landen auf der Deponie oder in der Müllverbrennung, einschließlich der darin enthaltenen Schadstoffe und wertvollen Materialien. In Zeiten, in denen nicht jeder bedenkenlos neue Möbel kaufen kann, boomen Websites, die gebrauchte Möbel anbieten. Sogar betagte Ikea-Kreationen finden auf www.wikinea.de noch Abnehmer. Aber solche Angebote versorgen einen nicht unbedingt mit ökofreundlichen Möbeln in guter Qualität. Es gibt aber auch fantasievollere Lösungen.

Ein Forschungsprojekt an der Universität Dortmund entwickelte zwischen 2002 und 2005 ein prüffähiges Verfahren zur ökologisch einwandfreien Aufarbeitung gebrauchter Möbel. Einige Teilnehmer waren von der Idee so begeistert, dass sie im Sommer 2005 die Firma ecomoebel gründeten und die ökologisch aufgemöbelten Schränke, Betten oder Tische in den Handel brachten. Zur besseren Orientierung haben die eco-Aufmöbler die Kategorien »eco-Basics«, »eco-Design«, »eco-Antik sowie »eco-Kids« entwickelt.

Mittlerweile kann man in acht verschiedenen Läden in Nordrhein-Westfalen »ecomoebel« kaufen, mit einem Jahr Garantie und einem Zertifikat, dass Altschadstoffe entfernt wurden – so weit es ging. Jedes Stück ist ein unverwechselbares Unikat – vom schweren Jugendstil-Buffet aus deutscher Eiche (1910), das für 390 Euro wie taufrisch daherkommt, bis zum farbenfrohen Minischrank aus den 70er-Jahren (60 Euro). Weit über 1000 Einzelstücke tragen bereits das »ecomoebel«-Zertifikat. Die Möbel sind nicht zuletzt dank ihrer niedrigen Preise eine interessante Alternative zu Industriemöbeln und den klobigen Massivholz-Exponaten umweltbewusster Tischlermeister.

Ihr besonderes Verständnis von Nachhaltigkeit können Möbelhersteller auch demonstrieren, wenn sie wie die Firma des charismatischen Designermöbel-Gurus Nils Holger Moormann auf ihrer Website eine Tauschbörse für gebrauchte Produkte des Hauses offerieren (www.moormann.de). Diese demonstrative Abkehr vom Wegwerfmöbel-Prinzip würde man sich bei manch anderen Anbietern auch wünschen, die angeblich »Möbel für ein ganzes Leben« verkaufen.

Selber machen

Stichwort Tauschbörse: In England gibt es »Siecle«, einen Tauschservice für angebrochene Farbtöpfe. Jährlich bleiben dort etwa 75 Millionen Liter Farbe übrig. Sie haben bestimmt auch noch angebrochene Lacktöpfe oder Farbeimer im Keller stehen, die dort bis zur nächsten Renovierung warten. Und irgendwann verschämt zum Recycling-Hof gebracht werden. Eine deutsche Tauschbörse für Restfarben habe ich bei der Recherche nicht finden können. Aber das ist vielleicht nur eine Frage der Zeit, sind wir Deutschen doch ein Volk der begeisterten Heimwerker, Tapezierer und Gartenzaunstreicher.

Auf jeden Bundesbürger kommt doppelt so viel Baumarktfläche wie auf einen Briten. Den Platz brauchen wir auch, um in jenen magischen Kosmos aus Schrauben und Beschlägen, aus Duschkopf-Systemen und Bohrmaschinenzubehör einzutauchen, der sich nur Eingeweihten erschließt. Wir machen gern alles selbst. Der Umsatz, den die Baumärkte in Deutschland erzielen, liegt mit 17,9 Milliarden Euro über dem der Möbelbranche.

Baumärkte sind kleine Paradiese für fleißige Handwerker, aber auch der Ort, an dem Gedankenlose immer noch Garten-

■ WOHNEN

möbel aus Tropenholz kaufen können. Hier gibt es Spanplatten, Farben und Lacke, die jedem Umweltschützer die Tränen in die Augen treiben. Aber es gibt auch erstaunlich fortschrittliche Unternehmen, die versuchen, Gewinne und nachhaltige Geschäftspraktiken zu verbinden. Anders als ihre Kollegen bei den Möbelherstellern haben einige Baumarktbetreiber bei Kundenbefragungen ermittelt, dass diese sich sehr wohl Aufklärung über die umweltrelevanten Aspekte des Sortiments wünschen.

Kaum ein Baumarkt unter den erfolgreichsten in Deutschland thematisiert diesen Gedanken so offensiv wie Max Bahr. In über 80 Max-Bahr-Baumärkten wurde ein Abfall- und Gefahrgutbeauftragter engagiert, um die Umweltbelastungen zu minimieren. Parketthölzer, Gartenmöbel, Fenster und Türen sind aus FSC-zertifiziertem Holz. Max Bahr verkauft lösemittelfreie Farben und Lacke sowie Teppiche mit dem »Rugmark«-Siegel, das eine Produktion ohne Kinderarbeit garantiert. Seit einigen Monaten bietet Max Bahr dem Öko-Tüftler sogar »Solartechnik zum Selberbauen« an.

Marktführer OBI, eine Tochter des umweltpolitisch engagierten Otto-Konzerns, lässt Solarstromanlagen auf die Dächer einiger seiner Filialen bauen und entwickelte in Zusammenarbeit mit Umweltbundesamt und Verbraucher Initiative e.V. in einem Berliner Baumarkt ein spezielles Leitsystem, das Kunden besonders auf die umwelt- und gesundheitsverträglichen Heimwerkerprodukte aufmerksam machen soll. 2005 verlieh OBI im Rahmen der »Aktion No-Energy« in 45 seiner Märkte Energiemonitore, mit denen man auf einfache Weise seinen Stromverbrauch messen und entsprechende Sparpotenziale im eigenen Haushalt ausmachen konnte. Doch ihr lobenswertes Engagement hält auch OBI und Max Bahr nicht davon ab, in ihren Baumärkten weiterhin Farben und Lacke mit zweifelhaften Umweltwerten zu führen oder energieaufwendige Metalle wie Aluminium zu verwenden.

Für den alternativen Heimwerker haben in den vergangenen Jahren einige Öko-Baumärkte eröffnet, die konsequent auf umweltfreundliche Produkte setzen. Öko-Dämmstoffe, Parkettböden aus vorbildlicher Forstwirtschaft, umweltfreundliche Öle, Naturfarben von »Livos« oder »Biofa« – und wer weiß, vielleicht lässt sich ja sogar aus dem alten, »unbehandelten« Kiefernregal »Ivar« noch etwas machen.

SERVICETEIL

Möbelhersteller und -händler

Die einst stolze deutsche Möbelindustrie ist auf knapp über 1000 Firmen mit knapp 100 000 Mitarbeitern zusammengeschmolzen. Heute bauen ein Drittel weniger Menschen in Deutschland Tische, Betten oder Schränke zusammen als noch 2001. Von den verbliebenen Unternehmen produzieren 500 auch für den privaten Gebrauch – nicht einmal 100 Hersteller schaffen es in den Einzelhandel. Deutsche Möbelunternehmen sind etwas schüchtern, wenn es um das Bekenntnis zu umwelt- und sozialverträglicher Produktion geht. Angeblich interessiert die Kunden nicht, wie die Tische, Schränke, Betten oder Stühle wurden, was sie sind. Dabei gibt es durchaus die eine oder andere Firma, die mit ihrem Umweltmanagement für sich werben könnte. So tragen zum Beispiel die Möbelprogramme von Hülsta, Nolte, Rauch oder (teilweise) Quelle und Neckermann das Umweltzeichen »Blauer Engel«, ohne dass sie groß darauf hinweisen würden. Ich habe aus dem Kreis der konventionellen Hersteller Beispiele herausgepickt, die das Spektrum von Möglichkeiten andeuten, Möbel auf umweltschonende oder nachhaltige Art zu produzieren.

Auch der Blick über den deutschen Tellerrand lohnt zur Anregung. Im Frühjahr 2006 fand in New York erstmals die Ausstellung »HauteGreen« statt, bei der mehrere ökologisch inspirierte amerikanische Möbel-Designer ihre Ideen präsentierten (www. hautegreen.com). Einige dieser Designer verkaufen über www. vivavi.com, die auch – allerdings zu deutlichen Aufpreisen – nach Deutschland liefert. Die US-Firma plyboo (www. plyboo. com) zeigt elegante Möbel aus Bambusholz, dem Material, das aufgrund seiner hohen Wachstumsgeschwindigkeit zu den wahrhaft nachhaltigen Möbel-Rohstoffen gehört. Spannend auch die Kollektion der kalifornischen Möbelmacher von enviromental language (www.el-furniture.com).

Bei den reinen Öko-Möbeln in Deutschland sind die Anbieter natürlicher, gesunder, aber auch ästhetischer Möbel rar gesät, sofern man nicht auf skandinavisches Massiv-Design abfährt. Ich hoffe, dass bei der Auswahl aber auch ein paar Perlen dabei sind.

Die »Konventionellen«

Deutsche Gütegemeinschaft Möbel *www.dgm-moebel.de*

In der Deutschen Gütegemeinschaft Möbel haben sich namhafte deutsche Unternehmen zusammengeschlossen und auf gemeinsame Qualitätsstandards verpflichtet (siehe: »Das Goldene M«, Seite 289). Markenfirmen wie Rolf Benz (www.rolfbenz.de), die Hülsta-Werke (www.huelsta.de) oder die Welle Möbel GmbH (www.welle-moebel.de) erfüllen die DGM-Bedingungen, die mit dem Motto »Garantierte Sicherheit. Gesundes Wohnen« beschrieben werden, und gehen in ihren Standards teilweise darüber hinaus. Das aktuelle Mitgliederverzeichnis der DGM ist online einsehbar.

Bleu nature *www.bleunature.com*

Einmal im Jahr durchkämmt ein Team des französischen Designer Frank Lefebvre die Strände Frankreichs auf der Suche nach großen, knochigen, originellen, verwitterten, wuchtigen oder kunstvoll verbleichten Treibhölzern, die Maestre dann zu

Unikaten verarbeitet. Lampen, um die sich schlanke Äste ranken, Hocker auf klobigen Baumstümpfen, Bänke auf knorrigen Ästen. Französische Eleganz trifft auf die rustikale Formensprache der Natur. Hat was. Vor allem seinen Preis. Denn es gibt die Stücke nur auf Anfrage.

Ikea *www.ikea.de*

Profil: Allein in Deutschland erwirtschafteten 13 360 Mitarbeiter 3,2 Milliarden Euro Jahresumsatz (2007). Das schwedische Möbelhaus ist die klare Nummer eins. Ein Ikea-Besuch am Sonnabend ist der einzig wahre Ehetest für junge Paare. Wenn man sich danach noch liebt, liebt man sich ein Leben lang.

Engagement: Massenproduktion ist eigentlich der natürliche Feind nachhaltigen Wirtschaftens. Gleichwohl unternimmt das Unternehmen einige Schritte, um die Umweltbelastungen seiner Möbelherstellung zu verringern. Ikea verzichtet nach Eigenangaben komplett auf FCKW, bromierte Flammschutzmittel oder PVC. Bis 2009 soll der Anteil recyclingfähiger Elemente in den Ikea-Produkten auf 75 Prozent erhöht werden. Der Anteil der Lieferanten, die FSC-zertifiziertes Holz aus nachhaltig bewirtschafteten Wäldern liefern, soll ebenfalls Schritt für Schritt auf 30 Prozent ausgebaut werden. Dabei arbeitet Ikea unter anderem mit dem World Wildlife Fund (WWF) zusammen. Viele Einrichtungshäuser nutzen Sonnenenergie oder sind mit Regenwasser-Toilettenspülung ausgestattet. Ikea finanziert Projekte im Kampf gegen die Kinderarbeit in Nordindien und engagiert sich für den Aufbau von Schulen im Kosovo. Die Arbeitsbedingungen bei über 1600 Zulieferern in knapp 60 Ländern sind jedoch teilweise problematisch.

Wissenswert: In über 30 Ikea-Restaurants stehen Bio-Menüs für Kinder zum Preis von einem Euro auf der Karte. Seit Ikea in Großbritannien Geld für die Plastiktaschen nimmt, wurden 95 Prozent weniger verteilt.

Moormann *www.moormann.de*

Profil: Firmenchef Nils Holger Moormann liebt verrücktes, aber schlüssiges Design – und Streit. Er hat Ikea mal verklagt, weil die angeblich eines seiner einzigartigen Designerstücke kopiert hatten.

Engagement: Im Prinzip funktioniert »Moormann« so: Möbeldesigner bieten ihre Möbel an. Wenn sie dem charismatischen Chef gefallen, werden die Entwürfe »zugespitzt«, in ausgewählten Werkstätten in der unmittelbaren Nähe vom Firmensitz im Chiemgau produziert und in ausgesuchten Geschäften angeboten. Das berühmte Steck-Regal »FNP« ziert heute über 10 000 Bücherwände und ist nur ein Beispiel von vielen Möbelideen, für die es erst skeptisches Lächeln und später viele Preise gab. Moormann ist ganz sicher kein Öko-Möbel-Hersteller reinsten Wassers, steht hier aber beispielhaft für die Hersteller von Qualitätsmöbeln, die ihren Produkten lange Lebenszeiten wünschen. »Meine Möbel sollen altern und damit für jeden Besitzer einzigartig werden.«

Wissenswert: Für Fans von Moormann-Möbeln hat die Firma auf ihrer Website eine liebevoll gemachte Tauschbörse gebrauchter Stücke organisiert. Motto: »Nur in gute Hände abzugeben.«

Rolf Benz *www.rolf-benz.de*

Profil: Eine der bekanntesten deutschen Luxusmarken mit höchsten Qualitätsstandards.

Engagement: Umweltbewusstsein hängt man nicht an die große Glocke – die betuchte Kundschaft scheint »Öko« zu fürchten wie durchgesessene Polstermöbel. Trotzdem: Lieferanten müssen sich verpflichten, Produkte zu liefern, die keine gesundheitsschädlichen Stoffe enthalten. Polstermaterialien, auch Polyätherschaum, werden FCKW-frei hergestellt. Bei Klebeverbindungen finden ausschließlich lösungsmittelarme Substanzen Verwendung, der Einsatz wasserlöslicher Kleber ist eine klare Zielvorgabe. In der Lederherstellung dürfen weder PCP noch andere Schadstoffe eingesetzt werden. Alle Materialien werden im Hinblick auf eine mögliche Wiederverwendung bzw. ihre umweltgerechte Entsorgung gekennzeichnet.

Wissenswert: Die Neuauflage des klassischen Rolf-Benz-Sofas 4500 wurde mit ökologisch besonders verträglichen Bambusfasern überzogen.

Die »Ökos«

Die Mitgliederliste von »ÖkoControl« (www.oekocontrol.de) bietet einen guten Ansatzpunkt für die Suche nach naturnah produzierten Möbeln. Das alternative Branchenverzeichnis von »Eco World« (www.eco-world.de) stellt darüber hinaus ökologisch engagierte kleine Möbelhersteller und Schreinerbetriebe vor. Weitere Beispiele für alternative Möbelmacher:

Combinaat *www.combinaat.de*

Combinaat aus Aachen arbeitet unter anderem mit dem Schweizer Kreuz, was ihren Produkten den Charme zeitloser Modernität verleiht. Das kleine, aber feine Angebot lässt sich im Online-Katalog bewundern. Die Verwendung nachhaltig angebauter Massivhölzer, die mit Naturölen behandelt werden, bezeugt das ökologische Bewusstsein.

e15 *www.e15.com*

Den »Backenzahn« haben Sie vielleicht schon mal gesehen. Ein massives Stück Holz aus Nussbaum oder Eiche, Oberfläche geölt, das man als Beitisch oder Hocker verwenden kann – oder einfach anhimmeln kann. e15 wurde von zwei Deutschen in London gegründet. Seit ein paar Jahren arbeitet die Firma in der Nähe von Frankfurt. Die Grundidee: Die Form folgt dem Material, die Formensprache ist modern, das Handwerk traditionell. Nicht ganz günstig, aber etwas, auf das man sparen kann.

ecomöbel *www.ecomoebel.de*

Jedes Jahr werden in Deutschland etwa sieben Millionen Tonnen Altmöbel weggeworfen – bei ecomöbel machen sie einfach ein neues Stück daraus. Der betagte Kleiderschrank und das strapazierte Bett werden mit ökologischen Materialien aufgefrischt und zu Ikea-Preisen zurückverkauft. Es gibt auch Einzelstücke, die nach demselben Prinzip von Künstlern und Öko-Tischlern im wahrsten Sinne des Wortes aufgemöbelt wurden. Die sehenswerten Stücke lassen sich im Online-Katalog besichtigen, unterteilt in die Kategorien »eco-Basics«, »eco-Design«, »eco-Antik« sowie »eco-Kids«. Sie werden – gegen einen ziemlichen Aufpreis – deutschlandweit geliefert. Auf der Website der Dortmunder Firma finden Sie auch ein Verzeichnis aller 15 Läden, die derzeit »ecomöbel« ausstellen (überwiegend in Nordrhein-Westfalen).

Grüne Erde *www.grueneerde.com/de/*

Die 1983 gegründete Firma Grüne Erde aus Österreich gilt mit einem Jahresumsatz von 31 Millionen Euro als Vorzeigeunternehmen der Alternativbranche, der es gelungen ist, ökologischen Anspruch mit überzeugenden Design-Konzepten zu verbinden. Unverdrossen glauben die Macher an »die Renaissance der Qualität«, an das Bedürfnis der Kunden, mehr über die Produkte und ihre Geschichte zu erfahren. Zum ökologischen Glaubensbekenntnis gehört der Verzicht auf geleimte Spanplatten bei der Möbelherstellung. Angaben über Herkunft und Produktion des Holzes gehören zu den Exponaten wie das Preisschild – das Holz stammt ausschließlich aus nachhaltig betriebener Forstwirtschaft, meist aus Mitteleuropa, Heimtextilien zu großen Teilen aus kontrolliertem Anbau. Produziert wird größtenteils in Kärnten. Das Grüne-Erde-Wohnsortiment kann man in sieben Geschäften in ganz Deutschland kaufen. Prachtstücke wie das dreisitzige Sofa »Madras« (Bezug: naturbelassene Schafschurwolle oder Wolle/Hanf-Gemisch, 2400 Euro) oder das kecke Bett »BelAmi« (Corpus aus Buche, Naturlatex, um die 2000 Euro) bekommt man aber auch online oder via Katalog.

Auf der Website gibt es eine Tauschbörse für gebrauchte Grüne-Erde-Möbel. Die Firma bietet neben Möbeln und Wohnaccessoires auch Naturkosmetik und biologische Lebensmittel an. Textilien werden in kompostierbaren Biofolien aus Maisstärke verpackt.

Die »Ökos«

Holzmanufaktur *www.holzmanufaktur.com*

In das Bett »zen« habe ich mich gleich verliebt. Schlicht, modern und unaufdringlich naturnah präsentieren sich die Möbel der feinen Holzmanufaktur aus Stuttgart. Küchen, Tische, Betten – alles stammt aus nachhaltiger Holzwirtschaft. Die Oberflächen werden mit natürlichen Harzen und Bienenwachs behandelt. Für die Händlersuche muss man leider eine E-Mail schreiben. Die Website wird kaum aktualisiert, für Rückfragen sollte man eher telefonieren (0711/239933).

incasa *www.incasa-moebel.de*

Die Fertigungsstätten von incasa liegen in der deutschen Handwerkerhochburg Westfalen. Seit 20 Jahren verarbeitet incasa ausschließlich Massivholz mit Natur-Balsam-Oberflächen. Die ökologische Produktionsweise sieht man vielen der Möbel noch an, dem Design fehlt bis auf wenige Ausnahmen eine gewisse Leichtigkeit. Dafür wirken die Betten, Stühle oder Schränke so solide, dass sie bestimmt länger halten als die Firma alt ist (130 Jahre).

Die Möbelmacher *www.die-moebelmacher.de*

Massivholz aus der unmittelbaren Umgebung, umweltschonende Fertigung, ganzheitliche Raumgestaltung – die Mission der Möbelmacher reicht über das Bauen eines Schrankes weit hinaus. 2005 erhielt die Firma den deutschen Handwerkspreis, dazu beinahe unzählige Auszeichnungen für ihre Verbindung von lokalem Engagement, Ökologie und wirtschaftlichem Erfolg. 2008 feiert die fränkische Firma – 17 Angestellte, Jahresumsatz eine Million Euro – ihr 20-jähriges Jubiläum. Die

Möbel sind, nun ja, massiv und halten länger als ein Tischlerleben. Kunden werden beim Entwurf mit einbezogen, die Möbelmacher bauen »massgeschneidert«. Tische gibt es ab 1500 Euro, Betten ab 1200 Euro. Die Möbelmacher um den ebenso charismatischen wie sympathischen Mit-Geschäftsführer Herwig Danzer mischen aktiv bei der Slow-Food-Bewegung (siehe Seite 121) mit und wirken als Umweltbotschafter. Über ihre umfänglichen Aktivitäten schreiben sie in ihrem hochinteressanten Weblog. Obwohl als junges Unternehmen nicht betroffen, zahlten die Franken in den Entschädigungsfonds der deutschen Wirtschaft für ehemalige Zwangsarbeiter ein. Aus Prinzip.

Trend *www.trend.de*

Der Name verspricht etwas anderes, aber die Massivmöbel von Trend sind eher von zeitloser Schlichtheit. Das Unternehmen aus dem Odenwald verarbeitet ausschließlich Holz aus nachhaltiger Forstwirtschaft – Birke, Buche, Fichte, Kirsch- oder Nussbaum. Die verwendeten Lacke sind wasserlöslich, die Öle rein pflanzlich. Angebot von Wohn- bis Schlafzimmer, keine Küchenmöbel. Das Angebot wird individuell auf die räumlichen Möglichkeiten der Kunden abgestimmt. Interessant sind die zahlreichen aufgeführten Schnäppchen von Ausstellungsstücken. Da geht die Wohnwand aus Birke auch schon mal für 1999 statt 3878 Euro weg.

Wasa *www.wasamoebel.de*

»Ungewöhnlich und doch vertraut. Harmonische Gegensätze, scheinbare Widersprüche und visuelle Genüsse: Französischer Nussbaum an pfälzischer Buche«, so delikat wirbt der Spezialist für Massivholzmöbel aus Waldfischbach-Burgalben für seine aktuelle Produktreihe »Furos«. Wasa fertigt nach einem Modul-System, das heißt, die verschiedenen Bestandteile lassen sich individuell kombinieren. Vollsortiment von Schlafzimmer bis Küche, Nussholztöne, Ahorn und Buche überwiegen. Händlerverzeichnis mit Postleitzahlen-Suchfunktion.

Zeitraum *www.zeitraum.de*

Die Möbelkünstler aus dem bayrischen Wolfratshausen gehören zum Aufregendsten, was ökologisch inspiriertes Design zu bieten hat. Strenge, aber asymmetrische Formensprache, edle, naturbelassene Hölzer aus nachhaltiger Forstwirtschaft, sämtliche Möbel folgen einem ausgeklügelten Modulsystem, das ständigen Wandel erlaubt, ohne dass man sich ständig neue Möbel kaufen muss. Wäre eh nicht leicht: Das wunderbar komfortable Bett »Dove« in Kirschbaum, Ahorn, Eiche oder Nussbaum kostet um die 4100 Euro. Händlerverzeichnis auf der Website.

Baumärkte und Heimwerkerbedarf

Vor allem die Diskussion um illegale Tropenhölzer in den Gartenmöbeln hat die Aufmerksamkeit vieler Kunden auf das Verantwortungsgefühl der deutschen Baumärkte gelenkt. Einige der ganz großen Kultstätten für Hobbywerkler zeigen dabei durchaus gute Ansätze bei ihrer Unternehmenspolitik. Hornbach beispielsweise erhielt im Vorjahr den »PandaPreis« des österreichischen World Wildlife Fund (WWF) für die Verwendung von Holz aus nachhaltigen Beständen. Neben den Öko-Vorreitern im konventionellen Baumarktgeschäft, OBI und Max

Bahr, etabliert sich eine Vielzahl kleinerer konsequent ökologisch ausgerichteter Baumärkte quer durch die Republik. Eine ziemlich ausführliche Adressenliste entsprechender Läden bietet www.eco-world.de. Unter www.oeko-baumarkt.com steht ein Versandhandel mit einem Angebot von »Abbeizen« bis »Untergrundbehandlung« zur Verfügung. In diese Richtung geht auch die anthroposophisch angehauchte Seite www.biobauart.de, bei der man zusätzlich ökologisch korrekte Reinigungsmittel bekommt.

Max Bahr *www.maxbahr.de*

Profil: Ehrwürdiger Familienbetrieb aus Hamburg, seit 1879. etwa 80 Filialen, rund 4000 Mitarbeiter, Jahresumsatz um die 800 Millionen Euro.

Engagement: »Umweltschutz spielt sich nicht ›irgendwo‹ da draußen ab«, schreibt Max Bahr in seiner Selbstdarstellung, »sondern vor unserer Haustür – und in jeder unserer Filialen.« Die Firma unterwirft ihr internes Umweltmanagement – als einziger deutscher Baumarkt – dem Zertifikat ISO 14001, das hohe Anforderungen an Weiterbildung, Recycling, Abfall- und Energiewirtschaft stellt. Max Bahr bietet FSC-zertifizierte Hölzer an, außerdem viele Farben, die auf schädliche Lösemittel verzichten, und verkauft moderne, günstige Energie- und Wassersparsysteme sowie Solaranlagen für den Hausgebrauch. Die Teppiche und Teppichböden tragen überwiegend das »Rugmark«- oder GUT-Siegel, das ihre umweltschonende Qualität bestätigt.

Wissenswert: Im Februar 2007 vom Konkurrenten Praktiker übernommen. Soll als Premium-Marke erhalten bleiben. 2007 öffnete in Hamburg-Stellingen der erste Max-Bahr-Baumarkt, der »in nachhaltiger Bauweise« erstellt wurde.

OBI www.obi.de

Profil: Die Otto-Tochter OBI ist in Baumarkt-Deutschland die Nummer eins. 334 Märkte, dazu 175 in zehn weiteren europäischen Ländern. 380 000 Beschäftigte, Jahresumsatz 7,1 Milliarden Euro (2006/2007).

Engagement: In einem Berliner OBI-Baumarkt wurde ein spezielles Leitsystem ausprobiert, das Kunden auf nachhaltig wertvolle Produktalternativen hinwies. Verlieh im Rahmen der Aktion »No Energy« so genannte Energiemonitore, mit denen die Kunden den tatsächlichen Stromverbrauch ihrer Geräte testen konnten. Kooperation mit der Solar AG, die bislang sieben Anlagen auf den Dächern ausgewählter OBI-Filialen installierte. OBI verwendet weitgehend Recycling-Papier. Hatte in Baden-Württemberg mal Ärger, weil OBI nur FSC-zertifiziertes Holz verkauft und die regionalen Forstbetriebe gegen den angeblichen Wettbewerbsnachteil demonstrierten. OBI kam 2007 unter Druck, als die Umweltschutzorganisation Robin Wood nicht zertifizierte Tropenholzmöbel in OBI-Filialen entdeckte. OBI nahm schließlich drei Gartenmöbel-Sortimente aus dem Programm.

Wissenswert: Für alle Nachfragen zu seinem Umwelt-Engagement hat OBI eine eigene E-Mail-Adresse eingerichtet: umwelt@obi.de. OBI ist Gründungsmitglied von »natureplus«, einem »Verein für zukunftsfähiges Bauen und Wohnen«.

Livos www.livos.de

Livos ist der weltweit älteste Hersteller umweltverträglicher Farben und Lacke, also für alles, was man irgendwo auftragen kann. Zwar bedeutet Farbherstellung aus Pflanzen mehr Aufwand und geringere Farbvielfalt als die Produktion aus Chemie. Dafür entstehen laut Livos-Geschäftsführerin Rosemarie Bothe »weder bei der Gewinnung noch der Verarbeitung oder Entsorgung bedenkliche Stoffe«. Ein Link verweist auf alle deutschen Händler, die Livos-Produkte anbieten.

Weitere Anbieter von Naturfarben für den heimischen Gebrauch sind Biofa (www.biofa.de), biopin (www.biopin.de) und Natural Naturfarben (www.natural.at).

Siegel und Gütezeichen der Möbelbranche

In der deutschen Möbelbranche scheint es so viele Zertifikate und Siegel zu geben wie Einkaufswagen bei Ikea. Bis heute allerdings keines, das über die komplette Produktionsgeschichte eines Möbelstücks Auskunft gibt – vom Material über die Verarbeitung bis hin zu den Arbeitsbedingungen bei den Herstellern.

Das derzeit bekannteste ist das »Goldene M« der Deutschen Gütegemeinschaft Möbel, das vor allem die technische Qualität garantiert. Der »Blaue Engel« ziert derzeit etwa 90 Produkte oder Produktreihen in der Möbelbranche. Überzeugte Umweltschützer orientieren sich am »ÖkoControl«-Prüfzeichen. Die diversen Auszeichnungen des TÜV verweisen vor allem darauf, dass von den geprüften Möbeln keine Gesundheitsgefahr ausgeht und gesetzliche Standards eingehalten werden – was selbstverständlich sein sollte.

Bei Holz belegen die FSC-Zertifizierung und das »Naturland«-Siegel die Herkunft aus besonders umweltschonender Forstwirtschaft. Das in Deutschland bereits über zwei Millionen Mal vergebene Teppichzeichen »Rugmark« bestätigt, dass garantiert keine Kinder für die Herstellung des schönen Stücks eingespannt wurden (www.rugmark.de). Die vom Bundesumweltamt herausgegebene Broschüre »Möbel für gesundes Wohnen« (über: www.umweltbundesamt.de) fasst alle wichtigen Informationen zum Umweltzeichen »Blauer Engel« und dem Siegel der Deutschen Gütegemeinschaft Möbel zusammen.

Generell ist die Vergabe von Siegeln und Zertifikaten ein durchaus komplexer und freiwilliger Prozess. Wenn Sie bei ihrem Einkauf darauf achten oder danach fragen, belohnen Sie damit die Hersteller, die sich der Mühe unterziehen.

Blauer Engel *www.blauer-engel.de*

»Der Blaue Engel« ist ein Siegel des Bundesumweltamtes, das für besonders schadstoffarme und umweltgerecht produzierte Möbel und Matratzen vergeben wird. Zeicheninhaber ist das Bundesministerium für Umwelt, Naturschutz und Reaktorsicherheit.

Kriterien: Die eingesetzten Holzwerkstoffe sind formaldehydarm. Bei der Herstellung muss auf Fungizide, Insektizide, Flammschutzmittel oder halogenorganische Verbindungen verzichtet werden. Beschichtungsstoffe dürfen keine flüchtigen organischen Verbindungen ausdünsten. Die Lackierungen sind lösemittelarm. Das Holz stammt aus nachhaltiger Holzbewirtschaftung.
Bei Matratzen geht es um die Minimierung von Wasser- und Luftverschmutzung bei der Herstellung sowie um Grenzwerte bzw. Verbote für bestimmte Chemikalien.

Vergabe: Das Deutsche Institut für Kennzeichnung und Gütesicherung RAL prüft den Antrag auf Vergabe des »Blauen

Engels« und kontrolliert die Einhaltung der Anforderungen. Die Produkte werden von der Jury Umweltzeichen ausgewählt. In ihr sind Umwelt- und Verbrauchervereine, Gewerkschaften, Industrie, Kirchen und die Bundesländer vertreten.

Mehr Informationen: Liste aller zertifizierten Produkte und Unternehmen sowie genaue Bedingungen auf der Website.

ÖkoControl *www.oekocontrol.com*

Das Label »ÖkoControl« ist ein Qualitätszeichen des Europäischen Verbandes ökologischer Einrichtungshäuser und stellt höchste Ansprüche an die Umweltverträglichkeit von Möbeln, Matratzen und Heimtextilien.

Kriterien: Beinahe alles Künstliche ist tabu, selbst Mottenschutzmittel in den Vorhängen. Strenge Grenzwerte bei allen unvermeidbaren Chemikalien und Ausdünstungen. Mehr Schadstofffreiheit geht nicht. Die Möbel müssen aus Massivholz gefertigt werden (möglichst aus einheimischen Wäldern), Spanplatten sind verboten. Metallfreie Bettgestelle und Lattenroste. Die Möbel und Heimtextilien müssen recycelbar sein. »ÖkoControl« bezieht soziale Kriterien wie das Verbot von Kinderarbeit sowie weitergehende ökologische Kriterien wie den möglichst geringen Transportaufwand mit ein.

Vergabe: Grundlage ist eine umfangreiche und präzise Selbstverpflichtung der Hersteller, die von unabhängigen Instituten überprüft wird. Völlige Offenlegung aller Produktionsdetails, auch für die Käufer einsehbar.

Mehr Informationen: Liste aller zertifizierten Hersteller auf der Website.

Das Goldene M *www.dgm-moebel.de*

Beim »Goldenen M« geht es vor allem um die Gebrauchseigenschaften eines Produkts. Wie viele Partys hält das Sofa aus? Bei wie vielen Spaghetti-Portionen bricht der Esstisch zusammen? Wie oft geht die Schranktür auf und zu, wenn man sich nicht entscheiden kann, was man anziehen soll?

Kriterien: Eine aufwendige Prozedur. Geprüft wird die Gesundheitsverträglichkeit, Haltbarkeit, Stabilität, Sicherheit und Verarbeitung. Gemessen wird auch die Emission von Formaldehyd, Geruchsstoffen und Lösemittel und ob die Möbel mit Bioziden, Azofarbstoffen oder Schwermetallen belastet sind.

Vergabe: Träger des Zeichens ist das Deutsche Institut für Kennzeichnung und Gütesicherung RAL. Vergeben wird es von der Deutschen Gütegemeinschaft Möbel (DGM). Die Einhaltung der Güte- und Prüfbestimmungen wird durch das Möbelprüfinstitut der Landesgewerbeanstalt (LGA) Bayern technisch durchgeführt und regelmäßig kontrolliert. Die Hersteller müssen ein firmeninternes Qualitätsmanagement nachweisen.

Siegel für Holz

Möbelkäufer sollten wissen dürfen, woher das Holz für ihre Tische, Schränke oder Stühle stammt. Die folgenden Gütezeichen helfen Ihnen bei der Kaufentscheidung.

FSC-Zertifikat (Forest Stewardship Council)
www.fsc-deutschland.de

Kriterien: Das FSC-Zeichen kennzeichnet Holz oder Holzprodukte aus nachhaltiger Forstwirtschaft. Nachhaltigkeit meint im Prinzip, dass nicht mehr Bäume gefällt werden als nachwachsen und die Wälder als natürlicher Lebensraum erhalten bleiben. Bedingungen für die Vergabe sind neben der Erzeugung marktgerechter, starker Hölzer folgende: Verbot von Pestiziden, Bioziden und Düngemitteln, von Monokulturen und Kahlschlägen; totes Holz verbleibt im Wald; die natürliche Verjüngung wird sichergestellt. Ein Mindestmaß an ungenutzten Flächen bleibt der natürlichen Entwicklung überlassen; die Artenvielfalt von Flora und Fauna wird gefördert. Die Menschen haben nur auf den Wegen und unabdingbaren Einbuchtungen etwas zu suchen. Die Waldarbeiter werden möglichst ganzjährig beschäftigt und weitergebildet. Für sie gelten bestimmte Arbeitsschutzbestimmungen. Regelmäßige Forstinventuren. Bei Wäldern in bestimmten Ländern müssen die Rechte der Ureinwohner gewahrt werden.

Vergabe: Durch das Forest Stewardship Council (FSC), eine 1993 gegründete internationale Organisation aus Vertretern von Umwelt- und Entwicklungsverbänden, Gewerkschaften, Forstwirtschaft sowie Holzindustrie. Der FSC ist in einem Drei-Kammern-System organisiert: Umweltkammer, Sozialkammer und Wirtschaftskammer. Die leider langwierige und komplizierte Zertifizierung der Forstbetriebe und Waldbestände erfolgt durch vom FSC akkreditierte, internationale unabhängige Unternehmen. Zertifiziert wird in der Regel der einzelne Forstbetrieb. Für kleinere Betriebe gibt es die

Möglichkeit einer Gruppenzertifizierung. Eine Kontrolle der Betriebe und der Einhaltung des FSC-Standards findet einmal jährlich statt.

Mehr Informationen: Eine komplette Liste aller Unternehmen, die mit FSC-Holz arbeiten, finden Sie auf der Website.

PEFC (Programme for Endorsement of Forest Certification Schemes)
www.pefc.de

Kriterien: Die 1998 gegründete PEFC ist eine direkte Gegenorganisation der europäischen Waldbesitzer zu den Waldschützern des FSC. Den Waldbetreibern geht es im Grundsatz eher um die sozial-ökonomische Funktion des Waldes als um die ökologische. Das Zeichen garantiert dem Verbraucher aber in jedem Fall eine nachhaltige Holzerzeugung. Gegenüber dem Zertifikat des FSC-Siegels gibt es einige Einschränkungen. Viele »Muss«-Vorschriften der FSC sind bei der PEFC »Kann« Bedingungen. Der Kahlschlag ist unter bestimmten Bedingungen ebenso möglich wie der Einsatz von Bioziden.

Vergabe: In Deutschland wählen die PEFC-Mitglieder den Deutschen Forstzertifizierungsrat (DFZR), der das Zertifizierungssystems organisiert. Waldbesitzer einer Region beantragen die Begutachtung. Ein Waldbericht wird erstellt und durch die Zertifizierungsstellen auf Übereinstimmungen mit den Anforderungen des PEFC-Systems geprüft. Bei positiver Begutachtung können alle Forstbetriebe der Region die Ausstellung eines Zertifikats beantragen. Nach der Unterzeichnung der freiwilligen Selbstverpflichtung, in der sich die Forstbetriebe zur Einhaltung der PEFC-Standards bekennen, erfolgt die Zertifikat- und Zeichenvergabe. Kontrollen finden in Form von Stichproben statt.

Mehr Informationen: Detaillierte Darstellung des gesamten Zertifizierungsprozesses samt interaktiver Deutschland-Karte auf der Website.

Naturland *www.naturland.de*

Kriterien: Das Naturland-Zeichen ist das strengste Gütesiegel für Holz. Wer Wert darauf legt, dass der Schreiner nur ihm persönlich bekannte Bäume verarbeitet, sollte auf dieses Zeichen achten. Bis jetzt tragen erst 20 deutsche Waldbetriebe dieses Gütesiegel. Naturland-zertifizierte Wälder dürfen weder Mineraldünger noch Pflanzenschutzmittel einsetzen. So genanntes Totholz bleibt im Wald. Zehn Prozent der Fläche dürfen überhaupt nicht angetastet werden. Die Erhaltung einer möglichst vielfältigen Flora und Fauna steht hier im Mittelpunkt.

Vergabe: Drei voneinander unabhängige und eigenverantwortliche Gremien – die Richtlinienkommission, eine unabhängige Kontrollstelle und die Naturland Anerkennungskommission – sind an der Vergabe beteiligt. Berücksichtigt wird dabei auch die mittelfristige Planung. Jährlich gibt es Kontrollen, dazu Stichproben – wehe, einer räumt den toten Baum aus dem Weg!

natureplus *www.natureplus.de*

Kriterien: Das natureplus-Zeichen wird nicht für eine besonders nachhaltige Art der Waldbewirtschaftung vergeben, sondern für Holzwerkstoffplatten wie Span-, Sperrholz- und Massivholzplatten sowie Bodenbeläge aus Holz- und Holzwerkstoffplatten. Das zertifizierte Material muss zu mindestens 85 Prozent nachwachsende Rohstoffe enthalten (Holz, Hanf, Stroh etc.) und muss zu mindestens 80 Prozent aus dem Umkreis von 300 Kilometern stammen. Holzschutzmittel, halogenorganische Verbindungen und synthetisch-organische Flammschutzmittel sind verboten, ebenso arsen- oder quecksilberhaltige Verbindungen.

Vergabe: Zuständig ist der Internationale Verein für zukunftsfähiges Bauen und Wohnen, natureplus e.V. Dabei machen Hersteller ebenso mit wie Prüfer, Verbraucher- oder Umweltschutzverbände. Berücksichtigt wird der gesamte Lebensweg, von der Herstellung bis zur Entsorgung. Umfangreiches Prüfverfahren, unabhängige Kontrollen.

DIGITAL LIFESTYLE

Telefonzellen statt Handys

Beinahe jeden Abend kann man in irgendeinem deutschen Regionalprogramm einen alten »Tatort« sehen. Wundersame Zeitreisen sind das, mit Menschen, die rauchen und Alkohol trinken, mit Geschichten, bei denen die Kriminalfälle wichtig sind und nicht das Liebesleben der Polizisten. Und in denen schlecht gelaunte Beamte die Verbrecher mit Intelligenz und harter, gründlicher Ermittlungsarbeit fangen. Heute machen das blonde Kommissarinnen mit »weiblicher Intuition«. Neulich gab's einen alten Schimanski-Tatort mit Götz George zu sehen. In einer Szene, während einer Verfolgungsjagd, sucht er verzweifelt ein Telefon. Das in der Zelle ist kaputt, die Kneipe hat schon zu. »Scheiße!«, brüllt Schimanski, und der Mörder entkommt. Unwillkürlich ertappte ich mich bei der Frage, warum Schimanski nicht einfach zum Handy griff.

Kaum zu glauben, wie das mal war, so ohne Handy, Mails und Internet. Als man vor Telefonzellen warten musste, bis man endlich dran war, und dann selbst stundenlang quatschte. Ein Ortsgespräch kostete 20 Pfennig, egal, wie lang es dauerte. Als man sich einfach verabredete, ohne am selben Abend noch drei Bestätigungs-SMS schreiben zu müssen. E-Mail hätten die meisten Deutschen vor zehn Jahren noch für eine indische

Weizenart gehalten. Computer waren so groß wie Kühlschränke und so langsam wie Axel Schulz bei seinem Box-Comeback. Von so etwas wie dem iPhone hätte man nicht mal zu träumen gewagt. Was hat man eigentlich früher zu Weihnachten verschenkt?

Krieger, Zocker und Romantiker

Die digitale Revolution hat uns verwandelt. Wir sind stets erreichbar, immer präsent, allzeit bereit. Wir winken uns via Skype von Kontinent zu Kontinent zu, bejubeln Tore auf dem Handy oder tasten mit dem Finger auf dem iPhone-Display durchs Internet. Unsere Kinder schummeln bei Klausuren mit Kurzmitteilungen statt mit Spickzetteln. Manche Ehe ging in die Brüche, weil einer vergaß, verfängliche SMS zu löschen. Mehr und mehr Zeit verbringen wir in virtuellen Welten. Dort können wir Krieger sein, wenn wir es wollen, Helden, Zocker, ebay-Händler, Rennfahrer und sehnende Herzen auf Liebessuche. Sechs Frauen und Männer aus meinem Bekanntenkreis haben im vergangenen Jahr ihre neue Liebe über Dating-Seiten im Netz gefunden.

Die Instrumente unseres digitalen Lebens, die sich früher nur ganz Reiche leisten konnten, sind allgemein zugängliche Güter geworden. Computer gibt es bei Aldi, Lidl oder Plus. Mobiltelefone schmeißt man einem für einen Euro nach. Alle 32 Sekunden wird auf der Welt ein Handy verkauft. 2007 kamen allein in Deutschland 36,5 Millionen Geräte dazu. Mittlerweile gibt es hierzulande mehr Handyverträge als Einwohner.

Dazu stehen in Wohn- und Schlafzimmern, in Büros und Fabriken über 35 Millionen Computer. Besonders alt werden sie nicht. Privat genutzte Rechner werden alle vier, fünf Jahre ausgetauscht. Beinahe monatlich scheinen neue Produkte in die Läden zu kommen. Das Notebook, um das man vor zwei Jahren beneidet wurde, erscheint einem nach einem Besuch auf der Computermesse CeBIT museumsreif. Handys, mit denen man vor zwölf Monaten 14-jährige Technik-Freaks beeindruckte, wecken heute nur noch Mitleid.

Die Firma Apple des charismatischen Trendsetters Steve Jobs hat dafür gesorgt, dass Computer mittlerweile Modezyklen unterworfen sind wie ganz normale Lifestyle-Accessoires. Erinnern Sie sich noch an die bonbonbunten iMacs, die vor ein paar Jahren auf den Schreibtischen der Kreativen standen? Würde sich heute kein Mensch mehr kaufen.

Bei den Mobiltelefonen geht es noch rasanter zu. Ständig neue, immer leichtere, raffinierte Wunderhandys kommen auf den Markt: hochkomplexe 50-Gramm-Teilchen mit Farbdisplays, Internet-Verbindung und winzigen Tasten, mit denen man wahrscheinlich auch Atomraketen abfeuern könnte, wenn man die Bedienungsanleitung verstehen würde. Immer schneller, immer mehr, immer anders scheint in Zeiten gesättigter Märkte das verschwenderische Prinzip der gesamten Computer- und Telekommunikationsindustrie zu sein.

Die Gift-Maschinen

Jährlich landet über eine Million Tonnen Elektronikschrott im deutschen Müll, darunter allein zehn Millionen Handys. Pro EU-Bürger fallen – je nach Schätzung – im Jahr zwischen vier und 20 Kilogramm an. Dabei sind unsere Computer und Handys regelrechte Giftfabriken. Allein das Bleilot aus Computern ist für 40 Prozent der gesamten Bleibelastung auf unseren Mülldeponien verantwortlich. In PCs verstecken sich außerdem Substanzen wie Arsen, Kadmium, Quecksilber oder bromierte Flammschutzmittel, alles hochgiftig und kaum abbaubar – diese Substanzen findet man heute im Fettgewebe von Nordseefischen und in der Muttermilch. 700 verschiedene Stoffe haben Wissenschaftler bei einer Untersuchung in einem einzigen PC aufgespürt. Man kann sich vorstellen, dass solche Geräte kein Fall für den Komposthaufen sind.

Seit Sommer 2005 verpflichtet das »Gesetz über das Inverkehrbringen, die Rücknahme und die umweltverträgliche Entsorgung von Elektro- und Elektronikgeräten« Hersteller in Deutschland, alte oder kaputte Geräte zurückzunehmen und zu entsorgen. Einige große Computerfirmen haben schon länger eigene Rücknahmesysteme installiert, um sich auf die gesetzliche Regelung vorzubereiten. Doch dabei wurden die zurückgebrachten Geräte häufig nicht etwa brav auseinandergenommen, wiederverwertet oder umweltgerecht entsorgt. Der Sondermüll landet in Ländern wie China, Nigeria oder Indien, wo die ausgedienten Rechner mit bloßen Händen auseinandergebaut und ausgeschlachtet werden, Vergiftung inklusive. Im Report »Exporting Harm: The High-Tech Trashing of Asia« beschreiben Umweltorganisationen, wie auf offener Straße Platinen in Säuren getaucht oder PVC-Kabel verbrennt werden, um verwertbare Rohstoffe wie Kupfer aus den Geräten herauszutrennen. Recherchen der Deutschen Umwelthilfe weisen darauf hin, dass auch in Deutschland giftiger Elektronikschrott als Handelsware deklariert und exportiert wird.

Am 1. Juli 2006 trat eine europaweite Richtlinie in Kraft, die den schlimmsten Giftmischern in der Elektronik- und Computerindustrie das Handwerk legen soll. Das in Branchenkreisen unter der englischen Abkürzung »RoHS« bekannte Gesetz 2002/95/EG, schränkt den Gebrauch gefährlicher Stoffe in Elektrogeräten ein. Für Schwermetalle wie Blei, Kadmium,

Quecksilber sowie bestimmte Flammschutzmittel gelten jetzt Verbote oder strengere Grenzwerte. Die Firmen bekamen ein Jahr Zeit, die Regeln an ihre umfangreichen Zulieferketten weiterzugeben und die Einhaltung der Grenzwerte nachzuweisen – ansonsten drohe im lukrativen europäischen IT-Markt ein Verkaufsverbot. »Das Jahr-2000-Problem war für die Computerindustrie nichts dagegen«, zitiert das amerikanische Wirtschaftsmagazin »Fortune« einen IT-Berater. Bis zum Redaktionsschluss ist allerdings aufgrund der erfolgreichen Lobbyarbeit der großen Computerfirmen, aber auch deren realer Anstrengungen, von Verkaufsverboten kaum noch die Rede.

Green My Apple

Im August 2006 startete Greenpeace USA eine Aufsehen erregende Kampagne, mit der die begehrteste Computermarke der Welt zur Einkehr bewegen werden sollte. Dabei versuchte es die Umweltschutzorganisation mit der Umarmungstaktik: »We love Apple«, stand auf der Website greenmyapple.org, »Apple weiß mehr über »clean design« als jeder andere. Doch warum verwendet Apple noch immer giftige Substanzen, die andere Hersteller längst verbannt haben? Wir Apple-Fans wünschen uns ein neues Produkt: a greener Apple.«

Der Aufruf zielte mitten ins Herz der Mac-Gemeinde. Wer sich einmal mit einem überzeugten »Macianer« über die Vorzüge eines Apple-Computers unterhalten hat, weiß um die beinahe religiöse Inbrunst, mit der er sein Gerät anpreisen wird. Eine Apple-Kampagne warb mit Gutmenschen-Ikonen wie Mahatma Ghandi oder John Lennon (»Think Different«). Nobelpreisträger Al Gore sitzt im Aufsichtsrat. »Umweltschutz«, heißt es auf der Website des Unternehmens, »ist unsere zweite Natur.« Mit spektakulärem Design und benutzerfreundlicher Software gilt die Firma von Steve Jobs als eine Art bester Freund ihrer Kunden. Und Freunden kann man schon mal harte Wahrheiten sagen. Ein paar Wochen nach Start der Greenpeace-Kampagne hatten sich bereits tausende Macianer bei Apple gemeldet und ihren Wunsch nach einem grüneren Apple bekundet.

Interessant an der Kampagne war, dass Greenpeace ihr Ziel nicht mit Boykott-Drohungen oder Demonstrationen erreichen wollte. Stattdessen appellierte die Umweltschutzorganisation an das Sendungsbewusstsein und die Konsumentenmacht der Apple-Kunden, die sich zukünftig nicht nur über die schönsten sondern auch grünsten Computer der Welt freuen sollten.

Es dauerte ein gutes halbes Jahr bis Steve Jobs reagierte. Er übernahm einfach den Slogan der Greenpeace-Aktion und formulierte im Mai 2007 unter dem Titel »A Greener Apple« ehrgeizige Ziele für das Unternehmen. Nach Ablauf einer Übergangsfrist wolle Apple auf die Verwendung von Arsen bei der Herstellung von Bildschirmen verzichten. Mit einer neuen LED-Hintergrundbeleuchtung soll der Einsatz von Quecksilber minimiert werden. Bis 2010 wolle das Unternehmen 28 Prozent der Altgeräte recyceln. Jobs stellte die Energieeffizienz seiner Geräte heraus und erklärte, dass Apple Substanzen wie Cadmium, Chromverbindungen oder bromierte Flammschutzmittel längst aus ihren Geräten verbannt habe.

Greenpeace lobte die Ankündigungen. Doch als Ende 2007 der nächste »Guide to Greener Electronics« erschien, in dem die Organisation die Ökobilanz der führenden Unternehmen untersuchte, landete Apple nur auf dem 12. von 14 Plätzen. Vor allem das neue iPhone, das Bromid und PVC enthalte und dessen Akku nicht austauschbar sei, verhagelte die grüne Bilanz.

Green PC

Bis zu seinem 40. Lebensjahr war der amerikanische Computer-Unternehmer Michael Dell nicht gerade als Öko bekannt. Seine Firma verwendete dieselben giftigen Substanzen wie die Konkurrenz, leistete sich fragwürdige Arbeitsbedingungen bei den Zulieferern und eine deprimierende Klimabilanz. Daheim hatte der 15fache Milliardär damit einen schweren Stand. Seine Teenager-Tochter sorgte dafür, dass der Müll im Hause Dell brav getrennt wird, und hatte zum Thema Klimaschutz die ein oder andere Frage an Papa, die dieser nur mit einem verlegenen Murmeln beantworten konnte.

Mit dieser Geschichte aus seinem Familienleben begründet Dell, 43, gern, wieso er seinem Unternehmen eine Wende verordnet hat. »Wir wollen die grünste IT-Firma der Welt werden«, kündigte er an. Bis 2012 soll der CO_2-Ausstoß des kompletten Produktionsprozesses um 15 Prozent sinken. Die erste Rechnergeneration seit der grünen Wende verbrauche 80 Prozent weniger Strom. Sämtliche Zulieferer kämen in Sachen Transport, Energieaufwand oder Verpackung auf den Prüfstand. Vom Kaufpreis eines Dell-Computers fließen 1,50 Euro (Laptop) oder 4,50 Euro (Desktop) in ein Aufforstungsprogramm. Bis 2009 sollen alle Dell-Computer zur Hälfte aus recyceltem Material bestehen. Die Ankündigungen katapultierten das Unternehmen im Greenpeace-»Guide« auf Platz 4. Hohe Energiekosten, aber auch das erwachende Umweltbewusstsein der Konsumenten scheinen tatsächlich zu einem allmählichen Wandel bei der Vermarktung von Computern zu führen.

Bei einer Umfrage erklärten unlängst 54 Prozent der deutschen Computernutzer, sie würden sich ein umweltfreundlicheres Gerät durchaus mehr Geld kosten lassen. Das Opsos-Mori-Institut, das die Befragung weltweit durchführte, errechnete eine Summe von 47 Euro, die die Deutschen durchschnittlich zusätzlich bezahlen würden. Über das Dreifache zusätzlich würden der Umfrage zufolge Chinesen für einen grünen PC ausgeben. 68 Prozent der Briten würden im Schnitt 93 Euro mehr bezahlen, 65 Prozent der Polen 56 Euro mehr. Die Deutschen, die sich gern als Vorreiter in Sachen Umweltschutz sehen, scheinen demzufolge ihre Verantwortung als Konsument noch nicht recht verinnerlicht zu haben.

Das belegen auch die Schwierigkeiten, die der einzige namhafte deutsche Computer-Hersteller immer wieder mit seinen angegrünten Produkten hat. Fujitsu-Siemens-Vorgänger Siemens Nixdorf brachte bereits 1993 den ersten als »Green PC« deklarierten Computer auf den Markt. Ging es bei diesem frühen Modell vor allem noch um Stromsparfunktionen, so hat das Unternehmen inzwischen ein ganzheitliches Konzept entwickelt, das sämtliche Schritte von der Herstellung bis zur Wiederverwertung aufeinander abstimmt. Die einzelnen Bestandteile sind als Module angelegt, sodass ein Teil von ihnen in neue Modelle eingebaut werden kann. Außerdem hat Fujitsu Siemens die Zahl der verwendeten Substanzen deutlich vermindert. Die Mainboards in den »Esprimo-Profi-PCs« von Fujitsu Siemens enthalten nur noch ein Gramm Blei – statt wie bei einigen Vorgängermodellen zwölf. Auf Halogen wird bei der Fertigung der Kunststoffgehäuse ganz verzichtet. Mehrweg-Verpackungen sind selbstverständlich. 99 Prozent des beim Bau eines PC verwendeten Wassers wird wiederverwertet. Fujitsu Siemens ist die erste Computerfirma in Deutschland, deren PC-Modelle teilweise das Umweltsiegel »Blauer Engel« tragen.

2004 waren bereits 15 Prozent aller verkauften Fujitsu-Siemens-Computer »Green PCs«. Vor allem in den fortschrittlichen skandinavischen Ländern kommt das Konzept sehr gut an. In Deutschland, so bedauerte Fujitsu-Siemens-Mitarbeiter Peter Eßer gegenüber dem »Handelsblatt«, »sind die Kunden nicht bereit, auch nur einen Cent mehr für den Umweltschutz zu zahlen«. Beim Design etwa kommt die alles andere als ökofreundliche »Klavierlackierung« nach wie vor besser an als die schlichte Variante. Dafür spare das Unternehmen dank der integrierten Abläufe und besseren Rohstoffausnutzung mehrere Millionen Euro ein. Die jüngste Grünen-Generation, der Scaleo Green PC, kam Ende 2007 für knapp 600 Euro in den Handel. Wer ihn kaufte, bekam einen Gutschein für eine Bahncard 25 bzw. einen Preisnachlass beim Ökostrom-Anbieter Lichtblick dazu.

Auch die neue Rücknahmepflicht für Altgeräte hat Fujitsu Siemens nicht so hart getroffen wie den Rest der Branche. Bereits 1988 entstand bei Siemens Nixdorf in Paderborn das erste »Zentrum für Wiedervermarktung und Recycling«. Heute kümmern sich 30 Experten in München um Demontage, Recycling und Wiederverwertung. Die Wiederaufbereitung macht durchaus Sinn. In Computern, Notebooks, Hi-Fi-Anlagen, TV-Geräten und Handys sind wertvolle Edelmetalle wie Aluminium, Kupfer, Zink oder Nickel enthalten. Nach Berechnungen der deutschen Umwelthilfe kann zum Beispiel aus 14 Tonnen Elektronikschrott bis zu einer Tonne Kupfer gewonnen werden.

Digitale Brasilianer

Wenn man sie so sieht, wie sie sanft auf den Schreibtischen vor sich hin schnurren, glaubt man kaum, dass bei der Herstellung eines ganz normalen Computers so viele Rohstoffe und Material verbraucht werden wie beim Bau eines Kleinwagens. Über zehn Tonnen sind es, dazu 1500 Liter Wasser.

Das Wuppertal-Institut hat den Verbrauch bei der Produktion am Beispiel eines Laptops im Detail umgerechnet. Allein für die Herstellung der 410 Gramm leichten Leiterplatte wird 286,6 Kilogramm Ausgangsmaterial verwendet. Für das 330 Gramm schwere Display fallen 48 Kilogramm an. Bevor so ein Rechner das erste Mal eingeschaltet wird, hat er aufgrund seiner aufwendigen Produktion bereits 3000 Kilowattstunden Energie gefressen. Dagegen nimmt sich sein jährlicher Stromverbrauch von durchschnittlich 100 Kilowattstunden beinahe lachhaft aus. Doch auch das reichte, um die Computer auf der Liste der gierigsten Stromfresser in deutschen Haushalten im Jahr 2004 erstmals auf Platz eins zu katapultieren – vor Warmwasser, Licht und Fernseher.

Jüngsten Schätzungen zufolge entfallen auf die Nutzung der Computer und vor allem den Internetbetrieb inzwischen rund sechs Prozent der weltweiten CO_2-Emission. Das entspricht dem Anteil des Flugverkehrs. Bis zum Jahr 2010 werden Schätzungen zufolge jährlich 30 Milliarden Kilowattstunden mehr aufgewendet. Das ist genauso viel Strom, wie alle deutschen Windkraftanlagen in einem Jahr zusammen erzeugen.

Wir merken diesen Anstieg nicht zuletzt an unseren vollen E-Mail-Fächern. Neben Nachrichten von Freunden, fröhlichen Kinderfotos oder Telefonrechnungen finden sich regelmäßig obskure Angebote afrikanischer Banken, Angebote für Penisverlängerungen oder Botschaften williger Hausfrauen (angeblich) aus der Nachbarschaft. Und immer öfter ist – als Rundmail – auch ein Filmchen von youtube oder myvideo dabei. Ich verbrachte ganze Abende in den digitalen Katakomben von youtube, auf der Suche nach raren Aufnahmen von Jazz-Giganten wie Charlie Parker oder Soul-Helden wie Teddy Pendergrass. Eine Leidenschaft, die ich mit vielen Menschen teile. Allein auf Youtube-Servern lagerte 2007 eine Datenmenge, die so hoch war wie die des gesamten Internets zwei Jahre zuvor. Für die Onlinewelt von »Second Life« habe ich mich dagegen nie begeistern können. Erst recht nicht, seit der US-Autor Ni-

---

Kleine Siegelkunde: Energieverbrauch

2007 kündigte Bundesumweltminister Sigmar Gabriel an, bis 2008 ein einheitliches Öko-Siegel zu entwickeln, das Strom fressende Computer, Drucker, Netzgeräte Router oder Telefone entlarvt. Das Siegel soll die so genannte Ökodesign-Richtlinie der EU umsetzen. Sie fordert, dass bei der Entwicklung elektronischer Geräte der gesamte Lebenszyklus eines Produkts im Auge beachtet wird, also vom Material- bis zum Energieverbrauch. Konkrete Grenzwerte oder dergleichen sind allerdings darin nicht enthalten. Es bleibt abzuwarten, wie präzise die deutsche Umsetzung gestaltet wird und was passiert, wenn Gerätehersteller diesen Zyklus eben nicht beachten. Zukunftsmusik. Doch an einigen Computern kleben bereits heute Vertrauen erweckende Labels, die einen sparsamen Stromverbrauch verheißen. Ihre Maßstäbe sind dabei höchst unterschiedlich.

So bescheinigt der Energy Star den Rechnern, dass sie die Stromsparkriterien der amerikanischen Umweltbehörde EPA erfüllen. Doch das Label ist etwas fragwürdig, weil die Hersteller es ohne Überprüfung verwenden können und nur ihre eigenen Angaben für die Vergabe zählen. Beim Energy Star liegen die Grenzwerte für Rechner bei 3 Watt (Stand-by-Modus), für Monitore bei 4 Watt (»Leerlauf«) bzw. 2 Watt (»Off-Modus«).

DIGITAL LIFESTYLE

 Das europäische Energy-Label (www.eu-energystar.org) fordert mehr und wird jährlich an die Neuentwicklungen angepasst. Nur das sparsamste Fünftel aller Geräte darf es tragen. Ein Monitor darf im Sparmodus nicht mehr als 1 Watt verbrauchen.

 Beim Blauen Engel (www.blauer-engel.de) sind neben der Energieeffizienz auch Schadstoffvermeidung und Recyclingfähigkeit wichtige Kriterien für die Vergabe. Beim Stromverbrauch gelten die Anforderungen des Energy Star-Labels.

 Die Vergabe des TÜV ECO Kreises richtet sich nach Ergonomie, Geräuschemissionen, Recyclingfähigkeit und Energieverbrauch. Der Grenzwert beim Rechner liegt im Stand-by-Modus bei 27 Watt, beim Monitor bei 10 (»1. Sparstufe«) bzw. 3 Watt (»Tiefschlaf-Modus«).

Einen Vergleich besonders Strom sparender Geräte finden Sie auf www.energieeffizienz-im-service.de, einer vom Wirtschaftsministerium geförderten gemeinsamen Plattform der Deutschen Energieagentur dena, von E.ON Energie AG, EnBW AG, RWE Energy AG sowie Vattenfall Europe AG. Apple-Geräte sind allerdings in der Auflistung nicht enthalten.

cholas Carr ausgerechnet hat, dass ein digitaler »Second Life«-Avatar, aufs Jahr gerechnet, mehr Energie verbraucht als ein lebendiger Brasilianer.

Gib mir Energie!

Natürlich könnten wir uns als bewusste Konsumenten aus dem digitalen Leben komplett verabschieden und unsere alten Schreibmaschinen vom Dachboden holen. Doch das wäre schade um die Charlie-Parker-Filme auf youtube. Außerdem dürften viele Leser Schreibmaschinen nur noch aus alten Filmen kennen. Wenn man also einen PC bei sich herumstehen hat, gibt es einige simple Möglichkeiten, einigermaßen bewusst damit umzugehen.

1. Computer ausschalten

Würde man in Deutschland sämtliche Stand-by-Funktionen abschalten, wären drei Atomkraftwerke überflüssig, hat Greenpeace mal ausgerechnet. Zusätzlich geht durchschnittlich ein Drittel der Energie, die so ein Computer zieht, am Netzteil als Abwärme einigermaßen sinnlos wieder verloren. Der PC im Dauerbetrieb ist zwar neben Fernseher und DVD-Recorder nur eine Klimaplage von vielen. Aber Kleinvieh macht auch Mist.

2. Stromsparprogramme nutzen

Eine Umfrage der Energieagentur DENA ergab, dass nicht einmal jeder zweite Computernutzer die Stromsparfunktionen, die der Rechner ihm bietet, auch tatsächlich einsetzt. Durchschnittlich zwei Stunden lang bleibt jeder deutsche Computer eingeschaltet – ohne dass ihn jemand benutzt. Wenn man dann dran sitzt, kommt es auch darauf an, was man mit seinem PC macht. Vor allem bei notorischen Spielern geht es heftig in den Stromverbrauch und damit auch ins Geld. Hochwertige Highend- oder Grafikkarten saugen mit ihren 300-Watt-Netzteilen Strom aus dem Netz wie das Baby die Milch aus der Mutterbrust.

Die meisten Rechner lassen sich heute in einen Ruhezustand versetzen, bei dem weite Teile der Hardware abgeschaltet bleiben. Ersparnis: 75 Prozent. Durch Tastendruck wird der PC wieder aktiviert. Unter www.initiative-energieeffizienz.de findet sich viele Tipps für Windows- und Mac-Nutzer, wie sie die verschiedenen Sparprogramme ihrer Computer auch tatsächlich nutzen können.

3. Energieeffiziente Computer kaufen

Die Firma Apple brüstet sich, mit ihren Designer-Rechnern die wirksamsten Energiesparfunktionen der Branche etabliert zu haben. Bei den neuen Dual-Prozessoren von Intel sitzen zwei Prozessoren auf einem Chip, bringen also mehr Leistung bei gleichem Stromverbrauch. Auch verfügten Apple-Rechner mit als Erste über einen Energiesparmodus, der das Gerät nach einem vorgegebenen Zeitraum in einen kleinen Energieschlaf versetzt. Und natürlich ist ein Notebook, das nur beim Aufladen Strom zieht, allemal verbrauchsfreundlicher als das Schreibtisch-Gerät.

4. Röhrenmonitor aussortieren

Wer einen Flachbildschirm kauft, spart gegenüber dem klobigen Röhrenmonitor Platz, Strom und Geld. Die Geräte mit der besten Energiebilanz hat das Freiburger Öko-Institut in seiner eco-top-ten zusammengestellt: www.ecotopten.de/prod_monitore_prod.php.

Megatrend »Green IT«

Die dramatisch steigenden Energiekosten haben in den großen IT-Unternehmen die Controller auf den Plan gerufen. Internet-Gigant Google gibt monatlich Millionen von Dollar aus, um seine Serverfarmen zu betreiben. Bis zur Hälfte des teuer bezahlten Stroms verschwindet ungenutzt als Abwärme. Von den schädlichen Auswirkungen auf das Klima ganz zu schweigen. Mit mehreren hundert Millionen Dollar finanziert das Unternehmen die Erforschung erneuerbarer Energien mit dem Ziel, eine möglichst günstige Alternative zu Kohle und Öl anzubieten. Bereits jetzt hat Google die größte Photovoltaik-Anlage Kaliforniens auf dem Firmengelände in Mountain View installiert, die einen Großteil der 7000 Mitarbeiter mit Strom versorgt. Die Leistung wird auf 1,6 Megawatt beziffert.

Gemeinsam mit Microsoft, Dell, Hewlett-Packard, IBM und der Umweltschutzorganisation WWF rief Google vor einem Jahr die »Climate Savers Computing Initiative« (www.climatesaverscomputing.org) ins Leben. Die Mitglieder verpflichten sich in der Gründungserklärung dazu, bis 2010 jährlich 54 Millionen Tonnen Kohlendioxid einzusparen. Damit würde der derzeitige Energieverbrauch sämtlicher Computer binnen drei Jahren halbiert. Auf der Website kündigt die Initiative konkrete Tipps für Geschäftsleute und Privatkunden an. Der Link zu einer Liste besonders Energie effizienter Computer führt allerdings – aus Rücksicht auf die teilnehmenden PC-Unternehmen? – ins Leere.

Für März 2008 kündigten die Manager der größten deutschen Computermesse CeBit an, das Thema »Green IT« zum Schwerpunkt zu machen. »Green IT ist der Megatrend«, erklärte Ernst Raue von der Deutschen Messe Hannover bei der Vorstellung des Programms. Um die Möglichkeiten zum En-

> **Sauberes Internet**
>
> Wer klimaneutral surfen will, findet unter www.ecologee.net/Endanwender/%DCbersichtDer%D6ko-ISPs eine Liste von zwölf Internet-Providern, die ihren Strom aus erneuerbaren Quellen beziehen. Einen Überblick samt informativen Erfahrungsberichten von Usern bietet das lesenswerte Blog von Reto Stauss (Zum Thema: http://nachhaltigbeobachtet.ch/blog/archive/2007/10/11/anbieter-von-oekologischem-webhosting.html#post_content_extended).
> Wer »atomstromfreie« E-Mails verschicken will, kann unter www.atomstromfreies-internet.de oder www.biomail.de entsprechende Accounts anlegen.

ergiesparen zu demonstrieren, sollte auf dem Messegelände ein »grünes Rechenzentrum« ausgestellt werden – das dann jedoch nur in einer verschämten Ecke zu sehen war.

Während die Energieeffizienz von Server-Räumen vor allem für Geschäftskunden ein wichtiges Thema ist, überlegen immer mehr Verbraucher, welche Möglichkeiten sie neben dem Kauf besonders Energie sparender und mit möglichst wenig Schadstoffen hergestellter Rechnern noch haben, um ihre private Klimabilanz zu verbessern. Da die meisten unter den Lesern inzwischen längst zu einem alternativen Energieanbieter wie Lichtblick oder Greenpeace Energy gewechselt haben dürften, stellt sich die Frage, wie umweltfreundlich die Internetanbieter ihren Energieverbrauch handhaben.

Bei Strato, einem der großen deutschen Internet-Hosts stehen über 400 000 Computer in den Rechenzentren von Karlsruhe und Berlin. Jährlich verbraucht Strato mit dem Betrieb so viel Strom wie 5000 Vierpersonen-Haushalte. Im Sommer, wenn es draußen über 30 Grad warm wird, kostet die Kühlung der Rechner über 100 000 Euro am Tag. Nach einem ausgiebigen Energiecheck gelang es dem Unternehmen ein Drittel der verbrauchten Energie einzusparen. Seit Anfang des Jahres bezieht Strato seinen Strom klimaneutral von einem Anbieter, der mit Wasserkraft arbeitet.

1&1 erhält seinen Strom bereits seit dem 1. Dezember 2007 aus erneuerbaren Quellen. Konkurrent T-Systems hat in München ein energieautarkes Rechenzentrum errichten lassen und experimentiert mit einem Kühlsystem, bei dem die Kälte aus dem Boden gespeichert werden und die Server auf Strom sparende Betriebstemperatur gehalten werden sollen.

Warten auf das Modell 1.0

Der erste richtige Personalcomputer bestand aus Holz. Das Gehäuse für den Apple 1 von Steve Jobs und Steve Wozniak sah aus wie ein feuchter grüner Traum (Zu bestaunen unter: www.riscx.com/mac_modding/images/apple_1.jpg). Doch allen Anfängen zum Trotz: den massenfähigen Öko-Computer für das gute Gewissen, der schadstofffrei und ohne Energieaufwand hergestellt wird, gibt es bis heute nicht. Greenpeace-Expertin Svenja Koch bringt das Dilemma gegenüber der »Financial Times Deutschland« auf den Punkt: »Einige Unternehmen könnten nur dann ökologisch nachhaltig handeln, wenn sie sich abschafften.« Bei Computern geht es – wie bei anderen elektronischen Geräten auch – daher eher um »weniger schlimm« als um »richtig gut«.

Aber wie würde er überhaupt aussehen, der am »wenigsten schlimme« Rechner? Beinahe jedes große Computerunternehmen hat eine Entwicklungsabteilung installiert, die an umweltverträglicheren Material- und Fertigungs-Varianten arbeitet.

■ DIGITAL LIFESTYLE

Wenn man sich aus allen Ideen das Beste herauspicken würde, käme wahrscheinlich ein Powerrechner von der Größe des Mac-Mini heraus. Das kompostierbare Gehäuse bestünde aus einem Plastikersatz (Kartoffel- und Maisstärke), mit dem z. B. die japanische Firma NEC experimentiert. Vielleicht aber auch aus recyceltem Plastik (IBM) oder gleich aus Holz, natürlich nur aus nachhaltig bewirtschafteten Wäldern. Die schwedische Firma Swedx bietet bereits entsprechende Varianten für Keyboards, Mäuse und Flachbildschirme an, die ziemlich charmant aussehen (www.swedx.se). Wer das Equipment in gepflegtem Bambus bevorzugt, wird bei www.nigelsecostore.co.uk fündig.

Flachbildschirm muss sein, da diese nur halb so viel Energie verbrauchen wie herkömmliche Klotzmonitore und bei ihrer Produktion wesentlich weniger Energie und giftige Substanzen aufgewendet werden müssen. Der Computerhersteller Asustek aus Taiwan (www.asus.com.tw) stellte im Dezember 2007 den Laptop-Prototyp Eco Book vor, bei dem das gesamte Gehäuse des Rechners aus Bambus besteht.

Studien zufolge werden 70 Prozent der möglichen Funktionen eines Computers nicht genutzt. Es ist ein bisschen so als würde man bei laufendem Motor in einem Auto sitzen, nur um die Wischanlage zu bestaunen. Wer den PC nur für Schreibarbeiten und das Internet braucht, sollte sich vielleicht einmal mit den schicken, kühlen »Arbeitscomputern« von Manufactum auseinandersetzen. Die Firma kündigt diese selbstbewusst »als Energiesparleuchte unter den Rechnern« an, die im günstigsten Fall mit 8 Watt Ausgangsleistung betrieben werden können.

Und das Innenleben eines perfekten Öko-Rechners? Abgesehen von den Schadstoffen, die eben doch reduziert werden können, sobald es vorgeschrieben ist, stören die enormen

Transportwege, die einzelne Computer-Bestandteile im Zeitalter der Globalisierung zurücklegen. Und selbst ein noch so kleines Notebook besteht bereits aus über 1800 Einzelteilen. In unseren Rechnern werden wahre UN-Vollversammlungen abgehalten: Halbleiter aus Malaysia, Hochleistungschips aus Taiwan, Plastik aus China, Schwermetalle aus dem Kongo, zusammengebaut in Mexiko – und verkauft in Frankfurt-Bockenheim. Doch geht »Buy local« bei Computern überhaupt?

Der deutsche Marktführer Fujitsu Siemens führt seit einiger Zeit einen günstigen »Deutschland PC« im Programm, dessen Komponenten bis auf Festplatte und Software aus heimischen Landen stammen. Fujitsu-Siemens-Chef Bernd Bischoff, der als letzter großer PC-Hersteller in Deutschland produzieren lässt, erklärte der »Welt am Sonntag«, dass in jedem Computer heutzutage nur noch neun Euro Lohnkosten stecken würden. »In China ist das zwar schon für 50 Cent zu haben, aber die Transportkosten würden den Vorteil wieder auffressen.« Gleichwohl ließ Fujitsu-Siemens im Jahr 2005 85 Prozent seiner Computer in China produzieren. 1999 waren das erst 20 Prozent. (Fairerweise muss man sagen, dass Computerhersteller, die in China verkaufen wollen, zumindest einen Teil des Geräts dort produzieren lassen, weil sie sonst hohe Einfuhrzölle auf ihre Waren entrichten müssten.)

Die Windmacher

Stromsparmaßnahmen müssen nicht immer High Tech sein. Die »Süddeutsche Zeitung« stellte einmal eine erstaunliche Galerie von Kurbel-Antrieben zusammen. Da gibt es den Kurbel-Laptop, einen 150-Dollar-Rechner, den das berühmte amerikanische Massachusetts Institute of Technology (MIT) für

DIGITAL LIFESTYLE

Schüler in Entwicklungsländern entwickelt hat. Eine Minute Kurbeln ermöglicht eine halbe Stunde Arbeit an dem rustikalen 8-Zoll-Monitor. Motorola hat einen Kurbellader für seine Handys entwickeln lassen, der nach 45 Sekunden Drehen immerhin sechs Minuten Telefonieren erlaubt und ca. 50 Euro kostet. Wer 35 Minuten Kurbeln schafft, kann sein Mobiltelefon sogar vollständig aufladen. Der etwas bullige »Trevor Baylis Eco Media Player«, der Videos zeigt, digitale Fotos speichert, MP3-Files und Radiomusik abspielt, kommt angeblich nach nur einer Minute Kurbeln auf eine Betriebsleistung von 40 Minuten (281 Dollar, www.ethicalsuperstore.com). Eine Kurbel-Fernbedienung für 20 Euro ist nach 50 Umdrehungen reif für 1000 Mal Umschalten – was für einen normal tristen deutschen Fernsehabend gerade so eben ausreichen dürfte.

Wer sich lieber auf die Kraft der Sonne verlässt, findet ebenfalls Alternativen: ein futuristisch anmutendes Solar-Ladegerät für Nokia-Handys zum Beispiel (69 Euro bei: www.ljelektronik. de, weitere Solar-Ladegeräte auf: www.solarcasa.de). Ideal für Outdoor-Fans sind Rucksäcke, wie sie unter anderem die US-Firma kemplar auf den Markt brachte: ein Backpack mit einem Solarpanel, das MP3-Player, Handys oder PDAs aufladen kann (www.kemplar.com). Vergleichbare, aber leider ähnlich klobige Modelle bietet Voltaic systems ab 199 Dollar (www.voltaicsystems.com). Google-Gründer und Multi-Milliardär Sergey Brin läuft ständig mit einem solchen Teil durch die Gegend. In Deutschland gibt es für 179,95 Euro eine Laptoptasche mit zwei eingebauten Solarmodulen. Wir warten vielleicht lieber auf die elegante Wetterjacke der italienischen Edel-Designer von Zegna, die ebenfalls mit einem Solarmodul ausgestattet sein wird. Ein ähnliches Statement ist die Designertaschen-Kollektion von noonsolar.com aus chromfrei gegerbten Leder mit integriertem Solarmodul.

Besonders schöne Kleinprodukte bietet www.solio.com aus Großbritannien an: Ladegeräte, die auch als modisches Accessoire durchgehen. Die Ladegeräte, mit denen man auch iPods oder Gameboys versorgen kann, gibt es in den Farben Weiß, Grau, Schwarz und Pink. Die kleinen Täschchen, in denen man sie aufbewahrt, wurden aus recycelten kolumbianischen LKW-Reifen gefertigt und kosten 16,95 Euro (ohne Lieferung). Die Leistungsfähigkeit der Solios wird von Experten allerdings noch skeptisch beurteilt. Eine Ladezeit von acht Stunden bei vollem Sonnenschein ist in vielen Regionen Europas nur selten zu schaffen.

An Erfindungsreichtum mangelt es der Welt jedenfalls nicht. Vor einiger Zeit präsentierte ein indischer Student stolz seine Mini-Windkraftanlage, mit der er die Energieversorgung für sein Handy regeln kann.

Das Öko-Handy

Motorola hat's mal versucht. Das Modell V2288 besaß ein Gehäuse aus recyceltem Kunststoff. Bei den Leiterplatten und beim Löten wurde bleifreies Material verwendet. Doch das erste »Öko-Handy« vor fünf Jahren war ein Flop. Die jugendliche Zielgruppe gähnte nur bei den schüchternen Vermarktungsversuchen der Mobilfunkfirma.

Eine Präsentation des »Fraunhofer-Instituts für Solare Energiesysteme« fiel ebenfalls eher in die Kategorie »netter Versuch«. Ihr Solarhandy-Prototyp reichte gerade mal für den Stand-by-Modus.

Es dauerte bis 2008 bis mit Nokia ein großer Mobilfunkanbieter den Versuch startete, mit einem vermeintlich umweltfreundlichen Handy zu punkten. Ihr Modell »3110 Evolve« verwendet für die Hülle immerhin 50 Prozent Recycling-Material und ein Aufladegerät, das unter die Richtlinien von »Energy Star« fällt. Die Verpackung stammt zu 60 Prozent aus Recycling-Material. Nokia vermarktet das Handy als aktiven Beitrag zum Umweltschutz. Bei Redaktionsschluss war es noch nicht im Handel. Dafür war auf youtube die Studie eines zu 100 Prozent recycelten Nokia-Handys zu sehen: Nokia »Remade«, superflach, eine Hülle aus verwandelten Aludosen, eine Tastatur aus recycelten Autoreifen.

Bis auf diese Versuche muss man leider feststellen: Öko und Handy geht irgendwie nicht zusammen. Bis Januar 2008 hatte sich mit Kandy Mobile nur ein einziger Mobiltelefonhersteller nach den Vergaberichtlinien RAL-ZU 106 für das Tragen des Umweltzeichens »Blauer Engel« zertifizieren lassen. Und bei Kandy (www.kandymobile.de) handelt es sich um kreischbuntes, besonders strahlungsarmes Kinderhandy. Einige Unternehmen wie Nokia oder Sony Ericsson haben sich zwar gegenüber Greenpeace verpflichtet, den Schadstoffgehalt ihrer Geräte zu senken. Doch Umweltbewusstsein bei der Produktion der Geräte ist derzeit eher kein Marketing-Instrument im eng umkämpften Handy-Markt.

Das mag damit zusammenhängen, dass das Thema seit Beginn der »Mobiltelefonitis« von der Debatte über mögliche Gesundheitsschäden durch die so genannte Handy-Strahlung überlagert wurde. Mobilfunkanlagen und Handys senden und empfangen Signale mittels elektromagnetischer Felder. Diese Aktivität ist messbar. Der SAR-Wert, von dem oft die Rede ist, ermittelt, vereinfacht gesagt, wie viel elektromagnetische Energie der Körper aufnimmt und in Wärme umwandelt. Der SAR-Wert wird in Watt pro Kilogramm angegeben. Die abgegebene Energie eines Handys wirkt auf kleine Kinder daher wesentlich stärker als auf Bodybuilder, die mit dem Mobiltelefon ihre nächste Einheit von »Nahrungsergänzungsmitteln« bestellen. Als maximaler SAR-Wert gelten 4 Watt pro Kilogramm. Bei allem, was deutlich darunter liegt, sind nach Angaben der Weltgesundheitsorganisation WHO keine gesundheitsschädlichen Auswirkungen zu erwarten. Der Grenzwert in Deutschland beträgt 2 Watt pro Kilogramm. Die von den Mobilfunkbetreibern getragene Website des Informationszentrums Mobilfunk www.izmf.de listet sämtliche SAR-Werte der Handy-Hersteller auf. Nokia-Handys liegen demzufolge zwischen 0,24 und 1,73, die von Sony Ericsson zwischen 0,16 und 1,41. Einen guten Überblick über die wichtigsten Fragen zu den gesundheitlichen Aspekten, Suchfunktionen für strahlungsarme Handys sowie viele konkrete Tipps gibt die Informationsseite der Verbraucher Initiative e.V. unter www.forum-elektrosmog.de.

Mögliche Risiken

Umstritten sind die längerfristigen Folgen. Eine Studie des schwedischen Karolinska Instituts aus dem Jahr 2004 ergab für Dauermobiltelefonierer nach zehn Jahren ein erhöhtes Tumorbildungsrisiko im Gehörgang. In Israel wurden über 500 Krebspatienten untersucht. Dabei stellte sich heraus, dass mit der Intensität der Handy-Nutzung das Krebsrisiko um bis zu 50 Prozent ansteigt. (www.news-medical.net/?id=33277)

Andere Studien schließen einen solchen Zusammenhang aus. Eine ähnliche Gemengelage findet sich bei der Auseinandersetzung um die Strahlung der Mobilfunkanlagen. Es gibt Fälle, bei denen auch der schädliche Einfluss von Mobilfunktürmen in Wohngebieten diagnostiziert wurde, die drastisch an Glaubwürdigkeit verloren, als herauskam, dass die betroffenen Funkanlagen noch gar nicht in Betrieb genommen waren. Die

Kritiker und Bürgerinitiativen gegen Mobilfunkanlagen und Handy-Strahlung haben sich zu einem Dachverband zusammengeschlossen. Alle wesentlichen Argumente von dieser Seite sowie Empfehlungen für spezielle »Elektrosmog«-Messgeräte u. Ä. finden Sie auf www.buergerwelle.de oder www.elektrosmog.de. Eine komplette Linkliste mit allen Institutionen und Forschungsarbeiten zum Thema bietet die Seite des Deutschen Mobilfunk Forschungsprogramms (DMF) auf www.emf-forschungsprogramm.de.

Kritische Verbraucher sollten sich vor dem Handy-Kauf orientieren, wie die Hersteller und Mobilfunkbetreiber über mögliche Gesundheitsschäden informieren, wie sie mit ihren Kritikern umgehen und wie viel sie selbst in die Forschung investieren, um ihrer Verantwortung gerecht zu werden. Ein anderes Kriterium für die Kaufentscheidung unter ethisch-ökologischen Gesichtspunkten sind die Recycling-Bemühungen der Unternehmen. T-Mobile, Vodafone oder E-Plus nehmen bereits seit Jahren alte Handys zurück – Porto zahlt Empfänger – und spenden für jedes eingesandte Gerät einen Gegenwert von vier bis fünf Euro an gemeinnützige Organisationen. Beinahe die Hälfte der Alt-Handys wird übrigens nicht entsorgt, sondern von Partnerfirmen in Entwicklungsländern wiederverkauft.

Problematisch sind in jedem Fall die Geschäftspraktiken der Mobilfunkbetreiber. Niemand kann einem schlüssig erklären, warum das Telefonieren mit dem Handy in Deutschland drei Mal so teuer ist wie in den skandinavischen Ländern. Vielleicht weil Nokia aus Finnland kommt und Ericsson aus Schweden? Zeit für die nächste Verschwörungstheorie ... Aber im Ernst: Die deutschen Mobilfunkbetreiber, auch wenn sie sich karitativ gebärden mögen und für ihre Arbeitsbedingungen international gelobt werden, praktizieren eine Gebührenpolitik, die Handy-

Besitzer eigentlich zur sofortigen Kündigung aller Verträge veranlassen müsste. Zehn Milliarden Euro zusätzlich verdienen die Unternehmen jährlich an den Auslandsgesprächen deutscher Handy-Nutzer, ohne nachweisen zu können, dass ihnen bei der Vermittlung auch nur ein Bruchteil dieser Summe an Kosten entsteht. Immerhin hat die EU jetzt nach langem Streit eine Regelung durchgesetzt, bei der die Minutenpreise für ein Auslandsgespräch auf 49 Cent bzw. 24 Cent für angenommene Gespräche begrenzt werden sollen.

Und noch ein – ganz anderer – Gedanke aus Konsumentensicht. Man könnte sich vorstellen, dass die Handy-Hersteller irgendwann auch in Deutschland eine Zielgruppe entdecken, die sich gerade in Japan als äußerst profitabel herausstellt. Dort können ältere Menschen eine supersimple Mobiltelefonvariante kaufen, mit großen Tasten, ohne jeden Schnickschnack, Material sparend gebaut. NEC hat sogar für die größte japanische Mobilfunkfirma NTT DoMoCo ein Eco-Modell auf den Markt gebracht, das in einem biologisch abbaubaren Gehäuse steckt. Vielleicht hätte ja irgendwann auch hierzulande der Anbieter eines technisch abgespeckten, umweltfreundlicher produzierten Handys Erfolg, wenn er die richtigen Kunden mit der richtigen Kampagne auf seine Idee aufmerksam machen würde.

Das schwarze Geheimnis

Wie vieles, was richtig wertvoll ist, sieht es erst einmal nach nichts aus. Doch ohne den dunkelgrauen Matsch, den man Coltan nennt, würde kein Handy klingeln und kein Computer »Sie haben Post« flöten. Coltan ist ein Erz, aus dem das enorm hitze- und säurebeständige Edelmetall Tantal gewonnen wird. Tantal eignet sich aufgrund seiner physikalischen Eigenschaften optimal für den Bau von Mikroprozessoren. Blöd nur, dass man Coltan vor allem im Ostteil des Kongo finden kann. Noch vor kurzer Zeit wurden 80 Prozent des weltweit verwendeten Tantals aus Vorkommen des zentralafrikanischen Landes gewonnen. Im Kongo herrscht seit Jahren ein unübersichtlicher, immer wieder aufflackernder Bürgerkrieg, der seit 1998 vier Millionen Menschenleben forderte. Seit Langem ist bekannt, dass die verschiedenen Kriegsparteien ihren Kampf mit dem Verkauf des Tantal-Grundstoffes Coltan finanzieren.

Wenn man die Mobiltelefonhersteller fragt, ob sie Tantal aus dem Kongo für ihre Handys verwenden, fühlt man sich manchmal wie bei einem Telefonat im Funkloch. Die Presseabteilung von Samsung äußert sich auf Anfrage ebenso wenig zum Thema wie die von Sony Ericsson, obwohl letztere Firma bereits an anderer Stelle erklärt hat, sie versuche, kein Coltan aus Krisengebieten zu benutzen. BenQ, das die Handysparte von Siemens gekauft hat, verweist sibyllinisch darauf, dass Tantal »von Kondensatorenherstellern eingesetzt« werde und nicht von »Endgeräteherstellern«: »Coltan wird daher von uns nicht als Rohstoff eingekauft.« BenQ versucht Tantal zunehmend durch andere Werkstoffe zu ersetzen. Nokia wiederum hat seine Zulieferer angewiesen, kein Tantal aus dem Kongo zu kaufen. Schätzungen zufolge stammt nach jahrelangen Kampagnen von Menschenrechtsorganisationen inzwischen die Hälfte des von der Mobilfunkindustrie verwendeten Coltans aus dem politisch unproblematischen Australien.

Motorala hat bereits 2001 allen Zulieferern verboten, illegal Coltan aus dem Kongo zu beziehen. Seit 2005 engagiert sich das Unternehmen für den Kahuzi-Biega-Nationalpark im Kongo, der durch den ungeordneten Coltan-Abbau zerstört wurde.

Saubere Arbeit

Vor einem Jahr jagte ein Artikel in der britischen »Mail on Sunday« kleine Schockwellen um die Computerwelt. Der Text beschreibt die Arbeitsbedingungen in chinesischen Fabriken, in denen unter anderem iPods zusammengebaut werden. 50 Dollar Monatslohn – ein Drittel unter dem Mindestsatz –, 15-Stunden-Schichten, geschlafen wird in Gemeinschaftsbaracken. Kurz nach Erscheinen des Artikels gab es in der globalen Computergemeinde kaum noch ein anderes Thema. Wie moralisch kann die Produktion von Computern und digitalen Accessoires überhaupt sein?, fragten sich viele. Ein Franzose kündigte an, seinen iPod aus Protest eine Woche lang nicht einzuschalten. Wird Apple das neue Nike?

Der amerikanische Sportkonzern hatte in den 90ern die Verwundbarkeit einer globalen Marke zu spüren bekommen, als er jahrelang Berichte über die finsteren Zustände in seinen Zulieferbetrieben ignorierte; bis der Aktienkurs bröckelte. Apple wartete nur ein paar Tage und kündigte eine gründliche Prüfung der kritisierten Fabrik an. Durch den firmeneigenen Verhaltenskodex, der für alle Partnerfabriken von Apple gelte, wären solche Praktiken nicht gedeckt. Ausgerechnet Apple. Es war, als hätte man Papi, der die Grünen wählt, dabei erwischt, wie er Batterien in den Hausmüll schmeißt.

Immerhin reagierte Apple deutlich schneller als der Sportartikelkonzern. Die Computerfirma entsandte ein Expertenteam nach China, das Ende August seinen Bericht vorlegte. Ihre Untersuchung konnte die schlimmsten Vorwürfe nicht bestätigen, monierte aber die teils zu langen Arbeitszeiten, Wohnbedingungen und unübersichtliche Gehaltsstruktur. Apple kündigte an, mit jedem Zulieferer, der gegen den »Code of Conduct« verstößt, das Vertragsverhältnis aufzulösen. Außerdem beauftragte die Firma eine unabhängige Organisation mit der Entwicklung eines Kontrollsystems.

Eine katholische Hilfsorganisation aus Großbritannien hatte bereits vor zwei Jahren mit einem Bericht über die Arbeitsbedingungen bei den Zulieferern der großen Computerhersteller für Aufsehen gesorgt. Der Report »Clean Up Your Computer« beschrieb, wie in chinesischen oder mexikanischen Partner-Fabriken Dumpinglöhne gezahlt und die Arbeiter entwürdigend behandelt wurden. Schwangerschaftstests bei Einstellungsgesprächen in Mexiko sollen ebenso die Regel gewesen sein wie die Aufforderung an Bewerber, sich auszuziehen, weil man sie auf Tattoos untersuchen wolle. Arbeitsverträge gab es oft nur monatsweise. In China arbeiteten die Angestellten teilweise 16 Stunden täglich, einschließlich der Wochenenden. Dabei machten sich die im Bericht genannten Computerhersteller IBM, Dell und Hewlett-Packard stillschweigend einen Mechanismus zunutze, der sie aus der unmittelbaren Verantwortung für die Arbeitsbedingungen entlässt. Ihre »Codes of Conduct«, die Zulieferer auf die Einhaltung hoher Sozial- und Umweltstandards verpflichten, gelten nicht für die Zeitarbeitsfirmen, die ihre Vertragspartner in Anspruch nehmen.

Interessant ist übrigens, nach welchen Kriterien diese Jobvermittler in Mexiko ihre Hungerlöhner rekrutieren: Sie lassen Bewerber einen Baum malen. Wer einfach nur einen dicken Stamm mit ein paar Ästen malt, hat gute Chancen. Wer noch die Umgebung dazuzeichnet, hat keine Chance, weil zu viel Fantasie bei der stupiden Fabrikarbeit nur stören kann.

Ausführliche Informationen über die Arbeitsbedingungen in der Computerindustrie und ihre ökologischen Auswirkungen finden Sie auf der Website www.pcglobal.org. Die Seite verzichtet allerdings leider darauf, auch die teilweise sehr konkreten Stellungnahmen der Computerindustrie zu einzelnen Vorwürfen zu dokumentieren. Wer tief in das Thema einsteigen möchte, kann sich auf www.somo.nl entsprechende Dossiers zu den Arbeitspraktiken der führenden Hersteller besorgen. Die Lektüre dieser Dossiers verdeutlicht, dass von einem echten Verantwortungsgefühl der Computerindustrie für die komplette Produktionskette ihre Produkte – vom Material bis zu den Arbeitsbedingungen bei den zuliefernden Subunternehmen – noch nicht die Rede sein kann. Wir befinden uns gerade beim Übergang von der Phase der Ignoranz in die Phase vorsichtiger, aber relativ folgenloser Einsicht. Die entsprechenden Positionen und Initiativen der Computerindustrie lassen sich auf www.eicc.info nachlesen. Die Seite der vor zwei Jahren gegründeten »Electronic Industry Code of Conduct Implementation Group«, eine gemeinsame Einrichtung von Firmen wie Dell, HP, Cisco oder Microsoft und ihren wichtigsten Zulieferern, beschreibt gemeinsame Grundsätze und die Methoden ihrer Umsetzung. Ein erster, kleiner Schritt.

Es liegt an uns, von den Computerherstellern hinsichtlich ihrer Zulieferer und Produktionsweise ein Höchstmaß an Transparenz zu fordern, nicht nur bei T-Shirts oder Augencreme. Bei einer Umfrage unter Europäern zwischen 15 und 35 Jahren kam heraus, dass diese gern zehn Prozent mehr für ihre PCs, iPods oder Handys zahlen würden, wenn sie sicher wären, dass die Geräte unter fairen Bedingungen hergestellt werden. 52 Prozent der Befragten befürworten sogar einen Import-Bann auf »unfaire« Produkte, was unsere Mediamärkte ziemlich leeren würde. Wann wird die erste Firma einen ehrlichen Gerätepass beilegen, in dem alles drinsteht? Verwendete Substanzen, tatsächlicher Stromverbrauch, Herkunft der verschiedenen Bestandteile, Garantie humaner Arbeitsbedingungen? Dann könnten wir selbst entscheiden, welchen echten Preis wir wirklich zahlen wollen.

SERVICETEIL

Computerhersteller

Die perfekte Computerfirma für ethisch und ökologisch orientierte Kunden kann es ebenso wenig geben wie den ethisch und ökologisch perfekten Computer. Die Umweltbilanz allein schon bei der Herstellung der digitalen Wunschmaschinen ist schauderhaft, der Energieverbrauch hoch, das Entsorgungsproblem gravierend. Die Arbeitsbedingungen bei den Zulieferern, vor allem in Asien, werden immer wieder kritisiert. Die meisten Computerhersteller delegieren ihre Verantwortung an ihre Vertragspartner und kümmern sich nicht darum, was in den Subunternehmen passiert, die von diesen beauftragt werden.

Die folgende Auflistung einiger Markenfirmen ist daher auch weniger eine Empfehlungsliste als vielmehr ein Überblick darüber, wie sich einige etwas engagiertere Firmen den branchentypischen Probleme stellen. Schließlich geht es auch darum, mit unserem Kaufverhalten zu demonstrieren, dass es sich lohnen würde, in Sachen Umweltschutz oder Sozialstandards mehr zu tun als die Konkurrenz.

Apple *www.apple.com/de/environment*

Profil: Computer sind Lifestyle. Die kalifornische Firma verwandelte öde Plastikboxen in beseelte Kultgegenstände und erfand mit dem iPod und dem iTunes-Musicstore komplett neue Märkte. Der Touch-Screen des iPhone wird die mobilen Computer der Zukunft prägen. Klimaschutzengel Al Gore sitzt im Aufsichtsrat.

Bilanz: Die hohe Qualität (und die entsprechenden Preise) führen dazu, dass Apple-Kunden ihre Computer nicht als Wegwerfgeräte ansehen, sondern oft noch nach Jahren zu durchaus guten Preisen weiterverkaufen. Das Modell »mac mini«, das ohne Keyboard oder Monitor ausgeliefert wird, weist gleichfalls in eine positive Richtung, spart doch die Idee, möglichst viel Computerleistung mit möglichst wenig Material zu erreichen, Rohstoffe und Transportaufwendungen. Auch muss man sich nicht bei jedem neuen Computermodell das ganze Equipment neu kaufen. Das im Januar vorgestellte MacBook »Air« mit seinem stromsparenden, blei- und quecksilberfreien LED-Display und dem recyclingfähigen Aluminiumgehäuse ist ebenfalls ein Schritt in die richtige Richtung. Apple pflegt ein engagiertes Programm zum Bann von Schadstoffen (www.apple.com/de/environment). Materialien wie Quecksilber, Kadmium, Chrom VI und bromiertes Flammschutzmittel wurden bereits vor Jahren aus der Herstellung verbannt. Die Firma setzt kein PVC mehr bei Teilen über 25 Gramm Gewicht ein, aber immer noch in den Kopfhörern. Erfüllte die Schadstoffminderungsvorgaben durch die EU-Verordnung RoHS vor Ablauf der Frist. Apple hat wie andere Computerhersteller Probleme mit der Einhaltung des Firmen-»Code of Conduct«, mit dem sich Zulieferfirmen auf sozialverträgliche Arbeitsbedingungen verpflichten. Auch wartet man bislang vergeblich darauf, dass die Firma ihre iPods und iPhones mit umweltverträglicheren und vor allem auswechselbaren Batterien ausstattet. Hier zeichnet sich ein gewaltiges Entsorgungsproblem ab. (Zur Ökobilanz des iPhone steht auf www.greenpeace.org die Studie »Missed Call« zum Download bereit.)

Wissenswert: Von der Umwelt-Vereinigung »Sierra Club« wurde Apple zu den zehn ökologisch fortschrittlichsten

Unternehmen Amerikas gewählt. Beim Greenpeace-Ranking der ökofreundlichsten Unternehmen landet Apple stets weit hinten. Bei iTunes kann man unter Podcasts/Environment kostenlos spannende Podcasts zum Thema Umwelt abonnieren.

Dell *www.dell.de*

Profil: Keiner baut Computer so schnell wie der Weltmarktführer Dell (Platz 3 in Deutschland). Nicht mal fünf Minuten braucht das Unternehmen für einen persönlich figurierten PC. Bietet seit einiger Zeit auch Drucker und Tinte an.

Bilanz: Firmengründer Michael Dell rief 2007 die grüne Wende aus. Bis 2012 soll der CO_2-Ausstoß des kompletten Produktionsprozesses um 15 Prozent sinken. Sämtliche Zulieferer kämen in Sachen Transport, Energieaufwand oder Verpackung auf den Prüfstand. Vom Kaufpreis eines Dell-Computers fließen 1,50 Euro (Laptop) oder 4,50 Euro (Desktop) in ein Aufforstungsprogramm. Bis 2009 sollen alle Dell-Computer zur Hälfte aus recyceltem Material bestehen.

Wissenswert: Zu Beginn der Schicht in Dell-Fabriken wird gemeinsam Gymnastik gemacht, dazu erklingen Kampfrufe oder Stimmungsmusik. Lobte im Herbst 2007 einen Wettbewerb für die Entwicklung des umweltfreundlichsten Computers aus. Preisgeld bis zu 25 000 Dollar.

Fujitsu Siemens www.fujitsu-siemens.de

Profil: Die deutsch-japanische Firmengemeinschaft ist der unangefochtene Marktführer in Deutschland und einer der Vorreiter in der Entwicklung etwas weniger umweltschädlicher PCs.

Bilanz: Das Vorgängerunternehmen Nixdorf brachte 1993 den ersten »Green PC« auf den Markt, der sich vor allem durch einen vergleichsweise geringen Stromverbrauch auszeichnete. Der Green PC wurde 1994 als erster Computer mit dem Umweltzeichen »Blauer Engel« ausgezeichnet. Heute sind ein Viertel der verkauften Fujitsu-Siemens-Computer dem Green-PC-Gedanken nachempfunden. Sie werden vergleichsweise umweltfreundlich produziert und sind wesentlich leichter. Die Firma rühmt sich für ihr ganzheitliches Herstellungskonzept: Bei der Produktion werden 99 Prozent des verbrauchten Wassers (das können bis zu zwei Tonnen sein!) wiederverwertet. Die Bestandteile sind so angelegt, dass ein Teil von ihnen problemlos in neue Modelle eingebaut werden kann. Die Zahl der verwendeten Kunststoffe und Chemikalien wurde drastisch reduziert. Die Firma nutzt Mehrwegverpackungen. Käufer des aktuellen Scaleo Green PC erhalten eine Bahncard 25 oder einen Gutschein für den Wechsel zum Ökostromanbieter Lichtblick dazu.

Bereits 1988 entstand beim Vorgänger Nixdorf in Paderborn das erste »Zentrum für Wiedervermarktung und Recycling«. Heute wird die Entsorgung von Fujitsu-Siemens-Computern in der firmeneigenen Anlage bei München betrieben. In der Vergangenheit gab es immer wieder Berichte über unzumutbare Arbeitsbedingungen bei den Vertragspartner-Fabriken. Firmenvertreter äußerten bei dieser Gelegenheit, sie fühlten sich nur für das zuständig, was in ihren eigenen Fabriken passiert.

Wissenswert: Im Rahmen einer Kooperation mit dem World Wildlife Fund (WWF) stellt Fujitsu Siemens kostenlose Green PCs für die WWF-Büros bereit.

Hewlett-Packard *www.hp.com/country/de/de/welcome.html*

Profil: In Deutschland die Nummer 2 mit Vollsortiment im IT-Hardwarebereich. In den USA regelmäßig als besonders angestelltenfreundliche Firma ausgezeichnet.

Bilanz: In den USA Vorreiter bei der Entwicklung von freiwilligen Rücknahme-Programmen für gebrauchte PCs. Nachdem Greenpeace im Jahr 2003 hochgiftige Bestandteile in HP-Computern fand, verpflichtete sich das Unternehmen, den Anteil gefährlicher Stoffe drastisch zu reduzieren. Einige ihrer Laserdrucker wurden mit dem »Blauen Engel« ausgezeichnet, die Preise für HP-Druckerpatronen sind allerdings nach wie vor unethisch hoch. Im Nachhaltigkeitsreport relativ transparente Informationen über die Kontrolle des HP-Verhaltenskodex bei den etwas über 500 Zulieferern in aller Welt. Wie der Konkurrent Dell ist HP Mitglied im »Green Grid«, einem Zusammenschluss mehrerer amerikanischer IT-Unternehmen, die gemeinsam Energie sparende Techniken für Rechenzentren entwickeln wollen. Auf einem HP-Firmengebäude in San Diego wurde gerade ein Solardach installiert. HP erklärte sich 2002 als erstes großes Unternehmen der IT-Branche zumindest theoretisch bereit, mit seinem »Supply Chain Code of Conduct« die ethischen Grundsätze auf die Zulieferer der Zulieferer auszuweiten.

Wissenswert: 2005 besuchten HP-Kontrolleure 85 Zulieferfirmen in zehn Ländern, von Mexiko bis Malaysia. Sie fanden mehr Verstöße gegen den HP-»Code of Conduct« als im Jahr 2004. Seither hat die Firma keine Zahlen mehr zur Kontrolle ihrer Zulieferer veröffentlicht (Stand: Januar 2008) Unterstützt drei Klimaschutzprojekte des WWF mit zwei Millionen Dollar.

IBM *www.ibm.de*

Profil: Klassisches amerikanisches IT-Unternehmen, das von Computersystemen, Software, Netzwerken, Speichertechnologie bis hin zu Mikroelektronik alles anbot. Der Computerbereich wurde im Mai an die chinesische Firma Lenovo verkauft.

Bilanz: Umweltmanagementsystem seit 1994. Ein internes Umwelt-Entwicklungszentrum sucht nach Alternativen bei den umweltschädlichen Aspekten der Computerproduktion. Verzichtete als einer der ersten Hersteller bereits 1991 auf bromierte Flammschutzmittel. Setzt bei einigen Modellen bis zu 40 Prozent Recycling-Plastik für die Gehäuse ein. Modelle wie der IBM NetVista oder der ThinkPad übererfüllen die Anforderungen für die Vergabe des »Blauen Engels«. Hat sich verpflichtet, den firmeneigenen CO_2-Ausstoß jährlich um vier Prozent zu reduzieren. Mitglied im »Green Grid« (siehe Hewlett Packard). IBM Schweiz hat einen Carsharing-Fuhrpark mit Hybridfahrzeugen eingerichtet.

Wissenswert: IBM-Kunden erhalten auf Nachfrage eine Umwelterklärung für ihren Rechner, die möglichst alle relevanten Daten zur Verfügung stellt. Das Firmen-Intranet dient auch als Portal für die Buchung von Bahntickets sowie der Bildung von Fahrgemeinschaften. Kündigte bei der Konferenz »Hollywood Goes Green« ein Spezialprogramm für die Film- und Medienindustrie an, dass den Energieverbrauch der beispielsweise für Spezialeffekte genutzten Server bis 2010 halbieren soll.

Sony *www.sony.de*

Profil: Japanischer Entertainment- und Elektronikgigant mit eigener Computerlinie (Vaio). Liegt mit seinem Computer-Marktanteil in Deutschland bei den Notebooks zwischen Platz 5 und 7. Weltweit über 150 000 Mitarbeiter.

Bilanz: Umstieg auf erneuerbare Energieanbieter. Ist in Japan mittlerweile der größte Einzelkunde in Sachen Ökostrom. Brachte eine Edition spezieller Notebooks, die ziemlich bunte »Graphic Splash Eco Edition«, auf Basis seiner Vaio-Reihe auf den Markt. Die Geräte sind angeblich besonders schadstoffarm, beinhalten recyclingfähige Komponenten, und werden in Recycling-Verpackungen verschickt. Ein Prozent des Erlöses geht in den USA an die Umwelt-Initiative »One Percent For The Planet«.

Wissenswert: Belegte Ende 2007 im Greenpeace-Ranking der Umwelt freundlichsten Computerhersteller Platz 3.

Gebraucht geht auch

Natürlich bietet es sich auch an, über den Kauf eines gebrauchten Computers nachzudenken, wenn man nicht unbedingt seine Reisevideos auf dem Rechner schneiden will. Längere Lebenszeiten vermindern auch die Elektromüllberge. Der Verein ReUse fördert den Austausch hochwertiger IT-Hardware (www.reuse-computer.de). Anbieter wie www.recycle-it.de, www.eastcomp.de (mit Verschenkservice für bestimmte Teile) oder www.gebrauchtecomputer.de geben Garantien auf ihre Geräte. Apple-Fans werden auf www.macnews.de fündig. Unschlagbar für Geräte aller Art ist allerdings inzwischen www.ebay.de, die bei Weitem das größte Angebot aufweisen, auch wenn man preislich bei reinen Secondhand-Händlern besser liegen kann.

Handy-Hersteller und Netzbetreiber

Handys wiegen nicht mehr fünf Kilo, doch auch bei ihrer Herstellung und Entsorgung gibt es Probleme: Materialien, die entweder umweltschädlich sind oder wie das seltene Roherz Coltan aus Krisenregionen stammen können, in denen mit dem Verkauf Bürgerkriege finanziert werden. Die niederländische Organisation SOMO hat zudem nachgewiesen, dass bei den Zulieferern der großen Handyanbieter Arbeitsschutz und -rechtsgrundsätze massiv verletzt werden. Die meisten darauf hingewiesenen Handyhersteller verweigerten auf konkrete Nachfragen die Auskunft. Nokia, immerhin, gab einen Kommentar ab: Die geschilderten Zustände »entsprechen nicht unserer Politik«. Da kann ein wenig Konsumentendruck wohl nicht schaden.

Die folgenden Kurz-Porträts sollen aufzeigen, ob und wie einige der wichtigsten Handy-Hersteller und Netzbetreiber gegen die weniger erfreulichen Aspekte der Handy-Revolution vorgehen.

Motorola *www.motorola.com/de*

Profil: Seit dem Erfolg seines Klapp-Handys RAZR der eifrigste Nokia-Jäger im Kampf um Marktanteile.

Bilanz: Präsentierte als erster Handy-Anbieter im Jahr das Öko-Mobiltelefon V2288 mit einem Gehäuse aus Recycling-Kunststoff. Beim Löten wurde kein Blei eingesetzt. War leider ein Flop, weil es an der jugendlichen Zielgruppe vorbei vermarktet wurde. Internes Umweltmanagement, der Wasserverbrauch sank 2005 um 13 Prozent. Eigene Entwicklungsabteilung für die Produktion umweltfreundlicher Telekommunikationsprodukte – als einziges Mobilfunkunternehmen. In Großbritannien macht Motorola bei »Red« mit, einer Initiative von Bono gegen die Ausbreitung von Aids in Afrika. Dafür entwickelte das Unternehmen ein ultraschickes rotes Handy, bei dessen Verkauf jeweils 10 britische Pfund in den Anti-Aids-Fund fließen. Die Arbeitsbedingungen in den asiatischen Zulieferfabriken werden immer wieder kritisiert.

Wissenswert: Engagement »We connect the unconnected«: Extra-Modelle für Schwellenländer, mit Akku, der 2 Wochen hält, 30 Dollar. Taschenlampenfunktion.

Nokia *www.nokia.de*

Profil: Finnisches Vorzeigeunternehmen. Auf jedem dritten Handy in Deutschland steht »Nokia«.

Bilanz: Nokia hat seine Zulieferer schriftlich aufgefordert, kein Tantal aus dem Kongo zu verwenden, und versucht den Einsatz des Materials beim Handy-Bau zu reduzieren. Hat sich gegenüber Greenpeace zur drastischen Verringerung des Schadstoffanteils in den Handys verpflichtet. Veröffentlicht auf der Firmen-Website eine komplette Aufstellung der in den Handys verwendeten Stoffe (www.nokia.com/link?cid=EDITORIAL_65032). Sämtliche Produktionsstätten sind nach ISO 14001 zertifiziert. Alle neuen Handy-Modelle sind PVC-frei. Vermarktet seit Anfang 2008 mit dem »Nokia Evolve 3110« ein »Ökohandy«, dessen Gehäuse zur Hälfte aus Recycling-Material besteht. Der Clou ist dabei das sparsame Aufladegerät. Nokia hat als erster Hersteller angefangen, akustische Warnsignale in seine Ladegeräte zu installieren. Sie melden, wenn das Handy aufgeladen ist. Jenseits des Umweltthemas fördert Nokia vor allem Projekte für Kinder und Jugendliche wie »Schüler Helfen Leben« (www. schueler-helfen-leben.de) und Vereine für »interkulturelle Zusammenarbeit«. Eine niederländische Organisation griff Nokia Ende 2006 wegen der Arbeitsbedingungen in asiatischen Zuliefererfabriken scharf an. Nokia wies die Vorwürfe als »haltlos« zurück und stützte sich dabei vor allem auf Angaben der Leiter der angegriffenen Subunternehmen: »Die Fabrikchefs hätten kein Interesse daran, uns zu belügen.« Machte beim Streit um die Schließung eines hoch profitablen Nokia-Werkes in Deutschland Anfang 2008 keine gute Figur.

Wissenswert: Belegte 2005 beim »Good Company Rating« des »Manager Magazins« als bestes Mobilfunkunternehmen den 7. Platz – mit mittelprächtigen Werten in der Rubik »Umwelt« sowie überragenden bei der Mitarbeiterführung und dem gesellschaftlichen Engagement.

O2 *www.de.o2.com*

Profil: Der Sauerstoff reiche Mobilfunkanbieter liegt in Deutschland hinter Vodafne, T-Mobile und E-Plus auf Platz 4.

Bilanz: O2 bezieht nach eigenen Angaben 80 Prozent der Energie für sein Mobilfunknetz aus erneuerbaren Quellen. Firmeninternes Umweltmanagement, zertifiziert nach dem Standard ISO 14001. Auf dem Dow Jones Sustainability Index bestes Mobilfunkunternehmen in puncto Nachhaltigkeit. Hat das umfangreichste Informationsangebot zum Thema Mobilfunk und Gesundheit. Unterstützt diverse soziale und Ausbildungs-Projekte sowie den Verein Power Child e.V. für die Prävention von sexueller Gewalt an Kindern. Für jedes zum Recycling eingesandte Handy geht eine Spende an den World Wildlife Fund (WWF).

Wissenswert: O2 lädt Vereine sowie Initiativen ausdrücklich ein, sich bei der Firma um finanzielle Unterstützung zu bewerben. Gibt einen »Corporate Responsibility«-Newsletter zum Download heraus. Bekam 2005 den Preis für Unternehmensethik von oekom research.

Sony Ericsson *www.sonyericsson.com*

Profil: Global operierendes Unternehmen für mobile Multimediageräte.

Bilanz: Hat sich gegenüber Greenpeace zur drastischen Verringerung des Schadstoffanteils in den Handys verpflichtet und als erster Hersteller Nickel-Kadmium-Akkus verbannt. Demnächst PVC-, Antimon- und Beryllium-frei. Eine entsprechende Absichtsliste kann man sich von der Firmen-Website laden. »Code of Conduct« für alle Zulieferer seit 2001, keine Details zu den Kontrollen. Die sollen laut NGO's lückenhaft sein. Hat Pläne, sämtliche Zulieferer zu kontrollieren und den »Code of Conduct« auch auf mögliche Subunternehmen auszuweiten. Geringe Handy-Rücknahme und Recycling-Quote.

Wissenswert: Hält für jedes Handy-Modell eine detaillierte Auflistung aller verwendeten Materialien zum Download bereit.

T-Mobile *www.tmobile.de*

Profil: Die T-Com-Tochter ist der größte Mobilfunkanbieter in Deutschland.

Bilanz: Firmeninternes Umweltmanagementsystem seit 1997. Wurde von der Deutschen Umwelthilfe für sein Programm bei der Rücknahme von Alt-Handys ausgezeichnet. Auch T-Mobile spendet für jedes zurückgegebene Handy – 5 Euro an die Deutsche Umwelthilfe. 66 Prozent der abgegebenen Handys werden vor allem in Entwicklungsländern wiederverwendet. Umweltmanagement nach ISO 14001. Von Holland lernen heißt siegen lernen: T-Mobile Niederlande deckt 90 Prozent seines Energiebedarfs aus regenerativen Energiequellen. Firmenboss Rene Obermann ist Mitglied in der Initiative »Deutsche Unternehmer für den Klimaschutz« und will den firmeneigenen Anteil erneuerbarer Energien möglichst rasch auf 33 Prozent steigern. Chaotische Mitarbeiterführung und Restrukturierungsmaßnahmen.

Wissenswert: Die Anrufe bei der Telefonseelsorge sind aus dem T-Mobile-Netz kostenlos.

Vodafone D2 *www.vodafone.de*

Profil: Beim Düsseldorfer Unternehmen stehen beinahe 30 Millionen Deutsche unter Vertrag. Die Firma betont ihr soziales Engagement.

Bilanz: Vodafone hat ein Energiesparprogramm gestartet, das bis 2009 den CO_2-Ausstoß um 70 000 Tonnen verringern soll. Dabei werden alte, Strom fressende Basisstationen ausgewechselt und die Akkugeräte überarbeitet. In Würzburg wird der Umstieg auf Solarenergie zur Firmenversorgung geprobt. Seit September 2002 freiwilliges Handy-Rücknahme-System. Für jedes eingeschickte Handy werden 5 Euro an gemeinnützige Organisationen gespendet (SOS Kinderdörfer, Hamburger Tafel u. ä.).

Wissenswert: Kooperierte mit dem Naturschutzbund NABU bei der so genannten »Batnight«, bei der Vodafone-Kunden auf einem Vodafone-Portal Fledermäuse beobachten konnten. Gemeinsam mit dem NABU wurde eine vierjährige Partnerschaft zur Propagierung des Naturschutzes geschlossen. Die

Vodafone Stiftung Chancen unterstützt Kinder und Jugendliche mit Migrationshintergrund bei ihrer Ausbildung.

Literatur und Links rund um Digital Lifestyle

► Greenpeace (Hg): Guide to greener Electronics. Via: www.greenpeace.org
Auflistung der Ökobilanz wesentlicher Computer- und Handyhersteller. Die Einordnung ist zum Teil fragwürdig, weil Ankündigungen bei der Eliminierung bestimmter Schadstoffe sehr positive bewertet werden. Dadurch schneiden Unternehmen bisweilen gut ab, die konkret noch nicht viel unternommen haben. Aber ein guter Ansatzpunkt.

► Andreas Manhart/Rainer Grießhammer: Soziale Auswirkungen der Produktion von Notebooks. Freiburg Ökoinstitut, 2006, 100 Seiten. Via: www.oeko.de/oekodoc/291/2006-010-de.pdf
Forschungsprojekt, sehr akademisch. Aber interessant für alle, die sich über konkrete Auswirkungen ihres Konsumverhaltens informieren wollen.

► Weltwirtschaft Ökologie & Entwicklung e.V. (WEED): High-Tech-Sweatshops in China. Bonn, September 2007, 70 Seiten, 4 Euro. Zu bestellen via: www.weed-online.org
Gründlich recherchierte Studie über die Möglichkeiten und Schwierigkeiten einer sozial organisierten Computerindustrie.

► WEED (Hg):Unsichtbare Kosten. Ungleiche Verteilung ökologischer Risiken in der globalen Computerindustrie. Bonn,

August 2007, 48 Seiten, 4 Euro. www.weed-online.org
Sehr informativ. Was vielleicht fehlt, sind Stellungnahmen der Computerfirmen.

▶ Joseph Wilde / Esther de Haan: The High Cost of Calling. Critical Issues in the Mobile Phone Industry. November 2006, 117 Seiten
Eine gründliche Untersuchung der CSR-Realität der großen internationalen Mobilfunkunternehmen. (Download: www.somo.nl/html/paginas/ pdf/High_Cost_of_Calling_nov_2006_EN.pdf)

▶ *http://green-pc.blogspot.com*
Kenntnisreicher Blog aus Konsumentensicht. Viele aktuelle News. Englisch.

▶ *www.nachhaltigbeobachtet.ch*
Das Blog des sympathischen Schweizers Reto Stauss ist immer einen Besuch wert, wenn es um aktuelle News zum Thema Grüner PC geht.

▶ *www.pcglobal.org*
Aufklärungsseite zu den Auswirkungen der globalen Computerindustrie.

REISEN

Die Jagd nach dem Paradies

Vor ein paar Jahren gehörte ein kleiner Roman zum Reisegepäck der unter 30-Jährigen wie Handtuch, Badekleidung und Kondome. In »The Beach« (deutsch: »Der Strand«) rechnete der damals 26-jährige Brite Alex Garland mit einer ganz bestimmten Art des Reisens ab: die Jagd nach möglichst einsamen Orten, nach dem Traumstrand, den nicht einmal Einheimische kennen, nach dem letzten Flecken unberührter Erde. Wenn man ihn gefunden hat, dann dauert es nicht lang, bis die anderen kommen. Die Ersten sind die Rucksacktouristen, die direkt am Meer schlafen und sich in nahen Dörfern bekochen lassen. Irgendwann hört ein findiger Investor von dem magischen Ort und kauft die schönsten Grundstücke weg. Und wenn die Entdecker von einst Jahre später an den Ort ihrer Träume zurückkehren, können sie zwischen Fünf-Sterne-Resorts, Backpacker-Pensionen und anonymen Familienhotels wählen. Der Zauber des Ortes ist verloren, die Bauern von einst haben ihre Felder verlassen und reinigen jetzt die Swimmingpools. »Mit unserer Art zu reisen«, beklagte Alex Garland in einem Interview, »töten wir, was wir lieben.«

Wir alle sehnen uns nach einem kleinen Paradies. Ein paar Tage, am besten Wochen, dem Alltag entfliehen. Wenn wir

■ REISEN

vom nächsten Urlaub träumen, fliegen meist die klassischen Ansichtskartenmotive durch unseren Kopf: Palmen, Südseestrände, die lieblichen Landschaften der Toskana, Alpenpanoramen. Wir reisen, um weit weg zu sein oder ganz nah bei uns. Ob Wellnesstrip, Gruppentour, Singlereise, Familienurlaub; mit dem Flugzeug, dem Auto, der Bahn oder zu Fuß: Wie auch immer wir reisen, als Touristen verändern wir die Orte, an die wir fahren. Im Guten wie im Schlechten.

Tourismus kann ein Segen sein. Nicht nur für den Reisenden. Der Tourismus ist die größte Jobmaschine der Welt. Jeden Tag werden weltweit über 1,8 Milliarden Dollar fürs Reisen ausgegeben. Jährlich machen knapp 800 Millionen Menschen Urlaub. 76,1 Millionen Menschen arbeiten nach Berechnungen des »World Travel and Tourism Council« direkt in der Branche, 231 Millionen Jobs hängen vom Reisen ab. In 83 Prozent der Entwicklungsländer bildet der Tourismus einen der drei wichtigsten Wirtschaftszweige. »Er bietet neue Erwerbsmöglichkeiten, vermindert die Armut, fördert die Gleichberechtigung zwischen Frauen und Männern und den Schutz von Kultur und Natur«, heißt es optimistisch in einem UN-Report aus dem Jahr 2001.

Tourismus kann ein Wahnwitz sein. 99-Euro-die-Woche-Reisen an zugebaute Küsten in Spanien, Griechenland oder der Türkei. All-inclusiv-Besäufnisse in exotischen Urlauber-Ghettos. Golfreisen, bei denen sich niemand daran stört, dass mit der Bewässerung aller Golfplätze mühelos die Trinkwasserprobleme der Welt gelöst werden könnten. Billig-Flüge, die unser Klima ruinieren, verschandelte Natur, zerstörte Kultur, bedrohte Ureinwohner, Müllberge, Sextourismus – bleibt uns am Ende nur noch die Fahrradtour zum nächsten Binnensee?

Wir Reiseweltmeister

Wir sind Weltmeister. Wenigstens im Reisen. 800 Millionen Nächte verbringen Deutsche jedes Jahr in ausländischen Unterkünften. 50 Millionen Deutsche, die sich 2008 das Reisen leisten können, geben dafür rund 60 Milliarden Euro aus. Die Reisebranche liegt hierzulande hinter der Automobilindustrie auf Platz zwei der umsatzstärksten Wirtschaftszweige. Glaubt man Tourismus- und Trendforschern, vollzieht sich gerade eine Urlaubsrevolution. Klassische Ferien sind out. Verreisen ist zur Option für den schnellen Konsum geworden. Kurztrips übers Wochenende, zehn Tage Ayurveda in Sri Lanka, drei Monate Weltreise zwischen zwei Jobs. »Alles muss verfügbar sein«, beschreibt Dr. Eike Wenzel für das Trendbüro den »Tourismus 2020«. »Der Urlaub muss der Gesundheit dienen, das Hotel sollte am besten Bio-Food von morgens bis abends bieten. Die Leute wollen im Urlaub zu sich selber finden.« Wohlfühlen, Spiritualität, Lebenskunst, Natur. Zehn verschiedene Reisetrends von morgen hat Dr. Wenzel ausgemacht. Die »Social- und Creative-Reisen«, die »Health Holidays«, »High-Conveniance«-Trips und der »Eco-Tourismus« sind einige davon. Der Tourismus der Zukunft lebe von der Sehnsucht nach immateriellen Werten wie »Qualität, Authentizität, Regionalität und Nachhaltigkeit«. Der Tourist der Zukunft will nicht mehr das zerstören, was er liebt.

Benjamin Reuter kommt gerade aus Ägypten zurück. »Ich war in Siwa, einer kleinen Oase, die man nur mit großem Aufwand erreichen kann. Es gibt keinen Flugplatz, keine gute Straße«, erklärt der 28-Jährige. »Der Reiseführer verspricht das traditionelle ägyptische Leben. Jetzt soll dort ein Flugplatz gebaut werden. Ich fürchte, das Leben dort ist in ein paar Jahren total auf den Tourismus zugeschnitten, diese Authentizität dann nur noch Fassade. Der Ort wird verändert sein, ebenso das Leben der Menschen, ihre Werte und Traditionen. Alle wollen da hin. Aber ich ja auch.«

Umfragen zufolge machen sich beinahe die Hälfte der Deutschen vor der Buchung Gedanken über die sozialen und ökologischen Auswirkungen ihrer Reise. Jeder Dritte wäre bereit, pro Tag mindestens einen Euro mehr zu zahlen, wenn damit Umweltmaßnahmen am Reiseort finanziert werden. Die Zahl derer, die einen »Natururlaub« planen, steigt rasant. Der »Öko Light«-Typus, der mal bei Aldi einkauft und mal im Bio-Supermarkt, der lieber mit der Bahn fährt als mit dem Auto, aber eben auch gern mal zum Wandern nach Fuerteventura fliegt, ist drauf und dran, den Tourismus zu verändern. Ihm geht es um neue Erfahrungen, Naturerlebnisse, um Austausch mit einer fremden, spannenden Kultur, um Erholung und Inspiration. Aber auch um Rücksichtnahme und Respekt.

Gute Vorsätze

Nach viel Kritik an den Auswüchsen der Reiseindustrie setzte in den 90er-Jahren bei großen Tourismusunternehmen ein – zumindest theoretisches – Umdenken ein. Die sozialen, ökologischen und kulturellen Kosten ihres Geschäfts waren offensichtlich geworden. Im Herbst 1999 verständigten sich die wichtigsten Vertreter der Welttourismuswirtschaft in New York auf einen »Globalen Ethik-Kodex« für ihre Branche. Getragen von der Hoffnung, »dass es möglich ist, in diesem Sektor Wirtschaft und Ökologie, Umwelt und Entwicklung, Offenheit für den internationalen Handel und den Schutz sozialer und kultureller Identitäten in Einklang zu bringen«, verpflichteten sich die Unternehmen auf zehn Prinzipien. Sie beschrieben den

Gute Vorsätze

Tourismus als »Beitrag zum gegenseitigen Verständnis und Respekt zwischen den Völkern«, als »Weg zur individuellen und kollektiven Erfüllung« und »Beitrag zur Förderung des kulturellen Erbes der Menschheit«. Dazu legten sie Rechte und Pflichten von Reisenden, Reiseveranstaltern und Beschäftigten in der Tourismusindustrie fest, die von einem »Weltkomitee zur Tourismusethik« überwacht werden sollten.

Das Dokument wurde von der Generalversammlung der Vereinten Nationen abgesegnet, das Jahr 2002 sogar zum weltweiten »Jahr des Öko-Tourismus« erklärt. Doch ernsthafte Kontrolleinrichtungen, die Auswüchse der globalen Tourismusindustrie eindämmen könnten, gibt es nicht. Aus aller Welt erreichen uns Meldungen über die faktische Enteignung besonders schöner Landstriche durch global operierende Tourismuskonzerne. Der brutale Preisdruck im internationalen Wettbewerb führt dazu, dass von dem Geld, das Reisende für ihren Urlaub zahlen, immer weniger in den besuchten Ländern ankommt. Und vieles von dem, was bleibt, geben die Einheimischen gleich wieder für Devisen aus, um die Waren zu importieren, auf die ihre westlichen Besucher auch im Urlaub nicht verzichten mögen. Je nach Reiseart und -ziel bleiben bei konventionell gebuchten Reisen oft nicht mehr als zehn bis 50 Prozent der Einnahmen im Land.

Die globale Tourismusindustrie kommt auch wegen ihrer Verantwortung für den Klimawandel unter Druck. Auf einer Klimaschutzkonferenz in Davos formulierte die »Welt Tourismus Organisation« WTO eine eher allgemein gehaltene Deklaration. Darin beziffert die WTO den Anteil der Tourismusindustrie am weltweiten CO_2-Ausstoß auf fünf Prozent und verpflichtete sich, verstärkt erneuerbare Energien einzusetzen. Sie nannte aber keine konkreten Ziele für eine Senkung ihres Anteils an der globalen Emission von Treibhausgasen. Auch blieb offen, wie wir Touristen mehr klimafreundliche, ethisch-ökologisch sinnvolle Reisen angeboten bekommen.

Bis heute gibt es ohnehin keine global verbindliche gültige Festlegung darüber, was genau ein »Öko-Urlaub« eigentlich ist. Allein in Europa existieren derzeit über 50 verschiedene Gütesiegel, die umweltfreundliche und/oder sozial gerechte Ferien bzw. Unterkünfte versprechen. Faszinierende Beispiele wie die von der WTO prämierte Safari-Wanderung in Campi ya Kanzi, Kenia, oder das ökologisch durchkonzipierte Hotel Punta Islata auf Costa Rica zeigen, wie es gehen könnte. Aber allzu häufig dient das Zauberwort »Öko« als bloßer PR-Trick. Etwa, wenn sich ein überlaufener Campingplatz an der Costa Blanca plötzlich »camping ecoturístico« nennt, seit die Betreiber zusätzliche Mülleimer aufgestellt haben. Ein amerikanischer Journalist, Gast in einem »ecohotel« am Titicaca-See, Peru, der fragte, was denn an dieser Unterkunft so »öko« sei, erhielt die wunderbare Antwort: »Wir haben hier ein Rauchverbot«. (Eine Zusammenstellung der wichtigsten Gütesiegel für nachhaltigen Tourismus und ihre Kriterien finden Sie im Serviceteil)

Anders reisen

Die großen deutschen Reiseunternehmen pflegen bei ihren Geschäften eine Mischung aus Sensibilität, Engagement und Pragmatismus. Es gibt Vorreiter, wie den Marktführer TUI, der schon 1990 ein konzerninternes Umweltmanagement einführte. Mit anderen international operierenden Reisekonzernen schlossen sich die TUI, Thomas Cook und die Rewe-Tochter LTU im Jahr 2000 zur »Tour Operators' Initiative for Sustainable Tourism Development« zusammen. Die Mitglieder verpflichten sich, bei ihren Angeboten Umwelt- und Sozialstandards zu beachten sowie ausgewählte nachhaltige Tourismus-Projekte zu fördern (www.toinitiative.org). Es gibt aber auch viele deutsche Reiseunternehmen, denen auf Nachfrage zu ihren sozialen oder ökologischen Aktivitäten nur einfällt, dass sie »mal eine Petition gegen Kinderprostitution« unterschrieben hätten.

Zur modernen Unternehmensführung gehört auch bei den großen Reiseveranstaltern das Engagement für die gute Sache. TUI hilft einem Projekt zum Schutz der Meeresschildkröten in Mexiko. Thomas Cook verweist auf das zertifizierte Öko-Management seiner Iberostar-Hotels auf Mallorca. Die NUR Touristik GmbH unterstützt Kinder in Not e.V. LTU pflegt eine Partnerschaft mit der UNESCO zum Erhalt wichtiger Kulturdenkmäler, und und und.

Das mag einem reichen. Doch es gibt eine wachsende Zahl von Reiseangeboten, die Urlaubssehnsüchte und gutes Gewissen noch konsequenter verbinden wollen. Im Windschatten der Großen hat sich in den vergangenen Jahren eine ganzheitlich orientierte Reisekultur etabliert, die längst über politisch motivierte Erntehilfseinsätze in Nicaragua oder meditatives Veganerwandern in Nepal herausreicht. Verbände wie das »forumandersreisen«, das seit 1998 von zwölf auf 165 Reiseveranstalter mit einem Umsatzvolumen von 100 Millionen Euro jährlich angewachsen ist, haben das alternative Spaßbremsenimage abgelegt. Naturnahes Reisen, der Kontakt mit regionalen Kulturen und der einheimischen Bevölkerung, Erlebnis und Abenteuer – Reisefreunde, die sich nicht wie schmarotzende Fremdkörper fühlen mögen, finden in ihren Angeboten eine Vielfalt von Anregungen für den nächsten Urlaub. Und dürfen sich dabei auch erholen. Während die Etablierten der Branche stagnieren, freuen sich die »forum«-Mitglieder über zweistellige Zuwachsraten bei Umsatz und Gewinn.

■ REISEN

Regelmäßig gewinnen Veranstalter aus dem »forumandersreisen« die begehrten »Goldenen Palmen«, mit denen das Magazin »Geo Saison« die besten Reiseangebote des Jahres auszeichnet. Seit 2006 veröffentlicht das »forum« einen gemeinsamen Katalog (»Reiseperlen«), der die Ayurvedakur auf Paradise Island, Sri Lanka (ab 1136 Euro), ebenso präsentiert wie die Fahrradtour »Kaiserliches China« von Peking zur Großen Mauer (15 Tage, 1995 Euro) oder das Felsklettercamp in der Eifel »für die ganze Familie« (eine Woche ab 255 Euro).

Wem derlei ökoverträgliche Urlaubsreisen zu profan vorkommen, mag helfen, dass der Trend zum bewussten Reisen auch vor der Luxus-Klientel keinen Halt macht. Das elegante »Travel&Leisure« Magazine veröffentlichte Ende 2007 eine Sonderausgabe zum Thema »Responsible Travel«. Ein »Zeit«-Reporter besuchte im Dezember die »International Luxury Travel Market«-Messe in Cannes und bekam zur Begrüßung einen – edel designten – Hanfbeutel in die Hand gedrückt. Unter dem Motto »Grün werden und luxuriös bleiben« wurden Reisen für den sehr individuellen Kunden mit Herz für die Umwelt angeboten. »Klimaneutrale« Eco-Lodges aus Bambus, mit solarbetriebenen Duschen zum Beispiel oder »Ökogolfplätze« wie im kanadischen Banff, wo ein Drittel des Rasens nicht mehr geschnitten wird.

Ihre persönliche Reisestrategie

Pauschalreisen – ob bei LTU oder dem »forumandersreisen« gebucht – machen im Land der Reiseweltmeister nur noch ein Drittel aller Urlaube aus. Im Zeitalter des Internets stellen sich die Deutschen die einzelnen Reise-»Bausteine« wie Flug, Unterkunft oder Mietwagen über günstige Online-Anbieter immer öfter selbst zusammen. Reiseportale wie www.zukunft-reisen.

Wir können auch anders

Die Mitglieder des »forumandersreisen« richten ihre Angebote nach ganz bestimmten ökologischen, ökonomischen und sozialen Kriterien aus. Folgende Punkte stehen dabei im Mittelpunkt:

Ökologisch:

- Eine Reise hat nur so viele Teilnehmer, wie Reiseziel und -art erlauben.
- Die Anreise erfolgt vor allem mit Bus oder Bahn.
- Flugreisen kommen nur infrage, wenn Urlaubslänge, Reisezeit und Entfernung in einem vertretbaren Verhältnis stehen. Zubringerflüge innerhalb Deutschlands werden ebenso wenig angeboten wie Flüge in Zielgebiete unter einer Entfernung von 700 km; Flüge über 700 km bis 2000 km bei einem Aufenthalt unter 8 Tagen; Flüge über 2000 km mit einem Aufenthalt unter 14 Tagen.
- Die Mitglieder unterstützen atmosfair (siehe Seite 354 f.).
- Nach Möglichkeit wirken lokale Umweltorganisationen bei der Reiseplanung und der Reise selbst mit.
- Hotels und Lebensmittel mit ökologischem Hintergrund werden bevorzugt.

Ökonomisch:

- Lokal geht vor global: Das gilt für Privatunterkünfte, einheimische Führer und Fahrer sowie privat geführte Gaststätten.
- Fairer Tourismus bringt den Menschen vor Ort Arbeitsplätze und fördert lokale Strukturen.

> - Alle Mitarbeiter erhalten faire Einkommen und Arbeitsbedingungen. Im Zweifelsfall werden Arbeitszeiten und arbeitsrechtliche Mindestnormen an den internationalen Normen der Internationalen Labor Organisation ILO gemessen.
>
> **Sozial:**
>
> - Reisen sollen mit Respekt vor anderen Kulturen, deren Sitten und Gebräuchen vollzogen werden.
> - Erfahrene Reiseleiter bauen eine Brücke zur fremden Kultur.
> - Keine Reisen in Kriegsgebiete
> - Keine sexuelle Ausbeutung von Kindern
>
> Die Überprüfung der Einhaltung der Kriterien besorgt eine externe Einrichtung in Abstimmung mit einem von den Mitgliedern gewählten internen Kontroll-Ausschuss von maximal drei Personen.

de oder www.viabono.de vermitteln einen guten Überblick über eine Vielzahl von Anbietern, Transportunternehmen und Unterkünften, die sich auf soziale und ökologische Mindeststandards verständigt haben (Überblick im Serviceteil).

Auf Websites wie www.reisekompass-online.de oder www.checkyourtravel.info kann man vorab testen, ob der Urlaub die Kriterien des bewussten Reisens erfüllt. Vom Transport bis zur Unterkunft, von der Wahl des Reiseziels bis zur Auswahl der Mitbringsel werden mit Hilfe eines nutzerfreundlichen Online-Tests alle Aspekte des Reisens analysiert und am Ende ausgewertet.

1. Wohin reise ich?

Wer die Welt, die er bereist, zu einer besseren machen will, für den gibt es eine Checkliste von vier Fragen, über die er vor der Buchung nachdenken sollte.
- Wohin reise ich?
- Wie komme ich da hin?
- Wie und wo wohne ich?
- Was mache ich da?

1. Wohin reise ich?

Leider sind die Orte, die nach Paradies aussehen, häufig keine. Vor allem nicht für die Menschen, die dort leben. Sollte man überhaupt in Länder fahren, in denen Menschenrechte missachtet werden, und damit indirekt finstere Diktaturen unterstützen? Bei einer Umfrage erklärten über 70 Prozent aller Deutschen, sie würden nicht in solch ein Land fahren, weil sie keine Unrechts-Regime unterstützen wollen. Folgerichtig wird die Liste der beliebtesten Urlaubsregionen der Deutschen auch nicht von Weißrussland, dem Iran oder Nordkorea angeführt, sondern von Spanien, Italien, der Türkei, Österreich und Griechenland.

Wer sich vor einer Reise in problematische Regionen bei einer Organisation wie Amnesty International informiert, wohin er guten Gewissens fahren darf, überlegt sich bald, ob er nicht lieber ganz zu Hause bleibt. Kuba? Da werden oppositionelle Fidel-Feinde noch immer ins Gefängnis geworfen. Indonesien? Unterdrückung von Naturvölkern und Autonomiebestrebungen. China? In dem Boomland für deutsche Touristen werden 90 Prozent aller Todesstrafen auf der Welt verhängt. Demokratische Gepflogenheiten sind in vielen Regionen eben nicht so verbreitet wie McDonald's oder Coca-Cola. Doch die Frage, ob der Boykott bestimmter Länder der dortigen Bevölkerung eher schadet als nützt, ist durchaus umstritten.

Im Fall von Burma, das von einer Militärdiktatur beherrscht wird, rufen weltweit Aktivistengruppen dazu auf, das Land zu meiden. Als die Reise-Gurus vom australischen Lonely-Planet-Verlag trotzdem einen Burma-Reiseführer herausgaben, verstopften die Protestmails den E-Mail-Server. »Unser Autor schreibt ausführlich über die Gründe für und wider einer Reise nach Burma«, erklärt Lonely-Planet-Gründer Tony Wheeler. Beide Seiten hätten gute Argumente. Allerdings sei der Tourismus eine der wenigen Branchen, deren Erlöse in Burma sehr direkt den Einheimischen zugutekämen.

> **Zum Beispiel Burma**
>
> Argumente gegen eine Reise nach Burma hält unter anderem www.tourism-watch.de bereit. Die Position gegen einen Boykott fasst ein ausführlicher Artikel zusammen: http://travelvideo.tv/news/more.php?id=A2938_0_1_0_M Detaillierte Länderinfos zu möglichen exotischen Reisezielen findet man übrigens auch auf der Seite des amerikanischen Geheimdienstes CIA: www.odci.gov/cia/publications/factbook

»Wenn man das Land weiter isoliert«, zitiert Wheeler seinen eigenen Reiseführer, »zementiert das nur die Macht der Regierung.«

Doch es geht nicht nur um politisch fragwürdige Regionen. Seit die Folgen des Klimawandels nicht nur in Studien nachzulesen, sondern an manchen Orten der Welt tatsächlich schon zu sehen sind, hat die »New York Times« einen Trend zum

»Doom Tourism« beobachtet. Ging es früher darum, bei einem exotischen Reiseziel der Erste zu sein, so scheint es heute für manche einen besonderen Kitzel auszulösen, als letzter Mensch eine gefährdete Region zu besuchen. Noch einmal Grönland oder die Antarktis sehen, bevor das Eis geschmolzen ist; noch einmal in den Amazonas, bevor der Regenwald sich in eine gewaltige Soja-Plantage verwandelt hat. Am besten mit dem Flugzeug, dann ist man schneller wieder zu Hause und kann seinen Freunden die bestürzenden Bilder zeigen. Reiseveranstalter, die so genannte »Eco« oder »Mission« Tours anbieten, verzeichnen hundertprozentige Umsatzsteigerungen. Nicht nur Politiker scheinen ihr ökologisches Bewusstsein darin zu bestätigen, vor Ort nachzusehen, ob denn die Wissenschaftler wirklich Recht haben mit ihrem Gerede vom schmelzenden Eis.

Wer die klimaneutrale Variante bevorzugt, sollte auf die Segnungen des Internets zurückgreifen. Für die Arktis findet man etwa unter www.arctic.noaa.gov/gallery_np.html eine reichhaltige Auswahl aktueller Webcam-Fotos aus der gefährdeten Region. Ist auch nicht ganz so kalt.

2. Wie komme ich da hin?

Für die meisten Menschen beginnt der Urlaub am Flughafen. Für Freunde des umweltverträglichen Tourismus ist er dort auch schon zu Ende. Die Öko-Bilanz des Fliegens ist grauenhaft. 1990 war die internationale Luftfahrt erst für 2,7 Prozent aller CO_2-Emissionen verantwortlich. Der Anteil hat sich inzwischen verdoppelt. Der internationale Luftverkehr ist der am schnellsten wachsende Faktor des Klimawandels. Heute fliegen zum Beispiel allein über Paris täglich zweieinhalb Millionen Menschen. Und jeder einzelne Flug trägt dazu bei, die Erdatmosphäre weiter zu zerstören. Jede Tonne Kerosin, die durch einen Flugzeugmotor läuft, produziert 3,2 Tonnen Kohlendioxid. 80 Tonnen müssen in den Tank, um einen Flieger von New York nach London und zurück zu bringen. CO_2-Emissionen, die in 10 000 Meter Reiseflughöhe ausgestoßen werden, sind für die Atmosphäre mindestens drei Mal so schädlich wie die gleiche Menge Abgase auf der Straße. Bei Flugreisen unter 500 Kilometern, die 40 Prozent aller Passagierflüge ausmachen, verbraucht der Passagier sechs Mal so viel Energie wie mit der Bahn.

Angesichts der drohenden Klimakatastrophe empfiehlt selbst ein ausgewiesenes Luxus-Magazin wie das amerikanische »Vanity Fair« seinen solventen Lesern Öko-Touren mit der Bahn oder mit der Hybrid-Limousine. Die britische Zeitung »Guardian« widmete ein ganzes Reisespecial dem »Urlaub ohne Fliegen«. Und immer mehr Reisebücher rechnen ihren Lesern die CO_2-Emissionen vor, die beim Flug an die empfohlenen Orte entstehen.

Im Rahmen ihrer Möglichkeiten können die Fluggesellschaften durch Investitionen in modernere Maschinen den Treibstoffverbrauch und damit den Kohlendioxid-Ausstoß pro Flug reduzieren. Das wäre auch ökonomisch sinnvoll. In den vergangenen Jahren haben sich die Kerosin-Preise mehr als verdoppelt. Treibstoffkosten machen zwischen zehn und 30 Prozent der operativen Kosten für ein Luftfahrtunternehmens aus. Die Faustregel lautet: je neuer das Flugzeug, desto geringer der Kerosinverbrauch. Ein Billigflieger wie Hapag Lloyd Express liegt mit einem Flugzeug-Durchschnittsalter von sechs Jahren und einem Kerosinverbrauch von 2,7 Litern pro 100 Personenkilometer besser als der europäische Durchschnitt. Die Maschinen von easyjet sind im Schnitt sogar jünger als drei Jahre (sind dafür allerdings – wenig klimafreundlich – nur in-

2. Wie komme ich dahin?

nerhalb Europas unterwegs). Inzwischen wird bei einigen Fluggesellschaften überlegt, für Kurzflüge unter einer Stunde einen Stehplatzbereich einzuführen, um mehr Kunden zu transportieren. Airbus und Boeing prahlen mit Neuentwicklungen, die die Klimabilanz des einzelnen Fluggastes angeblich dramatisch verbessern. Der riesige Airbus 380 verbrauche im Idealfall bei voll besetzten Langflügen auf 100 Kilometern nicht einmal vier Liter Kerosin pro Passagier. Die Macher des Boeing 787 »Dreamliner« setzen auf ultraleichte Verbundwerkstoffe, die Gewicht und Treibstoffverbrauch um 20 Prozent senken würden. Da Luftfahrtexperten bis 2025 eine Verdoppelung des weltweiten Flugverkehrs erwarten, reichen derlei CO_2-Einsparungen aber nicht einmal aus, um die allgemeinen Steigerungsraten aufzufangen.

Virgin Air-Boss Richard Branson ist derzeit der aktivste Luftfahrtunternehmer, wenn es um den Klimaschutz geht. Er hat gemeinsam mit Al Gore einen Preis von 25 Millionen Dollar für ein Projekt ausgelobt, das möglichst viele Treibhausgase von der Atmosphäre fernhält. Seit 2006 fließen alle Gewinne, die er mit Virgin Air und seiner Bahnlinie macht, in die Erforschung alternativer Treibstoffe. 2007 flog erstmals versuchsweise eine Boeing 747 aus seiner Flotte mit einem Kerosin-Gemisch, dem 20 Prozent Biosprit beigemischt wurde. Noch sucht Virgin nach einem passenden Grundrohstoff für den Biosprit. Denn würde der Luftverkehr über Europa auf Biosprit umsteigen, müsste man den gesamten Kontinent mit Sojafeldern überziehen, nur um den Nachschub für die Flieger sicherzustellen.

Obwohl der Flugverkehr unter Fachleuten als klimaschädlichste Reiseform gilt, wird er steuerlich am geringsten belastet. Die ausdauernde Lobbyarbeit der großen Fluglinien hat die dringend erforderliche Einführung einer Kerosinsteuer bislang verhindert. Einen anderen Ansatz, die Luftfahrtgesellschaften zu weniger klimaschädlichem Verhalten zu bewegen, versuchen Flughäfen wie Köln/Bonn, Frankfurt oder München. Seit Anfang 2008 werden die Landegebühren auch nach dem Schadstoffausstoß der Maschinen gestaffelt. Bislang richtete sich die Gebühr, die in Frankfurt zwischen 3000 und 10 000 Euro pro Landung liegt, nach dem Gewicht und der Anzahl der Passagiere. Vielleicht hören Sie ja mal auf Ihren inneren Ökospießer und fragen bei Ihrem Heimatflughafen nach, warum der nicht schafft, was woanders gelingt.

Eine Initiative für die Atmosphäre

Für deutsche Flugreisende mit schlechtem Gewissen hat die Initiative »atmosfair« gemeinsam mit dem Bundesumweltministerium, Germanwatch und dem »forumandersreisen« eine Art Klima-Ablasshandel erdacht (www.atmosfair.de). Einen ähnlichen Weg geht die Schweizer Initiative www.myclimate.org, (die auch deutschen Reisenden offensteht). Nach einem bestimmten Schlüssel zahlt man für jeden geflogenen Kilometer eine Entschädigung für den verursachten Kohlendioxid-Ausstoß. Von dem Geld werden Aufforstungs- und Klimaschutzprojekte finanziert. In Indien erhielten Großküchen in Tempeln, Kliniken und Schulen moderne Solaranlagen. Die Universität von Rio de Janeiro soll dank entsprechender Anlagen ihre Abfälle künftig in Biostrom verwandeln können. Im »Reiseperlen«-Katalog kann man schon mal ein bisschen rechnen. Hin- und Rückflug nach Kamtschatka, Russland, ins »Reich der Bären und Lachse«, ergibt einen freiwilligen atmosfair-Beitrag von 101 Euro für 5740 Kilogramm »klimarelevante Emissionen«. Bei Usbekistan kommt man mit 43 Euro weg, bei der Flugreise nach La Gomera wäre man mit 29 Euro Spende dabei. Etwas Vergleichbares bietet www.climatepartner.com auch für Autos an, wobei die Ablass-Euros nach Motorgröße und Verbrauch errechnet werden.

Diese moderne Form des Ablasshandels ist umstritten. Denn natürlich reichen die finanzierten Klimaschutzprojekte bei Weitem nicht, um die Emissionen auszugleichen, die der Flugverkehr verursacht. Für 2008 erwarten die Statistiker erstmals über drei Millionen Flüge über Deutschland. atmosfair verteilt gerade mal 200 Klimaschutz-Zertifikate am Tag. Lawrence Hunt von der britische Business-Class-Fluglinie Silverjet beklagt, dass er von 15 verschiedenen CO_2-Berechnern 15 unterschiedliche Zahlen für ein und denselben Flug erhalten hat. Ein kleiner Check meinerseits ergibt für den einfachen Flug von München nach Hamburg einen CO_2-Ausstoß von 190 Kilogramm (Bayrisches Landesamt für Umweltschutz), 175 (Quarks und Co.), 170 (atmosfair) sowie 140 (Naturfreundejugend). Gleichwohl funktioniert die Ausgleichsabgabe als freundliche Erinnerung daran, dass jeder Flug schadet. Es ist ein bisschen so, als würde man die eigene Frau betrügen, bringt ihr dafür aber hinterher Blumen mit. Bei einer Untersuchung der verschiedenen Unternehmen, die mit CO_2-Zertifikaten handeln, schnitten unter den deutschen Anbietern übrigens atmosfair und Myclimate (www.myclimate.de) am besten ab.

Wir fahrn, fahrn, fahrn
Zwei Drittel aller Urlaubsreisen unternehmen die Deutschen im Auto, zehn Prozent im Bus und nur sechs Prozent mit der Bahn. Verglichen mit einer Flugreise ist eine Fahrt im voll gepackten Familienauto weniger schädlich fürs Klima. Doch der Straßenverkehr trägt 18 Prozent zum gesamten CO_2-Ausstoß in Deutschland bei. Ein Liter Benzin verwandelt sich beim Autofahren in 2,4 Kilogramm Kohlendioxid, das in die Atmosphäre geblasen wird. Trotz aller Sonntagsreden und Klimaschutz-

■ REISEN

Die Fluggesellschaften und der Klimawandel

Der wirksamste Beitrag der Fluggesellschaften zum Klimaschutz wäre die sofortige Selbstauflösung. Kein sehr realistisches Szenario. Unrealistisch auch, dass wir in naher Zukunft einen »Öko-Flieger« buchen können, der uns sanft und leise an die schönsten Orte der Erde bringt. Nachdem die internationalen Fluglinien in den vergangenen Jahren vor allem betont haben, wie gering ihr Anteil am weltweiten Schadstoffausstoß doch ausfällt, sind einige von ihnen dazu übergegangen, ihre Bemühungen um eine umweltfreundlichere Geschäftspraxis herauszustellen. Linien wie **Cathay Pacific** aus Hongkong oder die **Singapore Airlines** verweisen auf ihren jährlich sinkenden Treibstoffverbrauch trotz steigenden Flugverkehrs, der vor allem durch den Umstieg auf modernere Maschinen geschafft wird. Fluggesellschaften wie **British Airways** oder die **Lufthansa** geben auf ihren Websites die jeweiligen CO_2-Emissionen gebuchter Flüge an.

Die Lufthansa rechnet dabei allerdings eher optimistisch und liegt weit unter den Werten, die etwa atmosfair ermittelt. Die Lufthansa bezieht die schädlichen Wirkungen der ausgeleiteten Stickoxide nicht mit ein.

Bis 2012 hat die größte deutsche Fluggesellschaft angekündigt, ihren Treibstoffverbrauch um ein Drittel zu reduzieren. In ihrem Nachhaltigkeitsbericht verweist das Unternehmen auf weitere Aktivitäten. So entwickelt die Lufthansa in Zusammenarbeit mit öffentlichen Nahverkehrsbetrieben Konzepte, um die An- und Abfahrt zu den Flughäfen umweltverträglicher zu gestalten. Naturfilme, die an Bord gezeigt werden, sollen Passagiere für einen »verantwortungs-

2. Wie komme ich dahin?

> vollen Umgang« mit Tier und Umwelt sensibilisieren. Auf dem Dach des Lufthansa-Terminals in München sorgen seit 2003 Sonnenschilder für zusätzliche Solarenergie. Der Leiter des Bereichs Umweltkonzepte hat ein Mitspracherecht bei der Einkaufspolitik des Konzerns.
> British Airways (www.britishairways.com/travel/home/public/de_de, deutsche Homepage) hat gemeinsam mit **Virgin Atlantic** und **EasyJet** angekündigt, Lärm und den Kohlendioxid-Ausstoß pro Maschine bis 2020 zu halbieren.
> **Japan Airlines** (www.jal.com) pflegt als eine der wenigen Airlines klar formulierte Richtlinien für die Benutzung von Wasser, umweltfreundlichen Produkten und Materialien. Das Unternehmen nutzt erneuerbare Energien und hat einen Teil seiner Website in ein regelrechtes Kompendium zu den Themen Klimawandel und Umweltschutz ausgebaut. Am Flughafen Narita fahren JAL-Passagierbusse, die mit Erdgas betrieben werden. Newsletter, Flugpläne etc. werden auf 100 Prozent Recycling-Papier gedruckt. Auch für die Uniformen der Mitarbeiter gibt es ein Recycling-System.

abkommen dürfte sich der Schadstoffausstoß des Autoverkehrs zwischen 1990 und 2010 um 27 Prozent erhöhen. Der Großteil dieser ökologischen Schreckensbilanz entfällt auf Kurzfahrten – jede dritte Autofahrt in Deutschland ist kürzer als drei Kilometer. Anlass genug, dieses Verkehrsmittel einmal auf seinen Sparpotenzial abzuklopfen.

Zu allem, was man unter einem »Öko-Auto« verstehen könnte, haben die Deutschen eine wundersame Hassliebe entwickelt. Die deutsche Autoindustrie lag beim Erfinden entsprechender Technologien jahrelang weit vorn – und schaffte es nicht, sie in ein marktfähiges Auto zu übersetzen. Dass »Green Glamour«-Stars wie Cameron Diaz, Leonardo DiCaprio oder George Clooney heute demonstrativ in einer Hybrid-Limousine zur Oscar-Verleihung fahren statt in einem deutschen Fabrikat, verdanken wir der Engstirnigkeit deutscher Auto-Manager. Bei Mercedes experimentierte man bereits in den Achtziger-Jahren mit Hybrid-Motoren, ohne dass daraus ein Auto zum Kaufen wurde. Als Audi sich 1994 mit einem schüchtern beworbenen Hybrid-Modell auf den Markt wagte, war das Auto so teuer, dass es niemand kaufte. Die Serie wurde wieder eingestellt. Eine Sprit sparende Alternative wie das technisch völlig überfrachtete, viel zu teure Drei-Liter-Auto, das Volkswagen im Jahr 2000 unter dem Namen Lupo präsentierte, sah hässlich aus und verfügte nicht mal über einen Russpartikelfilter. Die Vermarktung war so sexy wie ein Parkverbotsschild. Lupos Produktion endete 2005. Verkauft wurden 27 000 Stück.

Die japanische Konkurrenz von Toyota, die 1997 ihr erstes Hybrid-Modell auf den Markt brachte, verkaufte bis Anfang 2008 über eine Million Prius und Lexus-Modelle in aller Welt. Die meisten davon fahren in den USA, wo 54 Prozent aller Hybrid-Anhänger den Kauf als »persönliches Statement« für ihre ökologische Einstellung begründen. Der US-Marktanteil für Hybrid-Fahrzeuge ist mit 1,6 Prozent zwar noch ziemlich bescheiden, aber Toyota glückte mit dem Prius ein unschätzbarer Imagegewinn. Ex-Verbraucherschutzministerin Renate Künast war so begeistert, dass sie deutsche Autofahrer zum Kauf eines Prius aufforderte. Und dass obwohl die Japaner in den USA gerade höchst unschön mit allen Lobby-Mitteln gegen strengere Gesetze zur CO_2-Drosselung des Autoverkehrs vorgehen... Die grüne Welle hat nicht nur intelligente Politikerinnen verwirrt. Auch die Automobilindustrie scheint sich quasi über Nacht ver-

2. Wie komme ich dahin?

wandelt zu haben. Wenn man Anzeigen von BMW oder Mercedes sieht, könnte man meinen, Autofahren sei der wichtigste Beitrag zum aktiven Klimaschutz. Porsche-Chef Wiedeking pries seinen wuchtigen Cayenne in der »Frankfurter Allgemeinen Zeitung« furchtlos als »ökologisch korrektes Auto«. Die Internationale Automobilausstellung IAA in Frankfurt verdiente sich im vergangenen Herbst fast schon den Beinamen »Grüne Woche«. Volkswagen baute eine »Öko-Allee« auf und kündigte an, bis 2010 ein Ein-Liter-Auto auf den Markt zu bringen. Bei der Konkurrenz reichte man Bio-Drinks und vegetarische Kost. Überall standen viel versprechende Prototypen, die mit Supersparantrieben und sensationellen Verbrauchswerten lockten. Die Namen verweisen auf eine klimafreundliche Zukunft. Skoda zeigte seine »Greenline«, bei Ford hieß das »Econetic«, bei Renault »Eco2«, bei Peugeot, sehr französisch, »éco«. Opel zeigte »Ecoflex«-Mobile und Volvo demonstrierte »Efficiency«.

Das traditionelle IAA-Kartbahn-Rennen wurde diesmal nach ökologischen Kriterien entschieden. Den »CO_2-Cup« gewann der Fahrer, der am wenigsten Sprit verbrauchte. Sogar die Grünen hatten – erstmals – einen Messestand. Doch vor allem die deutschen Hersteller hatten auf der IAA kaum »grüne« Modelle zu bieten, die tatsächlich kurz vor der Serienreife stehen. Von den für 2008 angekündigten Hybrid-Ausgaben eines VW Touareg oder dem Audi Q7 etwa war nichts zu sehen. Immerhin hatten die Manager für ihre Pressekonferenz zum Thema Klimaschutz und Automobilindustrie einen passenden Ort gewählt. Der Saal im Frankfurter Messezentrum heißt »Illusion«.

Anders als der Titel dieses Buches verheißt, ist es nicht so sehr der drängende Kundenwille, der die Autoindustrie zum Umdenken zwingen wird. In den vergangenen Jahren hat sich der Anteil PS-starker Neuwagen am Gesamtverkauf auf 27 Prozent verdoppelt. »Vernunftautos« unter 68 PS kommen nur noch auf einen Marktanteil von neun Prozent. Selbst der umjubelte Toyota Prius wurde 2006 in Deutschland nur 3400 mal verkauft, der Honda Civic Hybrid gar nur 614 mal. 54 Prozent der Deutschen würden ihr Auto »auf keinen Fall« gegen einen kleineren tauschen, nicht einmal die Hälfte den Wagen aus Klimaschutzgründen auch mal stehen lassen. Doch über der Autoindustrie schweben drohend mögliche neue Gesetze zum Klimaschutz. Die Ölpreise sind in Höhen gestiegen, die einst utopische Alternativen wie Bio-Diesel, Bio-Gas, Wasserstoff- oder Elektrobetrieb plötzlich finanzierbar erscheinen lassen. Das vermeintliche grüne Erwachen auf der IAA lässt hoffen, dass die Käufer von Neuwagen wenigstens in ein paar Jahren aus einer breiten Palette wesentlich schadstoffärmerer Autos wählen können als heute. Bis 2010 werden Marktstudien zufolge allein über 70 verschiedene Hybrid-Modelle angeboten.

Bereits vor zehn Jahren hatten sich die europäischen Automobilhersteller verpflichtet, den durchschnittlichen CO_2-Ausstoß aller Neuwagen bis 2010 auf unter 140 Gramm pro Kilometer zu senken. So war man damals einer gesetzlich festgelegten Grenze zuvorgekommen. Tatsächlich sind vor allem die deutschen Firmen mit ihren immer schwereren Ober- und Mittelklassewagen von diesen Zielen noch weit entfernt. Porsche liegt mit seiner Flotte derzeit bei knapp 300 Gramm, BMW – dank des Minis – bei 190,1 und Daimler mit seiner Smart-Reihe bei 183,6. Insgesamt lag im Dezember 2007 der durchschnittliche CO_2-Ausstoß aller Neuwagen in Deutschland bei 166 Gramm. Nur 5,5 Prozent von ihnen lagen unter dem von Umweltverbänden empfohlenen Grenzwert von 120. Und während die Schadstoff-Werte der japanischen Autos im Durchschnitt um beinahe drei, die der französischen um fast zwei Prozent zurückgingen, schaffte es die deutsche Automobilindustrie auf dem Höhepunkt der Klimadiskussion, die miesen Werte sogar noch mal um 0,6 Prozent zu steigern. Selbst Michael Niedermeier, der Umweltexperte der Autofahrer-Kampftruppe vom ADAC, meckert: »Die deutschen Automobilhersteller hätten etwas mehr tun sollen. Sie hätten vielleicht auch etwas mehr tun können. Und jetzt ist es höchste Zeit, dass sie es endlich machen.«

Umweltschutz auf vier Rädern
Einige fangen schon mal an mit der grünen Welle auf den Straßen. Das »Jahrbuch der alternativ angetriebenen Fahrzeuge« versammelt über 200 teils skurrile, teils marktgängige Fortbewegungsmitteln vom Öko-Miniscooter über das Erdgas-Auto bis zum »Elektro-Leichtmobil« (Altop Verlag München, Telefon: 089/746611-0). George Clooney orderte – als erster Amerikaner – einen Tango, ein extrem schmales, elektrisch betriebenes Fahrzeug, das mit einem Solarsystem aufgeladen wird. In Somerset, England, gehen Polizeiwagen der Marke Ford Focus FFV mit umweltschonendem Biosprit auf Verbrecherjagd. Für die Olympischen Spiele in Peking werden Elektro-Busse eingesetzt. Durch Norwegen rollen Elektroautos mit den schönen Namen THINK und KEWET, natürlich steuerfrei.

Die Loremo AG aus München stellte einen schnittigen Prototyp vor, den man ab 2009 kaufen können soll. Ein konventionell betriebenes Fahrzeug, das aufgrund seines Mini-Gewichts von 450 Kilogramm bei 20 PS 160 Stundenkilometer erreicht und dabei auf 100 Kilometern gerade mal 1,5 Liter Diesel schluckt. Kostenpunkt: um die 13 000 Euro.

In Amerika, wo Öko-Bewusstsein mittlerweile zum Statussymbol betuchter Kreise avanciert, treibt die grüne Auto-Revolution besonders bizarre Blüten (aktuelle Infos dazu bietet das sehr informative Blog www.autobloggreen.com). Kaliforniens

Grüner Rasen: Die Zukunft des Autofahrens

Neben der technischen Verfeinerung von Motor und Material, experimentieren Automobilhersteller mit neuen Treibstoffen und Antriebssystemen. Vor allem Hybrid-Fahrzeuge und Motoren, die mit Biosprit fahren, werden als klimafreundliche Alternativen genannt. Was bringen Hybrid-Fahrzeuge und was nicht?

Ein Überblick für den Umwelt bewussten Autokäufer:

Biosprit

Wie funktioniert das? Beim Biosprit wird dem Benzin Diesel auf pflanzlicher Basis beigemischt. Grundlage dafür ist zum Beispiel Mais oder Raps.

Es gibt auch die Möglichkeit, mit reinem Pflanzenöl zu fahren. Derzeit wird mit »Biomass to Liquid« (BTL) experimentiert. Der synthetische Biosprit hätte eine deutlich bessere Energiebilanz.

Vorteil: Biodiesel aus Raps setzt nach Aussagen der Biosprit-Propagandisten 50 Prozent weniger CO_2 frei als Diesel aus Erdöl, Ethanol aus Weizen 60 Prozent des herkömmlichen CO_2-Ausstoßes. Das Schweizer Bundesamt für Energie spricht von etwa 30 Prozent Minderung.

Nachteile: Der hohe Flächenverbrauch. Eine Tonne Raps erzeugt 415 kg Biodiesel. Ein Land wie Großbritannien müsste das Sechsfache der derzeit landwirtschaftlich genutzten Fläche für den Rapsanbau ausgeben, wenn der Verkehr mit Biosprit laufen sollte. Zudem entziehen die Monokulturen Raps und Mais dem Boden wertvolle Nährstoffe. Der ökologische Nutzen ist umstritten. Bei der Düngung von Raps- oder Maisfeldern entsteht Distickoxid (Lachgas), das 300 mal klimaschädlicher ist als CO2. Der Energieaufwand bei der Produktion von Dünger für die gewaltigen Mais-, Raps- oder Zuckerrohranbauflächen ist in die auf den ersten Blick positive Klimabilanz nicht eingerechnet. Als Beimischung wird gern auch Palmöl genommen. Für jede Tonne aus einer neuen Plantage wird zehn Mal mehr CO2 eingesetzt als durch den Verzicht auf Erdöl eingespart wird, hat der WWF ausgerechnet.

Bleibt der wichtigste Punkt: Fahren oder Essen? Wenn man den Tank eines Geländewagens mit Bio-Ethanol füllt, steckt darin so viel verarbeitetes Getreide, das ausreicht, einen Mensch für ein Jahr zu ernähren. »Mehr Mais im Tank bedeutet mehr Hungernde in den Entwicklungsländern«, erklärt der OECD-Agrarökonom Stefan Tangermann. In China landen heute schon mehr als zehn Prozent der Maisernte im Tank.

Info: Eine Studie des Schweizer Umweltamtes durchleuchtet das Thema mit landestypischer Akribie. Download: www.news-service.admin.ch/NSBSubscriber/message/attachments/8514.pdf

Hybrid

Wie funktioniert das? Bei den Hybridwagen handelt es sich um eine Kombination aus Elektro- und Benzinmotor. Die Energie, die beim Bremsen entsteht, wird gespeichert und – etwa beim Anfahren – genutzt. Diese Entlastung senkt den Treibstoffverbrauch um 15 bis 30 Prozent. Dabei spricht man von der Variante Mild-Hybrid, bei der der Elektromotor bei der Beschleunigung hilft, und dem Micro-Hybrid, der mit einer mit Start-Stopp-Automatik im Stadtverkehr bis zu zehn Prozent des Benzins sparen kann. Ein Voll-Hybrid wie der Toyota Prius kann auch ohne den Einsatz des Verbrennungsmotors bis zu 50 km/H fahren.

Vorteil: Geringerer Benzinverbrauch, geringerer Schadstoffausstoß. Der Toyota Prius kommt nach Werksangaben auf 4,3 Liter auf 100 Kilometern, der Honda Civic Hybrid auf 4,6. In Tests auf gemischten Strecken, also Stadtverkehr und Landstraße kommen Hybrids allerdings auf deutlich höhere Werte. Der Prius entlässt 104 Gramm CO_2 pro Kilometer in die Luft.

Nachteil: Eher langsam. Der Energiespeicher erhöht das Gewicht des Wagens. Die angebotenen Autos mit Hybridantrieben blasen immer noch mehr Kohlendioxid in die Luft als Kleinwagen mit intelligenten Motoren.

Info: www.hybridantrieb.org, www.greencarjournal.com

Batterie-Elektromotor

Wie funktioniert das? Die Motoren werden ausschließlich mit einem speziellen Batteriesystem betrieben, das man regelmäßig aufladen muss.

Vorteil: Elektromotoren haben einen Wirkungsgrad von 100 Prozent, moderne Dieselmotoren setzen nur ein Drittel der eingesetzten Energie in Bewegung um. Wenn man Elektroautos über ein Stromnetz auflädt, das aus erneuerbaren Energien gespeist wird, fährt man wirklich klimaneutral.

Nachteil: Hohes Gewicht. Feuergefahr bei den neuen Lithium-Ionen-Batterien. Lange Ladezeiten. Ohne Aufladen lassen sich bislang keine Wege zurücklegen, die weiter sind als 400 Kilometer, die Tesla-Sportwagen schaffen sollen.

2. Wie komme ich dahin?

> **Info:** Die Deutsche Gesellschaft für elektrische Straßenfahrzeuge (DGS) bietet eine ausführliche Darstellung der wichtigsten Systeme. www.dges.de

Gouverneur Arnold Schwarzenegger ließ seinen martialischen Hummer zum klimaneutralen, Wasserstoff betriebenen Öko-Auto umbauen.

New-Economy-Helden wie PayPal-Gründer Elon Musk, Larry Page oder Google-Miterfinder Sergey Brin finanzierten die Entwicklung des ersten elektronischen Sportwagens, der in vier Sekunden von null auf hundert kommen und nach einem Mal aufladen 400 Kilometer weit fahren können soll. Die futuristisch anmutenden Tesla-Sportwagen, die von 7000 Lithium-Batterien getrieben werden, soll man ab Ende des Jahres für knapp 100 000 Dollar kaufen können (www.teslamotors.com). Die Zahl der Vorbestellungen übertrifft die Produktionskapazitäten bei Weitem. Bei Redaktionsschluss waren noch nicht alle technischen Schwierigkeiten gelöst. Wer auf das gewohnte Röhren des Motors nicht verzichten mag, lässt sich den entsprechenden Sound für das beinahe geräuschlose Gefährt einprogrammieren. Aus Monaco kommt der edle »Venturi Fetish«, der ebenfalls mit einem Batteriesystem aus funktioniert, das für Laptops entwickelt wurde. 7200 Lithium-Ionen-Zellen treiben den Flitzer mit Karbonfaser-Karosserie auf 245 PS. Der Wagen kostet 300 000 Dollar und fährt nach dem Aufladen 250 Kilometer weit. 2008 sollen die ersten 25 blauen Venturis durchs Fürstentum gleiten.

In New York wurde ein Limousineservice gegründet, der ausschließlich Hybrid-Fahrzeuge verwendet. Stammkunden sind nach Auskunft der kleinen Firma unter anderem die Investmentbanker von Goldman Sachs und Lehman Brothers. »Früher musste man Tomaten bei Antiglobalisierungsdemos schmeißen, um ein guter Umweltschützer zu sein«, erzählte OZOCar-Gründer Jordan Harris dem Magazin »Vanity Fair«. »Heute sitzt man auf der Rückbank eines Hybrid-Autos und checkt seine E-Mails.« (Wer mal nach New York kommt – die Fahrt in der Öko-Limousine vom Flughafen nach Manhattan kostet 60 Dollar. Reservierung unter: www.ozocar.com)

Und welches Auto soll ich mir nun kaufen?
Wenn es weder für einen 300 000-Dollar-Sportwagen aus Monaco noch für den klimafreundlichen Limousinenservice reicht, es aber unbedingt ein neues ökologisches Fahrerlebnis sein muss, sollte man nicht verzagen. Die Bundesregierung, von der man am ehesten Hilfe bei der Kennzeichnung besonders Klima schonender Fahrzeuge erwarten müsste, hilft einem da allerdings nicht weiter. Ihre im Dezember 2007 nach langem Hin und Her beschlossene »PKW-Kennzeichnungsverordnung« hat das Problem im Sinne der deutschen Automobilindustrie gelöst. Statt ein für den Autokäufer einsichtiges System zu entwickeln, das für Autos mit geringem Schadstoffaustausch – sagen wir: unter 100 Gramm Kohlendioxid pro Kilometer – eine grüne Plakette vorsieht, die sich in 20-Gramm-Abstufungen bis zum tiefschwarz für einen Porsche vorbewegt, wird die so genannte »Energieeffizienz« ausgewiesen. Dabei wird der CO_2-Ausstoß mit dem Gewicht des Wagens verrechnet. So kommen unter Umständen auch Geländewagen in den Genuss einer Art Klimaschutzplakette. Diese absurde Regelung passt zu einer Regierung, die sich im »Beschaffungshandbuch« für Bund und Länder für Dienstwagen eine CO_2-Emission von 210 Gramm pro Kilometer genehmigt, also ein Drittel über dem von der EU empfohlenen Grenzwert.

Aber ich schweife ab. Der Verkehrsclub Deutschland (VCD) hat eine Broschüre erarbeitet, die für unterschiedliche Ansprüche das jeweils umweltfreundlichste Modell heraussucht. In »Welches Auto soll es sein?« (zum Download unter: www.besser-autokaufen.de) empfiehlt der VCD Familienkutschen (Ford Focus 1.6 TDCi Turnier, 127 Gramm CO_2-Ausstoß, Preis: 20 750 Euro), Sportwagen (Daihutsu Copen 1.3, 140 Gramm, 17 660 Euro) oder Innenstadtschleicher (Toyota Aygo, 109 Gramm, 9181 Euro). Der VCD gibt Jahr für Jahr eine Top Ten-Liste mit den umweltfreundlichsten Autos heraus, bei der nicht nur der CO_2-Ausstoß, sondern auch der Verbrauch und weitere Kriterien wie Russfilter berücksichtigt werden. Für 2007/2008 lautet die Rangfolge:

1. Honda Civic Hybrid
2. Toyota Prius
3. Citroën C1 1.0 Advance, Peugeot 107 Petit Filou, Toyota AYGO
6. Daihatsu Cuore 1.0
7. Daihatsu Trevis 1.0, Volksagen Polo BlueMotion
9. Daihatsu Sirion
10. Mazda2 1.3 MZR

Geteilte Fahrt ist halbes Leid
90 Prozent aller Wege legen die Deutschen mit dem Auto zurück. Doch im Schnitt steht jeder Wagen 22 Stunden am Tag ungenutzt herum. Wer gern selbst fährt, ohne sich dafür extra ein eigenes Auto zulegen zu wollen, für den stehen über 100 Carsharing-Dienstleister zur Verfügung. Geboren wurde die Idee 1988 im Geist der frühen grünen Bewegung, eine Art Mitfahrzentrale ohne Mitfahrer. Kleine Firmen haben das Autoteilen groß gemacht. Nun machen größere wie Cambio oder der

Carsharing-Service der Deutschen Bahn weiter. Stattauto Berlin gehört inzwischen zum niederländischen Marktführer Greenwheels. Der Autokonzern DaimlerChrysler verkauft seinen Smart mit einem Carsharing-Gutschein für ein Jahr: falls der Käufer mal ein größeres Auto braucht. Aus der Öko-Idee ist eine moderne Dienstleistung geworden, die bereits von rund 100 000 Menschen genutzt wird. Sie teilen sich fast 3000 Autos. Und immer mehr regionale Anbieter kooperieren. Der Kunde bekommt das Auto nicht nur am Heimatort, sondern in vielen Städten.

Die meisten Anbieter findet man in der Auflistung von www.carsharing.de. Bei einem Test der Stiftung Warentest hat der erst 2001 gegründete Carsharing-Service der Deutschen Bahn unter 14 Anbietern am besten abgeschnitten. DB Carsharing überzeugt demnach durch übersichtliche Tarife, den Verzicht auf monatliche Grundgebühren und durch guten Service. Nach der Anmeldung zahlt der Kunde nur noch fürs Auto. Preisbeispiel: Vier Euro pro Stunde für einen Ford Fiesta plus zehn Cent Spritpauschale pro Kilometer. Ein Bordcomputer rechnet die gefahrenen Kilometer ab. Die Anmeldung zum DB Carsharing kostet einmalig 99 Euro, mit Bahncard nur 69 Euro. Dafür gibt's eine Chipkarte, die alle Fahrzeuge öffnet. 1600 Autos in 80 Städten stehen bereit. Info: www.dbcarsharing-buchung.de

Wer in eine andere Stadt will, Bahn oder Flieger hasst, das eigene Auto gern mal stehen lässt und sich das Trampen nicht mehr traut, kann immer noch auf die gute alte Mitfahrzentrale zurückgreifen. Die meisten Anbieter haben sich inzwischen sehr professionalisiert (einige zeigen die Fahrzeugführer und Mitfahrsuchenden mit Bild und sind zu regelrechten Flirtsites ausgewachsen). Eine gute Site ist zum Beispiel www.mitfahrgelegenheit.de.

2. Wie komme ich dahin?

Mit der Eisenbahn
Die Bahn ist der Klassiker unter den umweltfreundlichen Fortbewegungsmitteln. Im Vergleich zum Auto entstehen bei der Bahn – etwa bei der Fahrt von Hamburg nach Berlin – 80 Prozent weniger Schadstoffe pro Person. Der Anteil erneuerbarer Energien bei der Bahn liegt bei über zehn Prozent. Ein »MobilitätsUmweltCheck« auf der Website der Deutschen Bahn ermöglicht es Reisenden, für ihren Trip eine private Öko-Bilanz zu erstellen, bei der fast immer die Bahn gewinnt (Link unter: www.bahn.de, Stichwort Reiseplanung). Doch die Bahn ist auch eine Service-Wüste. Verspätungen, Tarifauseinandersetzungen, die so lange dauern wie früher die Weltkriege, verwirrende Preispolitik, Streckenabbau, das Ende der Zugrestaurants – die Liste ist lang. In einem TV-Film, auf den ich beim Feierabend-Zappen gestoßen war, sagte ein Mann sinngemäß den schönen Satz: »Ich habe vor nichts Angst. Ich habe eine Bahncard.«

Das Merkwürdige an der Bahn ist, dass dort Männer den Ton angeben, die nichts so sehr zu hassen scheinen wie die Eisenbahn. Neidisch blicken sie auf das Ticket-System der Fluggesellschaften, das vor allzu spontanen Passagieren schützt. Heimlich bewundern sie die Individualität des Autoreisens. Kein Wunder, dass sich das deutsche Bahnmanagement vorzugsweise im Dienstwagen mit Chauffeur durchs Land bewegt statt in der ersten Klasse eines ICEs. Dabei könnte die Bahn sich mit ein wenig Inspiration – und Ihrer Hilfe – als Modell-Konzern für die ethisch-ökologische Verbraucherrevolution neu erfinden. Ausbau der erneuerbaren Energien auf 50 Prozent. Alle Bahnfahrzeuge fahren mit Gas oder Bio-Diesel. Die Bahnhöfe bekommen Solarenergie-Anlagen. Sämtliche Papiervorgänge – Fahrkarten, Info-Faltblätter, interne Akten – werden auf Recycling-Papier umgestellt, die Uniformen aus Bio-Baumwolle genäht. Für schadstoffarme Autos gibt es in Bahnhofsnähe freie Parkplätze. Und warum trinkt man in den – ohnehin erbärmlich gestalteten – Bistro-Zügen der Deutschen Bahn eigentlich keinen Fairtrade-Kaffee oder -Tee wie bei Virgin Train in England?

Mit dem Bus
Auf den ersten Blick sind Busse nicht gerade Vorboten ökologisch bewussten Reisens. Doch nicht ganz zu Unrecht weist der Internationale Bustouristikverband RDA (www.rda.de) darauf hin, dass bei Busreisen der persönliche Schadstoffausstoß relativ gering ausfällt. Auf 100 Personenkilometern entsteht danach ein Benzinverbrauch von 0,9 Litern. Andere Schätzungen sprechen von 1,6 Litern und einem CO_2-Ausstoß von 40 Gramm pro Person und Kilometer. Da kann nicht mal das Hybrid-Auto mithalten. Sicher ist es auch für die schönen alten Städte besser, wenn Touristengruppen, die sich Kulturdenkmäler anschauen, in einem einzigen Bus anreisen statt in 40 privaten Autos. Aber wirklich unschlagbar in ihrer Öko-Bilanz sind eigentlich nur zwei Formen der Fortbewegung: Fahrradfahren und – Laufen.

Zu Fuß
Es muss ja nicht unbedingt ein Bußgang auf dem Jakobsweg sein wie bei Hape Kerkeling (»Ich bin dann mal weg«). Auch der Trip von Berlin nach Moskau, den der Journalist Wolfgang Büscher auf den Spuren der vernichtend geschlagenen napoleonischen Armee unternahm, ist nicht jedermanns Sache. Doch der Boom der Wander-, Pilger- und Flaneurbücher, die in den vergangenen Monaten in die Bestsellerlisten marschiert sind, belegt, dass die einfachste Fortbewegungsart eine Renaissance erlebt. Vor ein paar Jahren war Wandern etwas für Pe-

2. Wie komme ich dahin?

pitahutträger und rustikale Rentnerinnen. Heute schwärmen schöne Frauen vom »Fastenwandern« auf Mallorca und jungdynamische Unternehmensberater von Gewaltmärschen durch die norwegische Einsamkeit. Und auch die Wanderwege in verwunschenen deutschen Landschaften wie dem Sauerland oder der Pfalz hat man längst nicht mehr für sich allein.

Das Wandern eignet sich so wunderbar für die poetische Überhöhung, weil es einem jene authentische Erfahrung vermittelt, die unserem Alltag abhanden gekommen ist. Wenn unsere Verbindung zur realen Welt vor allem im Blick auf den Monitor und dem Klingeln unseres Handys besteht, wenn unser Körper nicht mehr gefordert wird und man nur noch schwitzt, weil jemand die Heizung zu warm aufgedreht hat, beginnt man sich nach dem Geräusch von knirschenden Wanderschuhsohlen zu sehnen: einfach nur draußen sein, allein mit sich, seinem Körper, frischer Luft, der Natur und der Fantasie. Mal nass geregnet werden, barfuß über eine Wiese gehen, sinnlos rumklettern – klingt ein bisschen infantil, tut aber wirklich gut. 60 Prozent aller befragten Deutschen geben an, dass sie gern einen Wanderurlaub machen (würden). Das ist aus ökologischer und ethischer Sicht fraglos eine der besten Ferienoptionen. Man muss dafür auch nicht bis ans Ende der Welt fahren. Die Website www.wanderbares-deutschland.de ist die definitive Informationsquelle für Touren und auf Wanderer spezialisierte Unterkünfte in deutschen Landschaften, deren unwirkliche Schönheit man erst glaubt, wenn man sie schwitzend durchquert.

3. Wie und wo wohne ich?

Vom Trend zum bewussten Reisen profitieren derzeit vor allem Unterkünfte, die sich als »Bio«- oder »Öko«-Anlage positionieren. Von der Ferienhausanlage mit eigener Solaranlage bis zum Wellness-Tempel mit Bio-Kost aus der Region, von der charmanten Pension mit Recycling- und Energiesparkonzept bis zum umweltschonend ausgerichteten Campingplatz reichen die Angebote.

Natürlich hat nicht jeder Lust, seine Ferien auf Bio-Bauernhöfen zu verbringen, wo »öko« heißt, dass man seine Notdurft auf dem Plumpsklo oder über dem Komposthaufen verrichtet. Und dann kann es einem in ökologisch durchgeplanten Pensionen passieren, dass man beim Frühstück schwäbischen Erdkundelehrern bei Privat-Vorträgen über die Kunst der Mülltrennung lauschen muss. Wen es in die Welt mondäner oder auch nur gemütlicher »Normal«-Hotels zieht, der sollte sich allerdings darauf gefasst machen, dass er weit gehend Brachland betritt, soweit es um die Einhaltung sozialer oder ökologischer Standards geht.

Umweltmanagement beschränkt sich bei den meisten Hotels noch immer darauf, dass ein Hinweisschild die Gäste bittet, ihre Handtücher zweimal zu benutzen. Ein bisschen Druck vonseiten der Reisenden könnte hier Wunder wirken. Warum nicht mal vor der Buchung fragen, ob die Hotelküche mit Bio-Lebensmitteln arbeitet oder zumindest mit Produkten aus der Region? Von der Verwendung biologisch abbaubarer Reinigungsmittel über umweltschonende Wäschereien bis hin zum Energieverbrauch oder Recycling-Konzepten – es gibt eine Fülle von Möglichkeiten für Hotelketten mit ausgeklügeltem Umweltmanagement zum besseren Umgang mit unseren Ressourcen beizutragen. Da dies immer öfter von den Gästen ein-

3. Wie und wo wohne ich?

gefordert wird – und nebenher ein großes Einsparpotenzial für die Betriebe aufweist –, darf man auf eine grünere Zukunft hoffen.

Im März 2006 hat der deutsche Hotel- und Gaststättenverband gemeinsam mit Bundesumweltminister Sigmar Gabriel eine »Freiwillige Vereinbarung zur weltweiten Klimavorsorge« unterzeichnet und sich verpflichtet, den Energieverbrauch in den deutschen Hotels und Restaurants deutlich zu reduzieren. Eine 40-seitige Broschüre gibt praktische Umsetzungshilfen zu Bereichen wie Wasser- und Energiesparen, Abfallvermeidung und -trennung, Luftreinhaltung und Umweltschutz im Außenbereich der Betriebe. Fragen Sie vor Ihrer Buchung doch einfach mal nach, ob auch Ihre Unterkunft sich dieser Initiative angeschlossen hat.

Einige Vorreiter gibt es. Die Broschüre »Bio-Hotels 2007/ 2008« (über www.biohotels.info) trägt auf über 90 Seiten empfehlenswerte ökologisch ausgerichtete Unterkünfte zusammen. Bei TUI decken nach Eigenangaben bereits zwei Drittel der Hotelpartner bis zu 40 Prozent ihres Bedarfs aus erneuerbaren Energiequellen. Der Anteil von Robinson Clubs mit Solarkollektoren beträgt 46 Prozent. Im Robinson Club Amadé in Kleinarl, Österreich, wird die Energie seit 2004 sogar zu 100 Prozent aus einem CO_2-neutralen Biomassenheizwerk gewonnen, das zum Teil vom Robinson Club finanziert wurde.

Der internationale Hotelkonzern Accor (Etap, Mercure, Sofitel) ist in Frankreich der größte Nutzer von Solarenergie. Das Hotel Best Western Premier Victoria in Freiburg (www.victoria.bestwestern.de) gehört zu den Vorzeigehäusern der Kette und gewann 2005 einen Preis als umweltfreundlichstes Hotel der Welt. Das engagierte Direktorenehepaar Bertram und Astrid Späth betreibt das liebevoll restaurierte Haus aus dem Jahr 1875 komplett mit Solarenergie. Im Restaurant werden fast ausschließlich Produkte aus der unmittelbaren Umgebung verwendet. Die Bio-Frühstückseier stammen von Hühnern, die mindestens zehn Quadratmeter Auslauffläche bekommen. Auch ein modernes Boutique-Hotel wie das Bleibtreu in Berlin (www.bleibtreu.com) verweist stolz darauf, (beinahe) ausschließlich Essen aus regionaler Bio-Produktion anzubieten. Auch im Hamburger Schanzenstern (www.schanzenstern.de) isst man Bio. Es gibt viele weitere Beispiele. Die hier aufgeführten könnten für andere Hotels oder Pensionen eine Anregung sein, neue grüne Wege zu gehen. Das müssen ja nicht gleich asketische Öko-Naturholz-Unterkünfte werden. Hipness und Öko-Bewusstsein lassen sich auch im Hotelgeschäft durchaus verbinden.

In den USA haben die 39 Häuser der »eco-chic«-Kette kimpton hotels ein ausgefeiltes Energie- und Abfallmanagement eingeführt. In ihren »eco-Suiten« wälzt sich der Gast in Kissenbezügen aus organisch angebauter Baumwolle, freut sich an eleganten Holz-Möbeln aus nachhaltiger Forstwirtschaft und lässt sich Bio-Food schmecken. Wem am Recycling-Gedanken liegt, der kann die »Red Hot Love Suite« in San Francisco buchen und in einem Bett schlafen, das aus ehemaligen Tourneekoffern der Red Hot Chili Peppers gezimmert wurde.

Es sind nicht nur umweltfreundliche Maßnahmen, mit denen Hotels Zeichen setzen könnten. Unlängst kam bei einer Razzia in Hamburg heraus, dass viele Luxushotels über Subunternehmen zahlreiche illegale Einwanderer als Zimmermädchen, Küchenhilfen und sonstige Servicekräfte beschäftigen. Das Geld, das die Hotels den ominösen Subunternehmen zahlen, kommt nur zu einem Bruchteil bei der Dame an, die morgens Ihren Raum sauber macht. Fragen Sie doch vor der Buchung einfach mal nach, ob Ihr Hotel für diesen Service-Bereich fest angestellte Arbeitskräfte zu angemessenen Löhnen beschäftigt. Auch Millionäre sollten nicht in Hotels residieren, in denen das Zimmermädchen in der Stunde weniger verdient, als die Cola in der Minibar kostet.

4. Was mache ich da?

Der erhobene Zeigefinger und das Urlaubsglück passen so gut zusammen wie Finanzminister und Steuersenkungen. Niemand will sich vorschreiben lassen, wie er sich in der schönsten Zeit des Jahres verhalten soll. Gleichwohl ist es immer mehr Reisenden wichtig, sich auch als Gast zu fühlen und den Ländern und Menschen, die er besucht, mit Respekt zu begegnen. Mit ein paar simplen Regeln kann jeder dazu beitragen, dass sein Urlaub wirklich jene völkerverbindende Kraft entfaltet, die etwa die Welttourismus-Organisation sich davon verspricht. (Einen netten 76 Seiten umfassenden Guide zum Thema »Fair Reisen« hat der Evangelische Entwicklungsdienst gerade zusammengestellt. Download: www.eed.de//fix/files/doc/eed_reisen_mit_herz_07_deu.2.pdf) Es gibt wenige Menschen, die mehr vom Reisen verstehen als Maureen und Tony Wheeler. Die Reiseführer aus ihrem »Lonely Planet«-Verlag haben inzwischen auch die letzten Quadratmeter der Erde für den neugierigen Touristen aufbereitet. 650 Titel von »Antarktis« bis »Zimbabwe« sind erschienen. Über 60 Millionen Exemplare wurden verkauft. Der »Lonely Planet« gilt als Bibel der Rucksacktouristen. Doch längst orientieren sich an den lebensnah geschriebenen Reiseführern und den zahllosen Insider-Tipps auf www.lonelyplanet.com auch wohlhabende Öko-Urlauber, Familienreisende, Gastro-Touristen oder Party-Traveller. Die Geschichte von Maureen und Tony Wheeler beginnt 1971 auf einer Parkbank in London, als sich die Sozialwissenschaftlerin Maureen aus Belfast zum Business-Studenten Tony aus England setzt. Sie kommen ins Gespräch, reden stundenlang. Lebt man, um zu arbeiten? Arbeitet man, um zu leben? Und sollte man nicht viel mehr von der Welt sehen als diesen Park? Ein Jahr später sind die beiden verheiratet. Sie werfen ihre überschaubaren Ersparnisse zusammen, kaufen sich ein gebrauchtes Auto und fahren los. Richtung Osten und dann immer weiter. In Afghanistan verkaufen sie den Wagen, mit Gewinn. Per Anhalter geht es nach Indien. Dann Nepal, Thailand, Malaysia. Von Bali aus mit dem Schiff nach Sydney. Als Maureen und Tony Wheeler von Bord gehen, besitzen sie noch 27 Cent. 1973 schreiben die beiden in einem winzigen Apartment in Sydney auf, was sie erlebt haben. Der erste Lonely-Planet-Guide heißt »Across Asia on the cheap«: 1,80 Dollar, 96 Seiten, Format A4, von Hand getippt und geheftet. Wie kommt man mit dem Bus nach Pakistan? Was isst man in Nepal? Wo schläft man in Bukkitingi? Die erste Auflage, 1500 Stück, verkauft sich rasant. Die zweite, 3500, fast noch schneller. Als die nächsten 3500 Guides vergriffen sind, dämmert es Maureen: »Ich glaube, damit können wir richtig Geld verdienen.«

Die Wheelers zahlen ihre Schulden ab und brechen wieder auf. Ein Jahr Südostasien. In einem Hotelzimmer in Singapur, begleitet vom Lärm der Motorrad-Werkstatt im Erdgeschoss, entsteht 1974 das erste richtig dicke Lonely-Planet-Buch: »Southeast Asia on a shoestring«. 1979 sind bereits 16 Titel im Programm. Respekt vor anderen Kulturen und der Natur prägen die Bücher des größten unabhängigen Reisebuchverlags der Welt. In ihnen finden die Leser Einführungen in die Sozialgeschichte des Landes, Ideen für umweltschonendes Reisen und Verhaltensregeln nach dem Motto: »Smile global, buy local.« Das Konzept: »Maximaler Ertrag für die Region, in die du fährst, bei minimalem Schaden für das soziale und ökologische

4. Was mache ich da?

> **Reisen für eine bessere Welt**
>
> In den vergangenen Jahren suchen immer mehr Menschen nach Wegen ihre Urlaubszeit sinnvoll zu verbringen. Beim Bergwaldprojekt in Deutschland kann man am Schutz und Erhalt deutscher Wälder an 29 Einsatzorten zwischen Amrum und dem Allgäu mitarbeiten. Das Projekt wurde 1986 von Greenpeace und einem Schweizer Förster gegründet (www.bergwald-projekt.de). Deutsche Nationalparks aber auch der brasilianischen Regenwald stehen auf der Projektliste von Biosphere Expeditions. (www.biosphere-expeditions.org/deutsch.html).
> Mit viventura geht es zur Freiwilligenarbeit nach Südamerika (www.viventura.de/). Die vielen sympathischen und informativen Reiseberichte auf der Site laden zur Mitarbeit. Wer mit Archäologen in Südspanien nach Spuren der ersten Menschen suchen oder in Burkina Faso Sozialarbeit leisten will, kann sich bei www.travelworks.de informieren. Expeditionen und Abenteuer – etwa in die Arktis –, bei denen man Klimaschützer bei der Arbeit unterstützen kann, findet man auf: www.earthwatch.org.

Gefüge«. 120 Länder haben Maureen und Tony selbst besucht. »Ein guter Reiseführer soll drei Dinge leisten«, doziert Tony Wheeler in seiner Verlagszentrale in Melbourne. »Er hilft dir, dein Leben zu retten. Er macht dich zu einem besseren Reisenden. Und er macht Spaß.«

Auf Tonys Schreibtisch liegt ein Zeitungsausriss. »Verbrennt die Reiseführer!«, schimpft da eine Autorin. Kein Abenteuer, nirgends, wenn einem die ganze Welt mundfertig erschlossen wird. Der Tourismus verderbe die Welt, weil er keinen Flecken

■ REISEN

in Ruhe lassen kann. »Because of Loneley Planet the planet isn't lonely anymore.« Als Reisepapst wurde Tony um einen schriftlichen Kommentar gebeten. »Es gibt diese Elendsromantik, unterentwickelte Länder sollten es auch auf ewig bleiben«, erklärt er. »Dabei haben die Menschen vor Ort nichts einzuwenden gegen Schulen, bessere Gesundheitsvorsorge und bessere Jobs. Warum sollte eine bewusst entwickelte Tourismusindustrie nicht helfen, Natur- und Kulturschätze zu bewahren und die lokale Wirtschaft zu entwickeln?«

SERVICETEIL

Klassische Reiseveranstalter

Es gibt Studien, nach denen ein verantwortungsvoll betriebener Massentourismus in bereits erschlossenen Urlaubsgebieten für die Umwelt nicht schlechter sein muss als der individualisierte Luxus-Ökourlaub. Eine Mallorca-Untersuchung von Thomas Schmitt (Uni Bochum) zum Thema trägt den provokanten Titel »Ballermann war besser«. Unbestritten ist, dass ein Wandel zum ökologisch bewussten Tourismus nur dann stattfinden kann, wenn sich auch die Großen bewegen. Hier ein Überblick über die Klimaschutz-Aktivitäten und das soziale Engagement ausgewählter umsatzstarker Reiseanbieter.

TUI *www.tui-group.com*

TUI ist die Nummer eins unter den deutschen Reiseunternehmen. Zur TUI-Gruppe gehören Airtours, Discount Travel, Eins-Zwei-Fly, Hapagfly und Wolters.

Die TUI ist eines der Gründungsmitglieder von »ecosense«, einer Initiative deutscher Wirtschaftsunternehmen, die sich zu einer nachhaltigen Geschäftsstrategie bekennen (www.ecosense.de). Der – freiwillige und nicht kontrollierte – Verpflichtungskatalog umfasst das Bekenntnis zum schonenden Einsatz von Ressourcen und zur Transparenz.

Als größter Anbieter von Flugreisen fallen die größten Umweltprobleme des TUI-Geschäfts im Luftverkehr an. Anfang 2005 bestellte die Konzerntochter Hapagfly zehn neue Flugzeuge vom Typ Boeing 737-800 mit einem Kerosinverbrauch von 2,1 Liter pro 100 km/Sitzplatz. Das Durchschnittsalter der Maschinen liegt bei sechs Jahren. Allerdings steigt der von TUI verursachte, brav im jährlichen Nachhaltigkeitsbericht ausgewiesene CO_2-Ausstoß stetig an. Zwei Drittel aller TUI-Hotels decken ihren Energiebedarf bis zu 40 Prozent aus erneuerbaren Energien. 27 seiner Hotelanlagen stuft das Unternehmen als »Eco-Resort« ein. Die TUI unterstützt zahlreiche Organisationen mit Spenden – von der Papageienzucht auf Teneriffa bis zu einem Schutzverband für Meeresschildkröten in Mexiko.

Thomas Cook *www.thomascook.de*

Das Reiseunternehmen ist die Nummer zwei in Deutschland. Zu Thomas Cook gehören Aldiana, Bucher, Condor, Neckermann. Thomas Cook investiert in moderne Flugzeugflotten mit vergleichbar günstigen Verbrauchs- und Lärmeigenschaften. An Bord wird der Müll getrennt, 50 Prozent werden wiederverwertet. Auf Mallorca Vorzeigeprojekt mit der Iberostar-Hotelkette, die besonders strenge Umweltschutz-Kriterien einhält (www.iberostar.com). Mitarbeiter der Thomas-Cook-Tochter NUR gründeten 1978 den Verein »Kinder in Not«, ein Patenschaftssystem zur Unterstützung bedürftiger Kinder in der Dritten Welt.

Rewe Touristik *www.rewe-group.com*

Zur Nummer drei in Deutschland gehören ADAC Reisen, Dertour, IST, Jahn, LTU, Meiers Weltreisen, Tjaereborg.

Mitglied in der weltweiten Reiseveranstalter-Initiative für »nachhaltige Tourismus-Entwicklung« (TOI). Partnerschaft mit der UNESCO, die weltweit über 750 Kulturstätten und Landschaften unter besonderen Schutz gestellt hat. Die Partnerschaft erstreckt sich auf die Orte, die auch in den Reiseangeboten enthalten sind. Im März 2005 Gründung des internationalen Vereins »Code of Conduct for the Protection of Children from Sexual Exploitation in Travel and Tourism« zum Schutz von Kindern vor sexueller Ausbeutung durch Urlauber. Die Vertragshotels etwa von Dertour werden angehalten, vor Ort gegen Kinderprostitution vorzugehen. Verteilt Schulungsmaterial und richtet Schulungen vor Ort aus gegen Kindersextouristen.

Alternative Reiseveranstalter

Es gibt – gefühlte – zwei Millionen Möglichkeiten, seinen Urlaub zu erleben, ohne die Umwelt zu schädigen, Landschaften und Regionalkulturen zu zerstören oder sklavenartige Arbeitsbedingungen in der Tourismusindustrie zu unterstützen. Die Unzahl der Angebote reicht vom Yoga-Trip für Vegetarier bis zum Brutalwandern durchs Alpenhochland mit Bio-Nahrung in der Provianttasche. Aber man kann sich auch einfach erholen, Land und Leute genießen. Die Liste der folgenden Reiseanbieter, -verbände und -portale versorgt den bewussten Touristen mit Urlaubsideen für die nächsten 20 Jahre.

demeter Reisen *www.demeter-reisen.de*

Seit 2007 ist das vor allem für seine Bioprodukte bekannte anthroposophisch ausgerichtete Unternehmen in die Reisebranche eingestiegen. Demeter bietet ausschließlich Wanderreisen an. Die Demeter-Studien- und Familientouren führen einen in die schönsten Ecken der europäischen Nachbarschaft. Flüge unterhalb 700 Kilometer Entfernung sind tabu. Die Ernährung vor Ort ist natürlich bio und/oder regional und 100 Prozent genfrei. Wer auf den Spuren Hape Kerkelings den Jakobsweg entlangpilgern möchte, ist »mit Gleichgesinnten«, für knapp 2000 Euro dabei. Ohne Blutpflaster.

forumandersreisen *www.forumandersreisen.de*

Das »forumandersreisen« ist ein Verband von 165 kleinen und mittelständischen Reiseveranstaltern mit Sitz in Freiburg. Die Mitglieder berücksichtigen bei ihren Angeboten die Belange der Umwelt und der Menschen in den bereisten Ländern. Man zielt auf einen sanften, auf Nachhaltigkeit aufgebauten Tourismus. Oberstes Ziel ist nach eigenen Angaben die Verbesserung und Verbreitung von Reiseangeboten, die langfristig ökologisch tragbar, wirtschaftlich machbar sowie ethisch und sozial gerecht für ortsansässige Gemeinschaften sein sollen.

Das »forum« wurde 1998 gegründet, damals – 12 Mitglieder – ging es noch um solidarische Arbeitseinsätze für die Bedrängten der Welt. Heute repräsentiert der Verband den rasant wachsenden Markt des nachhaltig orientierten Tourismus. Die »Wiederholerquote« der Reisenden, die ihre Erlebnisreise mehr als einmal buchen, liegt teilweise bei 60 Prozent.

Beispielangebote von Mitgliedern im »forumandersreisen«

Gomera Trekking Tours *www.trekkingreisen.de*

Klingt anstrengend und ist es auch. Naturerlebnis intensiv. Das 1994 entstandene Unternehmen bietet weltweit Wander-, Trekking-, Familien- und Aktivreisen, Nordic Walking. Schwerpunktziele: Natürlich La Gomera, ansonsten die übrigen Kanaren, Kapverden, Lateinamerika bis zu Erlebnisreisen in Neuseeland und im Himalaya. 15 Tage La Gomera ab 1350 Euro, Familien-»Aktivurlaube« in Slowenien oder auf Norderney liegen bei knapp 100 Euro pro Erwachsenen und etwa der Hälfte für Kinder.

Neue Wege *www.neuewege.com*

Für den eher spirituell orientierten Reisenden bietet »Neue Wege« seit 15 Jahren erholsame Erleuchtung in Asien und Europa. Überwiegend Gruppenreisen mit Kursen in Yoga, buddhistischen Lehren, Taoismus, Qi Gong und Tai Chi (in der Regel drei bis vier Stunden täglich). Umfassendes Angebot zum Thema Ayurveda. Die »spirituelle Reise« nach Indien kostet knapp 2600 Euro, eine Woche Ayurveda-Verjüngung im Teutoburger Wald liegt um die 500 Euro.

ReNatour – Reisen, die nicht die Welt kosten
www.renatour.de

Doppelsinniges Motto: »Reisen, die nicht die Welt kosten.« Breites Europaprogramm. Gruppen- und (schwerpunktmäßig) Familienreisen, aber es werden auch einzelne Häuser und Höfe vorgestellt, die man individuell buchen kann. Demeter-Aktiv-Partner, das heißt, bei vielen Reisen werden biologisch angebaute Demeter-Produkte eingesetzt. Gewann gerade den zweiten Platz bei einem EU-Wettbewerb für »Umweltfreundliches Reisen in Europa«.

Weitere Anbieter und Portale

BUND-Reisen *www.bund-reisen.de*

Die Reiseseite ist ein Ableger des Bayrischen Naturschutzbundes. Spezialität sind die kombinierten Bahn/Bio-Hof-Angebote, die online gebucht werden können. Die Angebote reichen von der »Kuschel-Romantik-Städtereise Salzburg« mit Massageöl, Pralinen und »erotischer Literatur« auf dem Zimmer (je Person 174 Euro plus Bahnfahrt von zum Beispiel München 62 Euro) bis zum Öko-Kochkurs im BIO-Hotel Sommerau, St. Koloman (fünf Tage 749 Euro plus Anfahrt). Interessant sind auch die angebotenen Reisen mit der Transsibirischen Eisenbahn. Bis 2009 will BUND-Reisen der erste »klimaneutrale« Reiseanbieter der Welt sein. Unterstützt den Bau von Solaranlagen in den Urlaubsgebieten. Bereits jetzt wird im Katalog der jeweilige »Klimawert« der Reise ausgerechnet.

Eco Travel *www.eco-travel.de*

Informationsportal des Münchner Altop-Verlags, mit dem Ziel, »die Tourismusentwicklung in Richtung Nachhaltigkeit zu stimulieren«. Die Website bietet Informationen zum sanften Tourismus, viele Adressen und Links sowie Magazinbeiträge und Promotions. Guter Einstieg ins Thema. Spezialisiert auf »sanften Tourismus«.

Fair Unterwegs *www.fairunterwegs.org*

Sehr informatives, engagiertes Schweizer Reiseportal, das die Situation der Menschen in den Reiseländern thematisiert.

Fairreisen *www.fairkehr.de*

Mit »Fairreisen« hat der Verkehrsclub Deutschland (VCD) günstige und klimaverträgliche Pauschalreisen von Fairreisen-Anbietern zusammengestellt und will damit eine Alternative zu den Dumping-Angeboten im Flugpauschaltourismus bieten. Bei der Auswahl der Reisen wird auf die Anreise mit Bus, Bahn oder Schiff, auf kleine, individuelle Unterkünfte und eine gute regionale Küche geachtet. Auf den Internetseiten werden die Reiseangebote und Regionen beschrieben und zu den Reiseveranstaltern weitergeleitet.

Reiselust Deutschland *www.reiselust-deutschland.de*

»Reiselust – Neue Wege in den Urlaub« und »Reiselust – Mobil im Urlaub« sind zwei Projekte des Verkehrclubs Deutschland (VCD) zur Propagierung autofreier Reiseangebote in Deutschland. Sie wurden vom Bundesumweltministerium gefördert und bieten vielfältige Reiseangebote in deutsche Regionen für den Urlaub ohne Auto. Das Netzangebot beinhaltet Informationen zu den Urlaubsregionen, zum Freizeitangebot, zu Anreisemöglichkeiten und zur Mobilität vor Ort und verweist mit Links auf die Pauschalreiseangebote ausgesuchter Reiseveranstalter, bei denen man direkt buchen kann. Im Rahmen des Projektes »Mobil im Urlaub« erscheint ein Reisehandbuch, das Regionen in Deutschland zeigt, die besonders gut mit Bus und Bahn zu erreichen sind, und über umweltschonende An- und Abreise sowie Mobilität vor Ort informiert. Zum Download hier auch interessant die Broschüre über nachhaltige Klassenfahrten.

REISEN SERVICETEIL

Sanftes Reisen *www.sanftes-reisen.org*

»Sanftes Reisen« ist ein Internetportal für ökologischen Tourismus. Es will den Urlaubsuchenden Möglichkeiten aufzeigen, eine Reise nach nachhaltigen Kriterien auszuwählen, und entsprechende Angebote fördern. Nach Ihren persönlichen Wünschen können Sie Anfragen zu ökologischen Unterkünften, Regionen, Reiseangeboten sowie Ausflugszielen oder Kulinarischem eingeben und erhalten maßgeschneiderte Angebote ausgesuchter Anbieter. Die Anbieter müssen sich auf die Einhaltung bestimmter ökologischer Standards verpflichten. Die Reisen können online gebucht werden.

Viabono *www.viabono.de*

Das umfassende Reiseportal (»Reisen natürlich gnießen«) baut auf den Erfahrungen von Naturschutz- und Umweltverbänden sowie kommunaler Einrichtungen und Tourismusverbände auf. Mitglieder sind unter anderem der ADAC, der Allgemeine Deutsche Fahrrad-Club ADFC, der Deutsche Hotel- und Gaststättenverband DEHOGA, das Deutsche Jugendherbergswerk DJH, der Deutsche Tourismusverband DTV, das forumandersreisen, der Naturschutzbund sowie der Verkehrsclub Deutschland. Unterstützt wird die Initiative unter anderem vom Bundesumweltministerium, dem Bundesministerium für Wirtschaft und Arbeit, der Deutschen Bahn, dem Deutschen Städtetag, dem Umweltbundesamt sowie der Verbraucherzentrale. Bislang haben sich 500 Reiseveranstalter eingeschrieben.

In der Selbstdarstellung heißt es: »Die Viabono-Anbieter vereint der Gedanke, dass ihre Gäste ein Mehr an natürlichem Genuss erhalten, wenn sowohl im unmittelbaren Umfeld der Gäste diese auf Umweltgerechtigkeit basierende Natürlichkeit herrscht, vor allem aber im Hintergrund – ohne dass der Gast mit erhobenem Zeigefinger darüber belehrt wird – ein modernes Ressourcen- und Umweltmanagement stattfindet.« Viabono will den Touristen eine bundesweite Dachmarke für natürliches Reisen in Deutschland bieten. Auf der Website findet man umweltorientierte Reiseangebote, von der Unterkunft bis zum Pauschalangebot. Man kann sich informieren oder gleich zur Buchung weiterleiten lassen.

Die Kriterien von Viabono umfassen zum Beispiel sparsames Abfall- und Energiemanagement, einen geringen Wasserverbrauch, geringe Verkehrsbelastung, Service für Allergiker, Diabetiker, Nichtraucher sowie umfangreiche Informationen zur Umweltsensibilisierung. Bei den Regionen geht es um Natur- und Landschaftsschutz, umweltverträgliches Bauen und die Etablierung regionaler Wirtschaftskreisläufe – also den Versuch, möglichst wenig Transportverkehr zu verursachen.

Dr. Koch Reisen *www.dr-koch-reisen.de*

Im Jahr 1975 organisierte Firmengründer Dr. Nikolaus Koch erstmals eine zweiwöchige Gruppenreise in die Türkei. Heute gehören ökologische Wander- und Radfahrtouren, Yoga- und Gesundheitsreisen zum Programm.

Dr. Koch Reisen beschreibt sich seit Mitte der 80er Jahre als »Pioniere des umweltfreundlichen Reisens«. Für seine umweltgerecht gestalteten Unterkünfte wurde das Unternehmen mehrmals ausgezeichnet, unter anderem mit dem Umwelt-Preis des World Wildlife Fund (WWF). Alle Fotos im Katalog von Dr. Koch Reisen hat der Firmengründer übrigens selbst geschossen. Sämtliche angebotenen Reiseziele werden von ihm persönlich inspiziert.

DJH-Reisen *www.djh-reisen.com*

DJH-Reisen – der Reiseveranstalter des Deutschen Jugendherbergswerks – bietet attraktive und erlebnisorientierte Programme für die Ferien oder den Kurzurlaub in der Jugendherberge an. Jugendherbergen haben längst ihren sockenmuffigen Schrecken verloren und funktionieren heute als unkomplizierte, günstige Alternative. Die preisgünstigen DJH-Reiseangebote zeigen ein breites Spektrum von Reisetypen (Gruppen, Familie, Abenteuer, Bildung) rund um die Welt. Die Internetseiten von DJH-Reisen bieten ausführliche Informationen zu allen Reiseangeboten sowie die Möglichkeit, Reisen direkt zu buchen.

Forum Neue Städtetouren – Stattreisen *www.stattreisen.de*

Wenn man einige Zeit in der Natur verbracht hat, sehnt man sich manchmal wieder nach Steinen, Menschen, Museen und Cafés. Das »Forum Neue Städtetouren« ist ein Zusammenschluss von Stadterkundungsveranstaltern, die Wert auf einen umweltverträglichen und sozial verantwortlichen urbanen Tourismus legen. Das »Stattreisen«-Konzept wurde in den wortspielfreudigen 80ern entwickelt. Die vielfältigen Programme, über die das Netzwerk informiert, wollen einem Bevölkerung und Kultur der Städte näherbringen, ohne den Ort in einen Zoo zu verwandeln. Ziel ist das »Eintauchen ins städtische Leben«, vorzugsweise zu Fuß, mit öffentlichen Verkehrsmitteln und mit Fahrrädern.

Unterkunft und Verpflegung

Bio-Hotels *www.biohotels.info*

Das Gütesiegel »Bio-Hotel« ist eine Idee aus Österreich, bei der die Qualitäts-Kriterien für ökologische Landwirtschaft auf Hotels übertragen werden sollen. Die entsprechend zertifizierten Betriebe eignen sich für Reisende, die besonderen Wert auf gesunde Ernährung legen. Jährlich erscheint ein Katalog mit allen ausgezeichneten Hotels, der auch online verfügbar ist.

Vergabe: Das Zertifikat des Hotelierverbandes Bio-Hotels umfasst Unterkünfte in Deutschland, der Schweiz, Irland, Italien, Spanien und Österreich. Entwickelt in enger Zusammenarbeit mit Bioland, einem Fachverband für ökologische Landwirtschaft (www.bioland.de). Kontrolle durch staatliche Fachstellen in den jeweiligen Ländern, Label wird für drei Jahre vergeben.

Kriterien: Jedes Bio-Hotel bietet zumindest ein vegetarisches sowie ein Vollwertgericht. Alle Zutaten stammen aus kontrolliert biologischem Anbau, Ausnahmen müssen angezeigt werden. Es müssen Lebensmittel aus der Region angeboten werden. Die ökologischen Maßstäbe gelten auch für die Gärten der Hotels, für den Umgang mit Tieren. Ziel: »Wir wollen den Tourismus ökologisieren.«

ECEAT Deutschland *www.eceat.de*

ECEAT besteht seit Anfang 2003 als eigenständiger Verein in Deutschland und fördert insbesondere den Landurlaub auf Bio-Höfen. ECEAT gibt die Reiseführer »Urlaub auf Biohöfen« und »Grüne Ferien« heraus (einsehbar auch online unter www.bio.de).

Schwerpunkt bei den Empfehlungen bilden Höfe in Deutschland, aber auch international, die auch ökologischen Landbau praktizieren. Vor allem für Kinder sind solche Ferien eine spannende Erfahrung.

ECOCAMPING www.ecocamping.net

Gedankenlos in die Landschaft hineingebaute, völlig überlastete Campingplätze sind eine Pest des Tourismus. Wer sich vor seinem Camping-Trip über ökologisch korrekte Alternativen informieren möchte, findet bei Einrichtungen mit dem ECO-CAMPING-Label eine wirklich naturnahe Alternative. Es wird vergeben und überwacht vom ECOCAMPING e.V., einem Verein zur Förderung von Umwelt- und Naturschutz, Sicherheit und Qualität in der Campingwirtschaft. Gefördert von der EU. Wird jeweils für ein Jahr vergeben.

Jeder Campingplatz muss einen Umweltbeauftragten ernennen und eine Umweltanalyse erstellen. Daraus wird ein individuelles Umweltleitbild entwickelt, das die Ziele und Maßnahmen beschreibt. Dabei geht es um die Energiebilanz, den Wasserverbrauch, die Organisation des Abfalls sowie die Auflistung konkreter Verbrauchsdaten. Eine Auflistung der geprüften Campingplätze und der Kandidaten stellt ECOCAMPING ins Netz. Derzeit tragen über 100 Plätze im deutschsprachigen Raum das Zertifikat. Kooperationspartner sind unter anderem der ADAC sowie der Bundesverband der Campingwirtschaft.

Öko-Reisen: Urlaub auf dem Biohof www.oekoreisen.de

Hier finden Sie Bio-Ferienhöfe und Naturkostläden in Deutschland und Europa. Die Zusammenstellung von über 370 Ferienangeboten können Sie auch als Buch beim Blattlaus Verlag online bestellen. Die Internetseite bietet umfangreiche Suchmöglichkeiten nach Bio-Höfen in verschiedenen Ländern und Regionen und anhand von Ausstattungskriterien. Die Höfe werden ausführlich mit Kontaktdaten beschrieben.

Wohnungstausch *www.homelink.de / www.intervac.com*

Es muss nicht immer ein Hotel sein oder ein Bio-Bauernhof. Eine spannende Unterkunft-Variante für Abenteuerlustige ist der Wohnungs- und Häusertausch, der mittlerweile dank des Internets auf globaler Ebene wunderbar funktioniert. Das Prinzip ist einfach: Sie melden Ihre Wohnung an, wenn Sie mal länger weg sind. Gleichzeitig können Sie für einen gewissen Zeitraum woanders zu ziemlich günstigen Preisen im Apartment wildfremder Leute wohnen, während die weg sind. Freunde von mir, die das ausprobiert haben, schlossen Freund- und Feindschaften fürs Leben. Auf jeden Fall kommt die Idee dem Prinzip einer möglichst ökonomischen Verwendung bestehender Ressourcen ebenso nahe wie der Völkerverbindung durch Reisen. Nie wird ein Freund von mir die Kühlschrankaufschrift »Open it and you'll die!« vergessen, die er in einem New Yorker Loft vorfand. (Ein Missverständnis: Der eigentliche Mieter bewahrte dort seine Medizin auf und hatte noch einen zweiten Kühlschrank für Lebensmittel.) Auch meine früheren Nachbarn erinnern sich noch heute gern an das schwedische Model, das für seinen Wohnungstausch-Aufenthalt in Hamburg gleich fünf Freundinnen mitbrachte.

Reise-Gütezeichen – was bedeutet was?

In Europa gibt es über 50 verschiedene Prädikate, Siegel und Gütezeichen für alle möglichen touristischen Dienstleistungen – von der freiwilligen Selbstverpflichtung, deren Kontrolle nebulös bleibt, bis zum strengen zertifizierten Umwelt- und Sozialstandard, auf den die Reisenden sich verlassen können. Schön wäre es, wenn es endlich ein global gültiges Fair-Label auch für den Tourismus gäbe, das man vor der Buchung berücksichtigen könnte. Wir haben versucht, eine Schneise durch den Siegel-Dschungel zu schlagen:

Blaue Flagge *www.blueflag.org*

Vergabe: Qualitätssiegel für Segelboothäfen und Badestrände. Wird organisiert von der Foundation for Environmental Education (FEE) mit Sitz in Dänemark und von unabhängigen lokalen Fachorganisationen kontrolliert. Jährlich werden zusätzlich bis zu 15 Prozent der ausgezeichneten Strände von internationalen Überwachern kontrolliert. Kriterien: Ein Katalog mit 27 Kriterien zur Wasserqualität, Sicherheit, zu Service und Einrichtungen sowie Umweltmanagement und -bildung. Neben einigen vorgeschriebenen »Muss«-Kriterien sind 80 Prozent der »Kann«-Kriterien zu erfüllen. Mit Stand 2007 waren über 3300 Strände in 36 Ländern mit diesem Zeichen ausgestattet.

Die Blaue Schwalbe
www.vertraeglich-reisen.de

Vergabe: Das Magazin »Verträglich Reisen« vergibt dieses Gütezeichen auf Anfrage. Reiseveranstalter oder Unterkünfte können sich bewerben (seit 1990), die Zeitschrift überprüft sporadisch vor Ort, ansonsten telefonisch oder durch Lektüre der Prospekte.

Kriterien: 19 Punkte. Speisen und Getränke sollten so weit wie möglich aus der Region stammen. Mindestens ein Vollwert-Hauptgericht. Das Ziel muss mit öffentlichen Verkehrsmitteln erreichbar sein, oder es sollte ein Abholdienst organisiert werden. Beim Heizen wird auf Elektroheizungen verzichtet, Maßnahmen zum Wasser- und Energiesparen, Abfallvermeidung und -trennung. Biologisch abbaubare Putz- und Pflegemittel. In den Gärten – so weit vorhanden – dürfen weder Kunstdünger noch Pestizide verwendet werden.

Europäisches Umweltzeichen (»EU-Blume«)
www.eco-label.com/german

Vergabe: 1992 entwickeltes Gütesiegel. Vergabe durch die Umweltkommission der Europäischen Union in über 20 verschiedenen Produktgruppen und Dienstleistungen. Die Firmen können sich bewerben und werden dann getestet. Das Siegel gilt für drei bis fünf Jahre und kann dann auf Antrag erneuert werden. Seit 2003 können sich auch Hotels, Pensionen oder Campingplätze zertifizieren lassen.

Kriterien: Bewertung nach Punktesystem, das verschiedene

Maßnahmen erfasst – vom Einsatz erneuerbarer Energien (mindestens 22 Prozent), der Reduzierung des Energie- und Wasserverbrauchs, Abfallvermeidung bis zur Einrichtung von Nichtraucherbereichen und zur Schulung von Mitarbeitern. Nur wenn die bewerteten touristischen Dienstleistungen in allen Kriterien »punkten«, erhalten sie das EU-Umweltzeichen. Hoher bürokratischer Aufwand, daher kaum vergeben.

Fair Trade in Tourism South Africa (FTTSA)
www.fairtourismsa.org.za

Vergabe: Die 2002 gegründete Non-Profit-Organisation »Fair Trade in Tourism South Africa« (FTTSA) ist die erste Einrichtung der Welt, die ein Zertifizierungssystem für »fairen« Tourismus entwickelt hat. Antragsteller durchlaufen ein aufwendiges Prüfverfahren, das jährlich neu beantragt werden muss. Vergeben wird das Siegel an Hotels und Unterkünfte, an Touristenattraktionen wie Museen oder Ausflugsprogramme. Mit Stand Februar 2008 trugen rund 30 südafrikanische Unternehmen und Einrichtungen das Fairtrade-Label.

Kriterien: Faire Löhne und Arbeitsbedingungen, Respekt für Menschenrechte, Kultur und Umwelt, Verankerung in der Umgebung. Das Siegel tragen auch Luxushotels wie das Kapstädter Cape Grace, das 2007 vom britischen »Condé Nast Traveller« zum besten Hotel der Welt gewählt wurde.

Naturens Bästa *www.naturensbasta.se*

Vergabe: In Verantwortung von »Svenska Ekotourismusföringen« (der schwedischen Tourismusvereinigung – aber der Originalname ist einfach zu schön...). 2002 erstmals vergeben. Man muss es beantragen. Ein Drittel fallen durch die ausführliche Umweltprüfung der Vereinigung. Derzeit tragen rund 80 Einrichtungen das Zeichen.

Kriterien: Verantwortlicher Umgang mit natürlichen Ressourcen und der lokalen Bevölkerung, ökologisch sinnvolle Energieversorgung, Warentransport, Mobilität. Versorgung mit lokalen und umweltverträglichen Produkten, Schulung der Mitarbeiter in Umweltfragen, direktes Engagement.

Oeko-Pikto *www.adac.de*

Vergabe: 1998 vom ADAC-Verlag entwickeltes Gütesiegel für europäische Campingplätze. Selbstverpflichtung der Campingplatzbetreiber auf ökologische Mindeststandards. Keine Kontrollen, Siegel kann entzogen werden, wenn Nachweise über Verstöße vorliegen. Siegel wird für ein Jahr vergeben.

Kriterien: Sieben Punkte. Mindestens 30 Prozent des Energiebedarfs müssen durch erneuerbare Energiequellen gedeckt werden. Mindestens 30 Prozent des verbrauchten Wassers müssen wiederverwendet werden.

REISEN SERVICETEIL

Blaue Flagge *www.blueflag.org*

Vergabe: Qualitätssiegel für Segelboothäfen und Badestrände. Wird organisiert von der Foundation for Environmental Education (FEE) mit Sitz in Dänemark und von unabhängigen lokalen Fachorganisationen kontrolliert. Jährlich werden zusätzlich bis zu 15 Prozent der ausgezeichneten Strände von internationalen Überwachern kontrolliert.

Kriterien: Ein Katalog mit 27 Kriterien zur Wasserqualität, Sicherheit, zu Service und Einrichtungen sowie Umweltmanagement und -bildung. Neben einigen vorgeschriebenen »Muss«-Kriterien sind 80 Prozent der »Kann«-Kriterien zu erfüllen. 2006 wurden über 3000 Strände auf der ganzen Welt mit diesem Zeichen ausgestattet.

Der VISIT Standard *www.yourvisit.info*

Vergabe: Der VISIT Standard wird aus über 40 verschiedenen europäischen Länder- und Regional-Standards entwickelt und soll eine Art europäisches Ober-Label bilden. Ziel ist die Durchsetzung gemeinsamer Standards sowie die Erstellung einer europäischen Datenbank, in der sich die Reisenden über die unterschiedlichen Maßnahmen und Qualitätsansätze informieren können. Die VISIT-Umweltzeichen garantieren, dass ihre zertifizierten Betriebe hohe Anforderungen in allen wichtigen Umweltbereichen erfüllen und vor Ort von unabhängigen Prüfern kontrolliert werden. Gründungsmitglieder von VISIT sind die acht führenden Umweltzeichen aus den Niederlanden, Frankreich, Großbritannien, Italien, Dänemark, Lettland, Luxemburg und der Schweiz.

Kriterien: Der VISIT Standard umfasst 21 Punkte, die 2002 von den verschiedenen Trägern der Regional- und Länderstandards formuliert wurden. Dabei geht es um das Konzept eines nachhaltigen Tourismus, der Umwelt und kulturelles Erbe schützen soll, die Zersiedelung zugunsten touristischer Projekte aufhält sowie sämtliche Dienstleister zur Entwicklung von Energie-, Wasser- und Abfallkonzepten anhält.

Literatur und Links rund ums Reisen

Bücher und Broschüren

▶ Leo Hickman: Und tschüss! Was wir anrichten, wenn's uns in die Ferne zieht. Pendo Verlag 2008, 400 Seiten, 19,90 Euro
Was macht man, wenn man wissen will, welche Folgen unsere Reiselust hat? Man macht sich auf den Weg. Leo Hickmann, Autor der unterhaltsamen Öko-Selbsterfahrung »Fast nackt«, hat auf dem ganzen Erdball die Hochburgen des konventionellen Tourismus besucht und macht einem ein richtig schlechtes Gewissen. Gottlob zeigt er auch ein paar Alternativen auf, sonst bliebe nur noch Balkonien.

▶ Miriam Kauko: Merian Guide Urlaub im Kloster. Travel House Media 2005, 254 Seiten, 12,90 Euro
Spirituelle Einkehr oder auch einfach mal abschalten. Reisen in Kloster erfreuen sich zunehmender Beliebtheit. Kauko stellt hundert Klöster aus Deutschland, Österreich und der Schweiz vor, beschreibt die erstaunliche Vielfalt der Angebote (von regelrechten Genussreisen bis Yoga) und liefert den nötigen Knigge, damit wir uns in den Häusern des Herrn nicht danebenbenehmen.

- Kerry Lorimer: Code Green. Lonely Planet 2006, 215 Seiten, 24,99 Euro
  Ein Guide für die Suche nach möglich authentischen und nachhaltigen Reiseerlebnissen. Sehr informativ wie für den Verlag üblich, wenn auch bei einigen Reisezielen etwas zweifelhaft bleibt, ob man den Orten mit seinen Besuchen wirklich Gutes tut.

- Polly Pattullo/Prely Minelli: The Ethical Travel Guide. London 2006, 280 Seiten, 21,50 Euro
  Die definitive Zusammenstellung von ethisch einwandfreien Reisezielen und -formen. Zahllose Adressen und Links. Viel Hintergrund zur grundsätzlichen Frage, wie man ethisch und umweltbewusst reisen kann. Unverzichtbar für Globetrotter.

- Studienkreis für Tourismus und Entwicklung (Hg.): Sympathie Magazin (verschiedene Themen)
  Die Themenhefte über die Auswirkungen des Reisens stellen verschiedene Länder unter ganz besonderem Blickwinkel vor und bereiten Themen wie Umwelt oder Globalisierung anregend auf. Sie kosten um die 3,60 Euro und können über www.studienkreis.org bezogen werden.

- Verbraucher Initiative e.V. (Hg.): Themenheft Bewusst Reisen. Berlin 2006, 24 Seiten. Erhältlich über www.verbraucher.org
  Kompakte Zusammenstellung aller Fragen und Fakten, die man zum Thema bewusstes Reisen wissen muss.

- Verträglich Reisen, Magazin für Reisen und Umwelt
  Erscheint einmal im Jahr. Unzählige Tipps zum Thema sen-

sibles Reisen und Auflistung aller Häuser, denen das Magazin die »Blaue Schwalbe« für besonders umweltfreundliche Unterkünfte verliehen hat. Die Ausgabe 2008 hat 148 Seiten und kostet 3,90 Euro. Die Website www.vertraeglich-reisen.de bietet viele Infos zu ethisch-ökologisch korrekten Reiseformen.

Informationsquellen im Netz

Das Thema Tourismus scheint wie geschaffen für die international orientierte Webgemeinde. Auf jeden Fall herrscht an interessanten, informativen und aufwendigen Seiten zu allen Fragen des bewussten Reisens kein Mangel. Zwei wirklich charmant gemachte Webseiten, die hier eigentlich nicht ganz hergehören, möchte ich trotzdem nicht unerwähnt lassen. Auf www.bahntrassenradeln.de hat ein echter Liebhaber des Genres sämtliche Bahnstrecken dokumentiert, die in Fahrradwege verwandelt wurden – und empfiehlt uns auf diese Art einige der ausgefallensten Radtouren, die man sich vorstellen kann. Mindestens so bezaubernd ist www.flussradeln.de, die genau das hält, was der Name verspricht.

Ökologischer Tourismus in Europa *www.oete.de*

Der Verein Ökologischer Tourismus in Europa (Ö.T.E.) wurde 1991 von elf überregionalen Verbänden und Organisationen aus den Bereichen Natur- und Umweltschutz, Jugend, Freizeit und Kultur gegründet. Er informiert Reisende, Fachleute und Tourismusanbieter über umweltgerechte Tourismusformen und führt spezielle Fach- und Informationsveranstaltungen, Seminare und Workshops durch. Der Ö.T.E. steckt auch maßgeblich hinter der Gründung von Viabono, mit dem unter Federführung des Bundesumweltministeriums eine von Politik, Umwelt-, Verbraucher- und Tourismusverbänden gemeinsam getragene Umweltdachmarke für das Reisen etabliert werden soll. Der Ö.T.E. ist außerdem zuständig für eine große Anzahl von Modellprojekten, bei denen umwelt- und sozialverträgliche Formen des Tourismus entwickelt werden sollen. Eines der jüngsten Projekte ist das Portal für nachhaltiges Reisen: www.zukunft-reisen.de

Aus Großbritannien bieten auch die Seiten www.tourismconcern.co.uk oder www.responsibletravel.co.uk wichtige Anregungen bei der Planung der nächsten Reise.

Tourism Watch *www.tourism-watch.de*

Die Informationsseite des Evangelischen Entwicklungsdienstes EED berichtet über die Auswirkungen des Ferntourismus. Die drei bis viermal jährlich erscheinenden Magazine stehen zum Download bereit.

Welt-Tourismus-Organisation (WTO) *www.world-tourism.org*
World Travel & Tourism Council *www.wttc.org*

Faktenreiche Seiten mit Dokumenten, Zahlen und Thesen zum internationalen Tourismus. Die WTO ist eine Organisation der UNO. Das World Travel & Tourism Council ist eine ressourcenreiche Quelle, die vor allem die optimistische Sicht der global operierenden Tourismuskonzerne widerspiegelt.

Empfehlenswerte Reiseführerseiten mit Sensibilität für die problematischen Aspekte des Tourismus sind die Websites von Rough Guides (www.roughguides.com) und Lonely Planet (www.lonelyplanet.com). Letztere hat mit ihrem berühmten

Thorn Tree eine Art globales schwarzes Brett installiert, auf dem sich Reisende aus aller Welt gegenseitig mit skurrilen, aber auch und lebensnotwendigen Tipps versorgen.

GELD

Kennen Sie Holger?

So einen kennt wohl jeder. Nennen wir ihn Holger. Am Wochenende sitzt Holger gern in seinem Arbeitszimmer, sortiert akkurat beschriftete Aktenordner (»Quittungen und Belege Januar bis Juni/2008«), blättert in Broschüren über Investmentfonds und surft im Internet nach Geheimtipps für das Aktienportfolio. Seinen Girokontostand überprüft er täglich. Die Zinssätze für seine Sparbriefe kennt er auswendig. Seine Steuererklärungen macht Holger »grundsätzlich« selbst, weiß er doch ganz genau, wo sich noch der letzte Cent herausholen lässt. Und wenn man mal eine Finanzfrage hat, antwortet Holger gern mit einem Vortrag, nach dem man sich fühlt, als habe man sein Geld bisher zum Fenster rausgeschmissen.

So richtig sexy ist das nicht. Noch immer umweht jene, die sich intensiv mit ihren Finanzen beschäftigen, entweder der Hauch des Bausparvertrags-Spießers oder des Börsen-Hallodris, der kettenrauchend am Computer sitzt und zusieht, wie sein Geld verbrennt. Geld auszugeben macht in der Regel mehr Spaß als es zu verdienen. Und erst recht mehr, als Tag und Nacht daran zu denken, wie man es vermehren kann.

Gutes Geld, schlechtes Geld

Wer Geld und gute Taten zusammenbringen will, dem schien bis vor ein paar Jahren nichts anderes zu bleiben, als fleißig zu spenden – wenn man seine Ersparnisse nicht gleich in die ökologisch korrekte Naturlatex-Matratze eingenäht hatte. Für Deutsche, die sich um die Umwelt und soziale Gerechtigkeit sorgten, schien Geld stets etwas Anstößiges zu haben. Man erinnert sich noch mit Schrecken an die ersten Grünen, die deutsche Parlamente bevölkerten und alles an die Alternativ-Bewegung abführen mussten, was über dem Einhaltsgehalt von 1950 Mark lag, dem durchschnittlichen Facharbeiterlohn jener Zeit. Aktienkäufer waren in diesen Kreisen so beliebt wie Formel-1-Rennfahrer im Naturschutzgebiet. Banken und Finanzmanager galten als das Böse schlechthin.

Doch die Frage, bei welcher Bank wir unsere Konten einrichten und welcher Geldanlage wir vertrauen, bestimmt mit darüber, welche Form des Wirtschaftens, welche Waren und Dienstleistungen, welche Arbeitsbedingungen wir unterstützen. Mit dem Geld ihrer Kunden machen Banken Politik. Sie können Kredite an korrupte Drittweltpotentaten vergeben, von denen Waffenkäufe und der persönliche Fuhrpark finanziert werden. Sie können aber auch Unternehmen fördern, die erneuerbare Energien bereitstellen. Bankkredite ermöglichen das Roden der Regenwälder und den Bau von Fabriken, in denen Menschen unter Sklavenbedingungen schuften. Oder sie helfen Ländern, die ihre Schulsysteme ausbauen und mit günstigen Mikrokrediten die lokale Wirtschaft fördern. So gesehen gibt es gutes Geld und schlechtes Geld.

Umfragen zeigen, dass es den Deutschen durchaus wichtig ist, was mit ihrem Geld passiert. 87 Prozent würden kein Konto bei einer Bank eröffnen, die Betriebe mit Kinderarbeitern finanziert. 77 Prozent wünschen sich, dass ihre Bank nichts mit Rüstungsunternehmen zu tun hat, 52 Prozent erklären das für Kosmetik- oder Pharmakonzerne, die für ihre Forschung auf Tierversuche zurückgreifen. Stattdessen sollten ihre Banken Kredite an Firmen vergeben, die sich um den Umweltschutz (sagen 87 Prozent), um gute Sozialstandards (59 Prozent) oder die Förderung von Frauenrechten bemühen (immerhin 45,8 Prozent).

Nach einer Statistik der Bundesbank besaßen alle Deutschen zusammen im Jahr 2006 die atemberaubende Summe von 4530 Milliarden Euro. Das ist sechzehn Mal mehr als der Gesamthaushalt der Bundesregierung. Ein Drittel des Geldes liegt auf Spar- und Girokonten, der Rest steckt in Lebensversicherungen, Investmentfonds, fest verzinslichen Wertpapieren oder Aktien. Viel Spielgeld für die Finanzierung einer besseren Welt.

Geld ist Macht

Es gibt eine Fülle von Möglichkeiten, sein Geld mit gutem Gewissen anzulegen: ein Konto bei einer Bank, die sich auf soziale, ökologische oder ethische Investments oder Förderkredite an entsprechende Unternehmen spezialisiert hat. Man kann in seinem privaten Anlageportfolio Firmen bevorzugen, die sich durch eine besonders nachhaltige Unternehmenspolitik auszeichnen, oder investiert direkt in mittelständische Spezialfirmen: Wasser- oder Sonnenenergie; umweltfreundliche Forstunternehmen; Genossenschaften, die mit Mini-Krediten Kleinunternehmen in der Dritten Welt unterstützen; Bio-Supermärkte. Oder auch in Firmen, die ihre Mitarbeiter fördern, Frauen den Zugang zu Führungsaufgaben ermöglichen und versuchen, mit internen Umweltschutzprogrammen einen eigenen Beitrag für eine sauberere Welt zu leisten. Oder man vertraut sich einem der vielen Fonds an, die in den vergangenen Jahren zum Thema Nachhaltigkeit aufgelegt wurden.

»Geld ist Macht«, sagt Öko-Fonds-Experte Thomas Banning. »Doch viele Leute denken zig Mal mehr darüber nach, wen sie wählen sollen als darüber, wem sie ihr Geld anvertrauen.« Soll man tatsächlich Aktien von Großbanken kaufen, die ihren Topmanagern dreistellige Millionenbeträge als Sonderzahlung überweisen – und gleichzeitig Tausende ihrer Mitarbeiter vor die Tür setzen? Oder von Ölkonzernen, die in Naturschutzgebieten bohren wollen? Oder von Pharma-Unternehmen, die mit ihrer Preispolitik dafür sorgen, dass Gesundheit in der Dritten Welt ein Luxusgut bleibt?

Thomas Banning war 40, als er in eine kleine Sinnkrise schlitterte. Bis dato eine Karriere nach Maß. Doktortitel, eigene Unternehmensberatung, Geschäftsführer bei einer Siemens-Tochter. »Irgendwann war ich müde, nur für die Quartalsergebnisse zu schuften. Ich wollte nachhaltiger arbeiten.« Der dreifache Familienvater aus Forchheim, Franken, gründete die Venture-Kapitalfirma eco eco, investierte in Ideen »an der Schnittstelle zwischen Ökonomie und Ökologie«. Das Projekt Naturstrom AG faszinierte ihn so, dass er Aufsichtsrat wurde, schließlich Hauptinvestor und vor zwei Jahren auch Vorstand. Er betreut weiter Fondsgesellschaften mit ökologischem Ansatz. Seinen Traum aus alten Studientagen hat sich der 52-Jährige doch noch erfüllt. »In den VWL-Kursen habe ich immer nur von Gewinnmaximierung gehört. Optimierung und Nachhaltigkeit waren mir schon damals viel, viel wichtiger.« Was nicht heißt, dass Wirtschaften mit gutem Gewissen nicht auch die persönlichen Gewinne maximieren kann. Auf dem Papier besitzt der Tischlersohn längst ein kleines Vermögen.

Geld ist Macht

> **Was ist eigentlich ... Nachhaltigkeit?**
>
> Der Begriff Nachhaltigkeit stammt aus der deutschen Forstwirtschaft des späten 18. Jahrhunderts. Die Grundidee – immer nur so viel Wald abzuholzen, wie nachwachsen kann – wird seit den 80er-Jahren auf das allgemeine Wirtschaftsleben übertragen.
>
> In einem von den Vereinten Nationen in Auftrag gegebenen Grundlagenbericht zum Thema definiert die nach ihrer Leiterin, der ehemaligen norwegischen Ministerpräsidentin Gro Harlem Brundtland, benannte Kommission 1987 das Konzept der nachhaltigen Entwicklung: »Die Bedürfnisse der Gegenwart erfüllen, ohne dabei zukünftigen Generationen die Möglichkeit zu nehmen, ihre eigenen Bedürfnisse zu befriedigen.«
>
> De facto meint dies, dass Unternehmen keinen Raubbau an Natur und Menschen betreiben sollten, der zukünftigen Generationen die Existenzgrundlagen raubt. In den vergangenen Jahren ließen deutsche Firmenchefs aus dem Finanzbereich immer öfter Bekenntnisse einer nachhaltigen Unternehmenspolitik in ihre Sonntagsreden einarbeiten.

Verschiedenen Marktstudien zufolge interessiert sich zwischen 30 und 55 Prozent der Deutschen für Geldanlagen, die an ökologische, soziale oder ethische Bedingungen geknüpft sind. Knapp vier Prozent haben ihr Geld bereits in diesem Sinne angelegt, weitere 21 Prozent haben es in naher Zukunft vor.

■ GELD

Gutes Geld macht reich

Verglichen mit Großbritannien oder den USA sind die Deutschen bei ihrem finanziellen Engagement für nachhaltige Geldanlagen eher zurückhaltend. Bei den Angelsachsen werden um die zehn Prozent nach entsprechenden Kriterien angelegt. Aber wir holen auf. Zum 30. September 2007 waren in Deutschland, Österreich und der Schweiz 166 ethisch-ökologische Fonds mit einem Gesamtvolumen von 30 Milliarden Euro zugelassen. Das waren zwölf Milliarden mehr als Ende 2006. Inzwischen wirbt auch der größte deutsche Fonds-Anbieter DWS unter dem neckischen Namen »Grün-Anlagen« für ausgewählte Anlageprodukte zum Klimaschutz.

Bei den Fonds unterscheidet man vier verschiedene Anlagekonzepte:

1. Themenfonds
Man kauft Firmenanteile in eng abgesteckten Gebieten mit streng ökologischer Ausrichtung, Windkraft, Wasseraufbereitung, Recycling oder dergleichen.
Vorteil: Man weiß sehr genau, wohin das Geld geht und welches Thema man damit unterstützt. Das Geld fließt an kleine und mittlere Unternehmen.
Nachteil: Ein schmales Anlagespektrum ist immer mit einem hohen Risiko verbunden. Wenn etwa Subventionen für eine bestimmte Branche wegfallen, können die Kurse schnell einbrechen.

2. Fonds mit Ausschlusskriterien
Diese Anlagemöglichkeit eignet sich für Menschen, die ausschließen wollen, dass mit ihrem Geld bestimmte Branchen fi-

nanziert werden. Häufigste Ausschluss-Branchen sind: Tabak-, Alkohol-, Rüstungs- oder Atomindustrie; Unternehmen, die auf Kinderarbeit zurückgreifen, Tierversuche nutzen, keine gewerkschaftliche Organisation zulassen oder Minderheiten diskriminieren.
Vorteil: Man kann das Portfolio nach eigenen Wertvorstellungen ausrichten. Breitere Streuung der Branchen.
Nachteil: Wo fängt man an, wo hört man auf? Wer sein Geld in solchen Fonds anlegt, stützt selten kleine Firmen, sondern eher den »guten« Großkonzern. Da landet dann auch schon mal CocaCola im Portfolio.

3. Fonds mit »Best-in-Class«-Ansatz

Die Bauchschmerzen-Anlage für Menschen, die mit guten Gewissen reich werden wollen. Der »Best-in-Class«-Ansatz vergleicht Unternehmen innerhalb einer Branche nach ihrer sozialen und ökologischen Performance und fördert die Besten. Das kann dann aber auch die »ökologischste« Auto- oder Ölfirma sein.
Vorteil: Es spricht einiges dafür, ein großes Unternehmen in die richtige Richtung zu bewegen statt viele kleine, weil die Auswirkungen ungleich stärker sind. Ein Wettbewerb unter den großen Autokonzernen um das umweltfreundlichste Auto bringt der Umwelt mehr als das Minikapital für eine Elektroautoklitsche im Sauerland. Außerdem verringern Fonds, die sich in vielen verschiedenen Branchen bewegen, das Risiko für den Anleger.
Nachteil: In 13 als Nachhaltigkeitsfonds ausgewiesenen Angeboten stecken beispielsweise Aktien von BP. Die machen – in der Summe gesehen – viel in Sachen Sonnenenergie, aber womit verdienen die noch mal ihr Geld? Auch gilt der Energiekonzern RWE als durchaus fortschrittliches Unternehmen,

weil es den eigenen CO_2-Ausstoß so schön senkt, wenn es mal wieder ein altes durch ein neues Kohlekraftwerk ersetzt.

4. Index-orientierte Fonds

In diesen Finanzpaketen werden Aktien mehr oder minder breit gestreuter Unternehmen nach bestimmten Kriterien gebündelt. In den vergangenen Monaten scheint es mehr neue Nachhaltigkeits-Indizes gegeben zu haben als Kandidaten für »Deutschland sucht den Superstar«. Im Februar 2007 legte JP Morgan einen Klimaschutzindex auf. Im März 2007 stellte ABN Amro seinen »Klimaschutz und Umwelt«-Index vor. UBS konterte im April mit einem »Global Warming Future Index« und die Investmentbanker von Merill Lynch legten zwei Monate später ihren »Energy Efficiency Index« auf. Der im September von HSBC erstellte Klimaschutzindex versammelt 300 Firmen. Sich da durchzufinden, scheint eine Lebensaufgabe zu sein.

Vorteil: Je nach Findigkeit des Investmentbankers können originelle Anlagekombinationen (Bio-Supermarktkette, Wasserkraft, Energieeffiziente Haushaltsgeräte) eine saftige Rendite bewirken.

Nachteil: Die Gewichtung innerhalb der Indizis ist manchmal problematisch. Hoher Beratungsbedarf.

Natürlich ist ein Buch nicht das richtige Medium, um Empfehlungen für bestimmte Anlageformen auszusprechen. Doch zumindest lässt sich das Vorurteil zerstreuen, dass wer sein Geld nach ethisch-ökologischen Gesichtspunkten anlegt, dafür auf saftige Renditen verzichten muss. Studien des Mannheimer Zentrums für Europäische Wirtschaftsforschung haben ergeben, dass sich die meisten ethisch-ökologischen Anlagen in punkto Rendite nicht von den herkömmlichen unterscheiden.

Fonds wie der Klassiker Ökovision, ÖkoLux oder Green Effects legten 2007 zwischen zehn und zwanzig Prozent zu.

Sicher ist sicher

Geld und Misstrauen sind enge Verwandte, und so fragen sich viele Anleger, wie sie sichergehen können, dass ihr Geld auch tatsächlich nur in einwandfreie Unternehmen gesteckt wird. 2005 wurde eine Kommission ins Leben gerufen, die »Association for Independent Corporate Sustainability and Responsibility Research« (AICSRR). Sie soll europaweit gültige Qualitätskriterien für die Nachhaltigkeit von Investmentfonds formulieren und diese dann auch kontrollieren. Im März 2006 legte sie ihr Papier mit dem ambitionierten Titel »Europa soll auf dem Gebiet der sozialen Verantwortung der Unternehmen führend werden« vor. Um die Unternehmen zu beurteilen, werden meist die firmeneigenen Umwelt- und Sozialberichte herangezogen, deren Qualität und Aussagekraft allerdings höchst unterschiedlich ist. Die »Global Reporting Initiative« (GRI) (www.globalreporting.org) hat einen global gültigen Kriterienkatalog für die Nachhaltigkeitsberichterstattung entwickelt. Mittlerweile wenden fast 4000 Unternehmen aus über 90 Ländern die Kriterien an. Die Angaben werden nach einem bestimmten Schlüssel gewichtet. Dabei macht die ökologische Leistung eines Unternehmens nach aktuellem Stand 30 Prozent aus, Engagement und soziale Verpflichtung fließen mit 17 Prozent in die Bewertung ein.

Für die ethisch-ökologische Bewertung einer Geldanlage ist bis heute kein einheitliches Siegel entwickelt worden. Derzeit verwirrt eine Fülle von Nachhaltigkeits-Indizes mit unterschiedlichen Ansätzen den privaten Investor. Der Dow Jones

Sustainability Index (DJSI) mit derzeit weit über 300 Einträgen listet im Prinzip internationale Unternehmen aus allen Branchen auf – sofern sie in punkto Umweltschutz, Mitarbeiterführung oder Sozialstandards zu den besten zehn Prozent ihres Bereichs gehören. Da kann dann auch eine Ölfirma wie Shell auf der Empfehlungsliste landen. Im Report 2007 standen 22 Firmen aus Deutschland auf dieser Liste, von adidas bis Volkswagen. Die Automobilhersteller von BMW wurden als »Beste ihrer Klasse« eingestuft.

Der in Europa führende FTSE4Good-Index, ein Gemeinschaftsunternehmen der Londoner Börse und der »Financial Times«, schließt immerhin Rüstungs- oder Tabakkonzerne sowie Produzenten von Atomkraftwerken aus (www.ftse4good.com).

Am strengsten gebärdet sich der Naturaktien-Index, in dem nur Unternehmen verzeichnet werden, die aktiv »an der ökologisch und sozial nachhaltigen Lösung zentraler Menschheitsprobleme« mitarbeiten. Die Zeitschrift »Öko-Invest« stellt 30 besonders empfehlenswerte internationale Unternehmen zusammen (www.natur-aktien-index.de). Sie reichen (Stand: 1. Februar 2008) von der deutschen Solarworld über die japanische Fahrradschmiede shimano bis zur US-Kaffeehauskette Starbucks, die ihre Einstufung vor allem Fairtrade-Handelspraktiken und ihrem karitativen Engagement verdanken. Die ethisch engagierte Kosmetikkette Body Shop wurde nach der Übernahme durch L'Oréal aus der Liste entfernt. Anfang 2008 betrug die Marktkapitalisierung sämtlicher NSAI-Unternehmen 160 Milliarden Euro. Seit seiner Gründung hat er um 400 Prozent zugelegt.

Wer statt Aktien Staatsanleihen bevorzugt, kann sich bei der deutschen Ratingagentur oekom informieren, welches Land nach ökologischen, sozialen und ethischen Gesichtspunkten besonders gut abschneidet. Schwedische oder finnische Anleihen stehen hier besonders hoch im Kurs, aber auch die guten alten Bundesschatzbriefe aus Deutschland sind nach diesen Standards unbedenklich.

Saubere Gewinne

Der Norweger Henryk Syse ist ein Mann mit festen Prinzipien. Unternehmen, die sich am Waffenhandel oder der Produktion von Streubomben beteiligen, lehnt er ab, Kinderarbeit ebenso. Besuchern serviert er Bio-Kaffee im Recyclingbecher – fair gehandelt natürlich. Mit seinen Strickpullovern, der Lehrerbrille und der fliehenden Denkerstirn sieht der studierte Philosoph aus wie einer, der in der Greenpeace-Ortsgruppe die Geschenkkasse verwaltet. Doch Syse entscheidet über mehr als nur ein paar Euro. Als Mitglied des »Ethik-Beirats« der norwegischen Regierung bestimmt er mit, wie das Land seine fröhlich sprudelnden Milliarden aus dem Ölgeschäft politisch korrekt investieren soll. Mit weit über 200 Milliarden Euro umfasst der Pensionsfonds beinahe so viel Geld wie der gesamte deutsche Staatshaushalt.

Im Sommer 2006 sorgte Syse mit dafür, dass die Norweger für 400 Millionen Euro Aktien des US-Supermarktkonzerns Wal-Mart verkauften. Die als unethisch gebrandmarkten Geschäftspraktiken passten nicht in das Portfolio, mit denen die Norweger nicht nur viel Geld verdienen, sondern auch eine bessere Wirtschaftswelt erzwingen wollen. Dass Aktionäre Einfluss auf die Firmen nehmen, bei denen sie investieren, ist so alt wie der Kapitalismus selbst. Vergleichsweise neu ist, dass sie dabei auf die Einhaltung ethisch-ökologischer Prinzipien drängen. Kalifornische Fonds-Manager fragten unlängst bei den großen Autofirmen des Landes nach, wann die denn endlich sparsamere Autos bauen würden. Schwedische Großanleger verpflichten »ihre« Konzerne auf die Einhaltung von Sozial- und Umweltstandards. Das im Jahr 2000 gegründete »Carbon Disclosure Project« (www.cdproject.net), das Firmen konkrete Klimaschutzziele abverlangt, bevor in sie investiert wird, ist heute ein Zusammenschluss von 280 Anlegern mit einem astronomischen Gesamtvermögen in Höhe von 40 Billionen Euro.

Seit einer Bilanzrechtsreform der EU aus dem Vorjahr müssen auch DAX-Unternehmen »nicht-finanzielle Leistungsindikatoren« in ihren Geschäftsberichten darstellen. Ohne ökologisches oder gesellschaftliches Engagement wird in naher Zukunft kein Platz mehr in den wichtigsten Aktiendepots der Welt sein. 2006 veröffentlichte erstmals die Mehrheit der im Deutschen Aktienindex notierten Konzerne Umwelt- und Sozialberichte. Branchenexperten schätzen, dass ökosoziale Kriterien den Aktienkurs um bis zu zehn Prozent beeinflussen. Eine Untersuchung von 800 weltweit operierenden Unternehmen ergab, dass als besonders nachhaltig eingestufte Firmen an der Börse besser bewertet werden.

Das Zauberwort heißt CSR, »Corporate Social Responsibility«. Die soziale und ökologische Verantwortung von Firmen ist – zumindest für die Außendarstellung – zu einem wichtigen Wirtschaftsfaktor geworden. Im Prinzip bieten sich drei Felder an, auf denen die CSR-Leistungen einer Firma sichtbar werden können. Der klassische Weg sind Spenden für karitative Einrichtungen, Sponsorships oder die Unterstützung von Mitarbeitern bei der Freiwilligenarbeit. Zum zweiten spielt das Risikomanagement eine immer wichtigere Rolle. Der Grundsatz »Don't be evil« beinhaltet, dass Unternehmen es sich heutzutage kaum noch leisten können, durch Kinderarbeit oder Umwelt-

Saubere Gewinne

verschmutzung übel aufzufallen, um ihre Aktienkurse nicht zu gefährden. Risikomanagement meint also Vermeidung entsprechender Praktiken, ein gutes Kontrollsystem und – im Falle eines Falles – schnelle Reaktion. Der US-Modekonzern Gap demonstrierte im vergangenen Oktober die hohe Kunst des Krisenmanagements. Nach Berichten über Kinderarbeit bei einem seiner indischen Zulieferer kündigte Gap sofort die Verträge, half alternative Fertigungsstätten aufzubauen und unterstützte Schuleinrichtungen für die betroffenen Kinder. Das dritte wichtige Element einer breiten CSR-Strategie lässt sich unter dem Slogan »Doing well by doing good« zusammenfassen. Das bedeutet, dass Firmen an zukunftsträchtigen Produkten und Geschäftsfeldern arbeiten sollten, etwa als Textilfirma Recyclingverfahren oder Energie sparende Transportsysteme entwickeln. Natürlich darf man dabei die Poesie von Nachhaltigkeitsberichten mit der Prosa der ökonomischen Wirklichkeit verwechseln, doch der Zusammenhang zwischen guter CSR und Börsenperformance bietet durchaus überzeugende Argumente für Manager, die sich um CSR-Fragen ansonsten nicht scheren würden. Mittlerweile liegen aus 35 Jahren über 170 Studien vor, die einen positiven Zusammenhang zischen CSR und Gewinn bestätigen.

Anfang 2008 ergab eine Umfrage des britischen Wirtschaftsmagazins »Economist« unter 1192 Managern, dass über 70 Prozent von ihnen die Bedeutung einer guten CSR-Bilanz als hoch oder sehr hoch einstuften. Noch vor drei Jahren lag der Wert knapp über 30 Prozent.

Cliff Feigenbaum, der als Chefredakteur von »Green Money« ethisch-ökologisch korrekte Anlagemöglichkeiten recherchierten, hat den Bewusstseinswandel am eigenen Leib erlebt: »Als wir 1992 das Magazin gründeten und Unternehmen zu diesem Thema fragen wollten, haben die uns die gebeten, ihr

Büro zu verlassen. Heute flehen sie uns an, bei ihnen vorbeizukommen.«

Grüne Technologie

Der Amerikaner John Doerr gilt in Finanzkreisen als ein Mann mit einem begnadeten Riecher für zukünftige Megaprofite. Als der Rest der Welt amazon.com noch für ein Regenwaldtour-Unternehmen gehalten haben mag und Google für eine neue Spielzeugfirma, investierte Doerr bereits große Summen in die beiden späteren Erfolgsunternehmen der New Economy. Jetzt hat Doerr einen 100-Millionen-Dollar-Fonds für »Green Technology« aufgelegt und schwärmt von den jungen Solar-, Windkraft- oder Energieeffizienz-Unternehmen als »größter ökonomischer Chance des 21. Jahrhunderts«. John Doerr ist gemeinhin nicht leicht aus der Fassung zu bringen. Doch als der Milliardär bei einer wichtigen Konferenz von Privatanlegern, Forschern, und Zukunftsdenkern einen Vortrag zum Klimawandel hielt, versagte ihm plötzlich die Stimme. Doerr hatte ein Zukunftsszenario entwickelt und laut darüber nachgedacht, welche Welt er seiner 15jährigen Tochter einmal hinterlassen würde.

Vor allem Al Gores Film »An unconvenient Truth« hat auch unter kapitalkräftigen Anlegern echte Schockwellen ausgelöst. Spätestens seit der Hurrikan Katrina in New Orleans wütete und die apokalyptischen Vorhersagen in schreckliche Realität verwandelte, zweifelt kaum ein amerikanischer Großanleger mehr am Klimawandel und seinen möglichen Folgen. Doch in klassisch amerikanischer Manier verbindet sich die erwachte Öko-Sensibilität mit handfestem Gewinnstreben. Al Gore wurde mittlerweile von der berühmten Venture-Capital-

Firma »Kleiner Perkins Caufield & Byers« als Berater verpflichtet (seine Einnahmen spendet Gore an sein Klimaprojekt) und soll den Dollar-Jongleuren erzählen, wie sie Geld verdienen können, ohne die Erde zu zerstören. Amerikanische Venture-Kapitalisten haben im ersten Halbjahr allein zwei Milliarden Dollar in Projekte investiert, die an »sauberen« Formen der Energiegewinnung arbeiten. Sie wittern einen gigantischen Wachstumsmarkt.

Prinzipiell kann jede Biomasse – Holz, Raps, Zucker, Oliven, sogar Zitronen- oder Orangenschalen – in Heizenergie, Strom, Öl, Benzin oder Gas umgewandelt werden. Dazu kommt das große wirtschaftliche Potenzial in vormals eher exotischen Bereichen wie Wärmedämmung oder Geothermie. Von den Klassikern Wind, Wasserkraft oder Sonne ganz zu schweigen.

Die traditionellen Energiequellen Öl oder Kohle dürften nie wieder so günstig werden, dass sich der Umstieg auf erneuerbare Energien nicht lohnen würde. Im Januar 2007 forderten große amerikanische Konzerne von Pepsi bis Ford, von General Electric bis DuPont gemeinsam mit fünf Umweltschutzorganisationen ihre Regierung auf, endlich etwas gegen den Klimawandel zu tun. In ihrem Aufsehen erregenden Manifest »Call for Action« warben die Unternehmen für konkrete Klimaschutzziele und staatliche Förderung alternativer Energien. Der massive Auftritt der Großindustrie – gemeinsamer Börsenwert: 750 Milliarden Dollar – brachte den Öl-Apostel George W. Bush dazu, wenigstens ein 3-Milliarden-Dollar-Programm zur Förderung der Solarenergie aufzulegen. Das ökonomisch rasant wachsende China plant, den Anteil erneuerbarer Energien im Land bis zum Jahr 2020 auf 15 bis 20 Prozent zu steigern. In keinem anderen Land wird anteilig so viel Risikokapital in entsprechende Projekte investiert wie hier. Die EU-Kommission legte ebenfalls fest, dass der Anteil von Ökoenergie in Europa bis 2020 auf ein Fünftel steigen soll.

In vielen Bereichen erneuerbarer Energien sind deutsche Firmen dank einer großzügigen staatlichen Förderpolitik inzwischen Weltmarktführer. Klimaschutz ist ein Wettbewerbsfaktor geworden. Nach einer Studie der Unternehmensberatung Roland Berger arbeiten eine Million Deutsche mittel- oder unmittelbar im Umweltschutz: »Die Ökobranche entwickelt sich zur Leitbranche in Deutschland.« Jährlich wächst der Bereich um 18 Prozent. Und auch wir haben ein paar Milliardäre, die sich ökologisch engagieren, ohne mögliche Renditen aus den Augen zu verlieren. So hält die Familie Brenninkmeijer, der der Bekleidungskonzern C&A gehört, ein Anlageportfolio in Höhe von vier Milliarden Euro, das ausschließlich in erneuerbare Energien investiert. Es scheint, als hätten sich Kapitalismus und Ökologie zu einer leidenschaftlichen Affäre vereint. »Green«, jubelte unlängst das »Wall Street Journal«, »is the new Green«. Grün: die Farbe des Dollars.

Banken mit Mehrwert

Doch für viele, vor allem die Kunden ethisch-ökologisch orientierter Banken, stehen Profite und Renditen nicht im Vordergrund. Ein bisschen verdienen und trotzdem Gutes tun – das ist für den Hamburger Thomas Michael Ruprecht eine unwiderstehliche Mischung. Der 49-jährige Mediziner führt ein Konto bei der kleinen, feinen Ethikbank, von der schätzungsweise 98 Prozent aller Deutschen noch nie etwas gehört haben dürften. Die Ethikbank wurde 2002 als Zweigniederlassung der thüringischen Volksbank Eisenberg gegründet, nachdem die Volksbank mit ihren Förderkonten bei ihren Kunden auf großen Zuspruch gestoßen war. Dabei überwies die Bank 0,25 Prozentpunkte der Zinsgewinne auf Spendenkonten, etwa für den Ausbau eines Waisenhauses in Bulgarien. »Irgendwann haben wir uns gefragt, ob es wirklich ausreicht, nur Spenden zu sammeln, oder ob es nicht besser wäre, auch das Geld der Bank sinnvoll zu investieren«, erzählte Prokuristin Sylke Schröder der »Zeit«. Gemeinsam mit drei anderen Volksbank-Mitarbeitern hat Schröder das Ethikbank-Konzept entwickelt.

Heute bietet die Ethikbank als Direktbank ihren Privatkunden Giro-, Tages- oder Festgeldkonten, Sparbriefe und Investmentfonds, die von der auf nachhaltige Geldanlagen spezialisierten Schweizer Privatbank Sarasin entwickelt werden. Aus vier sind acht Angestellte geworden, aus 2000 Kunden 5000, die Bilanzsumme hat sich bis Ende 2005 von 23 auf über 50 Millionen Euro verdoppelt. Mit der Einrichtung so genannter Mikrokonten wendet sich die Ethikbank an Menschen, die Privatinsolvenz anmelden mussten und bei ihrer Hausbank kein Girokonto mehr eröffnen durften. »Ein Girokonto ist die Voraussetzung zur gesellschaftlichen Teilhabe«, heißt es in der entsprechenden Erklärung der Ethikbank. Etwa eine halbe Million Deutsche verfügten nach ihrer Insolvenz nicht mehr über ein Girokonto. Ideen wie die vom Mikrokonto unterstreichen das Selbstverständnis der Ethikbanker, das Sylke Schröder in einem Satz zusammenfasst: »Immer mehr Menschen haben den Kanal voll von denen, die nur auf die Gewinne schauen.« Ethikbank-Kunde Thomas Michael Ruprecht unterstützt mit einem Teil seiner Zinsgewinne den Aufbau einer Mädchenschule in Afghanistan. »Ich finde die Möglichkeit toll, zugunsten eines Spezialprojekts auf einen Teil meines Zinsgewinns zu verzichten.«

Mit einer Bilanzsumme von über einer Milliarde Euro, 136 Mitarbeitern und 56 000 Kunden (Stand: Januar 2008)

■ GELD

ist die börsennotierte Umweltbank das größte deutsche Geldhaus, das ethisch-ökologische Prinzipien mit dem Bankengeschäft verbinden will. Die Umweltbank versteht sich nach den Worten ihres Vorstands Horst P. Popp als »Förderbank für die Finanzierung von Umweltprojekten«. Wer hier sein Konto eröffnet, kann sicher sein, dass sein Geld in sinnvolle Vorhaben fließt. Den Löwenanteil der mit Umweltbankkrediten geförderten Projekte macht die Solarenergie aus, gefolgt von ökologischem Hausbau, Altbausanierung und Windkraft. Die Kunden der Nürnberger Umweltbank freuen sich über die Verbindung von Gewinn und guter Tat. Bei dem in Bochum ansässigen Geldinstitut mit dem schönen Namen Gemeinschaftsbank für Leihen und Schenken spenden viele Kunden sogar ihre gesamten Gewinne für Hilfsprojekte.

Akzentverschiebungen

So weit sind die Banken, die die Liste der größten deutschen Geldhäuser anführen, noch nicht. Gleichwohl versuchen einige Vorreiter, andere Akzente in ihrer Unternehmenspolitik zu setzen. Inzwischen gehören etwa Umweltschulungen für die Mitarbeiter zum Standard, etwas, was es noch vor sieben Jahren nicht mal für ein Drittel der Angestellten gegeben hat. Banken wie die Deutsche Bank oder die Westdeutsche Landesbank unterwerfen sich dem internationalen Zertifikat ISO 14001, mit dem sich die Unternehmen auf die Einhaltung bestimmter Umweltziele verpflichten. Die Weltbank entwickelte Standards für die Geschäftspolitik, damit es nicht weiter zur Finanzierung umweltschädlicher Industrien oder der Zwangsumsiedelung bestimmter Bevölkerungsgruppen zugunsten von Großprojekten kommt. Auch sollten Banken nur in den Ländern tätig werden, in denen die Menschenrechte geachtet werden.

Banken wie die HypoVereinsbank beziehen inzwischen Umweltrisiken neben den üblichen Haftungs- und Ausfallrisiken in ihre Kreditvergabe mit ein – die erste deutsche Bank, die sich dabei auf die Vorgaben der Weltbank verpflichtet hat. Das Münchner Geldinstitut belegt regelmäßig erste Plätze, wenn es um die Beurteilung möglichst verantwortungsbewusster und umweltschonender Geschäftspolitik geht. Projekte wie der »ImmoPass«, mit denen energiesparendes, umweltgerechtes und gesundheitsverträgliches Bauen besonders gefördert werden, oder der alle zwei Jahre veröffentlichte Nachhaltigkeitsbericht, der relativ transparent die Arbeit des Unternehmens beleuchtet, gelten als vorbildlich. Im Englischen Garten stehen sogar ein eigenes kleines Wasserkraftwerk sowie eine Solaranlage, mit der ein Teil des Energiebedarfs der HypoVereinsbank gedeckt werden soll.

Die Dresdner Bank, die früher mit Krediten für ökologisch zweifelhafte Großprojekte ins Gerede gekommen war, sucht inzwischen bei bestimmten Auslandsprojekten den Dialog mit Amnesty International. Und die Deutsche Bank hat den Aspekt Umweltverträglichkeit bei der Kreditvergabe zur Vorstandsaufgabe erklärt. Doch anders als die vergleichsweise winzigen ethisch-ökologischen Banken, die ihre Mitarbeiterzahlen Jahr für Jahr erhöhen, versuchen die meisten Großbanken mit immer weniger Angestellten immer höhere Renditen zu erzielen. Wer sich als Bankkunde nicht damit trösten mag, dass die Entlassungspapiere für die Menschen hinter dem Schalter immerhin auf Recycling-Papier geschrieben werden, sollte sich daher nach Alternativen zu seinen Finanzdienstleistern umsehen.

■ GELD

Geld verpflichtet (sich)

1992 unterzeichneten verschiedene Finanzdienstleister, darunter die Deutsche und die Dresdner Bank, gemeinsam mit der Umweltorganisation der Vereinten Nationen die so genannte UNEP-Erklärung, in der sie sich »im Rahmen der Marktmechanismen« verpflichteten, bestimmte Kriterien im Umweltbereich zu berücksichtigen (www.unepfi.org).

Die – ebenfalls freiwilligen, 2003 verabschiedeten – Leitlinien der »Equator Principles«, die auf den Standards der Weltbank basieren, gehen über das Bekenntnis zum Umweltschutz hinaus. Hier werden auch die Verpflichtung zu sozialer Verantwortung, Menschenrechtsfragen und Entwicklungshilfe mit einbezogen (www.ifc.org). Die »Equator Principles« gelten mittlerweile weltweit als Standard für die Projektfinanzierung. Aus Deutschland haben sich die Deutsche Bank und die Dresdner Bank, die West LB und die HypoVereinsbank den »Prinzipien« angeschlossen.

Für die Wahrung von Umweltstandards hat die International Organisation for Standardization (ISO), eine Art Welt-DIN, bestimmte Normen entwickelt. Die großen deutschen Banken lassen sich ihr Umweltmanagement nach dem ISO-Standard 14001 zertifizieren, der die Einhaltung gesetzlicher Forderungen sowie selbst gesetzter Umweltziele kontrolliert.

Als Diskussionsforum zum Thema Umweltmanagement haben deutsche Banken, Sparkassen und Versicherungen 1994 den Verein für Umweltmanagement (VfU) ins Leben gerufen (www.vfu.de). Er organisiert Expertenkreise und die Öffentlichkeitsarbeit. Kernthemen sind:

- die steigende Nachfrage nach nachhaltigen Anlageprodukten
- die Nutzung von Wachstumschancen in den Bereichen erneuerbare Energien, Wasser, Umwelttechnologie und im Emissionshandel
- der Umgang mit Umweltrisiken als Kreditrisiken
- die kritische Hinterfragung von ökologischen und sozialen Aspekten bei Finanzierungen durch die Öffentlichkeit
- der Beitrag der Betriebsökologie zur Kostensenkung

Mitglieder sind die Allianz Versicherung, die Schweizer USB, die Bayerische Landesbank, Deutsche Bank, HypoVereinsbank, Commerzbank, die Westdeutsche Landesbank, Postbank, die Landesbank Baden-Württemberg sowie die Wissenschaftsförderung der Sparkassen Finanzgruppe e.V.

Banken und Versicherungen als Klimaschützer

Mit ihren Bekenntnissen zu Moral und nachhaltiger Wirtschaft bewegen sich die großen deutschen Geldinstitute an der Grenze zwischen Gutmenschen-Marketing und durchdachter Strategie. In einer Erklärung der Deutschen Bank heißt es ebenso sperrig wie ehrlich: »Nachhaltiges Handeln hat nichts mit Altruismus zu tun. Nachhaltiges Handeln ist eine geschäftspolitische Notwendigkeit, die Mehrwert generiert. Nachhaltiges Handeln liefert wichtige Potenziale, um Reputations-, Markt- und Finanzrisiken sowie operationale Risiken zu minimieren.« Norbert Walter, der Chefvolkswirt der Deutschen Bank, erklärt dazu in einem Interview: »Wer einem Unternehmen Geld leiht, das langfristig die Umwelt zerstört oder das seine Kunden beleidigt, wird keinen Erfolg haben. Solche Firmen werden ihre Schulden nicht bedienen können. Und das Geldinstitut geriete in Schwierigkeiten. Das muss von vornherein berücksichtigt werden.«

Kein Wunder, dass sich zunehmend langfristig orientierte institutionelle Anleger wie Versicherungskonzerne bei ihren Investitionen an diesen Grundsätzen ausrichten. So plant die Allianz-Gruppe binnen fünf Jahren die Investitionen in erneuerbare Energien um 300 bis 500 Millionen Euro zu steigern. Die Münchener Rück engagiert sich im »Carbon Disclosure Project«, in dem verschiedene institutionelle Anleger versuchen, über den Kapitalmarkt Druck auf die größten CO_2-Ausstoßer auszuüben. Hinter der grünen Einfärbung der beiden großen deutschen Versicherungstanker stecken ökologische Einsicht und geschäftliches Kalkül. Immerhin 40 Prozent der ausbezahlten Versicherungssummen bei Industriekunden sind auf Naturkatastrophen zurückzuführen, Katastrophen, die nach Meinung vieler Fachleute nur die Vorboten eines dramatischen Klimawandels sind. Die Versicherungskonzerne versuchen mit ihrer Strategie, heute an den Ursachen des Klimawandels anzusetzen, damit sie morgen und übermorgen nicht mehr so viel zahlen müssen.

Dem kleinen Privatkunden, der nicht über die Milliarden der Allianz AG oder eines Bill Gates verfügt, bieten sich grundsätzlich zwei Strategien, der Sehnsucht nach einer besseren Welt mit seiner ganz privaten Finanzpolitik Genüge zu tun. Er kann sein Geld ausschließlich bei Banken oder in Fonds anlegen, die ökologisch und sozial verantwortliche Unternehmen fördern. Oder er kann sich, wenn ihm dabei wohler ist, an den Vorreitern der traditionellen Branchen orientieren.

Es geht natürlich auch ganz anders. Wer trotz aller Investitionen in politisch korrekte, moralisch und ökologisch einwandfreie Unternehmen im tiefsten Herzen weiter an die Schlechtigkeit der Welt glaubt – und noch ein paar Euro übrig hat –, auf den wartet in Amerika das passende Angebot. Seit einiger Zeit operieren dort so genannte »Sündenfonds«, die ausschließlich in Spielcasinos, Schnapsfabriken, Waffenschmieden, Pornografie oder Tabakkonzerne investieren. Der erfolgreichste von ihnen, der »Vice Funds«, hat im vergangenen Jahr erstmals den Durchschnittsgewinn aller US-Aktien übertrumpft.

SERVICETEIL

Ehrliche Banken

Einige kleine deutsche Banken versuchen ethisch-ökologische Prinzipien und Geldgeschäft miteinander zu verbinden. Die meisten von ihnen sind Direktbanken, das heißt, sie verfügen über kein Filialnetz. Sie bieten gleichwohl die klassischen Angebote für Privatkunden – vom Girokonto über spezielle Wertpapiere bis zum Online-Banking. Man kann bei ihnen mit einem Teil seiner Zinsgewinne besondere Projekte unterstützen oder in ausgewählte ethisch-ökologische Geldanlagen investieren. Dabei werden Umwelt- oder Frauensparbriefe ebenso angeboten wie Fonds für Bio-Landwirtschaft. Doch der Weg zu einem starken, ethisch-ökologisch orientierten Zweig der deutschen Bankwirtschaft ist noch weit. Gemeinsam kamen GLS Bank, Umweltbank und Ethikbank im Jahr 2005 auf eine Bilanzsumme von rund zwei Milliarden Euro. Das gesamte Bankgewerbe in der Bundesrepublik verwaltet knapp sieben Billionen.

Ethikbank *www.ethikbank.de*

Zweigniederlassung der Volksbank Eisenberg eG
Martin-Luther-Straße 2
07607 Eisenberg
Telefon: 036691/862345

Bilanzsumme: 50 Mio. Euro
Acht Mitarbeiter betreuen 5000 Kunden.
Besondere Aktivitäten: Unterstützt mittelständische Unternehmen, die mit dem Öko-Siegel ausgezeichnet werden. Ausge-

schlossen Rüstung, Atomkraft, Gentechnik. Die Kunden können bei ihren Förderkonten bestimmen, für welchen Zweck ein Teil ihrer Zinsen gespendet wird.

Transparenz: Vollständige Informationen über alle geförderten Projekte auf der Website.

Wissenswert: Ist der Sicherungseinrichtung des Bundesverbandes der Deutschen Volksbanken und Raiffeisenbanken (BVR) angeschlossen.

Wort zum Sonntag: »Immer mehr Menschen haben den Kanal voll von denen, die nur auf die Gewinne schauen.« Sylke Schröder, Mit-Gründerin

GLS Gemeinschaftsbank www.gls.de
Oskar-Hoffmann-Staße 25
44789 Bochum
Telefon: 0234/5797-111

Bilanzsumme: 1,014 Mrd. Euro (Stand: 31.12.2007)
194 Mitarbeiter betreuen 55 000 Kunden.

Besondere Aktivitäten: Übernahm 2003 die Reste der zusammengebrochenen Ökobank. GLS steht für »Gemeinschaftsbank für Leihen und Schenken«. Im anthroposophischen Denken verwurzelt. Fördert besonders ökologischen Landbau und regenerative Energien. Alternative Wohnprojekte, nachhaltige Baufinanzierung. Ein Fünftel der Kunden lässt sich seine Gewinne nicht auszahlen, sondern lässt damit soziale und ökologische Projekte unterstützen. Filialen in Bochum, Hamburg, Stuttgart, Frankfurt, Freiburg. Die Generalversammlungen finden regelmäßig im Bochumer Schauspielhaus statt. Dabei wird schon mal frisch geerntetes Gemüse eines GLS-finanzierten Demeter-Hofes präsentiert oder Fotos von einer Theateraufführung einer Waldorfschule gezeigt.

Transparenz: Veröffentlicht in der eigenen Zeitung »Bankspiegel« eine Liste aller vergebenen Kredite.

Wissenswert: Landete im Rating der internationalen Rating-Agentur Fitch zur Einschätzung der Kreditqualität noch vor der Dresdner Bank und der Commerzbank. Ab einer Einlage von 100 Euro kann man Mitglied in dieser Genossenschaftsbank werden. Mitglied im Einlagensicherungsfonds der Volks- und Raiffeisenbanken.

Wort zum Sonntag: »Bei uns steht der Sinn vor dem Gewinn.« Vorstandssprecher Thomas Jorberg

Steyler Bank *www.steyler-bank.de*

Arnold-Janssen-Straße 22
53757 Sankt Augustin
Telefon: 02241/237-337

Bilanzsumme: 221 Mio. Euro (Geschäftsjahr 2006)
Mehr als 30 Mitarbeiter betreuen 16 739 Kunden.

Besondere Aktivitäten: Die Bank wurde 1964 von Steyler Missionaren in Sankt Augustin bei Bonn gegründet und bietet heute die gesamte Bandbreite einer modernen Privatbank: von Girokonto, Internetbanking und Wertpapieren bis hin zur umfassenden Vermögensberatung. Bankgewinne und Kundenzinsgewinne werden an katholische Missionswerke und Hilfsprojekte in aller Welt gespendet; 2004 waren das fast drei Millionen Euro.

Transparenz: Bei einem Sparbrief in Höhe von 10 000 Euro können Kunden beispielsweise wählen, ob die Hälfte ihres garantierten jährlichen Gewinns in Höhe von 280 Euro als Schulpatenschaft vergeben werden soll, einem Kind ein halbes Jahr lang das Essen oder das Monatsgehalt einer Arzthelferin finanzieren soll oder ob man dafür 50 Bibeln kauft. Eine Filiale in Sankt Augustin bei Bonn.

Wissenswert: Mitglied im Einlagensicherungsfonds deutscher Banken.

Wort zum Sonntag: »In einer Welt, in der vieles nicht so läuft, wie es sollte, in der Bilder der Verwüstung, des Kriegs und der Katastrophen den Himmel verdunkeln, dürfen wir als Bank dank Ihrer Hilfe ein kleines Licht der Hoffnung auf eine gute Zukunft entzünden.« Norbert Wolf, Jürgen Knieps, Geschäftsführer

Umweltbank *www.umweltbank.de*

Laufertorgraben 6
90489 Nürnberg
Telefon: 0911/53 08-123

Bilanzsumme: 899 Mio. Euro (Stand: Juni 2007)
Mitarbeiter: 136 Mitarbeiter betreuen 56 000 Kunden.
Besondere Aktivitäten: 1997 gegründet, seit 2001 börsennotiert. Finanziert und fördert beinahe 5000 ökologische Projekte aus den Bereichen regenerative Energien, umweltgerechtes Bauen, ökologische Landwirtschaft, Schadstoffverminderung, Energiesparmaßnahmen, spezialisiert auf Solarprojekte. Mit den Einlagen der Kunden finanziert die Bank ausschließlich ökologische Projekte, ein Versprechen, das von einem unabhängigen Umweltrat überwacht wird. Bietet kein Girokonto an, dafür ist das – allerdings auf sehr wenige Aktien beschränkte – Wertpapierdepot gebührenfrei.
Transparenz: Informationen über die Geschäftspolitik in der vierteljährlich erscheinenden Zeitschrift »Bank & Umwelt«.
Wissenswert: Dank der von der Umweltbank geförderten Pro-

jekte wurden 2006 1,3 Millionen Tonnen CO_2 eingespart. Für jeden Neukunden lässt die Umweltbank in Borneo, Indonesien, einen Baum zum Schutz des Regenwaldes pflanzen.

Wort zum Sonntag: »Unser Ziel ist es, nachhaltiges Wirtschaften zu fördern und so eine lebenswerte Zukunft für die Menschen von heute und morgen mitzugestalten.« Horst P. Popp, Umweltbank-Vorstand

Literatur und Links rund ums Geld

Bücher und Zeitschriften

▶ Max Deml/Hanne May: Grünes Geld. Jahrbuch für ethisch-ökologische Geldanlagen 2005/2006. Balance Verlag 2005, 19,90 Euro
Unverzichtbares Standardwerk für Einsteiger, dessen erste Ausgabe vor 15 Jahren erschien. Das Buch stellt sämtliche Formen »grüner« Anlagemöglichkeiten vor – von Aktien über Öko-Immobilien bis Lebensversicherungen. Darüber hinaus werden zahlreiche Info-Tipps nicht nur aufgelistet, sondern auch kritisch bewertet. Es wird Zeit für eine Neuauflage!

▶ Martin Gerth: Die Geldverbesserer, Finanzbuchverlag 2007, 220 Seiten, 19,90 Euro
Kompakter, nicht unkritischer Überblick über den Markt mit nachhaltigen und grünen Geldanlagen. Kundig und lesbar zusammengeschrieben von einem Redakteur der »Wirtschaftswoche«. Viele konkrete Tipps.

▶ Wolfgang Kessler und Antje Schneeweiß (Hg.): Geld und Gewissen. Tue Gutes und verdiene daran. Publik Forum Verlagsgesellschaft 2004, 192 Seiten, 12,90 Euro
Informative Sammlung von Aufsätzen und Interviews zum Thema. Einen Schwerpunkt bietet die Darstellung ethischer Geldanlage aus christlicher Sicht.

▶ Der Fonds *www.derfonds.de*
Fachzeitschrift für Kapitalanlagen. 2006 erschien eine ausgezeichnete fünfteilige Serie zum Thema »Grünes Geld«.

▶ ECOreporter *www.ecoreporter.de*
Internet-Ausgabe der Fachzeitschrift ECOreporter. Alles, was man zum Thema nachhaltige Geldanlage wissen muss, findet man hier. News, Tests, Unternehmensporträts. Die wichtigsten Informationen sind Abonnenten vorbehalten. Der Online-Zugang kostet 94,80 Euro im Jahr. Das Heft, das einmal jährlich eine Zusammenfassung der wichtigsten Themen und Anlagetrends bietet, 4,20 Euro.

Ausgewählte Links

www.anlageschutzarchiv.de

Schwarze Schafe gibt es überall. Diese Website, ein Projekt der Schutzgemeinschaft der Kapitalanleger e.V., sollte man durchchecken, bevor man seine Ersparnisse in windige Fonds steckt.

www.banktrack.org

Alles, was Sie schon immer über Banken und Finanzdienstleister wissen wollten – die Ihnen aber lieber verheimlichen würden. BankTrack ist eine Plattform diverser internationaler Nicht-Regierungsorganisationen, die die Schattenseiten des Geldgeschäfts untersuchen.

www.greenmoneyjournal.com

Website der amerikanischen Fachzeitschrift »Green Money«. Naturgemäß auf den US-Markt ausgerichtet, aber mit vielen auch für Deutsche interessanten Nachrichten und Informationen zum Thema Ökologie und Kapital.

www.greenvalue.de

Informationsportal für Beteiligungsmöglichkeiten im Bereich erneuerbare Energien. Hilfreiches Glossar.

www.imug.de

Überblick über die Arbeit einer der wichtigsten deutschen Rating-Agenturen. Das 1992 gegründete Institut für Markt – Umwelt – Gesellschaft analysiert Unternehmen nach ethisch-ökologischen Kriterien.

www.kritischeaktionaere.de

Website der Kritischen Aktionäre, die seit über 20 Jahren auf den Hauptversammlungen der großen deutschen Konzerne auftreten und sich für Umweltschutz und soziale Gerechtigkeit in der Geschäftspolitik einsetzen. Interessant zum Einstieg, viele Informationen über die aufgelisteten Firmen sind allerdings bereits veraltet.

www.nachhaltiges-investment.org

Ausgesprochen informative Website vom Institut für Ökologie und Unternehmensführung an der European Business School e.V. Überblick über die wichtigsten Unternehmen, Fonds und Indizes, umfangreiches Glossar und Links.

www.oekom-research.de

Deutsche Rating-Agentur, die über 1000 Unternehmen nach ethisch-ökologischen Kriterien analysiert hat. Testet in so genannten »Country Rankings« auch Staatsanleihen.

www.umweltfinanz.de

Die Umweltfinanz AG ist einer der ältesten Finanzdienstleister im Bereich ethisch-ökologischer Geldanlagen. Ihre informative Website präsentiert Fakten zu den Themen Aktien, Investmentfonds, Kommanditbeteiligungen oder Versicherungen. Guter News-Service.

ANHANG

Literatur und Links rund ums Shopping

Bücher

In den vergangenen Jahren ist eine wahre Flut von Büchern zum Thema bewusster Konsum und Lifestyle erschienen. Die folgende Liste kann daher nur eine rein subjektive Auswahl sein.

- Patricia Aburdene: Megatrends 2010. The Rise of Consciuos Capitalism. HamptonRoads 2005, 218 Seiten, 18,99 Euro
Ihr 1990 erschienener Bestseller Megatrends 2000 sagte den Siegeszug des Computer- und Internet-Zeitalters voraus. Jetzt besingt die amerikanische Ökonomin den spirituellen Wandel des Kapitalismus. An vielen Beispielen zeigt sie auf, dass umweltbewussten und sozial verantwortlichen Unternehmen die Zukunft gehört. Nicht zuletzt, weil wir, die Verbraucher, das wollen.

- Tanja Busse: Die Einkaufsrevolution. Heyne 2008, 320 Seiten, 8,95 Euro
Einkaufen ist kein Privatvergnügen, diagnostiziert die Journalistin Tanja Busse. Sie beschreibt das Unbehagen an einem

Konsum, der Menschen und Umwelt zerstört, anhand zahlreicher, gründlich recherchierter Beispiele.

▶ Brangien Davis/Katharine Wroth: Wake up and smell the planet. Mountaineers Books 2007, 175 Seiten, 10,99 Euro
Die Macher der lustigen Green-Lifestyle-Website grist.org führen uns mit viel Humor und Fakten durch einen komplett klimabewussten, ethisch perfekten Tag. Den wir wahrscheinlich nie schaffen werden.

▶ Josh Dorfman: The Lazy Environmentalist. Your Guide to Easy, Stylish, Green Living. Stewart, Tabori & Chang 2007, 271 Seiten, 10,99 Euro
Der New Yorker Josh Dorfman ist der Gastgeber einer amüsanten Radio-Show, die amerikanische Hörer mit stilvollen ethisch-ökologischen Konsumalternativen und vielen Tipps versorgt. Das übersichtlich nach Branchen geordnete Buch ist auch für Deutsche eine Fundgrube.

▶ Alastair Fuad-Luke: Eco-Design: The Sourcebook. Chronicle Books 2006, 352 Seiten, 25,99 Euro
Es gibt Bücher, die machen einen wütend. Man blättert und blättert dieses wunderschön gestaltete Handbuch mit gefühlten zwei Millionen Design-Beispielen aus allen Bereichen des Lebens und fragt sich, warum das so lange dauert, bis sich die Eco-Design-Revolution endlich auf breiter Ebene durchsetzt. Geht doch alles!

▶ Al Gore: Eine unbequeme Wahrheit, Riemann 2007, 328 Seiten, 19,95 Euro
Das Buch zum Film. Essentiell.

- Rainer Grießhammer: Der Klima-Knigge, Booklett 2007, 192 Seiten, 16,90 Euro
  Aus der Unzahl von Büchern, die zum Thema »Der Klimawandel und ich« erschienen sind, ragt dieser schmale Band heraus. Der freundliche Herr Grießhammer vom Freiburger Öko-Institut hat ein leicht verständliches, vielleicht etwas zu zahlenseliges Handbuch geschrieben, das in jeden Klimaschutz-Haushalt gehört.

- Julia Hailes: The New Green Consumer Guide, Simon + Schuster 2007, 256 Seiten, 20,99 Euro
  Schulmäßig übersichtlicher Guide zu allen Aspekten des grünen Lebens. Die Links sind auf den britischen Leser abgestimmt, aber viele Informationen sind auch für uns interessant.

- Joseph Heath/Andrew Potter: Konsumrebellen. Der Mythos der Gegenkultur. Rogner & Bernhard 2005, 432 Seiten, 19,90 Euro
  Intelligente Essays über die Geschichte der Gegenkultur. Die Revolte gegen den Konsum ist selbst zu einer vermarktbaren Attitüde geworden, behaupten die Autoren.
  Zitat: »Wir sollten den Markt vervollkommnen und nicht abschaffen. Alle Firmen müssten bei jeder getroffenen Entscheidung die vollen gesellschaftlichen Kosten in Rechnung stellen.«

- Leo Hickman: Fast nackt. Mein abenteuerlicher Versuch, ethisch korrekt zu leben. Piper 2008, 320 Seiten, 8,95 Euro
  Haben Sie schon mal einen Komposthaufen angelegt? Ihren persönlichen Beitrag zum Klimawandel ausgerechnet? Versucht, nur noch regionale, biologisch angebaute Produkte zu

essen? Leo Hickman, Journalist bei der britischen Zeitung »Guardian«, beschließt, konsequent ethisch und ökologisch korrekt zu leben. Doch das moralische Leben ist ein Minenfeld: Die falschen Putzmittel, die schlechten Gewohnheiten – die Umstellung hat ihre Tücken. Es dauert nicht lange, und die Familie droht mit Scheidung. Lustig und lehrreich.

▶ Naomi Klein: No Logo. Goldmann Verlag 2005, 534 Seiten, 10 Euro
Ein moderner Klassiker über die Folgen von Markenmacht und Globalisierung. Mit ihrem souverän geschriebenen Lang-Essay hat die Kanadierin Hunderttausende dazu gebracht, über ihren Konsum nachzudenken.

▶ Stefan Kuzmany: Gute Marken, schlechte Marken. Fischer 2007, 192 Seiten, 8 Euro
Taz-Redakteur Kuzmany wollte es ganz genau wissen und reiste der Herkunft ausgewählter Produkte hinterher. Eine informative, sehr persönliche Auseinandersetzung mit leichtem Hang zur Schmunzelprosa.

▶ Fritz Lietsch (Hg.): ECO World, das alternative Branchenbuch 2008/2009. ECO-World by Altop 2008/2009, 320 Seiten, 5 Euro
Der Klassiker. Eine Art »Grüne Seiten« für ganz Deutschland. Jede noch so kleine Firma, die sich in der alternativen Wirtschaft oder der esoterischen Dienstleistung tummelt, findet man hier nach Branchen sortiert. Die Adressen und Tipps werden durch kurze Unternehmensporträts angereichert. In einem 96 Seiten starken Extrateil präsentieren große Unternehmen von Bayer über KarstadtQuelle bis zu Weleda, was sie für die Nachhaltigkeit tun. Auch über: www.

Literatur und Links rund ums Shopping

eco-world.de. Unter www. eco-news.de gibt es einen sehr interessanten News-Service des Verlags.

▶ Duncan McCorquodale (Hg): Recycle. The Essential Guide. Black Dog Publishing 2006, 256 Seiten, 29,99 Euro
Die Zukunft gehört Produktionskreisläufen, die wiederverwerten statt zu verbrauchen. Dieses grundseriöse Handbuch bietet einen kompletten Überblick über Recycling-Konzepte und Aktivitäten in aller Welt. Wissenschaft, Fakten, Fallstudien und Propaganda. Landet garantiert nie im Altpapier.

▶ Charlotte Mulvey: The Good Shopping Guide. Ethical Marketing Group 2007, 370 Seiten, 21,99 Euro
Nach Unternehmen/Branchen eingeteilter britischer Einkaufsführer, der die ökologische und ethische Performance der Firmen untersucht. Gute Orientierung, da viele der Marken auch in Deutschland erhältlich sind. Sehr strenge Kriterien.

▶ Alexander Meschnig/Mathias Stuhr: Wunschlos unglücklich. Alles über Konsum. Europäische Verlagsanstalt 2005, 197 Seiten, 19,90 Euro
Theorie über die Veränderung des Konsums von der Erfüllung bloßer Lebensnotwendigkeiten zur Sinngebungsmaschine. Der »moralische Konsum« ist nach Ansicht der Autoren eine »Geschäftsidee mit großer Zukunft«. Zitat: »Die Konsumangebote stehen immer mehr für Erlebnisse, Werte, Sinnangebote und Ideen, die beim Käufer eine Veränderung hervorbringen sollen. Die Wirtschaft wird dabei zur Publizistik, der Produzent zum Geschichtenerzähler.«

▶ Bernhard Pötter: König Kunde ruiniert sein Land. Oekom Verlag 2006, 156 Seiten, 14,80 Euro

Wir sind schuld. Weil wir alles billig und schnell haben wollen, machen die Unternehmen einfach so weiter wie immer. Verseuchen die Umwelt, beuten Menschen aus, verschleudern Ressourcen. Nein, um Konsumfreude geht es hier nicht. Viele Fakten werden in diesem lesenswerten Buch zusammengetragen, der unbekannte Verbraucher erscheint in etwas deutlicheren Konturen. Doch Pötters »Konsumrevolution«, die er ausruft, offenbart ein Dilemma. Denn eigentlich plädiert Plötter für Konsumverzicht.

▶ Andreas Schlumberger: 50 einfache Dinge, die Sie tun können, um die Welt zu retten. Und wie Sie dabei Geld sparen. Heyne 2006, 165 Seiten, 5,95 Euro
Der Titel klingt ein wenig nach Eier legender Wollmilchsau, aber Schlumberger hat eine Art ethisch-ökologischen Lebensführer entworfen. Der Aha-Effekt bei der Lektüre schlägt allerdings bald in ein »Oje« um. Sind wir wirklich so schlecht?

▶ Alex Steffen (Hg): World Changing. A User's Guide For The 21st Century. Abrams Books 2008, 600 Seiten, 15,99 Euro
Dieses von Design-Guru Stefan Sagmeister elegant gestaltetes Kompendium lässt keine Fragen offen. Von Solarmobil bis Slow-Food, von Microfinance bis grünen Wohnungsbau werden zahllose Möglichkeiten vorgestellt, die Welt zu einem besseren Ort zu machen. Einziges Problem: Beim Durchblättern kommt man sich richtig faul vor.
www.worldchangingguide.com

▶ Peter Unfried: Öko. Warum es Spaß macht, die Welt zu retten. Dumont 2008, 200 Seiten, 14,90 Euro
Ein ehemaliger »lebensfroher Hedonist« ökologisiert sein Leben. Zum Nachmachen und Mitlachen.

- Klaus Werner/Hans Weiss: Das neue Schwarzbuch Markenfirmen. Ullstein Verlag 2006, 416 Seiten, 9,95 Euro
Die »Machenschaften der Weltkonzerne« wollen Werner und Weiss aufdecken und finden einige gute, zum Teil längst bekannte Beispiele. Den zarten Bewusstseinswandel, den es bei einigen Konzernen mittlerweile gibt, ignorieren sie. Oder sie trauen ihm nicht.

Webseiten und Zeitschriften

Ecogeek *www.ecogeek.org*

Essentielle News-Seite für Öko-Tüftler und grüne Technik-Freaks. Erfindungen, Produkte, Prototypen: Vom Öko-Pissoir (doch, das gibt es) bis zum Elektroauto. Sollte mal ein Flugzeug erfunden werden, das mit dem Dampf von Kinderwindeln angetrieben wird, lesen Sie es hier zuerst.

Ecologist *www.theecologist.org*

Die britische Ökozeitschrift zählt auch den Führer der Konservativen, David Cameron, zu ihren Stammlesern. Guter, reichhaltiger Webauftritt.

Ecorazzi *www.ecorazzi.com*

Das musste ja kommen: Eine eigene Site für grünen Klatsch. Kein Wunder, wenn die Glamourstars alle zu Ökos werden...

■ ANHANG

Ethical Consumer *www.ethicalconsumer.org*

Website des britischen »New Consumer«-Konkurrenten »Ethical Consumer«, herausgegeben von der gleichnamigen unabhängigen Verbraucherorganisation. Vor allem Produkttests, die über www.ethicscore.org einsehbar sind. Strenge ethische Kriterien.

factorY *www.factory-magazin.de*

Das »Magazin für nachhaltiges Wirtschaften« wird von der Unternehmerinitiative »future e.V.« herausgegeben. Ein Streifzug durch die Ideen-Welt. Wer sich vor Worten wie »Produkt-Optimierung« nicht fürchtet, kann viel darüber lernen, wie nachhaltig Unternehmen in Deutschland wirtschaften könnten – wenn sie es denn wollten. 4,60 Euro, Bestellung online.

Forum Nachhaltig Wirtschaften *www.forum-csr.net*

Vierteljährlich erscheinende Themenhefte, die das Hohelied verantwortungsbewusster Unternehmer singen. Es geht um Mobilität, Klimawandel oder Mitarbeiterführung, aber immer um die ethisch-ökologische Herausforderung als Chance. Inhaltlich stets interessant, doch bei einem Preis von 10 Euro dürfte man vom Layout etwas weniger Unübersichtliches und Altbackenes verlangen...

Green Guide *www.thegreenguide.com*

News, Produkte, Lebenshilfe. Die Website des »National Geographic«-Ablegers bietet die bewährte Qualität des Mutterblattes.

Greenpeace Magazin *www.greenpeace-magazin.de*

Klassiker. Die ausgesprochen gut gestaltete und journalistisch anspruchsvolle Zeitschrift leidet am Kiosk unter dem Old-School-Ruf der Mutterorganisation. Und der zeitweilige Verkauf des Heftes bei Lidl war vielleicht keine so gute Idee. Aber auch diejenigen, die Greenpeace für spießig oder engstirnig halten, sollten den regelmäßigen Blick in das Zweimonatsheft wagen. 4,90 Euro.

Ivy *www.ivyworld.de*

Da ich dort mitarbeite, bin ich befangen. Wer über grüne Stars, Öko-Dessous oder Elektrosportwagen lesen will, ist hier bestens aufgehoben. Es gibt auch Interviews mit Ökoaktivisten und schlauen Wissenschaftlern. Dazu viel konkrete Lebens- und Einkaufshilfe. Bei Redaktionsschluss war noch nicht klar, ob aus der Testausgabe mehr wird. Der Webauftritt sollte aber definitiv bleiben.

LOHAS Lifestyle *www.lohas.de*

Mit Riesenengagement und viel Sachkenntnis hat der Münchener Peter Parwan die erste deutsche Lohas-Seite aufgebaut. Unentbehrliche Nachrichten- und Informationsbörse mit einem Produkt-Guide im Aufbau.

neue energie *www.neueenergie.net*

Das Magazin ist ein Stück Zukunft. Alles rund um erneuerbare Energien wird interessant aufbereitet, und man staunt, was alles heute schon möglich ist. Für den Verbraucher bieten sich wertvolle Anhaltspunkte darüber, welche Unternehmen sich besonders für die fällige Energiewende engagieren. Am Kiosk, 6,50 Euro.

New Consumer *www.newconsumer.org*

Sehr schön gemachtes britisches Verbrauchermagazin »für Fair Trade & Ethical Lifestyle«. Informative Storys, gute News, auch aus den Bereichen Mode und Design. Interviews mit engagierten Prominenten. Link zum New-Consumer-Online-Shop, der auch nach Deutschland liefert.

PLENTY *www.plentymag.com*

Amerikanisches Öko-Lifestylemagazin.

Treehugger *www.treehugger.com*

Die größte »Green Lifestyle«-Site im Internet. News, Tipps, Service. Öko-Möbel oder -Mode, Klimaschutz-Kampagnen, kleine Filme, neue Produkte, wunderbare Blogs von Menschen, die versuchen, Umwelt- und Stilbewusstsein zusammenzubringen. Super Layout. Eine Fundgrube. Das jüngste Feature heißt »Hugg«, eine User-orientierte News-Seite, für die jeder spannende Beiträge einstellen kann. 2007 vom Discovery Channel für einen zweistelligen Millionenbetrag übernommen.

Umweltjournal *www.umweltjournal.de*

Von einer »Fachagentur für Ökomarketing und neue Medien« herausgegebenes Online-Journal mit vielen aktuellen und verbraucherrelevanten News aus allen Bereichen. Von Umwelt bis

Technik, von Landwirtschaft bis Kosmetik, von Wohnen bis Finanzen.

Utopia *www.utopia.de*

Auch hier bin ich etwas befangen, weil ich da in der Frühphase mal mitgemischt habe. Trotzdem: Eine sympathische Mischung aus Community und Aufklärung für »strategischen Konsum«. Oder auch: Shopping hilft die Welt verbessern... Neben einer großen Datenbank zum ethisch-ökologisch korrekten Konsum, bietet utopia Lebenshilfe für Klimaschützer. Gut gemachte Seite, auf der man viele interessante Leute treffen kann. Dank der gezeigten Utopisten-Porträts besteht Potenzial zur grünen Dating-Börse.

Verdant *www.verdantmag.com*

Leicht abgehobene Öko-Lifestyle-Zeitschrift für Design-Freaks.

Blogs

Mittlerweile hat sich in Deutschland eine hochsympathische Blogger-Szene etabliert. Viele rührige Menschen, die jede/r für sich ein eigenes Kapitel wert wären. Weil dafür der Platz nicht reichen würde, begnüge ich mich mit einem programmatischen Zitat aus der jeweiligen Selbstdarstellung.

Alles, was gerecht ist *www.alles-was-gerecht-ist.de*

»Soziale Gerechtigkeit, Umweltschutz und deren Nachhaltigkeit. Interessante Ideen & Projekte«

Handelsblatt Klima-Blog *http://bergius.blogg.de*

»(Die ultrakompetente »Handelsblatt-Redakteurin«) Susanne Bergius über Wirtschaft und Klimawandel.«

Karmakonsum *http://karmakonsum.de*

»Do Good With Your Money.«

Konsumblog *http://konsumblog.de*

»Konsumblog, weil die Welt nicht besser wird und Information und Wissen wichtiger sind denn je.«

Konsumfreiheit *http://konsumfreiheit.wordpress.com*

»Wir tragen keinen Jutebeutel zum Einkaufen und die meisten Menschen würden uns nicht als ›Öko's‹ auf der Straße bezeichnen. Wieso wir heute anders denken als vorher und wie unsere eigene Reise zur finanziellen Unabhängigkeit verläuft, dass können Sie hier lesen!«

Konsumguerilla *http://konsumguerrilla.net*

»Und so möchte ich euch den Weg zu einem ethischen Lebensstil ein klitzekleines bisschen erleichtern, in dem ich hier meine Fundstücke der ethisch korrekten Alternativen anpreise.«

Lohas-Blog *http://lohas-blog.de*

»Gesammelte Beobachtungen zum Wertewandel.«

Lohas Lifestyle *http://lohaslifestyle.blogspot.com*

»About: Healthy People, Healthy Planet, Healthy Profits.«

Nachhaltig beobachtet *http://nachhaltigbeobachtet.ch*

»Interessieren Dich das A-Bulletin, Laufenten, LOVOS und LOHAS, Erdhäuser, Permakultur, Eigenbau? Oder willst Du wissen, wie man aussteigt, was eine Kartoffel mit Wald zu tun hat oder was Du bezüglich Klimawandel glauben darfst? Dann solltest Du weiterlesen.«

Vitalgenuss *www.vital-genuss.de*

»Hier kommen die Themen Ökologie, Gesundheit, Wellness, Vitalität und Genuss zu Wort. Sie sind aus unserer Sicht wichtig, wenn es darum geht, sich pudelwohl zu fühlen.«

Sustainable is good *http://sustainableisgood.com*

»We cover developments and trends in green products and packaging.«

Weissliste *http://weissliste.twoday.net*

»Einkaufen ohne auszubeuten.«

■ ANHANG

Links zu Organisationen und Verbänden

Bundesdeutscher Arbeitskreis für umweltbewusstes Management *www.baumev.de*

Mit 450 Mitgliedern ist diese Umweltinitiative der Wirtschaft die größte ihrer Art in Europa. Die B.A.U.M.-Mitglieder bekennen sich zu einem Ehrenkodex, der einen verantwortlichen Umgang mit Ressourcen und die Vermeidung umweltgefährdender Maßnahmen fordert. Die Mitgliederliste liest sich wie ein Who's who der deutschen Wirtschaft.

Deutsche Umwelthilfe *www.duh.de*

Die 1975 gegründete Deutsche Umwelthilfe ist ein gemeinnütziger Verband für den Schutz von Umwelt und Natur. Sie versteht sich als Forum für »Umweltorganisationen, Politiker und Entscheidungsträger aus der Wirtschaft«, mit dem Ziel, gemeinsam ökologische und zukunftsfähige Weichenstellungen zu entwickeln. Dazu gehört der Einsatz für nachhaltige Wirtschaftsweisen und umweltfreundliche Produkte. Für Verbraucher bietet die Umwelthilfe auf ihrer Website zahlreiche Infos etwa zu Energieeffizienz im Haushalt, Recycling-Konzepte oder »Green Electronics«.

Fair Feels Good *www.fair-feels-good.de*

»Fair Feels Good« ist eine 2003 initiierte Informationskampagne zum Fairen Handel. Sie wird getragen von der Verbraucher Initiative e.V. in Kooperation mit TransFair e.V. und dem Weltladen-Dachverband. Gefördert wird das Projekt vom Entwicklungshilfeministerium. Als Unterstützer engagieren sich unter anderem Franziska van Almsick, die Schauspieler Nina

Petri, Hannes Jaenicke und Georg Uecker sowie die Trainerin der Frauenfußball-Nationalmannschaft Tina Theune-Meyer. Die materialreiche Website informiert über alle Aspekte des Fairen Handels, von den Anbietern entsprechender Produkte in Deutschland bis zu den ökonomischen Auswirkungen in den unterstützten Partnerländern.

Germanwatch *www.germanwatch.org*

Germanwatch macht das, was man immer unter »Zivilgesellschaft« versteht. Die Organisation engagiert sich »für Nord-Süd-Gerechtigkeit und den Erhalt der Lebensgrundlagen«, gibt eine eigene Zeitung heraus, verfasst Studien zu Verbraucher- und Klimaschutz, Nachhaltigkeit in der Wirtschaft oder Entwicklungspolitik.

Greenpeace *www.greenpeace.de*

Seit 1971 kämpft der Verein »für den Schutz der Lebensgrundlagen«. Die von Greenpeace betriebene Verbraucherorganisation »Das Einkaufsnetz« (Website: de.einkaufsnetz.org) bietet zahlreiche Informationen und Links von Genfood bis zur Elektronikschrottverordnung.

Leonardo DiCaprio *wwww.leonardodicaprio.org*

Nicht wundern, aber die Website des einstigen Teenie-Idols und passionierten Umweltschützers ist eine der best gemachten, wenn es um Multimedia-Infos zu den Umweltproblemen unserer Zeit geht. Wenn Lehrer mal ihre Schüler aufs Thema Klimaschutz bringen wollen, sollten sie ihre Schüler auf diese Seite leiten.

Lohas Deutschland *www.lohas.de*

Erstes großes deutsches LOHAS-Portal mit News, Terminen, Studien, Presseschau, Netzwerkangeboten – was man als interessierter »LOHAS« eben so braucht.

Nachhaltigkeitsrat *www.nachhaltigkeitsrat.de*

Ein Rat voller kluger Köpfe, angeführt vom ehemaligen Forschungsminister Volker Hauff. Die Nachhaltigkeitspropagandisten (aus Wirtschaft, Staat, Nicht-Regierungsorganisationen und Privaten) bemühen sich vor allem um Bildungsprojekte für die Jugend. Die große Hoffnung des Rates ist der nachdenkliche Konsument, der die großen Unternehmen durch sein Kaufverhalten in eine verantwortungsbewusste Richtung drängt.

Oxfam Deutschland *www.oxfam.de*

Der Deutschland-Ableger von Oxfam (Oxford Committee for FAMine Relief) wurde 1995 ins Leben gerufen. Die Organisation hat sich zum Ziel gesetzt, Not, Armut und soziale Ungerechtigkeit weltweit zu lindern, ungeachtet der religiösen, ethnischen, nationalen oder politischen Zugehörigkeit der Betroffenen. Oxfam führt auch Untersuchungen und Kampagnen, etwa zu den Arbeitsbedingungen in den Zulieferfabriken der großen Sportartikelhersteller, durch. Zu diesen und anderen Aspekten der Armutsbekämpfung und Entwicklungspolitik findet sich viel Material auf der Website. Die Oxfam-Initiative »Make Trade Fair« wird unter anderem von Heike Makatsch unterstützt, international machen Musiker wie Michael Stipe (REM) oder Chris Martin (Coldplay) mit. In über zehn Oxfam-

Shops von Berlin bis Wiesbaden (Adressenliste auf der Website) erhält man auch fair gehandelte Produkte.

TransFair *www.transfair.org*

1992 startete der gemeinnützige Verein TransFair seine Arbeit mit dem Ziel, benachteiligte Produzentenfamilien in Afrika, Asien und Lateinamerika zu fördern und durch den fairen Handel ihre Lebens- und Arbeitsbedingungen zu verbessern. TransFair wird von circa 40 Mitgliedsorganisationen aus den Bereichen Entwicklungshilfe, Kirche, Sozialarbeit, Verbraucherschutz, Genossenschaftswesen, Bildung und Umwelt getragen. TransFair zeichnet Produkte nach genau festgesetzten Kriterien mit seinem Siegel aus, die zu festgelegten fairen Bedingungen gehandelt wurden. Zu den Aufgaben gehören die Kontrolle der Fairhandelsregeln, das Siegelmarketing, die Bildungs-, Öffentlichkeits- und Lobbyarbeit. Auf der Website finden sich zahlreiche Informationen sowie eine komplette Liste aller Produkte, die das »Transfair« Siegel tragen.

Verbraucherservice

EcoTopTen *www.ecotopten.de*

Vom Bundesbildungs- und -forschungsministerium sowie dem Bundesministerium für Ernährung, Landwirtschaft und Verbraucherschutz gefördertes Projekt mit ganz konkreten Empfehlungen. Informiert über die Öko-Bilanz von Produkten und Dienstleistungen aus den Bereichen:
- Wohnen
- Mobil sein
- Essen & Trinken

ANHANG

- Kühlen, Kochen, Spülen
- Hose, Hemd & Co.
- Wäsche waschen & trocknen
- Informieren & Kommunizieren
- Fernsehen & Co.
- Strom beziehen
- Geld anlegen

Dabei wird nicht nur der Anschaffungspreis mit in die Bewertung einbezogen, sondern es werden auch die Folgekosten berücksichtigt, etwa beim Energieverbrauch. Sehr empfehlenswert!

Label-Guide *www.label-online.de*

Enorm verdienstvolle Zusammenstellung fast aller gängigen Gütesiegel und Zertifikate, die deutsche Produkte so tragen können. Schlüssig aufbereitet. Die Seite versöhnt ein wenig damit, dass es in Deutschland eigentlich viel zu viele Waren-Zeichen gibt, als dass ein Verbraucher sich vernünftig orientieren könnte.

Öko-Fair *www.oeko-fair.de*

Von der Verbraucher Initiative e.V. in Zusammenarbeit mit der Deutschen Gesellschaft für Technische Zusammenarbeit (GTZ) betriebenes Portal. Öko-Fair »dient der Förderung nachhaltigen Konsumverhaltens, indem es über Produkte, Aktivitäten und Organisationen im öko-fairen Bereich informiert und zugleich eine vernetzende Funktion zwischen den vielfältigen Akteuren übernimmt«. Sehr gute Hintergrundinformationen und Materialien. Empfohlene Anbieter findet man über ein Online-Branchenbuch.

Öko-Institut *www.oeko.de*

Das Freiburger Öko-Institut entstammt der Anti-AKW-Bewegung. Wissenschaftler aus verschiedenen Fachrichtungen hatten sich zusammengefunden, um mit ihren Möglichkeiten einen Beitrag für den Erhalt der Lebensgrundlagen zu leisten. Heute ist das Institut eine renommierte und glaubwürdige Forschungseinrichtung, das auch schon mal den Daimler-Konzern berät. Die meisten, oft sehr spannenden Studien stehen zum Download bereit.

Öko-Test *www.oekotest.de*

Viele Verbraucher behandeln die Bewertungen von »Öko-Test« wie göttliche Gebote. Die Lektüre der Tests lässt auf jeden Fall Chemikerherzen höher schlagen. Alle Jahre wieder decken die Tester handfeste Skandale auf. Zehn Prozent Hysterie, zehn Prozent Ökospießertum und 80 Prozent Verbraucherberatung vom Feinsten.

Stiftung Warentest *www.stiftung-warentest.de*

Der deutsche Testklassiker erinnert mich manchmal an den deutschen Rentner auf Mallorca, der gleich nach der Ankunft mit dem Maßband die genaue Entfernung zum Strand nachmisst und die Daten mit dem Katalog vergleicht. Hat große Macht und begonnen, auch ethische und ökologische Kriterien in die Analysen einzubeziehen. Unverzichtbare Lektüre für kritische Konsumenten.

■ ANHANG

Verbraucher Initiative *www.verbraucher.org*

Der 1985 gegründete Verein Verbraucher Initiative kämpft für »ökologischen, sozialen und gesundheitlichen Verbraucherschutz«. Die Website bietet schwerpunktmäßig Informationen zu den Themen Ernährung, fairer Handel, Geld und Recht, Gesundheit und Umwelt. Die Broschüren, die man auf der Seite bestellen kann, sind gute Einstiegshilfen. Hat gerade die Datenbank www.nachhaltige-produkte.de gestartet, die eine Art nachhaltiger Einkaufsführer werden soll.

Verbraucherzentralen *www.verbraucherzentrale.de*

Das Portal der Landes-Verbraucherzentralen ist eine wahre Fundgrube für Verbraucher. Die Informationsbroschüren, die man sich über diese Seite bestellen kann, bieten alles, was man wissen muss, und ersetzen den Kauf so manch teureren Ratgeberbuches. Unter www.vzbv.de haben sich die einzelnen Verbraucherverbände zum Bundesverband zusammengeschlossen. Sehr gut gemacht sind auch die Verbraucherschutzseiten aus Österreich (www.konsument.at) und der Schweiz (www.konsumentenschutz.ch).

Statt eines Nachworts

Das konsumistische Manifest

Der Titel dieses kleinen Aufrufs ist schamlos geborgt. Der wortmächtige Medienphilosoph Professor Norbert Bolz hat sein 2002 erschienenes Buch über die »Verzauberung einer entzauberten Welt« bereits so genannt. Das »konsumistische Manifest« des Jahres 2008 ist ein Katalog von Anregungen und Forderungen für unser tägliches Kaufverhalten. Die Verbraucher von morgen wünschen sich nicht den Niedergang der »Konsumgesellschaft«, sondern ihre Fortentwicklung. Sie wünschen sich, dass sich auch die großen Unternehmen an ethisch-ökologische Regeln halten und dass diese Regeln schärfer werden. Viele der in diesem Buch vorgestellten Firmen haben gezeigt, dass man Style und Substanz, Umweltbewusstsein und soziale Verantwortung profitabel miteinander verbinden kann. Aber das sind nur zarte Anfänge. Wir wollen mehr.

Shoppen macht Spaß

Es gab eine Zeit, da wirkten die Kaufhäuser wie Kathedralen der Alltagskunst. Alles, was menschliche Kreativität in Produkte verwandeln konnte, wurde ausgestellt. Nicht, dass wir uns das alles leisten konnten, aber es war ein Genuss zu träumen. Heute stehen wir Schlange in lieblosen Warenlagern und suchen verzweifelt nach Menschen, denen wir unser Geld in die Hand drücken können. Wir wünschen uns die Renaissance des Einkaufserlebnisses: Geschäfte, in denen uns kompetente, freundliche Menschen alles über die Waren erzählen können, was wir wissen wollen. Wir wünschen uns ein Service-Paradies. Auch – und gerade – in Bio-Supermärkten und kleinen Läden für ethisch-ökologische Mode.

Transparenz ist alles
Wir haben ein Recht auf die komplette Geschichte eines Produkts. Fragen Sie doch mal nach, wenn Sie mal wieder etwas kaufen wollen: Woher stammen die verwendeten Rohstoffe? Wie wurden sie angebaut? Von wem? Unter welchen Bedingungen? Wie und wo weiterverarbeitet? Wie wurde die Ware transportiert? Wie verteilt sich der Preis auf alle an Produktion und Verkauf beteiligten Unternehmen und Personen? Ich höre schon die Einwände. »Da müsste man bei manchen Sachen ja ein Buch dazulegen«, hat mir der Store Manager einer großen deutschen Bekleidungskette erklärt, als ich ihm diese Fragen stellte. Andererseits: Was erzählt es uns über ein Unternehmen, das nicht einmal seinen Kunden Auskunft geben mag? Dass seinen Aktionären gegenüber jeden Winkel seiner Geschäftstätigkeit bereitwillig offenlegt und Ihnen gegenüber heimlich tut? Warum trägt nicht jedes in Deutschland verkaufte Produkt eine Kennnummer, mit der Sie dessen Geschichte auf der Firmenwebsite rekonstruieren lassen können? Bei Bio-Fleisch geht das schließlich auch. Die Geschichte eines Produkts transparent zu machen ist eine Frage des Respekts. Gegenüber Ihnen und allen, die daran mitgewirkt haben, dass wir die Ware kaufen können.
Wenn sie in der japanischen Gemeinde Ibaraki einen Apfel kaufen, finden sie auf der Frucht einen kleinen Barcode,

den Sie mit Ihrem Handy scannen können. Sie erfahren dann alles über die Geschichte dieses Apfels – wie der Boden, auf dem der Baum stand, behandelt wurde, welche Pflanzenschutzmittel verwendet und – mit Glück – bekommen sie auch noch ein Foto des Mannes, der den Apfel gepflückt hat. Seitdem ich davon gelesen habe, sehe ich die deutschen Äpfel mit anderen Augen.

Ehrliche Preise
Natürlich ist Industriegemüse billiger. Weil der Steuerzahler für die vergifteten Böden aufkommt und die niedrigen Preise subventioniert. Natürlich sind Benzin fressende Autos günstig – der Staat kommt für die Kosten der Umweltbelastung auf. Natürlich sind die Flüge auch so billig, weil die Fluggesellschaften keine Steuern auf ihr Benzin zahlen müssen. Wir zahlen doppelt. Ich würde lieber ehrliche Preise zahlen, die uns ermöglichen, selbst zu entscheiden, was uns die Erhaltung der Umwelt und faire Arbeits- oder Handelsbeziehungen wert sind. Ich möchte nicht, dass eine Firma wie Nestlé von meinen Steuern subventioniert wird, damit ich für Nestlé-Joghurt im Supermarkt zehn Cent weniger zahle als für Bio-Joghurt. Ich wünsche mir eine ehrliche Marktwirtschaft.

Design muss sein
Es gibt keinen Grund dafür, dass ethisch-ökologisch einwandfreie Waren manchmal aussehen, als würden sie uns für unsere Konsumlust bestrafen. Dass wahre Schönheit von innen kommt, mag ja sein, aber »innen« kann man so schlecht sehen. Die besten Mode-, Möbel-, Auto-, Com-

puter-, Verpackungs- und sonstigen Designer sollten über Lösungen nachdenken, die Ästhetik und ökologisches Bewusstsein miteinander verbinden.

Fair geht vor
Wann immer es zu einem Produkt eine Fairtrade-Alternative gibt, kaufen Sie bitte die. Mittlerweile bieten ja sogar schon Discounter Kaffee und Bananen aus fairem Handel an. Ihr Kauf signalisiert den Menschen in den Ländern, aus denen die Waren kommen, dass Sie einen gerechten Preis zahlen wollen. Testen Sie doch mal, wie viel Fairtrade unser Markt aushält. Und wenn Ihr Supermarkt keine Transfair-Angebote hat, fragen Sie einfach mal, warum.

Aus alt mach neu
Wenn eine Firma wie Patagonia Super-Fleece-Jacken aus alten Plastikflaschen macht, ist das noch immer eine bestaunte Ausnahme. Dabei ist die Welt voller Rohstoffe, an die jetzt noch keiner denkt. Jede einzelne Plastiktüte, die jemals produziert wurde, ist immer noch da – als Gift in den Boden gesickert, oder sie liegt als unkompostierbares Symbol unserer erdölgesättigten Zeit auf irgendeiner Mülldeponie herum. Der Müll von heute ist der Rohstoff von morgen. Wann bestehen die Autos endlich zu 80 Prozent aus recycelten Materialien? Wann haben wir endlich überall biologisch abbaubare Verpackungen?

Der Einkaufskorb als Stimmzettel
Der Einkaufswagen ist der neue Stimmzettel, heißt es bisweilen optimistisch. Wir Konsumenten beeinflussen die Un-

ternehmensentscheidungen und damit die Art und Weise, wie in Zukunft produziert wird. Doch alles liegt nicht in unserer Macht, weil wir längst noch nicht kaufen können, was wir vielleicht wollen. Wo bitte ist das Ökohandy, das ich sofort nehmen würde? Wo das Ein-Liter-Auto, mit dem man sich auf die Straße wagen kann? Ich denke, dass wir den richtigen Stimmzettel schon auch noch brauchen werden. Wir müssen noch viel hörbarer werden, als Konsument und als Bürger. Die Möglichkeiten sind grenzenlos. Warum sollen die Ministerien und Behörden sich nicht verpflichten, ihre Uniformen nur noch aus fair gehandelter Biobaumwolle fertigen zu lassen? Warum bläst der Dienstwagen des Umweltministers 279 Gramm Kohlendioxid pro Kilometer in die Luft? Warum laufen nicht alle Behörden mit Strom aus erneuerbaren Energien? Fragen Sie nach und wählen Sie nicht nur beim täglichen Einkauf danach, was Ihnen umweltfreundlich und fair vorkommt.

Nobody is perfect

Der britische Journalist Leo Hickman hat versucht, ein Jahr lang ethisch und ökologisch hundertprozent einwandfrei zu leben. Nach knapp drei Monaten stand er kurz vor der Scheidung. Streit um die Mülltrennung, um Öko-Putzmittel, die nicht richtig sauber machten, um zweitägige Autoreisen, weil man die Umwelt nicht mit einem Billigflug belasten wollte, und und und. Man sollte nicht gleich alles aufgeben, was einem Spaß macht, sonst macht einem bald gar nichts mehr Spaß. Leben Sie Ihr Leben doch einfach in der Art des Hybrid-Motors im Toyota Prius. Der funktioniert mit einer Mischung aus (umweltschädlichem) Benzin-

und (umweltfreundlichem) Elektroantrieb, verbraucht im Schnitt ein Viertel weniger Benzin und fährt ganz wunderbar. Das ist schlechter als gar nicht mehr Auto zu fahren, aber besser als nichts. Wenn jeder von uns einen kleinen Schritt wagt, kommt die ganze Welt einen großen Schritt weiter.

Register

Aachen 279
Aburdene, Patricia 32 ff.
Accor 373
ADAC 361, 395
ADAC Reisen 380
Adidas 31, 126, 143 f., 173, 196, 412
Adidas-Salomon 167 f.
Adili 162
Aesop 223
Afrika 66, 79, 129, 131, 150, 172
Ahlers, Klara 214, 236
Ahorn 266
Ahrberg, Mathias 151
Airbus 353
Airtours 379
Aldi 47–50, 52–56, 71, 90, 92 f., 144 f., 222, 296
Aldiana 380
Alexa 234
Allergien 56, 203 f., 248
Allianz-Gruppe 424
Almsick, Franziska van 80, 103
Alnatura 47 f., 52, 86
Alterra 222
Alt-Handys 318
Altkleider-Fairwertung 198
Altmöbel 270, 279
Aluminium 303
– -salze 205
Amaizin 99
Amazonas 268
American Apparel 20 f., 126, 164
Amine 202
Aminosäuren 71

Amnesty International 349, 421
Ananassaft 98
Andechser Molkerei 99
Anders reisen 344
Anilin 201
Aniston, Jennifer 217
Anlagefonds 32
Annemarie Börlind 232 f.
Annes Beste 100
Anthroposophie 86, 106, 216, 219, 284, 427
Anti Apathy 197
Antibiotika 44, 46, 61, 71, 73, 113
Äpfel 55
Apokalyptiker 18
Apple 297, 299 f., 321, 324 ff., 330
Arbeitsbedingungen, faire 196 f.
Arbeitsproduktivität 37
Arcanador 177
Argentinien 82, 84
Armedangels 148
Arnika 209
Aromatherapie 234, 239
Arsen 298
Asien 30, 66, 79, 125, 141, 167, 169 ff., 256, 333
Assmann 258
Asthma 56
Asustek 312
Atmosfair 354
Audi 358
Auto 355, 357, 367
Aveda 211, 215, 223 f.

■ ANHANG

Bach, Dirk 48
Bachelin, Anita 124
Baden-Württemberg 109
Bahn 355, 369 f.
Bambus 133, 274, 312
BanaFair 101, 103 f.
Bananen 101, 103 f.
Bangladesch 142, 144, 146 f.
Banken 404 f., 418, 420 f., 423 ff.
– ehrliche 426 ff.
Banning, Thomas 406
Basic 52, 62 f., 87 f., 94
Batterie-Elektromotor 364 f.
Bauern 65
Bauhaus 265
Baumarkt 271 f., 283 ff.
Baumwolle 127 ff., 131, 134, 138, 149,1 65, 171, 177
Baumwollsaat, gentechnisch veränderte 131f
Bayer CropScience 84
Bayern 53, 92, 97, 110
BDIH 249
Beauty-Blog 248
Beavan, Clin 39
Beck, Ulrich 27, 38
Beer, Sabine 239
Beio Wertkost 93
Belgien 102
Benin 140
BenQ 320
Benzin 362
Bergwaldprojekt 377
Berlin 65, 88, 92, 149, 152, 374
Beta-Carotin 56
Bewusstloser Kapitalismus 32 f.
Beyond Skin 180, 185
Bickenbach 86
Billa 62

Billigmöbel 256, 259
Billig-Soja 44
Bio Möbel 261
Bio Sonne 95
Bio-Bauern 63, 66
Bio-Baumwolle 130 f., 137–141, 148–151, 160, 165, 169–172, 175 f., 183, 186, 191, 197 f.
BioBio 95, 109
Bio-Chips 99
Bio Company 88 f.
Bio Dinkel Knäckebrot 100
BioFach 18 f.
Bio-Gemüse 59
Bio-Hotels 389 ff.
Bio-Kisten 63
Biokreis 105 f.
Bioland 46, 87, 91, 95 ff., 106 f., 112, 389
Bio-Lebensmittel 19, 36, 46, 53, 55, 57 ff., 82
Bio-Lebensmittelsiegel 109 ff.
Biolüske 50
Bio-Milch 56, 99
BioMöbel Genske 262
Bioness 94
Bio-Obst 59
Bio-Rindfleisch 56
Bio-Salat 56
Bio-Schweine 61
Bio-Siegel 36, 61 f., 64, 110 f.
Biospirit 353, 362 f.
Bio-Supermarkt 19, 34, 36, 45, 48 f., 51, 62 ff., 86 ff.
Biotta 98
Biozide 290
Birke 266
Birkenhof 97
Bischoff, Frank 313

Register

Blanchett, Cate 37, 125, 149
Blaue Flagge 392, 396
Blauer Engel 257f., 274, 286ff., 302, 306, 316, 327ff.
Blei 256, 297f., 331
Bleibtreu 374
Bleu nature 275f.
BMW 359f., 412
Bode, Thilo 122
Body Shop 37, 206, 213, 215f., 224f., 412
Boeing 33, 353
Boeker, Alex 27
Bono 141, 149
Boorman, Neil 38
Börlind 214, 241
Börner, Friedrich 232
Bothe, Rosemarie 284
Bourgeois Bohème 185f.
Brabeck-Letmathe, Peter 85
Brandenberger, Hugo 98
Branson, Richard 353
Brasilien 11, 82, 264
Breathe 222
Brin, Sergey 314, 365
British Airways 356f.
Brodowin (Ökodorf) 92
Brotaufstrich 99
Brown, Howard 160
Brundtland, Gro Harlem 407
Brutregale 43
BSE-Skandal 78
Buche 266
Bucher 380
Budnikowsky 86
Bundesbank 405
Bundesverband deutscher Industrie- und Handelsunternehmen s. BDIH

BUND-Reisen 384
Burda 18, 27
Burkina Faso 78, 139f., 176
Burma 269, 350
Bus 347, 355, 370
Bush, George W. 417
Buttermilch 99
B-Vitamine 56
Byron Bay 199f.

C&A 126, 139f., 146, 168f.
Call for Action 417
Calw 214
Camper 180f.
Campino 142
Carbon Disclosure Project 424
Carbonaro, Simonetta 28
Carr, Nicholas 307
Carroll, Lauren 186
Carsharing 368
Cathay Pacific 3456
CeBit 309
Charmoné Shoes 186
Charney, Dov 164
Chaussures Bionat 186
Chemiefasern 134
Chemikalien 145, 170
China 31, 59, 82, 131ff., 142ff., 168, 172, 174, 179, 183, 256, 298, 302, 313, 231f., 363, 417
China Labour Watch 144
Chips 99
Chouinard, Yvon 130ff., 159
Chrom 179, 300, 325
Ciel 149
Clarins 215
Clean Clothes Campaign 142, 176
Climate Savers Computing Initiative 309

Clinton, Bill 210, 226
Clooney, George 37, 358, 361
CMA 110, 113
CO_2-Ausstoß 68, 130, 173, 304, 343, 351f., 355f., 360, 362, 366f., 370
CO_2-Einsparung 353
Coca-Cola 29, 171
Code of Conduct 143, 167f., 171f., 182, 259f., 322f., 328, 334
Coltan 319ff.
Combinaat 279
Commerzbank 428
Computer 296ff., 300f., 304, 307, 312f., 323
- -hersteller 324ff.
Condor 380
Corporate Social Responsibility s. CSR
Cotton Made in Africa-Kollektion 140
Cruise, Tom 225
CSR 414f.

Daimler 360
DaimlerChrysler 368
Danyelle, Jil 193
Danzer, Herwig 258f., 282
DEA 229
Dean, Natalie 185
Deerberg 175
Deerberg, Gabi 175
Deerberg, Stefan 175
Deichmann 181f.
Deichmann, Heinz-Horst 181f.
Del Forte 126, 149
Dell 309, 322f., 326, 328
Dell, Michael 301, 326
Demeter 46, 87, 91, 96f., 107, 112

Demeter Reisen 381f.
Denkler, Thorsten 69
Denn's 89f.
Dennree 89
Denver 159
Dermatitis, periorale 206
Dertour 380
Design 37
Deutsche Allergie- und Asthmabund 248
Deutsche Bahn 368f., 420ff.
Deutsche Gemeinschaft Möbel s. DGM
Deutsche Gütegmeinschaft Möbel 275
Deutsche Umwelthilfe 298
Deutscher Tierschutzbund 246
Deutsches Frühstücksei 61
Deutschland 18, 42, 79f., 80, 82, 84, 102, 105, 107, 109, 139, 142, 149, 152, 160, 165f., 174ff., 179f., 252, 256, 260, 266, 272, 274f., 279f., 291, 296, 298, 302f., 319, 355, 377, 408, 422
DeVito, Alessandro 159
DGM 257
Diaz, Cameron 125, 358
DiCaprio, Leonardo 37, 358
Die Blaue Schwalbe 393
Die Möbelmacher 281f.
Diesel 362
Digital Lifestyle 295–337
Dioxin 55
Direktbank 419, 426
Discount Travel 379
Discounter 63f., 92ff.
Distickoxid 363
DJH-Reisen 388
DJSI 412

DLG-Prämiert 114
Dm 86, 232
Doerr, John 416
Dominikanische Republik 105
Dotterfarbstoffe 73
Dorfman, Josh 263 f.
Douces Angevines 232
Dow Jones Sustainability Index
  s. DJSI
Dr. Hauschka 23, 207, 210, 216 f.
Dr. Kiehl's 210 f., 216, 226
Dr. Koch Reisen 387
Dresdner Bank 421 f., 428
Drogerien 64
Duftstoffe 201
– synthetische 202 f., 211
Dünger 112, 128, 290
– künstlicher 84, 132
– mineralischer 76
– Stickstoff- 68, 111
– synthetischer 65 f.
– synthetisch-organischer 115
– verzicht 130
DWP Mensch und Zukunft 104
DWS 408

E15 279
EasyJet 352, 357
ECEAT Deutschland 389 f.
Eco Book 312
Eco eco 406
Eco Glam 155
Eco Tours 351
Eco Travel 384
Eco World 278
ECOCAMPING 390
ECOCERT 229 f., 242, 245
Eco-chic-Kette 374
Eco-Fashion 148 ff.

Eco-Fashion, Online-Shops
  161 ff.
Eco-Fashion-Show 180
Ecomoebel 270
Ecosense 379
Eco-Show 125
ECOVIN 115
Ecuador 101
Edeka 93 f., 265
Edelholz 264
Edun 126, 141, 149 f., 156
Edun Live 150
Eiche 266 f.
Eier 43, 72 ff.
Eins-Zwei-Fly 379
Eisen 56
Eisenberg, Julius 225
Elasthan 134
Elektro-Busse 361
Elektronikschrott 297 f., 303
Elektrosmog 318
E-Mails 295
– atomstromfreie 310
Eminem 209
Emprechtinger, Georg 262
Enamore 150
Energy Star 305, 316
Energy-Label 306
England 102, 148, 180, 271, 361
Entwicklungsländer 16, 60, 66 f.,
  79, 101, 131, 335, 340
Environmental Justice
  Foundation 124
Enzyme 83
Eosta 65
E-Plus 318, 333
Equator Principles 422
Erdgas 68
Erdkorn 90

■ ANHANG

Erdöl 68, 134, 203, 254, 362
Erler, Undine 88
Ernährung 41–122
Esche 267
Espresso 98
Esprit 234
Eßer, Peter 303
Estée Lauder 215, 229
Etap 373
Ethanol 362
Ethical Trading Initiative
 s. ETI 196
Ethikbank 418 f., 426 f.
EU-Blume 189 f., 393 f.
Europa 37, 78, 132, 169 f., 204 f., 266, 344, 399
Europäisches Umweltzeichen 189 f., 393 f.

Fabulously Green 193
Fair Feels Good 103
Fair Labour Association
 s. FLA
Fair Trade in Fourism South Africa s. FTTSA
Fair Unterwegs 384
Fair+bio 104
Fairbindet Bio 96
Fairchoc 105
Fairglobe 94
Fairliebt 126, 151
Fairreisen 385
Fairtrade 16, 33, 36, 50, 79 ff., 94, 97, 101 ff., 107, 124, 131, 142, 147, 239, 241
Fairtrade Labelling Organizations International s. FLO
Fairwear 162
Falke 125

Farbstoffe 201
– natürliche 202
– synthetische 202
Farfalla 234
Fashion Conscience 162
FEE 392, 396
Feigenbaum, Cliff 415
Feldversuch 193
Fichte 267
Fisher, Claire 222
FLA 143, 168, 171, 173 f., 196
Flachbildschirm 312
Flammschutzmittel, bromierte 298 f., 300, 325, 329
FLO 102, 142, 146, 170, 196
Florame 232
Flug 347, 351, 353 ff.
– -gesellschaften 356 f.
Fonds
– ethisch-ökologische 408
– index-orientierte 408
– Investment- 411
– mit Ausschlusskriterien 408 f.
– mit Best-in-Class-Ansatz 409
– Themen- 408
Ford 359
Ford Focus FFV 361
Forest Stewardship Council 264 f., 290 f.
Formaldehyd 191, 201, 203, 254, 256
Forum Neue Städtetouren 388
Forumandersreisen 345 ff., 354, 382 f.
Foster Natur 175
Foster, Jodie 225
Foster, Lars 175
Foundation for Environmental Education s. FEE

Register

Frankreich 79, 102, 215, 237, 245, 267, 275, 373
Freeganer 39
Freiburg 373
Friedrich, Christian 269
Fritsche, Uwe 141
FTSE4Good-Index 412
FTTSA 394
Fujitsu Siemens 302f., 313, 326f.
Füllhorn 96
Fungizide 77, 115
FWF 176, 196

Gäa 107
Gabriel, Sigmar 305, 373
Gahn 347, 352f.
Gammelfleisch 55
Gap 138, 146, 415
Garland, Alex 339
Gebhardt, Martina 231
Geflügel 70 ff.
Gehrs, Oliver 21
Geld 403–434
– -anlagen 33
Gemüse 44, 54, 60
Genbaumwolle 129
Genfood 81ff,
Genpflanzen 115
Gensaat 65, 129
Gen-Soja 82 ff.
George, Götz 295
Gepa 79, 81, 102, 104
Germanwatch 354
Gesellschaft für Technische Zusammenarbeit s. GTZ
Gesundheitsschäden 318
Gesundheitsversorgung 31
Ghana 79, 213

Global Organic Textile Standard 189
Global Reporting Initiative s. GRI
Globaler Ethik-Kodex 342
Glore 152, 163
GLS Gemeinschaftsbank 427f.
Glückstoff 151
Goldene M 286, 289
Goldman Sachs 366
Gomera Trekking Tours 382f.
Good True Beautiful 193
Google 309
Goppeln 107
Gore, Al 25, 353, 416f.
Grass routes – green lifestyle blog 194
Green Effects 411
Green Grid 328f.
Green IT 309
Green Living Area 124
Green PC 301ff., 327
Greenpeace 31, 83, 174, 203, 299, 300, 316, 326, 328, 332, 334, 377
Green Technology 416
Greenwheels 368
Gregory, Rogan 149, 156
Grein, Thomas 89
GRI 411
Griechenland 165
Grönemeyer, Herbert 141
Großbritannien 65f., 139, 142, 150, 277, 302, 322, 362, 408
Große-Lochtmann, Jörg 108
Grüne Erde 234f., 261, 280
Grünes Land 95
Grupp, Wolfgang 166
GSUS 196
GTZ 182

467

Guatemala 168
Gudrun Sjöden 165 f.
Gütesiegel 344

H&M 126, 139 f., 145 f., 160, 169 f., 196, 234
Haase, Thomas 211 f., 214, 236
Hall, Suzanne 237
Hamnett, Katharine 125, 153
Handy 295, 297, 316 f., 318 ff.
– -Hersteller 331 ff.
Hanf 132, 150, 155, 160, 186
Hans Böckler-Stiftung 170
Hansel, Hans 237
Hapag Lloyd Express 352
Hapagfly 379
Harris, Jordan 366
Hauschka, Rudolf 233
Hausmann, Bernd 163
HauteGreen 274
Hautreizung 204
Heimtextilien 254 f.
Heimwerkerbedarf 283 ff.
Heine 172
Helvetas 176
Hemp Trading Company 152
Henke, Frank 168
Herbizide 76, 115
Herzberger 96
Hess Natur 139, 176 f., 180, 196
Hess, Heinz 176
Hewlett-Packard 309, 322 f., 328
Hewson, Ali 149
Hiatt, Dave 126, 152
Hickmann, Leo 38
Hinz, Thomas 48, 90
HL 96
Hochleistungsmilchkühe 44
Höfeler, Martin 148

Holo 100
Holz 254, 254, 259, 262, 264–267, 286, 289 f., 292
– manufaktur 281
– schutzmittel 264 f.
– siegel 289 ff.
Homberg, Marco 161
Honda Ciciv Hybrid 360, 364, 367
Hongkong 179, 356
Hormone 46
Hornbach 265, 283
Horx, Matthias 19
Hotel 347, 372 ff.
Hotel Best Western Premier Victoria 373
Hövelmeyer, Wiebke 151
Howies 126, 152
Hug 152
Hühner 43 f.
– Zweinutzungs- 43
Hülsta 257, 274 f.
Hunt, Lawrence 355
Hurman, Uma 210
Hybrid-Fahrzeuge 352, 359 f., 362 ff., 366
HypoVereinsbank 421 f.

IAA 60, 359
IBM 309, 322, 329
IGEP 182
Ikea 256, 258 ff., 276 ff.
IKW 249
Il-caffe bio 98
ILO 142 f., 167
Imm cologne 253
ImmoPass 421
Incasa 281
Index-orientierte Fonds 410

Indien 29, 67, 131 ff., 139, 143, 148, 150, 155, 161, 168 f., 172, 179, 182, 276, 298
Indo German Export Promotion Project s. IGEP
Indonesien 29, 142 f., 179, 264 f., 268
Industriekosmetik 209
Industrieländer 60, 79
Industrieverband Körperpflege und Waschmittel s. IKW
Ingeo 133
Ingwersen, Peter 124, 157 f.
Inka Koffke 154
Insektizide 77, 128, 131
International Labour Organisation s. ILO
International Organisation for Standardization s. ISO
Internet 30, 295, 304 f., 309 f., 346
Investmentfonds 411
Irland 102
ISO 420, 422
ISO-Standard 14001
Israel 317
IST 380
Italien 59, 102
Ivyworld 27

Jack&Jones 153
Jahn 380
Japan 133, 150, 243, 319, 330, 358
Japan Airlines 357
Jeans 141 ff., 152 f.
Jobs, Steve 300, 311
Johansson, Scarlett 209
Jolie, Angelina 227
Jorberg, Thomas 428

Jugendherbergen 388
Julisis 225 f.
Junky Styling 153
Jurina, Anton 148
Jurlique 222
Just Pure 235 f.
Just, Gabriela 235
Jute 16 f., 80

KaDeWe 210, 217
Kadmium 298, 300, 325
Kaffee 81, 102, 147
Kaiser's 97
Kakao 81
Kalifornien 361
Kambodscha 170
Kampagne für saubere Kleidung 142
Kandy Mobile 316
Kaninchen 204
Kaninchen unter schützender Hand 245 f.
Kapitalismus 34
– bewusstloser 32 f.
Karibik 104, 268
Kärnten 280
Karstadt 53
KarstadtQuelle 126, 176
Kartoffel 54, 76 ff.
– -käfer 77
Käse 83
Katharine Hamnett 153 f.
Kaufhof 95
Kautschuk 254
Kemplar 314
Kenia 78
Kerkeling, Hape 370, 382
Kerkvliet, Gerard 219
Kerosin 352 f.

Ketchup und Majo 154
Khaya 268
Kibio 215
Kidman, Nicole 223
Kiefer 268
Kinogushi Tofu 100
Kirsche 267
Klaase, Dirk-Uwe 252
Kleiner Perkins Caufield & Byers 417
Klima-Ablasshandel 354 f.
Klimaschutz 68
Klimawandel 32, 68, 343, 351, 356, 417, 424
Knäckebrot 100
Knieps, Jürgen 429
Knight, Phil 30
Knightley, Keira 233
Koch, Nikolaus 387
Koch, Svenja 311
Koffke, Inka 154
Kohlendioxid 16, 37, 141, 309, 352, 354 f., 357
Kokos 254
Kongo 264, 313, 320, 332
Konservierung 203
– -mittel 201
– -stoffe, künstliche 209
Konsumgewohnheiten 36
Konsumverweigerung 17
Kontrollierte Naturkosmetik 243 f.
Köpke, Ulrich 68
Kornwestheim 151
Koskella, Jodi 186
Kosmetik 199–250
– -gütesiegel 243 ff.
– -hersteller 222 ff.
– -industrie 248

Kosovo 276
Köttbullar 260
Kraut- und Knollenfäule 54, 77
Krebs 45, 317
Krüger, Hardy Jr. 48
Kühe 54, 61 f., 75
– Hochleistungsmilch- 44
Künast, Rente 358
Kupfer 54, 298, 303
Kurbel-Antrieb 313 f.
Kuyichi 124, 126, 154 f.

L'Oréal 206, 215, 222, 225 f., 412
Labour behind the Label 197
Lacke 254
Lacura 222
Lampert, Werner 62
Landwirtschaft 66
– europäische 78
– industrialisierte 43
– konventionelle 53, 57, 69–77, 102, 110, 112
– ökolgische 53 f., 57, 65, 67–77, 102, 110 f., 116
– Subventionierung der 78
Langer, Claudia 25 f.
Lateinamerika 79, 104
Latex 254
Laveana 236
Lavera 236
Laverana gmbH 214
Laveré 236
Lebensmittel TÜV geprüft 114
Leder 134, 178
Lefebvre, Frank 275
Legebatterien 44, 72 f.
Legehennen 72 ff.
Lehle, Daniela 151
Lehman Brothers 366

Leinen 132, 160
Leube, Ute 239
Levi's 196
Levine, Judith 39
Lexus 358
Liberia 268
Lidl 49, 52, 62 ff., 87 f., 92, 94, 103, 296
Linde Loudermild 155 f.
Lindner, Annemarie 209, 212, 214, 232 f., 241
Lindner, Danela 241
Lindquist 155
Lingerie-Kollektion 150
Live Earth 150
Living Nature 237
Livos 286
Logona 207, 237
Logona PUR 238
LOHAS 18 ff., 25, 32
London 124 f., 133
Lonely Planet 375, 400
Loomstate 156
Loremo AG 361
Lorien Goods 237
Los Angeles 19, 164
Loudermilk, Linda 155 f.
LTU 345 f., 380
Lufthansa 356 f.
Lupo 358
Lush 220 f., 227
Lüske, Frank 49
Luxemburg 102

Maas Natur 177
Maas, Gisela 177
Maas, Reinhard 177
Mackey, John 29, 33
Madagaskar 150

Madonna 48, 217
Mahagoni 268
Mailand 210
Maintal 100
Mais 82, 133, 362 f.
Maischberger, Sandra 26
Malaysia 268, 313
Mali 78, 129
Mallorca 345
Mango 100
Manufactum 21–24, 312
Marcussen, Marcus 242
Marken 29
Marrone, Margo 228
Massenproduktion 47, 61
Materialeffizienz 37
Matratzen 254, 260
Mäuse 204
Max Bahr 265, 272, 283 ff.
McBio 65
McCartney, Linda 230
McCartney, Stella 195, 229
McDonald's 29, 103
McPherson, Jenny 150
Mecklenburg-Vorpommern 109
Medikamente 71, 73
Meiers Weltreisen 380
Meiré, Mike 253
Menkes, Suzy 125
Menschenrechte 30, 124
Mercedes 358 f.
Merck, Johannes 172
Mercure 373
Merill Lynch 410
Meschnig, Alexander 37
Methangase 68
Methyldibromo Glutaronitril 203 f,
Metro-Gruppe 95

■ ANHANG

Mexiko 142, 313, 322, 345
Meyer, Janina 154
Microsoft 309, 323
Milberg, Alex 26
Milch 75 f., 83
– -pulver 78
Mini 360
Minimal 96
Minogue, Kylie 228
Misericordia 156 f.
Mitfahrzentrale 368
Mittelamerika 141, 268
Mitteleuorpa 280
Möbel 251 f., 254–258, 260, 262, 270 f., 286
– -gütesiegel 286 ff.
– -händler 274 ff.
– -hersteller 274 ff.
– -kauf, Checkliste 254 f.
Mobilfunk 317 f.
Mode 123–198
Möhren 55
Monaco 365
Monsanto 84, 129
Moore, Demi 155
Moormann 277
Morrmann, Nils Holger 271, 277
Moss, Felicia 160
Moss, Melchior 160
Motorola 314 f., 320, 331 f.
Müller Drogerie 222
München 311, 327, 361
Münchener Rück 424
Musk, Elon 365

N – Natur Kost & Waren 117
N.E.E.T. Magazin 194
NABU 335
Nachhaltigkeit 20, 407
Naher Osten 182
Natriumlaurylsulfat 203, 205
Naturaktien-Index 183, 412
Nature Friends 236
Naturens Bästa 395
Natureplus 293
Naturgut 96
Naturkind 53, 97
Naturkosmetik 207 f., 210, 214, 217, 219 f., 231 ff., 248
Naturkostladen 45, 48, 63 f.
Naturland 46, 87, 91, 95, 108 f., 112, 292
– -Siegel 286
Naturlatex 254
Naturstrom AG 406
Naturtextil 191
Nau 157
Neckermann 274, 380
Nematizide 77
Neo Nature 253
Nervenschäden 45
Nestlé 48, 78, 85
Neubauer, Jörn 269
Neue Wege 383
Neuform 115 f., 243 ff.
Neuland 116 f.
Neumarkter Lammsbräu 101
Neurodermitis 56, 236
Neuseeland 133
New York 125, 210, 342, 365
Nicaragua 17, 80, 104
Nickel 303
Niederlande 56, 65, 79, 102, 155
Niedermeier, Michael 361
Niedersachsen 97
Nigeria 78, 298
Nike 29 ff., 126, 138 f., 141, 143 f., 146, 168, 171, 173, 196

Nitrat 56
Nitrosamine 205
Nixdorf 327
Noir 157 f.
Noir Foundation 158
Nokia 314–317, 320, 331 f.
Nolte 274
Nordamerika 266 f.
Nordrhein-Westfalen 270
Norma 95
Norwegen 33, 361
Notebook 297, 313
NSAI 412
NTT DoMoCo 319
NUR 345, 380
Nürnberg 18, 152
Nylon 128

O'Connor, Erin 237
O'Neill 196
O2 333
Oakes, Summer Rayne 186, 195
Obermann, Rene 335
OBI 265, 272, 283, 285 f.
Obst 44, 46, 54, 60
Oekom 412
Oeko-Pikto 395
Öko-Auto 357
Öko-Avantgarde 185 ff.
Öko-Baumarkt 273
Öko-Computer 311 f.
ÖkoControl 278, 286, 288
Öko-Designer 260 ff.
Ökoenergie 418
Ökofleischzucht 68
Öko-Flieger 36
Öko-Handy 315 ff., 332
ÖkoLux 411
Öko-Miniscooter 361

Öko-Möbel 275
Öko-Reisen 390 f.
Öko-Test 31 f., 92, 179, 249, 256
Öko-Tex 190
Öko-Tex Standard 100 190
Öko-Tex Standard 1000 190
Öko-Tex Standard 100plus 190
Öko-Touren 352
Ökotrikot 165
Öko-Urlaub 344
Öko-Verbänade 105 ff.
Ökovision 411
Ökowolle 155
Oliver, Jamie 48
Ölpreise 32, 360
Omega-3-Fettsäuren, essenzielle 56
Online-Shops Eco-Fashion 161 ff.
Onysko, Joshua 238 f.
Opel 359
Organic Cotton-Kollektion 139, 170
Organic Exchange 130
Organic Food 159
Origins 215, 228 f.
Österreich 53, 62, 102, 133, 234, 252, 280, 408
Osteuropa 141, 174, 256, 266, 268
Otto 23, 125 f., 140, 143, 172 f., 191, 272, 285
Otto, Michael 31, 173
Outside in 253
Owen-Jones, Lindsay 215
Oxfam 142
OZOCar 366

Paderborn 303
Page, Larry 365
Pakistan 31, 131

■ ANHANG

Palmberg 258
Palmer, Cecilla 194
Palmöl 363
Pan Germany 197
Pangea Organics 238 f.
Pantelouris, Michalis 27
Paphites, Dennis 223
Parabene 211, 227 f.
Paracelsus 225 f.
Paraffine 203
Parasiten 61
Paris 15, 210
Parkinson 45
Patagonia 128, 130, 136 ff., 157 ff., 196
Pauschalreisen 346
PCR 158
PEFC 291 f.
PEG-Derivate 205, 211
Peking 361
Penny 96
Pensionen 374
Pensionsfonds 32 f.
People Tree 159
Pestizide 44 f., 55, 59, 68, 84, 97, 116, 128 f., 131, 137, 191, 202, 290
Petri, Nina 103
Peubalsam 209
Pfister 69
Pflanzenschutzmittel 129, 131 f.
Phenylendiamin 202
Phil Knight 146
Phillips, Kathy 222
Phosphat 76
Photovaltikanlagen 93, 177, 309
Pins, Frans 194
Pioneer/DuPont 84

Pitt, Brad 217
PkoControl 262
Pko-Test 230, 236
Plastikmüll 158
Plastisolfarben, giftfreie 161
Plötter, Bernhard 35
Plum, Rainer 241
Plum, Silvia 241
Plus 52, 94 f., 296
Plyboo 274
Pogenpohl 257
Pohle, Veronica 149
Polen 256, 267 f.
Polstermöbel 254, 260
Polyacryl 134
Polyamid 134
Polyester 128
Polyethylenglykole 203
Popp, Horst P. 420, 430
Popper 17 f.
Porsche 360
Portman, Natalie 186
Portugal 148
Post Consumer Recycled
  s. PCR
Premium Bio 49
Priemeier, Johann 63
Prima Bio 93
Primavera 239
Privatbank Darasin 419
Programme for Endorsement
  of Forest Certification Schemes
  s. PEFC
Prophylenglykol 228
Proteine 75
Puma 31, 126, 143 f., 168, 173 f.
Pure Wear-Label 172
PUREWEAR 191
Puttkamer, Brigitte 163

QS 110, 112 f., 114
Quecksilber 298 ff., 325
Quelle 274

R.E.M. 141, 150
Radau, Michael 91
Radiohead 141
Ramin 268 f.
Raps 362 f.
Ratten 204
Ratty, Sarah 149
Rau, Walter 240
Rauch 274
Raue, Ernst 309
Rcycling-Stoffe 160
Re:Fashion-Show 133
Real 95
Rechelbacher, Horst 223 f.
Recycling 198, 263
– -verfahren 32
Red Hot Love Suite 374
Reebok 168
Reformhaus 64
Rehn, Götz 47 f., 86
Reise-Gütezeichen 392 ff.
Reiselust Deutschalnd 385
Reisen 339–401
Reiseveranstalter, alternative 381 ff.
Reiseveranstalter, klassische 379 ff.
ReNatour 383
Renault 359
Reno 159
Restaurant 373
Reuter, Benjamin 341
Rewe 96, 344
Rewe Touristik 380 f.
Rhönschaf-Projekt 176

Rinder 44
Roberts, Julia 37, 217
Robinie 268
Robinson Club 373
Roddick, Anita 206, 212 f., 215, 224 f.
Rohseide 132
Rohstoffpreise 32
Roland Berger 418
Rolf Benz 257, 275, 278
Rosshaar 254
Rossmann 222
Roth Guides 400
Rugmark 387
Rumänien 132, 217, 256
Ruprecht, Thomas Michael 418 f.
Russland 267 f.
Rütting, Barbara 48

Sachsen 110
Salami 99
SAM 32
Sambia 140, 150
Samsung 328
San Diego 328
San Francisco 374
Sanftes Reisen 386
Sanoflore 216
Sans 159 f.
Santaverde 239 f.
Sante 207, 237 f.
Sapelli 268
SASS 194
Sawadee 269
Scaleo Green PC 303
Schädlingsbekämpfungsmittel 84, 128
Schanzenstern 374
Schiffer, Claudia 224

ANHANG

Schlachtvieh 82
Schlechtwetterauslauf 70
Schleimhautverträglichkeit 204
Schleswig-Holstein 53
Schmitt, Thomas 379
Schmitz, Michael 66
Schneider, Andrea 163
Schokolade 102
Schröder, Sylke 419, 427
Schueller, Eugène 206
Schuhe 178 ff.
Schurwolle 255
Schwäbisch Gmünd 2128
Schwartz, Jeff 183
Schwarzenegger, Arnold 365
Schweden 139, 145, 252
Schweine 44, 54
Schweißfurth, Georg 26, 52
Schweiz 53, 84, 408
Schwermetalle 191
Seehofer, Horst 53
Seide 132 f., 150
Selber machen 249
Senegal 78
Shea-Butter 213
Shell 65, 412
Siemens 320
Siemens Nixdorf 302 f.
Sievers, Hermann 93
Silage 44, 62, 75
Silikonöle 203
Singapore Airlines 356
Sipo 268
Sjöden, Gudrun 165 f.
Skandinavien 53
Skoda 359
Slowenien 54
Slow-Food 121, 282
Slowmo 160

Smart 360, 368
SOCAM 146, 169
Sodann, Peter 103
Sodiumlaurylsulfat 227
Soeffker, Andreas 124
Sofitel 373
Soja 44, 82, 133
– Billig- 44
– Gen- 82 ff.
Solaranlagen 37
Solarenergie 373, 417
Somerset 361
Sondermüll 179, 298
Sony 330
Sony Ericsson 316 f., 320, 334
Soysilk 133
Spanien 61
Spanplatten 254, 262
Spanruft, Josef 63
Späth, Astrid 373
Späth, Bertram 373
Speick 240
SportNatur 178
Sportwagen, elektronischer 365
Stand-by 307
Starck, Philippe 32
Stattreisen 388
Stefani, Gwen 155
Stehr, Nico 28
Steiner, Rudolf 106, 216, 216, 243
Steinkraus, Voker 207
Stella McCartney Care 229 f.
Stewardessenkrankheit 206
Stewart, Karen 160
Stewart+Brown 160
Steyler Bank 428 f.
Stickstoff 76
– -dünger 68, 111
Stiftung Warentest 30, 249, 368

Stoffe, synthetische 128
Stone, Sharon 155
Stromsparmaßnahmen 313
Stuhr, Matthias 37
Stuttgart 281
Style Will Save Us 195
Südamerika 79, 150
Südkorea 179
Südwind 144
Summer Ranye Oakes 195
Sündenfonds 425
Sunimar 161
SuperBioMarkt 90 f.
Supergrass 141
Supply Chain Cod of Conduct 328
Sustainability Report 183
Sweatshop-free 19, 126, 142, 197
Syngenat 84
Syse, henryk 413

Tailor, Tom 140
Taiwan 179, 312 f.
Tangermann, Stefan 363
Tango 361
Tansania 158, 182
Tantal 319 f., 332
Tautropfen 241
Tchibo 147
TCM 147
Teak 269
Team 7 262
Tee 81, 102
Teflon 255
Tegut 86, 96 f.
Tejin 138
Temperaturanstieg 37
Tencel 134, 160
Tengelmann 53, 94, 97

Terra Naturi 222
Terra Plana 187
Tesco 65
Tesla-Sportwagen 365
Test 249
Textilhilfsstoffe 140
Textilien-Gütesiegel 188 ff.
Thailand 31, 133, 179
Themenfonds 408
Theorganicpharmacy 228
Theron, Charlize 125, 155
Theune-Meyer, Tina 103
Thielemeyer 257
This works 222
Thomas Cook 344 f., 380
Thüringen 97
Thurman, Uma 226
Tierhaltung 43
– artgerechte 50, 57, 61, 111, 234
Tierra Del Forte 149
Tierversuche 116, 204 f., 213, 224, 243, 245, 249
Timberland 180, 182 ff.
Tjaerborg 380
T-Mobile 318, 333 f.
T-Mobile Niederlande 335
Tofu 100
Toluylendiamin 202
Tomaten 54
Tonnaer, Tony 124
Toom 96
Tourismus 339–401
– fairer 394
– ökologischer 399 f.
Toyota 358
Toyota Prius 358, 360, 364, 367
Track&Trace-System 155
Transfair 103
Transportmittel 351 ff.

Treibhausgase 67 f., 343, 353
Treibholz 275
Trend 282
Tribel, Andrea 248
Triclosan 203
Trigema 166
Trippen 184
Tropenholz 254, 265, 2658, 283, 285
Trüffelschwein 152
T-System 311
TUI 344 f., 373, 379 f.
Tunesien 155
Türkei 139, 155, 161, 169 f., 172
TÜV 286
TÜV ECO 306

Überproduktion 66
UdSSR 132 f.
Uganda 124, 150, 158, 161
Ukraine 267
Umweltbank 429 f.
Under the Canopy 161
UNEP-Erklärung 422
Unterkunft 389 ff.
Unternehmensverantwortung 31
Urlaub auf dem Biohof 390 f.
Urlaubsziele 349 ff.
Urtekram 241 f.
USA 18, 29, 68, 82, 84, 128 f., 131 f., 142, 148, 150, 156, 164, 183, 243, 299, 358, 408
Utopia 26 f.

Veetarian Shoes 187
Veja 188
Ventura 159
Venturi Fetish 365
Verband der Möbelindustrie 252
Verband der Vertriebsfirmen kosmetischer Erzeugnisse s. VKE
Verband Naturtextilwirtschaft 198
Verbände 249 f.
Verein für Umweltmangaement s. VfU
Verhaltenskodex 143, 147, 169 f., 173, 321
Verpflegung 389 ff.
Versace 133
Versandhandel 4
Versicherungen 423 ff.
VfU 422
Viabono 386 f.
Vice Funds 425
Vierlinden 96
Vietnam 143, 168, 174, 265
Virgin Air 353
Virgin Atlantic 357
VISIT Standard 396
Vitamine 83
Vitt, Juith 124 f.
Vivavi 263 f.
Viventura 377
VKE 205, 250
Vodafone 318, 333
Vodafone D2 335 f.
Volkova Lika 159
Volksbank Eisenberg 418 f.
Volkswagen 359, 412
Voltaic systems 314
Volvo 359
Von hier 109

Wagenhofer, Erwin 85
Wala GmbH 216 f., 233
Wal-Mart 33, 138 f., 413
Walter, Norbert 423

Waltrop 23
Wandern 70 ff.
Wasa 282 f.
Waschbär-Versand 178
Webb, Robin 187
Weil, Andrew 229
Weinbau, ökologischer 115
Weißliste Kleidung 195
Weißrussland 268
Weleda 207, 210, 218 f., 242 f.
Welle Möbel GmbH 275
Welt Tourismus Organisation
  s. WTO
Weltbank 420 ff.
Weltgesundheitsorganisation
  s. WHO
Weltkomitee zur Tourismusethik
  343
Wenzel, Eike 341
Werner, Götz W. 232
Westdeutsche Landesbank 420,
  422
Wheeler, Maureen 375 ff.
Wheeler, Tony 350, 375
WHO 128, 317
Whole Foods Market 29, 33 f.
Wieben, Mareke 258
Wiener, Sarah 48
Wiesenhof 61
Wilkhahn 257

Wippermann, Peter 19
Wohnen 251–293
Wohnungstausch 391
Wolf, Norber 429
Wolfratshausen 283
Wolle 133
Wolters 379
Wöltje, Gregor 26
World Travel & Tourism Coucil
  400
World Wildlife Fund
  s. WWF
Wozniak, Steve 311
WTO 343 f., 375, 400
Wuppertal 161
WWF 140, 259, 265, 276, 283,
  309, 327 f., 333, 387

Yves-Rocher 230 f.

Zara 196
Zaroff, Marci 161
Zeitraum 283
Zhef 188
Zhong, Stepahnie 193
Zink 56, 303
Zusatzstoffe, gentechnisch
  veränderte 83
Zwergenwiese 99
Zweinutzungshühner 43

Essen Sie sich schlank und schön

16939

- Über 2 Millionen verkaufte Exemplare.
- Der völlig neue Blickwinkel auf das Thema Ernährung.
- Sich satt essen und gesund bleiben.